INHALT

VERZEICHNIS DER LITURGIEN

Rosemary Radford Ruether
Unsere Wunden heilen, unsere Befreiung feiern

Rosemary Radford Ruether

UNSERE WUNDEN HEILEN, UNSERE BEFREIUNG FEIERN

Rituale in der Frauenkirche

Kreuz Verlag

Aus dem Amerikanischen übersetzt von Olga Rinne

CIP-Titelaufnahme der Deutschen Bibliothek

Radford Ruether, Rosemary:
Unsere Wunden heilen, unsere Befreiung feiern: Rituale in d.
Frauenkirche / Rosemary Radford Ruether. [Aus d. Amerikan.
übers. von Olga Rinne]. – 1. Aufl. – Stuttgart: Kreuz-Verl., 1988
    Einheitssacht.: Women-church < dt. >
    ISBN 3-7831-0931-0

Die Originalausgabe ist 1986 erschienen unter dem Titel
»Women-Church. Theology and Practice of Feminist Liturgical
Communities«
im Verlag Harper & Row, San Francisco
© 1985 by Rosemary Radford Ruether
ISBN 0-06-066834-2

© für die deutschsprachige Ausgabe
Kreuz Verlag Stuttgart 1988
1. Auflage
Umschlaggestaltung: Reichert Buchgestaltung, Kornwestheim
Gesamtherstellung: Ebner Ulm
ISBN 3 7831 0931 0

DANKSAGUNGEN UND QUELLENANGABEN

Dieses Buch ist ein Gemeinschaftswerk, in das die Beiträge vieler Menschen eingeflossen sind, die sich für die aufstrebende Bewegung der Frauenkirche und der feministischen Liturgie engagieren. Manche steuerten Liturgien bei, die sie für sich selbst und für besondere Gelegenheiten entwickelt hatten, andere schrieben Liturgien speziell für dieses Buch. Ich danke ganz besonders Florence Perella Hayes für ihr Scheidungsritual, Kate Pravera für ihren Ritus der Namensgebung, Rebekka Parker und Joanne Brown für den Coming-Out-Ritus für eine Lesbierin, Marilyn Gerashe für ihre Feier der Namensgebung für ein neugeborenes Kind, Adele Arlett für das Übergangsritual für Heranwachsende, Phyllis Athey und Mary Jo Ostermann für ihre Lebensbündniszeremonie, Janet Kalven für ihre Liturgie des Übergangs zum Alter, Chris Carol für ihre Trauerliturgie zu Allerheiligen, dem Eighth Day Center for Justice für ihren Karfreitagsmarsch für die Gerechtigkeit und Nancy Ore für ihre Wiedergabe der Liturgie zur Sommersonnenwende. Besonders möchte ich auch Mary Whittaker für ihre architektonische Darstellung von Plänen für ein Zentrum der Frauenkirche danken.

Außerdem danke ich folgenden Personen und Vereinigungen für die Genehmigung zum Abdruck:

Hereford Musik Company (Holy Near: Sister-Woman-Sister, 1978), Carole Etzler (Hey, Sister, Come Live at the Edge of the World, 1975), The Brethren Press (Julia Esquivel: I am not longer Afraid of Death), The Benedictine Foundation of the State of Vermont (Gregory Norbet: New Life, New Creation, 1973), New Directions Publishing Corporation (Ernesto Cardenal: Apocalypse), Robert Jay Lifton and Basic Books Inc. (Robert Jay Lifton: Testimonies of Survivors of Hiroshima), Ludlow Music Inc. (Woodie Guthrie: This land is your land), Volcano Press Inc. (Del Martin: Battered Wives, S. 1–5), CBS Songs (James Rado, Gerome Ragni und Galt McVermot: Air, aus dem Musical Hair).

Dieses Buch ist Martha Ullerstam, Carin Holm und Anna Karin Hammer und dem Forum för Kvinnliga och Kvinnoforsking der Universität von Lund in Schweden gewidmet, die mir ermöglichten, in Skandinavien feministische Theologie zu lehren und, während dieser Zeit, den größten Teil dieses Buches zu schreiben.

Einleitung

Ich schreibe dieses Buch zu einem Zeitpunkt, an dem die Religion Westeuropas und Nordamerikas in eine tiefgreifende Wandlungskrise geraten ist, eine Krise, die sich allmählich auch in anderen Teilen der Welt bemerkbar macht. Von dieser krisenhaften Entwicklung ist insbesondere das Christentum betroffen, aber sie ist auch im amerikanischen Judentum spürbar. Der Islam und die anderen Weltreligionen werden allmählich ebenfalls in Frage gestellt. Westliche Denker verkündeten den Tod der Religion und das Ende ihrer Rolle als Quelle und Formungsinstrument des symbolischen Sinnuniversums der abendländischen Kultur. Sie interpretieren dieses Geschehen als einen Säkularisierungsprozeß, in dessen Verlauf die Religion als Spiegel und Deutungsmodell für Erfahrungen verschwinden und durch wissenschaftliche Erkenntnismethoden ersetzt werden würde. Man sah darin das Erwachsenwerden des modernen Menschen, seine Emanzipation aus einer kulturellen Kindheit unter der Vormundschaft religiöser Autorität.

Der Säkularisierungsprozeß vollzog sich nicht in der von seinen Propheten vorausgesagten Weise. Obwohl die westlichen Gesellschaften, insbesondere die Kulturen Westeuropas, im Laufe des 19. und 20. Jahrhunderts allmählich säkularisiert wurden, konnte die Wissenschaft keinen ausreichenden Ersatz für die Religion in ihrer Rolle als sinnstiftendes Instrument zur Verfügung stellen. Die sozialen Ordnungen, die unter dem Einfluß des Liberalismus und des Sozialismus entstanden, brachten die Furcht vor einer sinnentleerten Zukunft hervor, mehr noch: die Aussicht auf eine von Umweltschäden, Armut, erschöpften natürlichen Ressourcen und Krieg verwüsteten Welt. Die Religion, von deren Ableben als Quelle der Sinngebung und der Wahrheit schon so lange die Rede war, wurde als Organ des Protests und als Grundlage des Entwurfs neuer Möglichkeiten wiederbelebt. Diese Entwicklung nahm unterschiedliche Formen an, die einander polar gegenüberstehen. Das traditionelle oder konservative Christentum trat als reaktionäre Kraft wieder in Erscheinung, die sich gegen das wendet, was sie als Exzesse der Moderne oder als die Gefahren des Totalitarismus wahrnimmt. Manchmal dient das traditionelle Christentum als Massenbasis für eine regimekritische Gegenkultur, wie in Polen; manchmal nimmt es die Form einer einflußreichen konservativen Minorität an, wie das erneuerte evangelikale Christentum in den USA oder in Schweden.

Andererseits entstanden mit der Theologie der Befreiung und mit den christlichen Basisgemeinden in Lateinamerika und in anderen Ländern der Dritten Welt neue Formen religiöser Praxis, die mit der Vision einer sozialistischen Zukunft verbunden sind. In Polizeistaaten und Militärregimen, die auf der Basis des internationalen Kapitalismus existieren, kämpfen religiöse Gruppen gegen die erdrückende Last der Armut und der Repression. Auch Protestgruppen in westlichen Industrieländern schließen sich dieser Art des linksgerichteten Christentums an und unterstützen die Befreiungskämpfe in der Dritten Welt.

Eine dritte Kraft innerhalb der Wiederbelebung des Glaubens stellen die Frauen dar, insbesondere die Feministinnen, die kritisch hinterfragen, welche Rolle die Religion für die Rechtfertigung patriarchaler Herrschaftsformen in unseren Gesellschaften spielte. Diese Frauen haben begonnen, sich ihr eigenes Bedeutungsuniversum zu schaffen. Für die rückwärtsgewandten Evangelikalen ist der Feminismus ein Resultat der zeitgenössischen Abtrünnigkeit von Gott und von der traditionellen Ordnung der Gesellschaft. Daher konzentriert sich ihr Kreuzzug zur Wiederherstellung der herkömmlichen christlichen Gesellschaftsordnung oft auf die Ablehnung der Frauenemanzipation und auf den Versuch, Frauen wieder auf ihren traditionellen Platz in der patriarchalen Familie zurückzuweisen. Männliche Befreiungstheologen haben oft die Tendenz, den Feminismus als Ablenkung von den eigentlichen Zielen, von der Befreiung der unterdrückten Klassen und Völker zu betrachten, oder bestenfalls als einen untergeordneten Aspekt dieses Befreiungskampfes. Für sie ist die Theologie der Befreiung einfach die Wiederherstellung des wahren biblischen Glaubens.

Die im Aufsteigen begriffene feministische Religion hat zu den biblischen Quellen ein viel ambivalenteres Verhältnis als die männliche Theologie der Befreiung, obwohl auch sie den säkularistischen Standpunkt, religiöse Riten und Symbole seien nicht mehr notwendig, zurückweist. Einige feministische Theologinnen berufen sich auf die biblische Glaubenstradition. Sie sehen den darin sich äußernden grundlegenden Widerstand gegen die Unterdrückung und die biblische Vision von Frieden und Gerechtigkeit als Bestandteil feministischer Hoffnungen an und ergänzen diesen Ansatz durch eine explizite Kritik am Patriarchat. Andere Feministinnen betrachten die biblische Religion als eine vom patriarchalen Gedankengut hoffnungslos verdorbene Form und fordern statt dessen die Wiederbelebung der Religion der Großen Göttin. Beide Gruppen sind sich einig in der Erkenntnis, daß ihre Suche sie in eine Vergangenheit zurückführt, die weit vor der patriarchalen Religion und ihren Äußerungsformen im Alten und Neuen Testament liegt, und daß ihre Zukunftshoffnungen weit über die Vorstellungen hinausgehen, die sich mit dem modernen männlichen Liberalismus und Sozialismus verbinden.

Die religiöse Revolution des Feminismus verspricht daher einen radikaleren und umfassenderen Ansatz als die Theologie der Befreiung. Sie hinterfragt das Wertsystem, das die patriarchale Zivilisation hervorgebracht hat, sowohl in seinen religiösen als auch in seinen modernen säkularen Ausdrucksformen. Sie entwirft eine zukunftsgerichtete Alternative, die die Spaltung zwischen »maskulin« und »feminin«, zwischen Geist und Körper, zwischen Männern und Frauen in ihren Geschlechterrollen, zwischen Gesellschaft und Natur, zwischen den ethnischen Gruppen und den gesellschaftlichen Klassen heilen kann.

Ein wichtiger Punkt der sich herausbildenden feministischen Religion oder Spiritualität ist ihre Einsicht in die Notwendigkeit orientierungschaffender Glaubensgemeinschaften. Ein ideologiekritischer Ansatz und die Analyse der gesellschaftlichen Verhältnisse reichen als Interpretationsmodelle nicht aus, ebensowenig wie die Mitgliedschaft in Protest- und Aktionsgruppen allein zum Vehikel der Veränderung werden kann. Wir brauchen sinngebende Gemeinschaften, die uns durch den Tod des alten patriarchalen Wertsystems hindurchtragen zur Wiedergeburt in einer neuen Gesellschaft, die sich am Sein und am Leben orientiert. Wir brauchen nicht nur die rationale, theoretische Diskussion über diese Veränderungsprozesse, sondern auch Symbole und symbolische Handlungen als Wegbereiter und Deutungshilfen für die konkreten Erfahrungen auf dem Weg vom Sexismus zu einer befreiten Menschlichkeit.

Die Notwendigkeit von Gebet, Ritual und unterstützender Glaubensgemeinschaft wurde nicht nur von christlichen Feministinnen erkannt, sondern auch von jenen, die versuchen, die Religion der Großen Göttin wiederzubeleben. Feministische Hexen wie Starhawk schrieben daher Bücher, die nicht nur die Geschichte und den theoretischen Hintergrund ihrer Bewegung schildern, sondern auch den Anspruch erheben, Handbücher für die Bildung von Gemeinschaften, für Gebet und Ritual zu sein[1]. Auch jüdische Feministinnen versuchen, die Gebets- und Studiengemeinschaft zum Instrument der Befreiung vom Patriarchat zu machen[2].

Dieses Buch über die Frauenkirche ist aus der Perspektive religiöser Feministinnen geschrieben, die sich bemühen, Aspekte der biblischen Tradition – sowohl der jüdischen als auch der christlichen – für sich wiederzugewinnen, die aber auch die Notwendigkeit erkennen, zu den Vorläufern dieser Tradition zurückzugehen und die biblische Religion zu transzendieren. Die Frauenkirche befürwortet eine grenzüberschreitende Religiosität. Sie erhebt nicht den Anspruch auf den ursprünglichen »wahren« Glauben, der – im Stil der Reformation – wiederbelebt werden könnte. Sie beansprucht auch nicht für sich, die Zukunft voraussagen zu können. Die Glaubensform der Frauenkirche bezieht sich auf zwei Schwellenpunkte: Sie blickt auf die Möglichkeiten des biblischen und des vorbiblischen Glaubens zurück, die angedeutet, aber vielleicht nie voll entwickelt wurden, und sie blickt auf Möglichkeiten der Zukunft, deren Form noch unklar ist. Sie weist nicht alles, was dazwischenliegt, als unverbindlich zurück, sondern versucht, sich die wertvollsten Einsichten als Ausgangsmaterial für eine neue Zukunft anzueignen.

Dieses Buch ist aus der Einsicht heraus geschrieben, daß christliche Feministinnen nicht warten können, bis die institutionalisierten Kirchen sich so weit reformiert haben, daß sie Frauen die Formen religiöser Praxis, die sie heute brauchen, zur Verfügung stellen. Einige protestantische Kirchen haben Frauen ordiniert; die Pastorinnen dieser Kirchen sehen sich jedoch meistens darauf beschränkt, die traditionellen Formen der Institution zu erhalten, oder können bestenfalls winzige Schritte in Richtung neuer Symbole und Riten unternehmen – gegen den entschlossenen Widerstand der meisten Kirchenmitglieder.

Römisch-katholische Frauen sehen sich mit einer Kirche kon-

14

frontiert, die sich auf einen langen Kampf gegen die Ordination von Frauen vorbereitet. Die katholische Kirche stürzte sich in eine Großkampagne, mit dem Ziel, alle Bemühungen um die Einbeziehung eines feministischen Bewußtseins in die kirchliche Praxis zu unterdrücken – Bemühungen, die von erneuerten religiösen Orden, Seminaren, Fachbereichen für Theologie an katholischen Hochschulen und von Zentren für Frieden und Gerechtigkeit ausgingen[3]. Daher erkennen besonders Katholikinnen, aber auch Protestantinnen in wachsender Zahl die Notwendigkeit, eine autonome Basis für die theologische und die Glaubenspraxis von Frauen zu schaffen. Das bedeutet nicht unbedingt, daß sie alle Bemühungen um die Erneuerung existierender kirchlicher Institutionen aufgeben; viele behalten die Mitgliedschaft in ihren Kirchen bei.

In den gegenwärtig existierenden Kirchen leiden Frauen unter sprachlichen Mangelerscheinungen und eucharistischer Aushungerung. Sie finden keine Nahrung mehr für ihre Seelen in einem entfremdeten Gotteswort, das ihre Existenz nicht wahrnimmt oder systematisch verleugnet. Sie hungern nach dem Wort des Lebens, nach symbolischen Formen, die ihre Existenz als Menschen und als Persönlichkeiten voll und ganz bestätigen, nach dem Wort der Wahrheit, das den Sexismus als Übel benennt, nach Zukunftsmöglichkeiten, die über das Patriarchat hinausgehen. Sie haben ein verzweifeltes Verlangen nach elementaren Gemeinschaften, die ihren Weg zur Ganzheit unterstützen, statt ihn permanent zu leugnen und zu vereiteln. Dieses Buch versucht, dem quälenden Hunger nach Sinn und Bedeutung ein Ende zu machen und hier und jetzt das neue Brot des Lebens zu backen. Wir müssen mehr tun, als gegen die alten Formen zu protestieren. Wir müssen anfangen, die neue Menschlichkeit jetzt zu leben. Wir müssen beginnen, die Glaubensgemeinschaft als Bestandteil der Befreiung der Menschheit vom Patriarchat in Wort und Tat zu verwirklichen, mit neuen Worten, neuen Gebeten, neuen Symbolen und einer neuen Praxis. Das bedeutet, daß wir verbindliche Glaubensgemeinschaften bilden müssen, die uns bei unserem Exodus aus dem Patriarchat unterstützen.

Wenn wir nach neuen Glaubensgemeinschaften mit eigenen Ritualen rufen, setzen wir voraus, daß die existierenden Kirchen kein Monopol auf die Wahrheit und die Macht der Erlösung haben. Für uns Frauen ist das Wort der etablierten Kirchen tatsächlich so ambivalent, ihre Macht so negativ, daß der

Dienst in ihren Reihen unsere Seelen vergiftet. Allzuoft haben diese Kirchen die Sünde toleriert und die Erlösung verhindert; sie sind zu Orten geworden, die wir wütend und frustriert verlassen – und nicht erleuchtet und geheilt. Wenn wir neue Gemeinschaften bilden, so tun wir das nicht aus Leichtfertigkeit, sondern weil die Krise so akut geworden ist, weil die Bemühungen um Veränderung so sehr erschwert sind, daß wir innerhalb dieser Kirchen nicht einmal mehr kommunizieren können, wenn wir keine alternative Bezugsgruppe haben, die uns in unserem Sein trägt und unterstützt.

Dieses Buch beginnt mit der Darstellung einiger historischer und theologischer Grundlagen zum Verständnis von Kirche als Gemeinschaft der Befreiung vom Patriarchat. Es gibt einen Überblick über die Geschichte des Spannungsverhältnisses zwischen historischer Institution und Glaubensgemeinschaft in der Vergangenheit des Christentums und in der Gegenwart, in den christlichen Basisgemeinden. Anschließend wird das Modell der »Ekklesia« – der Versammlung im Glauben – als Exodusgemeinschaft diskutiert und gezeigt, warum dieses Modell keine Möglichkeit geschaffen hat, Frauen in die Vision der Befreiung einzubeziehen. Daran schließen wir die Diskussion einer Theologie an, die Kirche als feministische Gemeinschaft oder Gemeinschaft der Befreiung vom Patriarchat versteht. Inwiefern kann eine solche Gemeinschaft den authentischen Anspruch erheben, Kirche zu sein, während sie doch gleichzeitig so viel von dem zurückweist, was historisch als Christentum betrachtet wurde? Wie kann eine solche Gemeinschaft vermeiden, sektiererisch und blind für ihre eigenen Fehler zu werden, und sich für die positiven Aspekte der religiösen Tradition und für die Kommunikation mit anderen Gemeinschaften offenhalten? Wie kann sie einen spezifisch weiblichen Weg der Befreiung vertreten, ohne separatistisch zu werden, ohne die Menschlichkeit von Männern abzustreiten, ohne Männern generell das Bedürfnis nach einem Weg der Befreiung aus dem Patriarchat abzusprechen?

Im Anschluß daran wird der Entwurf von Kirche als Gemeinschaft der Befreiung vom Patriarchat genauer überprüft. Wie wird die Frauenkirche[4] die primären sakramentalen Symbole der Taufe und der Eucharistie verstehen? Wie wird sie Glauben und Praxis miteinander in Beziehung setzen? Im letzten Teil des Buches verdichtet sich die Theorie zu Formen liturgischer Praxis. Wir stellen neue Versionen traditioneller sakra-

16

mentaler und liturgischer Formen vor; darüber hinaus entwerfen wir neue Rituale, deren Funktion es ist, wichtige Übergangs- und Schwellenerfahrungen von Frauen, die bisher ignoriert oder ins Profane verwiesen wurden, religiös einzubetten: die Menarche, das Verlassen des Elternhauses und den Aufbruch in ein autonomes Leben, die Heirat, die Scheidung, das Coming-Out einer lesbischen Frau, den Übergang zu neuen Lebensstufen, die Menopause, Krankheit und Tod. Wir diskutieren auch die Möglichkeit spezieller Liturgien für Krisenerfahrungen und die Notwendigkeit von Riten der Heilung; wir zeigen Beispiele von Heilungsriten für vergewaltigte Frauen, für Frauen, die versuchen, aus einer Ehe freizukommen, in der sie mißhandelt wurden, oder die eine solche Ehe beendet haben, für Frauen, die durch sexuellen Mißbrauch in der Kindheit seelische Verletzungen davongetragen haben und sich davon befreien wollen. In solchen Augenblicken suchen Frauen in sprachloser Erschütterung nach Worten des Verstehens und nach Händen, die heilend berühren, aber in den meisten Kirchen finden sie nichts als Schweigen und verschlossene Türen. Wir stellen neuentwickelte Liturgien für diese Bereiche von Erfahrung vor und führen Quellen für Lieder und Gebete an.

Dennoch ist dieses Buch kein Gebetbuch, und seine Formen sollen nicht einfach wiederholt werden. Es lädt vielmehr dazu ein, einen Prozeß in Gang zu setzen. Jede der hier vorgetragenen Ideen kann von Gemeinschaften, die sich entschließen, die Reise der Befreiung aus dem Patriarchat anzutreten, verändert und verbessert werden. Jeder Ritus muß den Lebenszusammenhängen der speziellen Gruppe, die ihn verwendet, angemessen sein, denn Gruppen durchlaufen ihre eigenen Prozesse und haben ihre eigene Geschichte. Heilungs- und Übergangsriten müssen die Besonderheit der Person, der Zeit und des Ortes mit einbeziehen. Neue Ideen und Anlässe, die hier nicht angesprochen sind, können aufgenommen und hinzugefügt werden. Wir geben Rezepte, die jeder Gemeinschaft von Köchinnen und Köchen Raum lassen, mit ihren eigenen Zutaten zu experimentieren und das Brot zu backen, das die Nahrung ihres Lebens ist.

Wir gehen dabei von der Vorstellung aus, daß die Schaffung von Liturgien eigentlich eine Funktion lokaler Glaubensgemeinschaften ist, die ein gemeinsames Projekt verfolgen. Das Gewebe der Gemeinschaft entsteht aus den konkreten Lebensfäden aller ihrer Mitglieder und erhält dadurch seine spezifischen Formen und Farben. Die Funktion dieses Buches ist also nicht, feste gottesdienstliche Szenarien vorzugeben, sondern Quellen für die liturgische Arbeit von Gemeinschaften zur Verfügung zu stellen, für die Bewältigung von Trauer und Schmerz, zur Heilung und zur gemeinsamen Freude, zur Feier des Lebens in Gemeinsamkeit.

TEIL I

FRAUENKIRCHE

*Historische
und theologische
Reflexionen*

KAPITEL 1

Geisterfüllte Gemeinschaft und historische Institution: Verbindungen und Konflikte

Die Geschichte des Christentums ist eine Geschichte kontinuierlicher Spannungen und Konflikte zwischen zwei Modellen von Kirche: der Kirche als geisterfüllter Gemeinschaft und der Kirche als historischer Institution. Dieser Konflikt geht bis zu den Anfängen der christlichen Religion zurück. Das Christentum entstand als geisterfüllte messianische Sekte innerhalb des historischen Judentums. Jesus und seine frühesten Anhänger beabsichtigten keinen Bruch mit dem Judentum, sondern sahen sich selbst als eine Erneuerungsbewegung innerhalb des jüdischen Glaubens, die sich zum Ziel setzte, das prophetische Element wiederzubeleben und das Israel der messianischen Prophezeiungen zu offenbaren. Sie wollten weder eine separate historische Institution noch eine neue historische Religion begründen. Ursprünglich sahen sie ihre Mission eher darin, Israel die »frohe Botschaft« zu verkünden[1].

Die frühen Vorstellungen von geistlicher Kompetenz im Christentum waren charismatischer Natur. Sie basierten auf dem Glauben, daß der Geist der Prophetie der heraufkommenden messianischen Zeit in der Gemeinschaft lebendig sei und sich durch die Macht der ekstatischen Offenbarungen, des Exorzismus und des Heilens manifestiere. Dieses frühe charismatische Konzept von geistlicher Kompetenz schloß Frauen nicht aus, erstens weil charismatische religiöse Führerschaft per definitionem besagt, daß Geistbegabung unmittelbar anerkannt wird und nicht durch eine Führungsschicht, die sich auf die Geschlechterrollen oder andere sozial etablierte Hierarchien beruft, vermittelt werden muß. Zweitens waren die frühen Christen offenbar davon überzeugt, daß die untergeordnete Stellung der Frauen mit einer historischen Familien- und Geschlechterordnung zusammenhing, die durch das messianische Zeitalter transzendiert werden würde. Familienbindungen würden überflüssig, denn der Tod – und somit auch die Geburt –

würden nicht mehr sein. In der Sicht der frühen Christen, die ihre Glaubensgemeinschaft aus der Erwartung der messianischen Ordnung heraus definierten, konnten die traditionellen Familienhierarchien aufgelöst werden, und Frauen konnten als den Männern ebenbürtig in das neue Bündnis eintreten[2].

Das antihistorische Konzept der frühen Kirche geriet allmählich in eine Krise, als die Zeit verging und die Wiederkehr Christi als Menschensohn[3], die Hereinführung in das tausendjährige Reich der Gnade sich nicht ereignete. Die christliche Kirche mußte Formen für eine historische Existenz finden. Im späten ersten Jahrhundert begann sich ein post-paulinisches Christentum herauszubilden, das sich an der traditionellen Führungsstruktur der Synagoge orientierte. Es errichtete eine kongregationale Ordnung geistlicher Führung, basierend auf der Hierarchie von Oberhaupt (Bischof), Ältestenrat und Geistlichen niederer Weihegrade. Das aufkommende episkopale Christentum berief sich bewußt auf die patriarchale Familienstruktur als Modell für die Kirche und sah unter den Männern diejenigen als würdig an, ein geistliches Amt auszuüben, die sich in der Rolle als *pater familias* als würdig und verantwortungsbewußt erwiesen hatten. Dieses patriarchale Christentum in der Nachfolge von Paulus begann die frühere Einbeziehung der Frauen in das geistliche Amt (die es mit einer gegen die Familie gerichteten Einstellung in Verbindung brachte) zu unterdrücken.

Im späten zweiten Jahrhundert hatte sich das episkopale Führungsmodell zu einer urbanen Hierarchie entwickelt. Der Bischof wurde zum Oberhirten der größten christlichen Gemeinde der Stadt und überwachte die von Presbytern oder Ältesten geleiteten Tochtergemeinden. Diese Struktur episkopaler Hierarchie sollte im Verlauf der nächsten zwei Jahrhunderte expandieren und zunächst provinziale, dann imperiale Formen annehmen. Die Bischöfe der größten Bistümer hatten nun die Oberaufsicht über andere Bischöfe und Älteste, die ihnen untergeordnet waren. Die Kirche begann allmählich, die politische Struktur des späten Römischen Reiches zu kopieren und ein ekklesiales Pendant zum römischen System der Städte- und Provinzgouverneure zu entwickeln, mit einem leitenden Bischof in Rom, der den Anspruch erhob, die spirituelle Entsprechung des Kaisers zu sein[4].

Im zweiten und dritten Jahrhundert wandte sich das aufsteigende episkopale Christentum in Feindseligkeit und mit allen

Mitteln der Unterdrückung gegen die verbliebenen Ausdrucksformen des charismatischen, prophetischen und chiliastischen Christentums. Im zweiten Jahrhundert geriet der Montanismus unter Beschuß. Diese Bewegung versuchte den früheren Typus des ekstatischen Christentums und seine Überzeugung, daß die Fähigkeit der Prophetie auch Frauen gegeben sei, wiederzubeleben. Das episkopale Christentum entwickelte dagegen eine Theorie historischer Führungslegitimation, basierend auf dem Mythos, die zwölf Apostel Jesu seien die ersten Bischöfe und die Begründer der leitenden Bistümer gewesen. Die späteren Bischöfe wiederum leiteten ihre Legitimation aus der kontinuierlichen historischen Nachfolge ab, die auf die Gründerbischöfe, die Apostel, zurückgehe[5]. Durch diesen historisierenden Mythos rechtfertigte das episkopale Christentum seinen Anspruch, Erbe des originalen oder »apostolischen« christlichen Glaubens zu sein. Die Theorie der apostolischen Einsetzung erlaubte den episkopalen Christen, die Repräsentanten des charismatischen Christentums, die Montanisten, und, bis zu einem gewissen Grad, die Gnostiker, zu verdrängen; die letzteren hatten allerdings eine dualistische Philosophie der Erlösung entwickelt, die dem frühen Christentum fremd gewesen war.

Im dritten Jahrhundert gab es weitere Kämpfe zwischen der episkopalen und der charismatischen Konzeption geistlicher Autorität im Zusammenhang mit dem Konflikt zwischen Cyprian von Karthago und den »Bekennern« oder Märtyrern. Märtyrertum, Leiden für den Glauben im Widerstand gegen den theokratischen Anspruch des römischen Staates, stand unter den prophetischen oder chiliastischen Christen in hohem Ansehen. In ihrer Sicht waren jene, die für den Glauben gelitten hatten, in außergewöhnlicher Weise vom Geist erfüllt und verfügten über die Macht, Dämonen auszutreiben, zu heilen und zu vergeben. (Das Wort Märtyrer bedeutet »Zeuge« und wurde nicht nur auf die Toten angewandt, sondern auch auf die Lebenden, die wegen ihres Glaubens verfolgt und gefoltert worden waren.)

Die Krise erreichte ihren Höhepunkt während der allgemeinen Christenverfolgungen unter Decius in der Mitte des dritten Jahrhunderts. Unter der Tyrannei der Verfolgung wurden viele Christen wankend in ihrem Glauben und huldigten den religiösen Symbolen des römischen Imperiums; später suchten sie die Versöhnung mit der Kirche. Wer hatte das Recht, ihnen die

Sünde des Abfalls vom Glauben zu vergeben und sie wieder zur Gemeinschaft mit Christus und der Kirche zuzulassen – die Bischöfe oder die Bekenner? Cyprian versuchte die Macht der charismatischen geistlichen Führung zu brechen, indem er den Anspruch erhob, allein die Bischöfe – und nicht die Bekenner – hätten die Macht zu vergeben. Er führte die alleinige Autorität der Bischöfe als »Schlüsselgewalt« ein, das heißt das Recht zu entscheiden, wer in Gemeinschaft mit Christus sei und wer in das neue Zeitalter eingehen werde[6]. Im späten dritten und vierten Jahrhundert wurde das Christentum immer weiter in die Sozialstruktur des römischen Imperiums integriert und wurde schließlich, unter dem römischen Kaiser Konstantin, zur Staatsreligion. Diejenigen Christen, die engagierten Glauben und radikale Umkehr suchten, wandten sich dem Klosterleben zu. In der monastischen Bewegung äußerte sich ein asketisches Element des prophetischen Christentums, das seit den Anfängen von einigen Gläubigen praktiziert worden war. Das Neue in der Bewegung dieser Epoche war die Herausbildung asketischer Gemeinschaften, die von den lokalen Kirchen unabhängig waren. Durch den Rückzug aus der Gesellschaft und aus einem gesellschaftlich integrierten Christentum, durch die Zugehörigkeit zu einer Gemeinschaft, die auf die Freuden des Leibes verzichtete und sich dem Einssein mit Gott weihte, waren die Asketen in der Lage, die frühchristliche Vorstellung von Kirche als einer Gemeinschaft, die der Welt radikal entsagte, weiterzuführen. Dieses Konzept beinhaltete den Verzicht auf die Familie, auf Sexualität und Fortpflanzung. In der monastischen Bewegung wurde also die antifamiliale Einstellung des frühen chiliastischen Christentums weitergetragen.

Für Frauen und für einige männliche Anhänger des Klosterlebens bedeutete dieser Verzicht auf Familienbindungen und Fortpflanzung auch die Überwindung der patriarchalen Unterordnung der Frau und den Eintritt in eine neue Ordnung der Menschlichkeit, in der Frauen und Männer gleichrangig waren. Das Konzept der monastischen Bewegung legte allerdings männlichen Asketen nahe, daß in den Frauen die schlechte und sündige Sexualität repräsentiert sei. In der Theologie des Mönchstums lag also, was Frauen betraf, eine grundlegende Ambivalenz. Ein Zweig des Asketismus entwickelte die Vorstellung der spirituellen Ebenbürtigkeit von Frauen und Männern in einer Gemeinschaft der Erlösten jenseits der unheilvollen historischen Ordnung, während ein anderer Zweig in verstärktem

Maß Misogynie und pathologischen Haß auf Frauen als Verkörperung des Bösen herausbildete. Als in der Zeit vom vierten bis zum neunten Jahrhundert der Asketismus allmählich mit dem ordinierten Priestertum verschmolz – ein Prozeß, der in den gregorianischen Reformen des 11. Jahrhunderts, im Eheverbot für alle Priester des westlichen Christentums kulminierte –, trug die misogyne Einstellung den Sieg über die frühere egalitäre Tradition davon. Die monastische Bewegung blieb jedoch während des gesamten Mittelalters die treibende Kraft bei allen Versuchen, die geisterfüllte Gemeinschaft mit radikalem Glaubensengagement wiederzuerrichten, im Kontrast zu einer historischen Institution, deren religiöse Praxis zur Routine erstarrt war. Das monastische Konzept erlaubte der institutionalisierten Kirche, diese Bewegungen zu legitimieren, aber auch, sie zu kontrollieren und zu kanalisieren. Das gesamte Mittelalter hindurch äußerte sich das Bedürfnis nach einer radikalen, engagierten Christengemeinschaft wieder und wieder; es war Ausdruck der Unzufriedenheit mit der Institutionalisierung nicht nur der lokalen Kirchen, sondern auch der früheren klösterlichen Bewegungen. Neue Gruppen fanatischer Christen formierten sich und suchten in der Wüste, in Wäldern oder Bergen Orte des Rückzugs von der Welt, mit dem Ziel, den Geist einer Gemeinschaft zu erneuern, die sich dem rigorosen Asketismus, dem intensiven Gebet und einer strikten inneren Disziplin verschrieb. Oft durchbrachen diese Gruppen die Klassenhierarchien, die sich im Klosterwesen herausgebildet hatten, nachdem das Konzept der gemeinschaftlichen körperlichen Arbeit aufgegeben worden war. Laienbrüder oder -schwestern hatten die »niederen Arbeiten« übernommen, die früher von den Mönchen und Nonnen selbst verrichtet worden waren. Die Rückkehr zu einer egalitären Gemeinschaft der Armut und des einfachen Lebens war ein Herzstück aller klösterlichen Erneuerungsbewegungen[7].

Als im 12. Jahrhundert das urbane Leben aufblühte, veränderte sich auch die Form der Klostergemeinschaften. An die Stelle der alten, zurückgezogenen Gemeinschaften, die auf der Basis der feudalen Landbewirtschaftung existiert hatten, traten urbane Orden der Lehre und des Dienstes am Nächsten. Die Fürsorge für die Armen und die Erweiterung des Bibelverständnisses der Laien durch Lehre und Predigt wurden zu den wichtigsten Missionen dieser Ordensgemeinschaften. Die neuen urbanen Orden, wie die Franziskaner und die Dominikaner, sträubten sich jedoch dagegen, den Frauenorden dieselben Freiheiten einzuräumen.

Die Kirchenreformen des 11. Jahrhunderts machten es Frauen zunehmend schwerer, unabhängige Ordensgemeinschaften zu gründen oder auch nur in existierende Orden einzutreten. Durch die Festlegung neuer Regeln wurde die Autonomie der Frauen, ihre Klöster selbst zu verwalten und, vor allem, ihr spirituelles Leben in eigener Verantwortung zu führen, scharf beschnitten. Männern, Mönchen oder Priestern, wurde nun die Aufgabe übertragen, die äußeren, finanziellen, und die inneren, spirituellen, Angelegenheiten der Nonnen zu regeln. Außerdem wurden von Nonnen vor dem Eintritt in ein Kloster hohe Mitgiften verlangt, so daß nur noch Frauen des Adels und der bürgerlichen Oberschicht es sich leisten konnten, in traditionelle weibliche Orden einzutreten. Die religiösen Erneuerungsbewegungen der Epoche schufen jedoch bei einer großen Zahl von Frauen das Bedürfnis nach spiritueller Gemeinschaft. So entstand im Spätmittelalter die Beginenbewegung. Die Beginen waren Frauen aus urbanen Regionen, die keine festen Gelübde ablegten, sondern nach den einfachen Regeln von Gebet und Arbeit lebten und in den Städten normale Häuser bewohnten. Die Gründerinnen vieler dieser Gemeinschaften waren Frauen aus dem Adel oder der bürgerlichen Oberschicht, die ein Leben mit höherem religiösem Engagement suchten, als das traditionelle Klosterwesen bieten konnte. Aber die Beginengemeinschaften wurden sehr bald auch zu einer Wahlmöglichkeit für städtische Unterschichtfrauen, die nicht in traditionelle Frauenorden eintreten konnten. Die meisten Beginengemeinschaften waren vollkommen orthodox; dennoch waren sie dauerndem Mißtrauen und permanenter Verfolgung von seiten der institutionalisierten Kirche ausgesetzt, eben weil sie weitgehend autonom und der kirchlichen Kontrolle entzogen waren. Häufig erhielten die Beginenorden ihre urkundliche Legitimation eher von den Städten als von den Kirchen; sie bestritten ihren Lebensunterhalt, indem sie innerhalb der städtischen Handwerksgilden arbeiteten. Viele Beginenorden unterstellten sich der Oberaufsicht der Dominikaner und erhielten auf diesem Weg ihre Legitimation[8].

Im Mittelalter endeten die Versuche radikaler Christen, die geisterfüllte Gemeinschaft wiederzubeleben, nicht immer mit der erfolgreichen Eingliederung in das von der offiziellen Kirche anerkannte Kloster- und Ordenswesen. Manche der neuen

Bewegungen traten mit einer so radikalen Kritik an der existierenden Kirche und einer so starken Forderung nach veränderten Lebensformen auf, daß sie in den gegebenen Rahmen nicht zu integrieren waren. Wenn die neue Bewegung mit den Anschauungen der etablierten Kirche nicht in Einklang zu bringen war, wurde sie verboten und als häretisch verfolgt. Diese Erfahrung gab dann der neuen Gruppe wieder Anlaß, die Kirche noch entschiedener abzulehnen. Im 12. Jahrhundert entstand in den Waldensern ein solcher radikaler Predigerorden, der ein Leben in vollkommener Armut forderte. Anders als die Franziskaner wurden die Waldenser vom Papst abgelehnt und entwickelten sich so zu einer Sektenbewegung, die nicht den Status eines religiösen Ordens erhielt, sondern in den Untergrund ging und sich so der Verfolgung entzog.

Einige der Beginengemeinschaften, der spirituelle Flügel der Franziskaner und andere spätmittelalterliche radikale Bewegungen der »Schwestern und Brüder vom freien Geist« verfielen in den Status der verfolgten Sekten. Die Erfahrungen der Verfolgung spornten sie zu noch radikaleren Visionen einer Kirche als Reich-Gottes-Gemeinschaft an, die an die Stelle der etablierten historischen Kirche treten würde. Sie betrachteten die herrschende Kirche als den Antichrist, als die große Hure Babylon aus der Offenbarung des Johannes, und weigerten sich, sie als wahre Nachfolgerin der Kirche der Apostel anzuerkennen.

Im 16. Jahrhundert brach die traditionelle kirchliche Strategie, spirituelle Erneuerungsbewegungen mit Hilfe der Ordensstruktur im Zaum zu halten, zusammen, insbesondere dadurch, daß Europa und das frühere paneuropäische Christentum durch das aufsteigende Nationalbewußtsein aufgespalten wurden. In Deutschland, in den skandinavischen Ländern, in Schottland und England und in der Schweiz entstanden nationale oder regionale Kirchen. Die Kirchen Frankreichs und Spaniens blieben römisch-katholisch, denn den Monarchen dieser Länder war es schon im 15. Jahrhundert gelungen, die nationalen Kirchen effektiv zu kontrollieren, ohne mit dem Papsttum zu brechen. Aber selbst die reformatorischen Strategien der neuen territorialen Kirchen der Städte, Fürstentümer und Nationen konnten das intensive Verlangen nach der geisterfüllten Gemeinschaft nicht unterdrücken. Vom linken Flügel der Reformation ausgehend, bildeten sich Spiritualisten- und Wiedertäuferbewegungen, die freie Kirchen auf der Basis der persönlichen Bekehrung befürworteten und die Staatskirchen ablehnten.

Diese freien oder Bündniskirchen wurden sowohl von der offiziellen protestantischen als auch von der römisch-katholischen Kirchenobrigkeit heftig verfolgt. Oft entzogen sich die Gruppen der Verfolgung, indem sie in die östlichen Randgebiete Europas flohen oder nach Amerika auswanderten. In England entzündete sich der Bürgerkrieg in der Mitte des 17. Jahrhunderts am Konflikt zwischen der anglikanischen und der puritanischen Auffassung von der Staatskirche; in zweiter Linie ging es dabei auch um weiter linksgerichtete, freie Kirchenkonzeptionen. Nach der Wiedereinsetzung der englischen Monarchie, der Wiederherstellung der anglikanischen Staatskirche und einem erfolglosen Versuch, sowohl Puritaner als auch freikirchliche Christen zur Konformität zu zwingen, wurde England das erste christliche Land, das freie Kirchen bis zu einem gewissen Grad tolerierte.

Im Puritanismus wiederholte sich der Konflikt zwischen der charismatischen und der institutionellen Konzeption von Kirche und geistlicher Führung mit all seinen Implikationen, auch was die Einbeziehung von Frauen in oder ihren Ausschluß von geistlichen Ämtern anging. Die puritanische Theologie unterschied zwischen der Erwählung durch Gnade und der Möglichkeit der Erlösung durch das gottgefällige Werk. In der Gnadenlehre waren alle Menschen vor Gott gleich. Alle waren Sünder und verdienten die Hölle, aber einige waren zur Gnade erwählt, unabhängig vom Geschlecht und von der Klassenzugehörigkeit in der weltlichen Gesellschaft. Was das gottgefällige Werk anging, hatte Gott jedoch eine feste soziale Ordnung etabliert, die Männer über Frauen, Herren über Diener und Eltern über Kinder setzte. Für den etablierten Puritanismus war diese hierarchische Sozialordnung der Zusammenhang, in dem alle Menschen Erlösung erfahren konnten. Obwohl die niedrigste Dienstmagd vielleicht zu den »Erwählten«, der König vielleicht zu den »Verdammten« gehörte, war die Magd dadurch nicht von ihrem Dienst befreit, sondern mußte die »gottgegebenen Pflichten« ihrer sozialen Klasse mit um so größerer Ergebenheit erfüllen[9].

Für radikale Puritaner setzte die Erwählung durch Gnade jedoch die Bindung an die gottgewollte Sozialordnung außer Kraft. Eine Person, die im Stand der Gnade war, konnte predigen und lehren, auch wenn es sich um eine Frau oder einen ungebildeten Dienstboten handelte. Diese Einstellung vertraten die Antinomisten, mit Anne Hutchinson an der Spitze, in der Mitte des 17. Jahrhunderts in Massachusetts[10]. Die puritanischen Geistlichen und Magistratsbeamten, die erkannten, wie schwerwiegend ihre soziale Ordnung durch diese Interpretation ihrer eigenen Theologie bedroht war, stellten Anne Hutchinson und ihre Anhänger vor Gericht. Sie wurden der Häresie für schuldig befunden und in die Wildnis verbannt. Andere radikalpuritanische Gruppen, wie die *Leveller* (»Gleichmacher«) und die *Fifth Monarchy Men* der englischen Bürgerkriegszeit trieben die Differenzierung der beiden Erlösungswege noch weiter. Sie vertraten die Auffassung, daß eine Unterschichtsgemeinschaft von Heiligen in Rebellion gegen jegliche hierarchische Autorität von Kirche oder Staat antreten könne[11].

Bei den Quäkern entwickelten sich die egalitären Strukturen des radikalen Puritanismus im 17. Jahrhundert zu ihrer vollständigsten und dauerhaftesten Form. Das war zum Teil das Verdienst von Margaret Fell, der späteren Ehefrau von George Fox. Die Theologie der frühen Quäker ging davon aus, daß die ursprüngliche Gleichheit aller Menschen im Bilde Gottes durch die Gnade wiederhergestellt werde. Die Gnade setzte alle Unterscheidungen der Klassen- oder Geschlechtszugehörigkeit außer Kraft, besonders was die Erfüllung religiöser Funktionen anging. Auch ein Dienstmädchen konnte zur Predigerin berufen sein. Tatsächlich war das Quäkertum berühmt für seine Predigerinnen, die ihre Botschaft nicht nur in England, sondern auch in den Kolonien verkündeten; in Massachusetts wurden sie, wie zu erwarten war, von den puritanischen Autoritäten verfolgt[12]. Auch in England waren die frühen Quäker schweren Repressalien ausgesetzt, weil sie die etablierte Hierarchie des Klerus und der sozialen Klassen offen in Frage stellten. Bezeichnend für Quäker war es, daß sie die Priester der etablierten Kirchen »Mietlinge« nannten und daß sie sich weigerten, vor Angehörigen der Oberschicht den Hut zu ziehen[13]. Im Quäkertum entwickelte sich auch ein paralleles System von Männer- und Frauenversammlungen; in der Kirchenverwaltung nahmen Frauen einflußreiche Positionen ein[14].

Diese egalitären Tendenzen in Verbindung mit charismatischer Führerschaft fanden sich auch bei den frühen Methodisten im England des 18. Jahrhunderts. Wesley, ein Anglikaner, hegte die traditionellen Vorstellungen vom Platz der Frauen in

Gesellschaft und Kirche, aber die Erfahrung der Effektivität der Predigerinnen und geistlichen Lehrerinnen überzeugte ihn, daß diese Funktionen Frauen gestattet sein sollten. Obwohl Frauen nicht ordiniert wurden, traten sie in großer Zahl als Laienpredigerinnen und Leiterinnen von Versammlungen auf. Ähnlich wie der deutsche Pietismus entwickelte auch der Methodismus die Tradition der *ecclesiola in ecclesia*, der privaten Versammlungen in kleinen Gruppen zum Gebet, zur geistlichen Belehrung und zur gegenseitigen Ermahnung.

Die Begründer dieser freien Glaubensgemeinschaften setzten voraus, daß ihre Anhänger auch an den regulären Gottesdiensten der etablierten Kirchen teilnahmen. Die Methodisten brachen jedoch später mit der etablierten Kirche und entwickkelten sich zu einer Glaubensgemeinschaft mit eigenem Bekenntnis. Zum Teil wurde dieser Bruch durch die amerikanische Revolution hervorgerufen, die den Methodisten die Möglichkeit nahm, auf ordinierte Geistliche der anglikanischen Tradition zurückzugreifen. Sie sahen sich genötigt, ihre eigenen Geistlichen zu weihen, um die Sakramente zu vollziehen. Der Bruch der Methodisten mit dem Anglikanismus beruhte also weniger auf einer sektiererischen Konzeption von Kirche, sondern eher auf der traditionellen katholischen Überzeugung von der Notwendigkeit einer geweihten Priesterschaft, die die Gläubigen mit den Sakramenten versorgen müsse. Wesley schloß aus seinem Studium der Briefe des Paulus, daß ein leitender Ältester das Äquivalent eines Bischofs der neutestamentarischen Zeit sei und daß Kirchenälteste durch andere Älteste eingesetzt werden konnten. Ausschlaggebend für die Ablehnung der methodistischen Geistlichkeit durch die Anglikaner war dieser Bruch mit der episkopalen Ordnung und der episkopalen Theorie der apostolischen Nachfolge[15].

Der Konflikt zwischen der charismatischen religiösen Autorität und der historischen Kirche war ein bleibendes Charakteristikum des amerikanischen Christentums im 18. und im 19. Jahrhundert. Im Rahmen des »Zweiten großen Erwachens« zu Beginn des 19. Jahrhunderts blühten sowohl Erweckungsbewegungen als auch utopistische Strömungen auf. Die Erweckungsbewegungen tendierten dahin, die Grenzen zwischen Priestertum und Laientum, zwischen Geweihten und Ungeweihten niederzureißen. Frauen spielten in den Erweckungsbewegungen eine herausragende Rolle, sowohl als Bekehrte, unter denen sie die Mehrheit ausmachten, als auch in organisatorischen Funktionen innerhalb der Bewegungen selbst. Charismatisch Begabte, die über die Kraft des Wortes, der Prophetie und des Heilens verfügten, wurden unmittelbar über die positive Reaktion der Glaubensgemeinschaft bestätigt, auch wenn sie nicht das Privileg der Universitätsausbildung oder Priesterweihe genossen hatten. Dieses Konzept der geisterfüllten Glaubensbotschaft ermöglichte das Hervortreten vieler Frauen im Umfeld der amerikanischen Erweckungsbewegungen, darunter einiger bemerkenswerter farbiger Frauen wie Jarena Lee, Amanda Berry Smith, Sojourner Truth und Rebecca Jackson, die ihre Botschaft sogar bis ins Ausland, nach England und Afrika trugen[16].

Die Evangelikalen im Amerika des 19. Jahrhunderts hingen im allgemeinen der Überzeugung an, daß Bekehrung auch soziale Konsequenzen habe. Diejenigen, die der Herrschaft der Sünde über ihr individuelles Leben entsagt hatten, sollten sich auch nicht auf die kollektiven Ausdrucksformen von Sünde einlassen. Der radikalere Flügel der Erweckungsbewegungen floß in den Jahrzehnten vor dem Bürgerkrieg in die Bewegungen zur Abschaffung der Sklaverei und in den Pazifismus ein. Die Ablehnung des Krieges und der Sklaverei war die logische Konsequenz, wenn man die Herrschaft des Bösen über das eigene Leben brechen wollte. In der Bewegung des Pazifismus und der Abschaffung der Sklaverei mit William Lloyd Garrison an der Spitze fand auch der Feminismus eine aufmerksame Zuhörerschaft. Die feministischen Befürworterinnen der Sklavenbefreiung, wie Sarah und Angelika Grimké (die letztere war die Ehefrau des berühmten Befreiungspredigers Theodore Weld), interpretierten die Entscheidung gegen die Sklaverei als umfassende Entscheidung gegen alle Formen der Unterdrückung und der sozialen Ungerechtigkeit, die eine gesellschaftliche Gruppe der anderen unterordnete – sei es die Unterordnung der Schwarzen unter die Weißen, sei es die Unterordnung der Frauen unter die Männer[17].

Die Vision der sozialen Konsequenzen einer Massenbekehrung ließ bei amerikanischen Protestanten die Vorstellung entstehen, das religiöse »Erwachen« bereite die Erde auf eine epochale Erlösung vor, die nahe herangekommen sei. Die christlichen Erweckungsbewegungen wurden als Bestandteil eines allumfassenden Kampfes gesehen, der nicht nur die Herzen, sondern auch die gesellschaftlichen Verhältnisse verändern, in Übereinstimmung mit der »goldenen Sittenregel« bringen und damit das Reich Gottes auf Erden vorbereiten würde. Diese Form des Chiliasmus ging mit einer typisch methodistischen Erlösungsdoktrin perfektionistischer Prägung Hand in Hand. Die »Heiligkeitsbewegung« (Holiness Movement) predigte mit glühendem Eifer, daß die Bekehrten nicht nur Gerechtigkeit und Anerkennung vor Gott fänden, sondern auch geheiligt würden, wenn sie der Macht der Sünde über ihr Leben gänzlich entsagten. In soziale Begriffe übertragen, entwarf der religiöse Perfektionismus die Vision einer Zukunft, in der alle Übel der Ungerechtigkeit, der Gewalt und des Krieges durch eine heraufkommende Revolution der Heiligen abgeschafft würden.

Die chiliastischen Strömungen innerhalb der Erweckungsbewegungen verschmolzen im Amerika des 19. Jahrhunderts mit dem wiederbelebten utopischen Frühsozialismus. Einige der utopistischen Bewegungen stammten von radikalprotestantischen Sekten des 16. und 17. Jahrhunderts ab, von den Mennoniten und der Herrnhuter Brüdergemeine. Einige andere gingen auf Bewegungen des 18. Jahrhunderts zurück, auf die deutschen Baptisten (Dunker) oder die englischen Shaker. Wieder andere beriefen sich auf den säkularen Frühsozialismus Englands und Frankreichs, auf Owen, Fourier und Saint-Simon. Aus den utopistischen Bewegungen in ihrer Ganzheit gingen in Amerika im 19. Jahrhundert viele von ihrem Geist geprägte Kolonien hervor. Die meisten religiösen Utopisten verbanden mit dem Aufbau ihrer Kolonien die Erwartung der Herrschaft Christi und der Heiligen, den Beginn des Reiches Gottes auf einer erneuerten Erde. Selbst bei den säkularen utopischen Frühsozialisten zeigten sich religiöse Einflüsse; sie tendierten dahin, ihre Bewegungen als das neue oder wahre Christentum zu betrachten[18].

Das Erlösungskonzept der meisten dieser utopistischen Bewegungen schloß ein neues Modell der Beziehung zwischen Männern und Frauen ein. Einige hatten ein androgynes Gottesbild und glaubten, daß in einer erlösten Menschheit die Entfremdung zwischen dem Männlichen und dem Weiblichen aufgehoben sein und ein neues ganzheitliches Menschenbild geschaffen werde. Für einige Gruppen, wie die Shaker, war damit auch die Vorstellung von einer zweiten Verkörperung Christi in Gestalt einer Frau verbunden, die den weiblichen Aspekt bzw. die Ganzheit der göttlichen Weisheit enthüllen würde. In der Praxis bedeutete das die Parität von Männern und Frauen an der Spitze der »Reich-Gottes-Gemeinschaft der zweiten Erscheinung Christi«, wie die Shaker offiziell genannt wurden[19]. Andere Utopisten glaubten, daß die am Geist der Gemeinschaft orientierte Gesellschaft die Teilung zwischen der produktiven und der reproduktiven Arbeit aufheben und so den Frauen die Möglichkeit geben werde, als Ebenbürtige – mit den gleichen Chancen wie die Männer – am Gesellschaftsprozeß teilzunehmen. Die Kollektivierung der produktiven Arbeit, des Besitzes an Grund und Boden und an Produktionsmitteln und auch die Kollektivierung der Hausarbeit und der Kindererziehung wurden als wesentliche Bestandteile der menschlichen Empanzipation betrachtet, die Frauen von ihrer dienenden Rolle in der gesellschaftlichen und der familiären Hierarchie befreien sollte. Im utopischen Frühsozialismus des 19. Jahrhunderts verband sich also die Vision einer befreiten Gesellschaft mit der Vision einer Kirche, die das historische Instrument der menschlichen Emanzipation und die Avantgarde einer erlösten Menschheit sein sollte. In beiden Vorstellungen waren die Idee der Frauenemanzipation und die Idee der Gleichheit des männlichen und des weiblichen Prinzips und der Lebenssphären der Geschlechter bis zu einem gewissen Grad mit enthalten.

Wenn wir auf die Kirchengeschichte bis zum Ende des 19. Jahrhunderts zurückblicken, nehmen wir die Struktur des Spannungsverhältnisses zwischen der historischen Institution Kirche und dem Prinzip der geisterfüllten Gemeinschaft deutlich wahr. Der Konflikt taucht immer wieder auf, ob wir vom frühen Christentum sprechen, das zu den historischen Institutionen des Judentums und der griechisch-römischen Gesellschaft in Widerspruch stand, oder ob wir vom prophetischen oder mystischen Christentum sprechen, das in der patriarchalen Epoche die Rolle der Gegenkultur übernahm. Der Konflikt manifestiert sich im Mittelalter in Spannungen zwischen dem etablierten Klosterwesen und den populären asketischen Kommunebewegungen, im 16. Jahrhundert im Widerspruch zwischen der »offiziellen« Reformation und den reformatorischen Wiedertäuferbewegungen und im 19. Jahrhundert in Amerika in den Spannungen zwischen den etablierten Kirchen und den utopistischen Erweckungsbewegungen.

Die Spannungen und Widersprüche zwischen zwei grundsätzlich voneinander abweichenden Konzeptionen von Kirche durchziehen die gesamte Kirchengeschichte. Die historische Institution Kirche tendierte stets dahin, die etablierte Ordnung mit ihren politischen und sozialen Hierarchien religiös zu untermauern. Die Ordnung der Kirche spiegelte stets die Hierarchien der Gesellschaft wider, sei es die Herrschaft der römischen Führungsschicht über die Plebejer, sei es die Herrschaft des Adels über die Bauern und Leibeigenen oder sei es die moderne Herrschaft der Managerkaste über die abhängigen Arbeitnehmer und Verbraucher. Sowohl in der Metaphorik als auch in der Organisationsstruktur des Priestertums und in seinem Verhältnis zu den Laien ist die Geschlechter- und Familienhierarchie abgebildet, in der die Frau dem Mann untersteht, der Vater über die Kinder, der Herr über den Diener herrscht.

Im Gegensatz dazu hat die Konzeption von Kirche als geisterfüllter Gemeinschaft die Tendenz, die sozialen Hierarchien aufzubrechen. Sie vertritt die Auffassung, daß alle Christen mit dem Geist erfüllt seien und daß sie einander geistlichen Beistand leisten sollten. Jeder einzelne verfügt über Gaben, die zum Aufbau des Gesamtorganismus der Gemeinschaft notwendig sind. Dieser Egalitarismus kann sich zu bestimmten Zeiten in bilderstürmerischer Kritik an den etablierten kirchlichen und sozialen Institutionen äußern. In der erlösten Menschheit wird der Geist der Prophetie auf die Verachteten der gegenwärtigen Ära ausgegossen werden, und sie werden predigen und weissagen. Die Frauen werden befreit sein und an der Spitze der Gemeinschaft der neuen Menschlichkeit einen ebenbürtigen Platz einnehmen.

Die Kirche als geisterfüllte Gemeinschaft fühlt sich also zu einem Exodus aus der etablierten sozialen Ordnung und ihren Heilsvorstellungen aufgerufen. Sie bezeugt die Notwendigkeit einer alternativen gesellschaftlichen Ordnung, die mit den Geboten Gottes in Übereinstimmung lebt. Diese neue soziale Ordnung ist durch die Abkehr von bestimmten Zügen der existierenden Ordnung charakterisiert. Die chiliastische Gemeinschaft lehnt das Privateigentum ab und verwaltet alle Güter gemeinschaftlich. Diese Wirtschaftsform hebt die Hierarchien von Reichtum und Armut auf. Sie stellt nicht nur allen Mitgliedern der Gesellschaft die nötigen Mittel zum Leben zur Verfügung; sie fördert darüber hinaus eine neue Sozialethik, die nicht auf dem Konkurrenzprinzip, sondern auf dem Prinzip der wechselseitigen Hilfeleistung beruht. Außerdem lehnten viele radikale Christen jede Form von Krieg und Gewalt ab und verweigerten den Militärdienst in den Armeen ihrer Länder. Der Pazifismus ist ein Schlüsselelement der Utopie des neuen Zeitalters im Gottesfrieden, des Engagements für eine befreite Welt. Das radikale Christentum steht also im Widerspruch zu den etablierten Formen von Gesellschaft und tendiert dahin, ihre traditionellen Religionen – die institutionalisierten christlichen Kirchen eingeschlossen – als falsche oder degenerierte Religionen zu betrachten. Diese etablierten Religionen oder Kirchen beten eher die Idole der Macht an als den lebendigen Gott. Das radikale Christentum lebt in der Erwartung des nahenden neuen Zeitalters und sucht sich selbst die Form zu geben, die es als künftige Lebensform einer erlösten Menschheit betrachtet.

Die experimentellen Bewegungen, die sich am Konzept der geisterfüllten Gemeinschaft und an einer jenseits der Geschichte liegenden neuen Ordnung orientieren, sind jedoch historisch instabil. Sie werden immer entweder von den existierenden religiösen Institutionen unterdrückt oder trennen sich von ihnen und werden selbst zu neuen historischen Institutionen. Manchmal werden sie in existierende religiöse und soziale Systeme integriert, lockern sie auf und bereichern sie, büßen dabei aber im Lauf einer oder zweier Generationen ihre radikalen und gegenkulturellen Inhalte ein. Die Kirche als geisterfüllte Gemeinschaft, die im Dienst und in der Erwartung des neuen Zeitalters steht, muß eine Form finden, mit der real existierenden, unerlösten menschlichen Geschichte zurechtzukommen. Wie kann sich eine Kirche sowohl in ihrer Lehre als auch in ihrer Organisationsform historisch in einer Weise vermitteln, die der kontinuierlichen Wiedergeburt des Geistes und der Wiederbelebung der geisterfüllten Gemeinschaft in ihrer Mitte Raum läßt? Um diese Frage weiterzuverfolgen, wende ich mich den gegenwärtigen Ausdrucksformen der geisterfüllten Gemeinschaft und ihren neuerlichen Konflikten mit den historischen Institutionen der Kirche und des Staates zu.

KAPITEL 2

Gemeinschaft und Institution heute: Erfahrungen und theologische Überlegungen

Der Konflikt zwischen geisterfüllter Gemeinschaft und institutionalisierter Kirche ist im gegenwärtigen Christentum wieder aufgebrochen, insbesondere im Katholizismus, als Resultat der Erneuerungsbewegungen im Gefolge des Zweiten Vatikanischen Konzils. Der Konflikt äußert sich in unterschiedlichen Formen. In der charismatischen Bewegung wird zum Beispiel die alte Vorstellung von der unmittelbaren Geisterfahrung in Gebetsversammlungen wieder zum Leben erweckt. Geistige Heilung, ekstatische Rede und spontane religiöse Erfahrungen sind für diese Versammlungen charakteristisch. Viele dieser Gruppen sind gesellschaftlich konservativ eingestellt. Erlösung betrifft in ihrer Sicht nur die individuelle Seele und hat nichts mit der Veränderung der sozialen Verhältnisse zu tun. Manche Gruppen haben sich sogar wieder der strikt konservativen Doktrin der männlichen Führerschaft in Familie und Gesellschaft zugewandt. Sie befürworten die ausschließlich männliche Autorität in ihrer Gemeinschaft und verlangen von ihren weiblichen Mitgliedern strikte Unterordnung[1]. Dennoch rufen selbst diese Gruppen in der kirchlichen Hierarchie Nervosität hervor; man sieht eine geistliche Führerschaft entstehen, die nicht unter institutioneller Kontrolle ist. Das Episkopat gab also eindeutige Order, daß keine leitenden geistlichen Funktionen ausgeübt werden dürfen, die nicht von der Hierarchie bestätigt worden sind[2]. Viele der charismatischen Gruppen passen sich diesem Reglement an und akzeptieren die Einsetzung eines offiziellen Geistlichen.

Viele andere charismatische Gruppen durchbrechen jedoch die von der Institution vorgegebenen Begrenzungen und überschreiten die konfessionellen Schranken. Sie lassen spirituelle Begabung spontan zu, unabhängig von der Kontrolle oder der Interpretation eines bestellten Priesters. Sie akzeptieren die Führungsrolle von Frauen auf der Basis der Geistbegabung; of-

35

fizielle Beglaubigung bedeutet ihnen nichts. Manche sehen sich als Vorläufer einer erneuerten Praxis der geistlichen Funktionen, die Frauen einschließt und die generell eine höhere Beteiligung von Laien nach demokratischen Prinzipien erlaubt. Manche dehnen diese Hoffnungen auch auf soziale Fragen aus und streben nach einer gerechteren Gesellschaft.

Eine zweite Bewegung, die von der Theologie der Befreiung beeinflußt ist, sieht die Veränderung der gesellschaftlichen Verhältnisse als den grundlegenden Zusammenhang für ihr Verständnis von Kirche. Erlösung ist nicht auf die individuelle Seele, auf die zwischenmenschlichen Beziehungen und auf die kirchliche Sphäre beschränkt. Es geht vielmehr um die Erlösung der ganzen Menschheit, die Erlösung der Schöpfung und die Überwindung der systemimmanenten Ungerechtigkeiten in der Geschichte. Die Theologie der Befreiung greift also auf die messianische Perspektive der prophetischen Tradition der Bibel zurück. Sie sieht Kirche nicht als eine abgetrennte Sphäre des Heiligen, die von der Gesellschaft weg und zum Himmel weist, sondern als die Vorbotin der Befreiungs- und Erlösungshoffnungen der Menschheit innerhalb der Geschichte. Kirche ist überall dort, wo Gottes Wort im Sinn der Brandmarkung sozialer Mißstände und der Verkündigung neuer Formen von Gerechtigkeit gepredigt wird und wo die Menschen bestärkt und ermutigt werden, in solidarischer Gemeinschaft mit den am stärksten unterdrückten Teilen der Gesellschaft in den Kampf einzutreten.

Die christlichen Basisgemeinden sind also der kirchliche Ausdruck der Theologie der Befreiung. Hier wird Befreiungstheologie in der Praxis gelebt. Basisgemeinden sind Vereinigungen von Christen, die sich bereits bewußt auf die Seite der Unterprivilegierten in der Gesellschaft gestellt haben und die das Evangelium im Licht des Engagements für die Errichtung einer gerechten Gesellschaft neu überdenken. In den Basisgemeinden wird das Engagement für gesellschaftspolitische Arbeit auf einer bestimmten Ebene vorausgesetzt, seien es Bemühungen um bessere Lebensbedingungen in der eigenen Nachbarschaft, sei es der Kampf gegen die Installierung nuklearer Waffen auf dem Territorium des eigenen Staates. Dieses sozialpolitische Engagement wird zum konkreten Kontext für die theologische Reflexion. Durch die politische Arbeit der Gruppen werden die gesellschaftlichen Widersprüche und der Hang der etablierten Gesellschaft, sich mit Reichtum und Macht zu verbünden, offengelegt. Das soziale Engagement ist die Grundlage der Bibelinterpretation in den Basisgemeinden; die Bibel gibt das Modell der Erwählung der Armen durch Gott und der Verkündigung neuer Lebensalternativen vor. Für die christlichen Basisgemeinden ist die prophetische Tradition der Bibel die gültige Überlieferung. Den Christen, die die Heilige Schrift aus der Perspektive der Option für die Armen lesen, wird ein »hermeneutisches Privileg« zugesprochen, das heißt, sie lesen die Schriften richtig, nämlich aus derselben Perspektive heraus, aus der sie geschrieben wurden[3]. Andererseits heißt das auch, daß diejenigen, die die Bibel von der Seite des Status quo aus lesen, die falsche Deutung haben, denn sie trennen das Persönliche vom Sozialen, das Heilige vom Profanen und verweisen damit die Heilsbotschaft in einen abstrakten Raum, wo sie auf das alltägliche Leben keinen Einfluß nehmen kann. Wenn die Kirchenmitglieder die Heilige Schrift im Geist des Engagements für die Gerechtigkeit lesen, eignen sie sich damit das Wort Gottes wieder an und befreien es aus der klerikalen und wissenschaftlichen Entfremdung, die es zum Instrument der ungerechten Macht und der Beruhigung der Opfer gemacht hatte.

Die meisten katholischen Basisgemeinden erkennen der Priesterschaft ihre sakramentalen Funktionen nicht ab. Entweder haben sie selbst einen Priester in ihrer Mitte, der die Sakramente vollzieht, oder sie empfangen die Sakramente weiterhin von der lokalen Kirche. Die Gemeindeversammlungen schließen Gebete, Kirchenlieder und den Aufruf zur gegenseitigen Hilfeleistung ein. Der Schwerpunkt der Versammlung ist jedoch die Bibellesung und die anschließende Diskussion des Bibeltextes im Kontext der sozialen Praxis, die den Zusammenhang von christlichem Glauben und sozialem Engagement untermauert und stärkt. Die kirchliche Hierarchie betrachtet die Bewegung der Basisgemeinden als eine sehr bedrohliche Entwicklung. Sie betont immer wieder, Basisgemeinden könnten nur als Erweiterung der offiziellen Evangelisierungsmissionen geduldet werden und hätten einem lokalen Priester zu unterstehen, der seinerseits dem Bischof untergeben sei. In Lateinamerika und in Afrika war die etablierte Kirche jedoch vielerorts gezwungen, auch Basisgemeinden ohne priesterliche Leitung zu unterstützen, da ordinierte Priester nicht in genügender Zahl zur Verfügung standen und da die religiöse Unterweisung der Bevölkerung ohne die Hilfe von Laien nicht geleistet werden konnte.

Beim dritten Treffen der lateinamerikanischen Bischofskonferenz 1979 in Pueblo in Mexico wurde der Konflikt zwischen katechetischen Notwendigkeiten und hierarchischer Kontrolle öffentlich ausgetragen. Die konservative Hierarchie, unterstützt von Repräsentanten aus Rom, versuchte die christlichen Basisgemeinden und damit zugleich die Theologie der Befreiung zu eliminieren. Die von den seelsorgerisch orientierten Bischöfen gebildete liberale Mehrheit fand jedoch, daß auf das Instrument der religiös engagierten Laienschaft nicht verzichtet werden konnte, wenn man die Millionenbevölkerung in den Diözesen erreichen wollte.

Die Befreiungstheologen und die radikaleren Bischöfe, die in den Basisgemeinden nicht nur Missionsstützpunkte, sondern auch Orte der gesellschaftlichen Veränderung sehen, arbeiteten mit den liberalen Bischöfen zusammen, um die Konservativen zu überstimmen und die offizielle Anerkennung der Gemeinden zu unterstützen. Im Abschlußdokument der Bischofskonferenz wurden die christlichen Basisgemeinden als legitim bestätigt, allerdings aus der konservativen Perspektive heraus, die in ihnen die unterste Stufe der kirchlichen Missionstätigkeit des Klerus unter offizieller Kontrolle erblickt[4].

Die Befreiungstheologen konnten diese konservative Legitimationsinterpretation akzeptieren, da sie wußten, daß die christlichen Basisgemeinden diese Grenzen in der Praxis überschreiten und daß sie als Instrument kritischen Bewußtseins und sozialen Handelns fungieren[5]. Basisgemeinden werden von engagierten Priestern und Nonnen geleitet, die sich mit der Befreiungstheologie identifizieren. Im großen und ganzen sind es die kritischen Teile der Bauernschaft und der Arbeiterklasse sowie engagierte Intellektuelle, die in solchen Gemeinden mitarbeiten; für sie ist religiöses und soziales Engagement von vornherein miteinander verbunden.

Nicaragua ist wahrscheinlich das erste Land, in dem eine soziale Revolution Impulse von der christlichen Basisbewegung und der Theologie der Befreiung erhielt. Viele an der Revolution beteiligte Christen hatten sich in den späten sechziger Jahren Basisgemeinden angeschlossen, meistens unter der Leitung eines radikalen Priesters, der die bewußte Entscheidung getroffen hatte, in einem Slumgebiet oder armen »Barrio« zu arbeiten. Das Bibelstudium und die Diskussion in diesen Gruppen bahnten das Bewußtsein an, das später aus diesen Menschen aktive Revolutionäre machte. Nachdem sie sich der Revolution angeschlossen hatten, fanden viele dieser Christen nicht mehr die Zeit, sich weiterhin in kleinen Bibelkreisen zu treffen. Die Reflexion war in ein intensives, alle Kräfte beanspruchendes Handeln übergegangen. Nach der Revolution bildete sich eine große Zahl anderer Gruppierungen, die sich bemühten, die neue Gesellschaft aufzubauen: Milizverbände und Schutztruppen zur Verteidigung gegen Konterrevolutionäre, Nachbarschaftsverbände, die neuen Wohnraum, Tageszentren für Kinder und Krankenhäuser erstellten. Die christlichen Basisgemeinden trafen sich weiterhin in ihren »Barrios«, aber es nahm nur noch eine kleine Zahl von Menschen an den Versammlungen teil. Viele standen vor der Entscheidung, zu diesem Treffen oder zu anderen kommunalen Versammlungen zu gehen, die ihre Zeit und ihr Engagement für neue soziale Strukturen in Anspruch nahmen[6].

Allerdings sollte die geringe Teilnahme an den Bibelrunden der Basisgemeinden nicht als Spaltung zwischen den explizit religiösen und den säkularen revolutionären Aktivitäten gedeutet werden. Für engagierte Christen gehören alle diese Aktivitäten zusammen. Alle drücken die wirkliche Bedeutung des Evangeliums aus. Ob man sich hinsetzt und Bibeltexte im Licht des sozialen Befreiungskampfes reflektiert, oder ob man zur kommnunalen Versammlung geht und den nächsten Schritt des Aufbaus der neuen Gesellschaft diskutiert – beides heißt, das Evangelium zu leben. Das reflektierende Studium des Evangeliums sollte tatsächlich in ein solches engagiertes Leben einmünden. Dort, wo Kirche zu einem produktiven Zentrum des sozialen Befreiungskampfes wird, stellt sie auch den Mittelpunkt dar, wenn es um die Bewältigung von Krisen geht. Wenn die konservative Hierarchie versucht, einen populären Priester zu entfernen, oder wenn die Contras Dorfbewohner ermorden, werden die Rituale und Liturgien der Kirche zu einem Mittel, der Krise symbolisch Ausdruck zu verleihen und sie zu verarbeiten. Die Messe, die Begräbnisprozession werden zur Dorfversammlung, zur Protestkundgebung gegen die Ungerechtigkeit und zum Ort der Bekräftigung der eigenen Identität als Gemeinschaft. Da die christlichen Basisgemeinden in Nicaragua das revolutionäre Potential eines solchen Verständnisses von Kirche in der Praxis erwiesen haben, sind sie auch den schärfsten Sanktionen von seiten der regionalen und der vatikanischen Kirchenführung ausgesetzt. Der Vatikan versuchte immer wieder, radikale Priester, die der Revolutionsregierung angehören, zur Amtsniederlegung oder zur öffentlichen Verurteilung der »Volkskirche«, wie sie oft genannt wird, zu zwingen. Der Bischof von Managua, Obando y Bravo, wurde zum Wortführer der hierarchischen Kontrolle über die Priester, Nonnen und Laien, die der Volkskirche angehören, und zum Interessenvertreter der Konterrevolutionäre sowie der reichen Oberschicht. Es wird deutlich, daß der Kampf zwischen der konservativen Kirchenhierarchie und der Volkskirche den Klassenkampf in der Gesellschaft widerspiegelt, daß in der Tat beides Aspekte desselben Befreiungskampfes sind[7].

An der Spaltung zwischen der hierarchischen Kirche und der Volkskirche wird auch die Ebene deutlich, auf der internationale Interventionen stattfinden. Nicht nur der Vatikan versucht den Einfluß der Hierarchie gegen die engagierten Christen an der Basis durchzusetzen – auch die amerikanische Regierung bemüht sich darum, den konservativen Flügel als legitime katholische Kirche in Nicaragua zu etablieren. Nicht genug damit, daß die Contras enorme Geldzuwendungen von der amerikanischen Regierung erhalten – hohe Regierungsbeamte nutzen ihre diplomatischen Privilegien und den Einfluß der Medien, um die nicaraguanische Kirche als eine von der antichristlich-marxistischen Regierung »verfolgte« Institution hinzustellen und die revolutionären Christen als randständig und unrepräsentativ erscheinen zu lassen. Ein großer Teil der amerikanischen Regierungskampagne gegen die nicaraguanische Volkskirche zielt auf die amerikanischen Katholiken ab. Sie sollen davon überzeugt werden, daß sie die konservative Kirche Nicaraguas, die die Ausdrucksform von Katholizismus ist, unterstützen müssen, und sie sollen davon abgehalten werden, mit der Volkskirche zu sympathisieren. Man sieht in den amerikanischen Katholiken ein Potential gefährlichen Widerstands gegen die Interventionen der USA in Lateinamerika[8].

Da sich katholische Bischöfe in den USA gegen militärische Hilfe und Waffenlieferungen und gegen Nuklearwaffen in Zentralamerika ausgesprochen haben, bemühen sich regierungsnahe Kreise, auch diese Autorität zu neutralisieren. Priester und Nonnen, die sich mit der Volkskirche Zentralamerikas identifizieren, gehören jedoch oft Orden an, die mit den USA vernetzt sind, und so fließt der Strom alternativer Information und Interpretation zu den amerikanischen Katholiken zurück, die Bischöfe eingeschlossen, die einen alternativen Standpunkt vertreten. So bildete sich auf überraschende Weise in der konservativen amerikanischen Kirchenhierarchie, die traditionell dazu neigt, den Patriotismus der amerikanischen Katholiken unter Beweis zu stellen, eine ausgesprochene Dissidentenbewegung gegen die Außenpolitik der Vereinigten Staaten. Die Wurzeln dieser Entwicklung liegen im populären Christentum und seinem Engagement für die Unterdrückten und Unterprivilegierten.

Christliche Basisgemeinden entwickelten sich auch innerhalb des europäischen Katholizismus, wenn auch nicht mit demselben revolutionären Impetus wie in Nicaragua; die europäischen Länder befinden sich in einer anderen historischen Situation. In den Niederlanden entstand im Gefolge der Reformen des Zweiten Vatikanischen Konzils eine starke christliche Basisbewegung[9]. Für eine Weile sah es so aus, als würden sich innerhalb der holländischen Kirche drastische Veränderungen vollziehen. Es ging um die Anerkennung verheirateter Priester und weiblicher Seelsorger und um eine demokratische Kirchenleitung, in der Laien gemeinsam mit Priestern und Bischöfen Kirchenpolitik machen sollten. Der Vatikan intervenierte jedoch und spaltete die liberale holländische Kirchenführung durch die Errichtung neuer Diözesen, die mit reaktionären Prälaten besetzt wurden. Die niederländische Kirche wurde angewiesen, verheirateten Priestern, die weiterhin in Pfarrbezirken arbeiteten, die Ämter abzuerkennen und sämtliche Äußerungsformen der Volkskirche zu unterdrücken. Obwohl in den Niederlanden immer noch ein Netzwerk christlicher Basisgemeinden existiert, manche römisch-katholischer, manche ökumenischer Provenienz, ist die ursprünglich produktive Kooperation mit der holländischen Kirchenhierarchie doch abgerissen. Die Basisgemeinden operieren getrennt von der offiziellen Kirche; ihr Hauptengagement liegt im sozialen Bereich, in der Arbeit mit ausländischen Arbeitnehmern und im Kampf gegen die nukleare Bewaffnung. Die Gleichberechtigung der Frauen in allen Lebensbereichen wird in diesen Gruppen als selbstverständlich vorausgesetzt und ist ein Grundelement ihrer sozialen Perspektive. Junge katholische Feministinnen in Holland stehen der etablierten Kirche allerdings zunehmend feindlich gegenüber; in ihrer Sicht liegt Misogynie im Wesen des Christentums, das dadurch unreformierbar wird.

Auch in Italien bildete sich im Gefolge der liturgischen und der Kirchenreformen des Konzils eine starke christliche Basisbewegung heraus. Anders als in Holland wurden die Reformbemühungen dieser Bewegung aber von der Kirchenhierarchie nie in der Praxis unterstützt. Einige populäre Gruppen, die versuchten, im katechetischen und liturgischen Bereich Reformen durchzuführen, und die sich verstärkt für die unterprivilegierten Schichten engagierten, kamen sehr bald mit der Kirchenleitung in Konflikt. Sie wurden aus den lokalen Gemeinden ausgeschlossen; den Geistlichen, die an der Spitze der Gruppen standen, wurde ihre Priesterwürde abgesprochen. Die italienischen Basisgemeinden mußten sich damit abfinden, außerhalb der etablierten Kirche zu leben. Eine dieser Gruppen, die Basisgemeinde der historischen Pauluskirche außerhalb von Rom, verlegte ihre Versammlungen in ein verlassenes Lagerhaus in der Nähe der alten Basilika; dort halten sie seit den späten sechziger Jahren ihre Gottesdienste ab. Eine Basisgemeinde in Florenz, die aus ihrer Stadtteilkirche vertrieben wurde, bezog ein altes Schulgebäude, das der Kirche unmittelbar gegenüberliegt. Auf der Piazza vor der Pfarrkirche zelebriert die Gruppe weiterhin die Messe[10].

Außerdem gelang es den italienischen Basisgemeinden, ein Netzwerk der Kommunikation untereinander und mit den Basisbewegungen anderer europäischer und lateinamerikanischer Länder zu begründen[11]. Meistens gehören die Mitglieder italienischer Basisgemeinschaften politischen Parteien des linken Flügels an und sind in sozialpolitischen Bewegungen aktiv. Da die italienische Kirchenhierarchie eng mit der Politik verknüpft ist, traditionell die Christdemokraten unterstützt und in den vergangenen Jahrzehnten Katholiken sogar verboten hat, sozialistisch oder kommunistisch zu wählen, ist schon die Mitgliedschaft in einer linken Partei ein Akt des Dissidententums gegen die Hierarchie. Italienische Christen sind schon lange daran gewöhnt, ihre Identität als Katholiken mit einer von der Haltung der Kirche extrem abweichenden sozialpolitischen Einstellung zu vereinbaren; außer bei Taufen, Hochzeiten und Beerdigungen gehen sie selten zur Kirche. Die christlichen Basisgemeinden, die seit Jahrzehnten außerhalb der Kontrolle der Kirche operieren, finden es daher nicht schwierig, sich auch weiterhin als Katholiken zu definieren.

In den USA ist die Situation der neuen Basisgemeinden diffuser. In den sechziger Jahren entstanden populäre Liturgiegruppen, die sich privat oder in Schulen trafen; aber diese Untergrundkirche verschwand im Lauf der Zeit oder wurde von populären Bewegungen innerhalb der Pfarrgemeinden absorbiert. Christliche Basisgruppen leisten Evangelisierungsarbeit in hispanischen Gemeinden, aber ihr Stil ist konservativ, und sie werden von Priestern geleitet, die in der Mehrzahl den etablierten Formen der Katechese verpflichtet sind. Die radikalsten Formen neuer christlicher Gemeinschaften in den USA sind die feministischen Liturgiegruppen. Da die etablierte Kirche es ablehnte, Frauen und feministische Theologie in den Gottesdienst zu integrieren, da diese Gruppen also aus der Frustrationserfahrung mit männlicher Kirchenleitung und männlicher Theologie hervorgegangen sind, operieren sie notgedrungen außerhalb der hierarchischen Kontrolle. Diese Gruppen sind das Thema dieses Buches, und ich werde sie später ausführlich behandeln.

Den Rest dieses Kapitels widme ich der Diskussion der theologischen Probleme, die sich ergeben, wenn wir Kirche als Produkt des historischen und aktuellen Konflikts zwischen geisterfüllter Gemeinschaft und historischer Institution definieren. Ich gehe von der Grundannahme aus, daß Kirche weder ausschließlich als historische Institution noch ausschließlich als geisterfüllte Gemeinschaft interpretiert werden kann. Kirche existiert vielmehr als eine Form dialektischer Interaktion zwischen den beiden Polen. Der Charakter der Beziehung zwischen den beiden polaren Formen wurde immer wieder falsch interpretiert – im allgemeinen von der historischen Institution, zeitweilig aber auch von den Erneuerungsbewegungen. Auf diese Weise bricht die Beziehung zwischen den Polen zusammen und verwandelt sich in Unterdrückung und Trennung. Nur selten nimmt das Zusammenspiel beider Kräfte die eigentlich mögliche Form optimaler Kreativität an.

Der Irrtum der historischen Institution liegt in ihrer Neigung, falsche Ansprüche zu erheben, was die spirituelle Wirksamkeit einer rein formalen Vermittlung von Worten, Symbolen und Ritualen angeht. Die institutionalisierte Kirche versucht sich selbst zur Urheberin von Gnade und zur Quelle der Ausgießung des Heiligen Geistes zu machen, statt einfach der Ort und der Zusammenhang zu sein, wo diese Erfahrungen stattfinden können. Sie formalisiert die Kommunikation religiöser Sinnerfahrung und gibt vor, diese rigiden Formen seien die einzig gültigen Vermittlungswege der Gnade. Sie nimmt für sich in Anspruch, daß nur das Predigtwort der von ihr eingesetzten Priester, deren Theologie sie kontrolliert, das wahre Wort Gottes und daß nur durch die von ihr gebilligten Rituale das Heil zu finden sei. Die Kirche erzeugt einen sakramentalen

Materialismus, wenn sie die Menschen glauben macht, nur das Handeln der ordnungsgemäß ordinierten Priester könne die Anwesenheit der Macht Gottes hervorrufen – und das auch noch durch das simple Vollziehen ritueller Akte, deren Sinn weder der Geistliche noch die Teilnehmer wirklich mitvollziehen. Mit anderen Worten: Die Vermittlung göttlicher Gnade kann wie ein Zaubertrick funktionieren, das heißt ohne wirkliche Erfahrung der Bedeutung und ohne Überzeugung auf beiden Seiten.

Die Kirche brachte also einen falschen Glauben an die Wirksamkeit formaler Akte hervor. Sie erhob den Anspruch, nur sie könne spirituelle Erfahrung vermitteln, weil sie in einer Tradition legitimer Geist-Übertragung stehe, die bis zu den Aposteln zurückreiche. Der falsche Mythos von der apostolischen Nachfolge ist also die erste Lüge, die ausgeräumt werden muß. Die Fiktion von der formalen Übertragung des Geistes durch sakramentale Akte, die über Jahrhunderte vom Vorgänger auf den Nachfolger übergegangen sein soll, ist nichts weiter als eine Legitimationskonstruktion der historischen Kirche, die dadurch das Geistmonopol beansprucht. Sie erklärt damit die tatsächliche spirituelle Erfahrung innerhalb ihrer eigenen institutionellen Strukturen für überflüssig oder zweitrangig. Sie definiert sich selbst als geisterfüllte Gemeinschaft und tut jedes weitere Bedürfnis nach Spiritualität als irrelevant ab. Wir müssen uns bewußtmachen, daß darin eine völlige Fehleinschätzung oder zumindest ein schwerwiegendes Mißverständnis der Funktion von Kirche liegt. Festgelegte Glaubensformeln und Ritualakte können den Geist eben nicht *ex opere operato* übertragen, ohne daß der Empfänger die Bedeutung persönlich erfaßt hat.

Die Behauptung, Jesus habe eine historische Institution begründet und Strukturen von Priesterschaft, Sakrament und hierarchischer Führung eingesetzt, die in ungebrochener Kontinuität über die Jahrhunderte weitergegeben worden seien, ist eine historische Fälschung. Wie wir sahen, ist es äußerst unwahrscheinlich, daß Jesus beabsichtigte, eine unabhängige Religion außerhalb des Judentums zu begründen, viel weniger noch eine separate Kirche mit hierarchischen Verwaltungsstrukturen nach römischem Vorbild. Die frühe Apostelkirche war eine voluntaristische Gemeinschaft mit charismatischen Formen geistlicher Führung. Sie kann kaum motiviert gewesen sein, institutionelle Formen einer historischen Organisation zu schaffen, zumal ihre Mitglieder erwarteten, daß noch innerhalb ihrer Generation das Ende aller Zeiten erreicht sein würde. Die episkopale Kirche und das Prinzip der apostolischen Nachfolge sind vielmehr Formen, die erst durch die Unterdrückung der ursprünglichen Apostelkirche entstanden.

Das soll jedoch nicht heißen, Institutionalisierung an sich sei illegitim. Die geisterfüllte Gemeinschaft gibt sich Illusionen hin, wenn sie meint, ohne jede historische Struktur existieren zu können. Das frühe chiliastische Christentum hätte, wie wir sahen, in seiner ursprünglichen Form nicht überleben können. Es bedurfte einer theologischen Übersetzung, das heißt einer Neuinterpretation der Aussage »Das Reich Gottes ist nahe«, so daß sie als eine Hoffnung verstanden werden konnte, die in jeder Generation erneuerbar ist, die nicht hinfällig wird, wenn das Reich Gottes nicht im Wortsinn erscheint, wenn sich das Ende der Welt nicht ereignet. Das frühe chiliastische Christentum mußte die Botschaft des Evangeliums in historische Formen der Kirchenorganisation, in kanonische Texte, Rituale und geistliche Ämter übersetzen, um die nächste Generation zu unterweisen, um seine Kultur historisch weiterzugeben, um mehr Menschen in der Erfahrung christlichen Lebens zusammenzubringen. Was abgelehnt werden muß, ist also nicht Institutionalisierung als solche, sondern der falsche Mythos, daß eine spezielle Form der historischen Organisation die einzig legitime sei und daß diese Form von Christus selbst und/oder von den Aposteln eingesetzt worden sei. Die Kirche mit all ihren geschichtlichen Ausdrucksformen muß ihre eigene historische Relativität akzeptieren. Es gibt keine einzig gültige Kirchenstruktur, die von Christus beabsichtigt war und die als alleinige Übermittlerin von Gnade und Erlösung fungiert. Es ist unsinnig, zu behaupten, Christus habe Bischöfe oder gar das Papsttum eingesetzt; ebenso unsinnig ist es aber, auf Formen vor dem Episkopat zu rekurrieren, eine frühere presbyterianische oder kongregationale Kirchenordnung wiederzubeleben und dann zu behaupten, Christus habe diese Form begründet und sie allein sei die Übermittlerin des Geistes. Sie alle sind historische Schöpfungen, die mit besonderen sozialen und politischen Konfigurationen in Zusammenhang stehen: mit den Städten und Provinzen des späten Römischen Reiches, mit den nationalstaatlichen Entwicklungen im Europa der Reformationszeit, mit dem urbanen Leben in der Schweiz oder im kolonialen Amerika oder mit den speziellen sozialen Voraussetzungen der Erweckungsbewegungen.

In einer sinnvollen Diskussion um die Strukturen von Kirche kann es nicht um die apostolische Ordnung gehen – relevant ist nur, ob die gewählte Kirchenordnung einerseits die verantwortungsbewußte Übermittlung der Tradition gewährleistet und andererseits genügend Offenheit besitzt, geistige Bewegungen zu integrieren, die den Sinn der Tradition lebendig machen. Die optimale Form wäre eine Kirchenordnung, die die traditionelle christliche Kultur mit der größtmöglichen Wahrhaftigkeit vermittelt, während sie gleichzeitig der lebendigen Geisterfahrung sowenig Hindernisse wie möglich entgegenstellt. Diese Bedingungen wurden bisher von keiner historischen Kirchenordnung vollkommen erfüllt; andererseits hat sich keine Kirchenordnung als je unüberwindliche Barriere für die Geisterfahrung erwiesen. Jede Form hat ihre Stärken und Mängel. Eine demokratisch-kongregationale Ordnung kann mit der Vorstellung von geisterfüllter Gemeinschaft zur Deckung kommen, sie kann aber auch zu einem christlichen Rotary-Club degenerieren, in dem die reichen Mitglieder neue Ideen zensieren und einen kreativen Umgang mit geistlichen Funktionen verhindern. Andererseits kann eine Kirchenordnung, die auf maximale hierarchische Kontrolle ausgerichtet ist, wie der Katholizismus der Gegenreformation, offenbar die Wiedergeburt der geisterfüllten Gemeinschaft in ihrer Mitte nicht verhindern. Die Institution Kirche muß also ihre historische Bedingtheit und ihre Begrenztheit als Instrument der Vermittlung und Übertragung spiritueller Erfahrung akzeptieren. Was sie vermittelt, ist nicht der Geist oder die lebendige Präsenz Gottes als solche, sondern die Interpretation der Präsenz Gottes, die ihre Form durch Erfahrungen der Begegnung mit Gott in der Vergangenheit erhielt und die eine Reflexion dieser Erfahrungen darstellt. Im günstigsten Fall können Institutionen ein gewisses Maß an kollektiver Erfahrung mit sinnvoller oder ungeeigneter Glaubenspraxis weitergeben, das Wissen darum, wie ekstatische Erfahrung von Scharlatanen oder machthungrigen Geschäftemachern mißbraucht werden kann; Erkenntnisse darüber, wie man Menschen verschiedener Altersstufen am besten in den religiösen Zusammenhang integriert. Diese Art kulturellen Erbes ist von großer Bedeutung. Aber all das bleibt tote Form ohne lebendige Menschen, die, in jedem besonderen Augenblick, sowohl ihre Erfahrungen als auch das Tradierte mit dem Funken der gelebten Geistigkeit erfüllen. Das ist der Geist, der wirklich mitten unter uns ist.

Im besten Fall schaffen historische Institutionen den Rahmen, in dem sich spirituelle Erfahrung ereignen kann. Aber sie können die Präsenz des Geistes nicht hervorrufen, denn diese geschieht nur in der unmittelbaren Begegnung des lebendigen Menschen mit dem Göttlichen. Die historische Kirche vermittelt kulturelle Interpretationsmuster, die sich um solche spirituellen Erfahrungen herum gebildet haben, aber die Geschichte dieser Interpretationen kann nicht als endgültig abgeschlossen betrachtet werden. Im besten Fall ist die vorgegebene Interpretationsstruktur ein offenes Symbolsystem, das bei der Deutung religiöser Erfahrung und bei ihrer Integration ins tägliche Leben Hilfen anbietet. Aber die lebendige spirituelle Erfahrung ist auch Anlaß zu neuen Aneignungsformen, durch die bestehende kulturelle Interpretationsmuster erneuert und umgestaltet werden. Wenn religiöse Traditionen lebendig bleiben sollen, müssen sie für die kontinuierliche Umgestaltung kultureller Interpretationsmuster durch neue, spontane geistige Erfahrung offen sein.

Die Vertreter der Tradition haben die wichtige und gerechtfertigte Aufgabe, zu überprüfen, »wes Geistes Kind« eine Offenbarung ist, denn nicht alles, was sich als von Gott inspiriert ausgibt, erweist sich dann auch als gottgefällig. Das wird bei Vorfällen wie in Jonestown nur allzu deutlich: Ein charismatischer Prediger versammelte eine Gemeinschaft von Menschen um sich, vorgeblich mit dem christlichen Anspruch der gegenseitigen Hilfe und der Gerechtigkeit, brachte sie in eine Situation der Ausbeutung und führte sie schließlich in den Massenselbstmord hinein[12]. Aber die bloße Anwendung institutioneller oder legaler Normen erzeugt noch nicht die Fähigkeit, den Charakter einer Offenbarung oder einer geistigen Bewegung richtig einzuschätzen. Diese Fähigkeit setzt die Geistbegabung der Überprüfenden, die ihr Hirtenamt ausüben, voraus. Wenn nicht auch sie, die Prüfer, für echte religiöse Erfahrung offen sind, werden sie sich von der wirklich geisterfüllten Bewegung bedroht fühlen und sie unterdrücken, während sie die Jonestowns so lange übersehen und vernachlässigen, bis es zu spät ist.

Im historischen Christentum kam es immer wieder zu Schismen, weil die existierenden Kirchen nicht in der Lage waren, neue Bewegungen der geisterfüllten Gemeinschaft in ihrer Bedeutung zu erkennen und sie in sich zu integrieren. Die etablierte Kirche betrachtete Gemeinschaften, die das unmittelbare religiöse Erleben pflegten, als Bedrohung ihrer Autorität. Die jeweilige Bewegung wurde unterdrückt, indem sie von der Kirche als häretisch oder ungültig erklärt wurde. Meistens traten die Bewegungen mit dem Anspruch auf, die existierende Kirche zu reformieren, und investierten viel Zeit in den Versuch, Reformen innerhalb der Kirche durchzusetzen. Manchmal beugten sich die Erneuerungsbewegungen und ihre Führer den Sanktionen der Hierarchie, um eine Spaltung zu vermeiden, während sie im Untergrund weiterexistierten und auf eine günstigere Zeit warteten. Viele katholische Erneuerungsbewegungen, die nach dem Zweiten Vatikanischen Konzil hervortraten, hatten eine oder zwei Generationen lang solche Latenzperioden durchlebt. Andere Reformbewegungen reagierten mit Frustration und Wut auf die Unterdrückung und Verunglimpfung durch ihre historische Ursprungskirche und entschlossen sich, mit ihr zu brechen. In der Reformationszeit führte das zu Religionskriegen; Kirche und Staat waren eng miteinander verknüpft, und es herrschte die Überzeugung, daß es nur eine einzige gültige Kirche geben könne. In den heutigen säkularen Staaten, die eine religiöse Pluralität vertreten, ist es jederzeit möglich, eine neue Kirche zu gründen, vorausgesetzt, sie verstößt nicht gegen die allgemein anerkannten kulturellen und gesetzlichen Normen. Die Entscheidung, mit der Ursprungskirche zu brechen, hat jedoch ihren Preis. Man verzichtet damit auf jeden Versuch, die etablierte Kirche zu verändern oder mit ihren Mitgliedern in kommunikativer Verbindung zu bleiben; das ist nur möglich, wenn man sich bis zu einem gewissen Grad der Identität der Mutterkirche noch verpflichtet fühlt. Spaltung bedeutet auch, daß die neue Gemeinschaft notgedrungen selbst zu einer historischen Institution werden muß, wenn sie ihre Glaubenshaltung und ihre Entwicklung weitergeben und einer nächsten Generation vermitteln will. Auch die neue Bewegung kann ihre Erfahrung spiritueller Gemeinschaft nicht in unhistorischer und rein geistiger Form vermitteln; auch sie muß in den dialektischen Prozeß von unmittelbarem Erleben und Institutionalisierung eintreten. Die Erfahrungen der Bewegung, so lebendig sie für ihre Begründer sein mögen, können für die nächste Generation dennoch ein Erbe toter Formen sein, deren Bedeutung sie wieder in lebendigen Glauben übersetzen muß. Solange eine Gemeinschaft einer Mutterinstitution angeschlossen bleiben kann – und sei es nur am Rand – und einen Teil ihrer Strukturen für sich in Anspruch nehmen kann, braucht sie nicht alle Funktionen der historischen Institution selbst zu entwickeln. Sie kann von der existierenden Institution mitgetragen werden, kann deren Kommunikationswege benutzen und kann sich auflösen, wenn sie ihre eigene Energie verbraucht hat. Außerdem führt ein endgültiger Bruch mit der Institution oft zu extremer Verbitterung und zu Mißverständnissen auf beiden Seiten. Die Mutterkirche verteufelt die Bewegung; die Bewegung selbst dämonisiert die Mutterkirche, verleugnet damit ihre eigenen Ursprünge und behauptet, die Kirche sei unfähig, irgendeine Form wirklicher Glaubenserfahrung zu vermitteln. Damit sind alle Möglichkeiten kreativer Kommunikation abgeschnitten, und jede Seite verharrt in rigider Abgrenzung. Keine Seite kann der anderen zugestehen, daß sie ihr Gutes habe, denn damit wäre die jeweilige eigene Legitimation in Frage gestellt.

Die Zukunft der feministischen Basisgemeinschaften in diesem dialektischen Prozeß zwischen spiritueller Gemeinschaft und historischer Institution ist ungewiß. Welche Form der Beziehung zwischen beiden möglich ist, hängt stark davon ab, in welchem Licht wir die radikalen Veränderungen betrachten, die der religiöse Feminismus fordert. Handelt es sich um eine »Reformation«, das heißt um eine Rückkehr zum wahren Christentum, zu einer unverfälschten Form, die in den Anfängen existierte und die nun wiedererweckt wird, um das von der Wahrheit abgefallene etablierte Christentum umzugestalten? Das war das Veränderungsmodell der historischen Reformation und der meisten Erneuerungsbewegungen in der Geschichte des Christentums.

Heute müssen wir jedoch erkennen, daß das Konzept der Reformation als Rückkehr zu den Ursprüngen selbst ein kulturelles Klischee ist. Keine Reformation kehrt je wirklich zu den Ursprüngen zurück. Sie kann Einsichten wiedererwecken, die durch spätere Überlieferungen verschüttet wurden, aber sie muß immer auch nach neuen Formen der Anpassung an die Erfordernisse der Gegenwart suchen. Gerade die christliche feministische Bewegung kann also nicht auf das »klassische« Reformationsmodell zurückgreifen. Der Feminismus kann den gerechtfertigten Anspruch erheben, daß in der biblischen Tradition und in einigen Zweigen der historischen Überlieferung Einsichten enthalten sind, die in die feministische Richtung weisen, aber diese Linien sind nie wirklich entwickelt worden. Das Ziel der christlichen feministischen Bewegung ist also nicht, eine ursprüngliche Form des Christentums wiederzubeleben, sondern auf der Basis vergessener Traditionen grundlegend neue Interpretationsmodelle und Formen zu entwickeln.

Vielen Feministinnen wird selbst dieses Modell des Umgangs mit der Tradition inadäquat erscheinen. Sie sehen den Feminismus als die Wiedergeburt einer menschheitsgeschichtlichen Entwicklungsmöglichkeit, die nicht erst in biblischer Zeit, sondern schon lange vorher verlorengegangen war. Die gesamte biblische Religion erscheint unter diesem Blickwinkel als Ausdruck der patriarchalen Revolution, die eine vorausgegangene Kulturentwicklung, in der die Frau einen hohen Status innehatte, abschnitt und unterdrückte. Eine Richtung der feministischen Bewegung vertritt die Überzeugung, daß dem Patriarchat eine matriarchale Epoche vorangegangen sei, mit einer weiblich geprägten Religion, die der Ausdruck dieser friedvolleren Frühzeit war. Die feministische Bewegung ist dann die radikalste Reformation, das heißt die Rückkehr zu der ursprünglichen Religion der Menschheit vor dem Patriarchat[13].

Andere Feministinnen bestreiten die Existenz einer vollentwickelten matriarchalen Religion in der Frühgeschichte, sind aber dennoch der Überzeugung, daß die feministische Bewegung einen radikalen Bruch mit allen etablierten Religionen darstelle und daß sie in keiner Beziehung der Kontinuität zur patriarchalen Kultur gesehen werden könne. Die feministische Idee ist in dieser Sicht eine neue Offenbarung oder befreiende Enthüllung, die uns mit unseren ursprünglichen, aber bisher unentwickelten Möglichkeiten wieder in Kontakt bringt[14].

Ich glaube, daß in dieser Auffassung der Radikalität des feministischen Anspruchs viel Wahrheit liegt. In kultureller Hinsicht rekurriert die feministische Bewegung nicht einfach auf die früheren Formen des Christentums oder Judentums, sondern greift auf verlorene Entwicklungsmöglichkeiten zurück, die vor der Zeit dieser Religionen liegen. Die feministische Bewegung versucht, die gesamte Entwicklung der menschlichen Kultur zu rekapitulieren und unter neuen Gesichtspunkten zu sehen. Sie hat dadurch jedoch noch keine alternative »Ursprungskultur« zur Verfügung, auf die sie sich berufen kann. Sie ist auch auf Denkformen angewiesen, die von der jüdisch-christlichen Kultur und von der westlichen Zivilisation geprägt wurden. Die bloße Vorstellung von einer radikalen Rückkehr zu menschlichen Entwicklungsmöglichkeiten, die in der Morgendämmerung der Geschichte verlorengingen, ist ein durch und durch christlicher Mythos, der in feministischen Termini neu formuliert wurde. Das soll nicht heißen, es sei illegitim, wenn Feministinnen nach einer neuen Religion suchen, die sich auf Zeugnisse aus der Frühgeschichte und auf ihre eigenen weiblichen Erfahrungen gründet. Es ist aber auch legitim, weiterhin den Anspruch auf unser unmittelbares kulturelles Erbe zu erheben, die etablierte Kultur zur Kommunikation aufzurufen und sie zu einem qualitativen Sprung in der Interpretation ihrer eigenen historischen Identität zu veranlassen.

Es ist unwahrscheinlich, daß die gesamte christliche Kultur diesen qualitativen Sprung mitvollziehen wird. Die Reaktionen gegen den Feminismus und die Versuche, ihn zu unterdrücken, sind in den gegenwärtigen Kirchen nur allzu offensichtlich. Feministinnen können dennoch nicht behaupten, daß ihnen alle Türen verschlossen seien. Institutionen sind porös – und in einer Vielzahl von Nischen und Winkeln ist das neue Bewußtsein bereits am Werk. Solange Feministinnen nicht von sich aus völlig separatistisch reagieren, finden sie immer christliche Gruppen, die ihnen offenstehen und die an ihnen interessiert sind. Es wäre also unangemessen, zu behaupten, jeder Versuch kreativer Interaktion sei müßig.

Meiner Ansicht nach wird die feministische Bewegung wesentlich bessere Chancen haben, sich durchzusetzen, wenn sie sich in den existierenden Kirchen einen Standort sichert. Sie kann eine wesentlich größere Zahl von Menschen erreichen, wenn sie die Kommunikationswege der Institution benutzt, statt die notwendigen institutionellen Strukturen selbst aufzubauen. Feministinnen, die »männliche Institutionen« generell ablehnen, übersehen, wie sehr ihre eigene Existenz von dem dauernden Gebrauch von Institutionen abhängt, die sie weder selbst geschaffen haben noch unterstützen. Wir müssen lernen, existierende Institutionen kreativ zu nutzen, ohne uns von ihnen unterdrücken oder kontrollieren zu lassen. Dieser Prozeß wirkt auf die Institutionen selbst zurück; sie werden flexibler und bieten mehr Raum für weitere Kreativität. Das sind die positiven Auswirkungen des dialektischen Prozesses zwischen geisterfüllter Gemeinschaft und historischer Institution.

Feministinnen, die sich entschieden haben, mit den historischen Traditionen des Judentums und des Christentums in Kontakt zu bleiben, ohne jedoch deren Begrenzungen zu akzeptieren, treten also in einen doppelten Dialog ein: Einerseits setzen sie sich mit der historischen Kultur der Mutterinstitution auseinander und nehmen deren beste Einsichten in ihren neuen Entwurf auf; andererseits beschränken sie sich nicht auf diese Form der Auseinandersetzung. Sie beschäftigen sich auch mit anderen Formen von Religion, die von der Kirche abgelehnt wurden und die nun, aus der feministischen Perspektive heraus, neu bewertet werden: mit »Häresien«, abgelehnten früheren Formen des Christentums und mit vorchristlichen Religionen. Sie setzen sich auch mit den Konzeptionen religiöser Feministinnen auseinander, die sich in ihrer Arbeit auf andere Traditionen beziehen und die ihre Bindungen an die Vergangenheit in anderer Weise interpretieren: mit jüdischen Feministinnen und mit Feministinnen, die die Religion der Großen Göttin wiederbeleben. Vielleicht werden auch aus anderen Religionen, wie aus dem Islam, Feministinnen kommen, die sich dem Dialog anschließen.

Jüdische und christliche Feministinnen stehen auch mit der säkularen feministischen Bewegung in Verbindung, die von der Religion nichts mehr wissen will, die aber wertvolle historische, soziologische und psychologische Arbeit leistet. Die feministische Bewegung, die wir uns vorstellen, ist also fähig, alle vorhandenen Strömungen in ihre Vision einer neuen humanen Kultur jenseits des Patriarchats zu integrieren, ohne sektiererisch zu werden, ohne sich anderen lebendigen kulturellen Möglichkeiten oder menschlichen Gemeinschaften zu verschließen. Sie bleibt für alle authentischen Äußerungen des Geistes der Befreiung offen, woher sie auch kommen mögen, und fordert alle zur Parteinahme für das Leben auf – eine notwendige Forderung in unserer Welt, in der das Überleben der Menschheit so stark gefährdet ist.

KAPITEL 3

Die Ekklesia des Patriarchats und männliche Exodusgemeinschaften

W ir hatten gesagt, daß Frauen in den prophetischen Denkstrukturen der biblischen Überlieferung positive Ansätze finden können – in derselben Tradition, auf die sich auch die Theologie der Befreiung beruft. Die prophetische Tradition der Bibel wird jedoch nie explizit als Kritik an der Unterdrückung der Frau im Patriarchat ausgelegt, obwohl es im Neuen Testament einige Hinweise darauf gibt. Die feministische Theologie hat die Aufgabe, die prophetische Kritik am Patriarchat als neue Auslegungsform zu entwickeln. Worin besteht die prophetische Tradition, und warum wurde sie nie klar und eindeutig auf die Kritik am Patriarchat bezogen?

Die meisten Religionen, das Christentum mit dem überwiegenden Teil seiner historischen Praxis eingeschlossen, wurden eingesetzt, um den sozialen Status quo religiös zu untermauern. Sie nahmen die jeweils existierenden Hierarchien der Geschlechter, der gesellschaftlichen Klassen und der ethnischen Zugehörigkeit als gottgegeben an. Sie bildeten die himmlische Welt als idealisiertes Spiegelbild der menschlichen Sozialordnung ab und stellten sich vor, die Götter hätten die Welt so geschaffen, wie sie ist, und ihr ihre Gesetze gegeben. Gott zu gehorchen hieß dann, den eigenen Sozialstatus ohne Rückfrage zu akzeptieren. Die herrschenden Klassen wurden als von Gott eingesetzt oder sogar selbst als »göttlich« betrachtet; sie hatten die Aufgabe, die Welt und die »niederen Ordnungen« der Gesellschaft zu regieren.

Das Einzigartige an der biblischen Religion ist eine theologische Weltsicht, die sich entschieden von der traditionellen Funktion der Religionen, von der Heiligung des Status quo, abwendet. Ihr Ursprungsmythos ist der Exodus, die Geschichte der Befreiung eines versklavten Volkes aus der Tyrannei des mächtigsten Herrschers auf Erden, des Pharao, der von Gott besiegt wird. Gott führt die ehemaligen Sklaven aus dem Land ihrer Unfreiheit hinaus und weist ihnen den Weg in ein neues Land der Freiheit. Gott ist hier nicht die höchste Rechtfertigung der Mächtigen, sondern er stellt sich auf die Seite derer, die unterdrückt und in die Sklaverei gezwungen wurden, und befreit sie.

Die Geschichte der prophetischen Erneuerungsbewegungen innerhalb des Judentums, die sich in den hebräischen Schriften spiegelt, und die Lehren Jesu knüpfen an diese Tradition der Befreiung an. Das Wort Gottes kommt über den Propheten oder die Prophetin; sie sprechen das Urteil über die Reichen und Mächtigen und geißeln die Praxis der Unterdrückung der Armen. Der Prophet übt nicht nur scharfe Kritik an der sozialen Ungerechtigkeit, die im Widerspruch zum Willen Gottes steht; er deckt auch die Korrumpierung der Religion auf, wenn sie der Unterdrückung als Rechtfertigung dient und dazu benutzt wird, die Forderungen der Gerechtigkeit zu ignorieren. Die etablierte religiöse Führung wird als heuchlerisch und blind verurteilt.

Aber der prophetische Glaube gibt sich mit der Verurteilung der Ungerechtigkeit nicht zufrieden. Er ruft zur Umkehr auf. Er fordert die Menschen, vor allem die Herrschenden, auf, zum wahren Glauben an den gerechten Gott zurückzukehren. Katastrophen, die über die Menschen hereinbrechen, Hungersnöte, Dürren, Niederlagen im Krieg, Leben im Exil unter Feinden, werden manchmal als Strafen Gottes dargestellt, die die Menschen von ihrem Irrglauben reinigen und sie zur Rückkehr zum wahren Glauben bewegen sollen. In prophetischer Sicht ist Gott in historischen Prozessen, durch die gegenwärtige Machthaber gestürzt und Unterdrückte erhöht werden, als aktive Kraft präsent.

Nach der Reinigung und der Umkehr wird ein neues Zeitalter kommen, in dem der Wille Gottes die Richtschnur des menschlichen Lebens sein wird. Die typische Vorstellung von der Gesellschaft des neuen Zeitalters ist die einer einfachen, egalitären bäuerlichen Gemeinschaft, in der soziales und ökonomisches Gleichgewicht herrscht: »Ein jeder wird unter seinem Weinstock und Feigenbaum wohnen, und niemand wird sie schrecken« (Micha 4,4). Kriege und Unterdrückung werden abgeschafft sein. Auf Erden wird Frieden herrschen, nicht nur unter den Menschen, sondern in der gesamten Schöpfung: »Da werden die Wölfe bei den Lämmern wohnen und die Panther bei den Böcken lagern. Ein kleiner Knabe wird Kälber und junge Löwen und Mastvieh miteinander hüten« (Jesaja 11,6).

Das Modell der Verurteilung von Unterdrückung und der Ankündigung der Befreiung wird jedoch nie explizit auf die Unterdrückung der Frauen im Patriarchat und die Hoffnung auf Gleichrangigkeit der Geschlechter angewandt. Der Grund dafür ist offensichtlich: Es waren nicht die Frauen, die darüber bestimmten, was als prophetische Tradition zu gelten habe. Diese Tradition kam vielmehr von männlichen Propheten, Angehörigen einer unterdrückten sozialen und ethnischen Gruppe, deren Bewußtsein von ihrer Situation und vom Widerstand gegen die politisch mächtigen Staaten der Antike und die Großgrundbesitzer Kanaans geprägt war. Obwohl in den hebräischen Schriften und im Neuen Testament auch weibliche Propheten auftreten, wird ihre Identität doch aus der Perspektive einer männlich definierten Tradition beschrieben. So wird von Hulda, der Prophetin der Zeit Josias, gesagt, sie habe die Revolte eines Königs gegen die Verehrung der Großen Göttin unterstützt (2. Könige 22, 11–20). Mirjam, die große Priesterin und Prophetin des Exodus, wird als eine Frau erinnert, die von Gott mit der Lepra geschlagen wurde, weil sie Mose gegenüber ihre Autonomie behauptete (4. Mose 12, 12–16). Die christliche Tradition verfälschte die Gestalt Maria Magdalenas, der Schlüsselfigur unter den weiblichen Aposteln, zu einer Prostituierten, die zu Jesu Füßen weint[1], und die Prophetin, die in Kleinasien Gemeinden in der christlichen Lehre unterwies, wird eine »Isebel« genannt[2]. Obwohl nie geleugnet wird, daß auch Frauen über die Kraft der Prophetie verfügen, wird diese Kraft jedoch aus einer männlichen Perspektive heraus definiert und kontrolliert. Frauen werden aus der Religionsgeschichte wie überhaupt aus der patriarchalen Geschichte eliminiert, nicht etwa, weil sie inaktiv waren, sondern weil sie nicht über die Form bestimmen konnten, in der die Geschichte ihrer Taten erinnert und weitergetragen wurde.

Obwohl die Tradition des Exodus und der Prophetie für die Identität Israels als Gottes erwähltes Volk (in den hebräischen Schriften) und für die Identität der Kirche (im Neuen Testament) den Schlüssel liefert, wird die Erinnerung an die Mitwirkung der Frauen an diesen Befreiungsideen kontinuierlich ausgelöscht oder männlichen Interessen entsprechend uminterpretiert. Die Revolte unterjochter Männer gegen ein System der Unterdrückung wird allmählich zu einem neuen religiösen und sozialen System umdefiniert, in dem die Frauen wieder, einem »göttlichen Plan« gemäß, ihren Platz der Zweitrangigkeit einnehmen. Wir können diese Rückübersetzung männlicher Exodusgemeinschaften in die Ordnung der patriarchalen *Ekklesia* nicht nur im Alten und im Neuen Testament verfolgen. Sie wiederholt sich in den Erneuerungsbewegungen innerhalb des Christentums und sogar in modernen sozialen Befreiungsbewegungen. Wir werden hier einen kurzen Überblick über die Geschichte dieses Phänomens geben und die damit verbundenen Denkstrukturen analysieren.

Das Paradigma, das der Befreiung Israels und seiner Erwählung durch Gott zugrunde liegt, ist der Exodus und die Verkündigung des Gesetzes am Sinai. In der Geschichte des Exodus finden wir, daß die ersten Akte der Rebellion gegen den Pharao von Frauen ausgingen. Die Mutter des Mose widersetzt sich dem Erlaß des Pharao, nach dem sie ihren neugeborenen Sohn töten müßte; sie verbirgt das Kind in einem Binsenkästchen im Schilf. Die Schwester des Mose (die in der späteren Überlieferung mit Mirjam identifiziert wird[3]) ergreift die Gelegenheit, der Tochter des Pharao, die zum Baden an den Fluß kommt, das Kind zu präsentieren und es so zu retten. Pharaos Tochter verweigert ebenfalls den Gehorsam, indem sie ein hebräisches Kind annimmt und es als ihr eigenes aufzieht. So wird das Kind, das später zum Befreier Israels werden soll, durch eine Konspiration von Frauen gerettet, die sich über die ethnischen Grenzen und Klassenschranken hinweg miteinander verbünden (2. Mose 2).

In den Exoduserzählungen sind es Mose, Aaron und Mirjam, die gemeinsam das Volk Israel aus der Sklaverei hinausführen[4]. Dennoch wird Mirjam, wie wir schon erwähnten, in der späteren Überlieferung der Status der Ebenbürtigkeit aberkannt; weil sie Mose wegen seiner Ehe mit einer kuschitischen Frau kritisiert, wird sie mit Aussatz geschlagen. Auch Aaron kritisiert Mose, aber er wird nicht auf diese Weise bestraft. Es ist offensichtlich, daß der Historiograph die Autorität Mirjams abschwächen will – wenn auch gesagt wird, daß das Volk sich weigerte, weiterzuziehen, bis Mirjam geheilt war. In der Geschichte von der Verkündigung des Gesetzes am Sinai wird das Volk zusammengerufen, um sich auf die große Enthüllung vorzubereiten, die seinem Leben als erwähltes Volk Gottes die entscheidenden Richtlinien geben soll. Wir lesen dann mit Verblüffung, daß das »Volk« aufgefordert wird, drei Tage lang keine Frau anzurühren, um für die Enthüllung bereit zu sein[5]. Plötzlich wird uns klar, daß der Autor des Textes unter »Volk«

ganz einfach »Männer« versteht. Die »Versammlung« (denn das bedeutet *Ekklesia* in der Übersetzung der Septuaginta, von der das Neue Testament sein Wort für Kirche ableitet) freier männlicher Erwachsener wird mit »Israel« gleichgesetzt. Frauen sind nicht nur unsichtbar, sie werden sogar als Quelle der Verunreinigung gesehen, die den Empfang der göttlichen Botschaft behindert. Männliche »Reinheit« wird über die Verleugnung der weiblichen Sexualität definiert.

In den Gesetzen des Buches Leviticus (3. Mose) ist die patriarchale Definition von »Israel« vorherrschend. Die Gesetze sind für die männlichen Familienoberhäupter bestimmt; nur sie stehen in unmittelbarer Verbindung mit Gott. Frauen, Bedienstete und andere Abhängige in der patriarchalen Familie empfangen das Gesetz nicht direkt, sondern kommen nur über ihre Beziehungen zu den Männern als Oberhäuptern, Vätern und Gatten mit ihm in Berührung[6]. Der Status der Frauen wird grundsätzlich als geringer angesehen als der der Männer. Der Preis für die Tötung oder Verletzung einer Frau ist niedriger als der, der für einen Mann gilt. Die Körperfunktionen von Frauen werden als Quellen der Verunreinigung angesehen, die dem Heiligen schädigend entgegenstehen. Wenn eine Frau ein weibliches Kind zur Welt bringt, gilt sie doppelt so lange als unrein, wie wenn sie ein männliches Kind gebiert. Das Halten hebräischer Sklaven gilt dagegen als ungerecht, und es werden Maßnahmen zu ihrer Befreiung getroffen, insbesondere im Halljahr (dem Amnestiejahr). Die Hebräer sollen sich daran erinnern, daß sie einst, in Ägypten, Sklaven des Pharao waren; daher gelten Grenzen für die Sklavenhaltung, wenn es um Angehörige des eigenen Volkes geht. Die Versklavung der Frauen wird jedoch nie als etwas erwähnt, das – im Licht des Exodus – kritikwürdig wäre und verändert werden müßte.

Die Kirche des Neuen Testaments definierte sich ebenfalls als Exodusgemeinschaft; ihr Exodus ist aber nicht einfach der Auszug aus einer bestimmten historischen Situation der Unterdrückung, sondern die endgültige Hinausführung des Gottesvolkes aus jeder Form historischer Knechtschaft und aus der Knechtschaft des Bösen, der Sünde und des Todes. In den Überlieferungen des Neuen Testaments wird die Bedeutung dieses Exodus unterschiedlich interpretiert. In einigen Überlieferungszweigen bleibt das starke Moment der sozialen Transformation, das aus der prophetischen Tradition stammt, erhalten: Die Letzten werden die Ersten sein. Diejenigen, die in der gegenwärtigen sozialen Hierarchie die Verachteten sind, werden im kommenden neuen Zeitalter die Geehrten sein. Den Armen wird Gerechtigkeit widerfahren, und die Reichen werden leer ausgehen. In der Sicht des Matthäusevangeliums ist das kommende Zeitalter eine neue Ära der Menschlichkeit in dieser Welt; alle werden ihr tägliches Brot erhalten und von ihrer Schuld erlöst sein[7].

Die in der apokalyptischen Tradition stehenden Überlieferungen sprechen von Erlösung als vom Herabkommen eines transzendenten Reiches, das auf Erden errichtet werden wird, nachdem die historischen Machthaber und die dämonischen Herrscher der Welt von Gott vernichtend geschlagen sind und Christus in seiner Glorie als Krieger-Messias wiedererschienen ist (Offenbarung 19–20). Paulus und Johannes schwächen dagegen das Element der sozialen Transformation ab und verstehen das neue Zeitalter als innere Erneuerung, die hier und jetzt erfahren werden kann. Diese geistige Erfahrung verweist auf eine himmlische Welt, in die man nach dem Tod eintritt oder die in einer transformierten Zukunft einmal alles umfassen wird.

Frauen trugen entscheidend zur Verbreitung des frühen Christentums bei; jahrhundertelang waren sie es, die zuerst konvertierten und den christlichen Glauben an ihre männlichen Verwandten weitergaben. Sie nahmen wichtige Führungspositionen ein, als lokale geistliche Autoritäten, als reisende Missionarinnen und als Mäzeninnen, die ihre Häuser für christliche Versammlungen zur Verfügung stellten[8]. In einigen frühchristlichen Strömungen wurde die prophetische Vision eines egalitären messianischen Zeitalters auch auf die Überwindung der Hierarchien von Geschlecht, Klasse und ethnischer Zugehörigkeit ausgedehnt. Durch die Taufe sind alle Diskriminierungen aufgehoben: »Hier ist nicht Jude noch Grieche, hier ist nicht Sklave noch Freier, hier ist nicht Mann noch Frau; denn ihr seid allesamt eins in Christus Jesus« (Galater 3, 28). In dieser Sicht hatten Frauen, Sklaven und Freie gleichermaßen Zugang zu geistlichen Funktionen; die Durchbrechung der ethnisch-religiösen Schranken zwischen Juden und Nicht-Juden war das Zeichen einer neuen, geeinten Menschheit[9].

In den Erzählungen der Evangelien wird die Vision der prophetischen Revolution häufig auf Frauen bezogen, die aus gesellschaftlich verachteten Gruppen stammen oder mit einem gesellschaftlichen Tabu belegt sind: Samariterinnen, Kanaaniterinnen, Witwen, blutflüssige Frauen, Ehebrecherinnen. Sie werden als diejenigen dargestellt, die Christus erkennen und an ihn glauben, während die Männer der herrschenden Klasse, insbesondere die Vertreter der religiösen Elite, ihn ablehnen[10]. In allen Evangelien wird erzählt, daß die traditionellen religiösen Führer, die Massen und schließlich auch die männlichen Jünger Verrat an Jesus üben, während die Frauen weiterhin zu ihm stehen, auch als er gekreuzigt wird, und als erste seine Auferstehung bezeugen[11]. Für Paulus ist die Linie der Zeugen der Auferstehung, als deren letzten er sich selbst sieht, entscheidend für die apostolische Einsetzung. In seiner Version der Auferstehung fehlt allerdings die Erinnerung an die erste Erscheinung Christi vor Maria Magdalena und vor den Frauen; er beginnt statt dessen mit Petrus. Maria Magdalena wird ihrer zentralen Stellung unter den Anhängerinnen Jesu entkleidet und zu einer Sünderin uminterpretiert, die von Christus Vergebung erlangte.

Wir wissen jetzt, daß die geistliche Kompetenz von Frauen eine Quelle heftiger Konflikte zwischen dem sich entwickelnden episkopalen Christentum und den charismatisch und spirituell geprägten Traditionen wie dem Montanismus und der Gnosis war. Die gnostischen Evangelien stellen Maria Magdalena nie als eine ehemalige Sünderin dar; in ihrer Sicht ist sie vielmehr die Person unter allen Aposteln, die Jesus am nächsten steht. In der Schilderung eines Konflikts mit Petrus, der Maria Magdalena die apostolische Autorität abzusprechen versucht, bekräftigen die gnostischen Evangelien Marias Stellung[12] und bestätigen damit die gleichberechtigte Position von Frauen in der Führung ihrer Gemeinschaften. Im Evangelium nach Maria (Magdalena) wird Maria von den Aposteln um eine Deutung der Botschaft Jesu gebeten. Als sie ihre Auslegung gegeben hat, stellen Andreas und Petrus ihre Kompetenz in Frage, aber sie wird mit folgenden Worten verteidigt: »Als Maria diese Worte gesagt hatte, schwieg sie, denn nur bis hierher hatte der Erlöser mit ihr gesprochen. Aber Andreas antwortete und sprach zu den Versammelten: Sagt, was ihr wollt, über ihre Worte. Ich aber glaube nicht, daß der Erlöser so gesprochen hat. Denn diese Lehren sind sicherlich seltsame Ideen. Petrus antwortete und sprach in derselben Weise. Er fragte sie über den Erlöser: Sprach er wirklich insgeheim zu einer Frau und nicht offen zu uns? Müssen wir alle umkehren und auf sie hören? Zog er sie uns vor?

Da weinte Maria und sprach zu Petrus: Mein Bruder Petrus, was denkst du? Denkst du, ich habe das selbst in meinem Herzen ersonnen, oder ich lüge über den Erlöser? Levi antwortete und sprach zu Petrus: Petrus, du warst immer von hitzigem Temperament. Nun sehe ich dich gegen die Frau eifern, wie es die Feinde tun. Aber wenn der Erlöser sie als würdig befand, wer bist du, daß du sie ablehnst? Der Erlöser kennt sie sicher sehr gut. Darum liebte er sie mehr als uns. Eher sollten wir beschämt sein und uns des Vollkommenen erinnern und uns trennen, wie er uns befahl, und das Evangelium predigen, ohne andere Regeln oder Gesetze festzulegen über das hinaus, was der Erlöser sagte . . . Und sie gingen hin und verkündeten (die Botschaft) und predigten.«[13]

Die Gnostiker wurden jedoch von der Hauptströmung der christlichen Tradition als Ketzer denunziert. Die Tatsache, daß sie in vielen Städten des Ostens die ersten Christen waren, wird durch den falschen Mythos von der apostolischen Nachfolge überdeckt, und die gnostische Tradition wird nur als abweichlerische Bewegung mit einer bizarren dualistischen Kosmologie erinnert. Erst die Entdeckung der großen gnostischen Schriftensammlungen in Nag Hammadi in Oberägypten, die während der Regierungszeit des Theodosius im späten vierten Jahrhundert vergraben worden waren (um sie vor der angeordneten Verbrennung aller nicht-orthodoxen Schriften zu retten), gab uns die Möglichkeit zu einer gerechteren Neueinschätzung der Gnosis und zu der Erkenntnis, daß in ihr Elemente eines ursprünglicheren, weniger hierarchischen Christentums bewahrt geblieben sind. Eine Überprüfung und Neueinschätzung der Rolle der Frauen im Christentum muß also mit der Kritik an der Herausbildung der kanonischen Schriften einhergehen, in deren Verlauf Formen von Christentum, die Frauen als ebenbürtig einschlossen, an den Rand gedrängt wurden[14].

Obwohl im Neuen Testament Reste dieser früheren Rolle der Frauen erhalten sind, ist die Autorität dieser Überlieferungen als Basis einer gleichwertigen Einschätzung der Geschlechter doch eliminiert oder beiseite gedrängt worden. Die kanonischen Schriften sind vielmehr so angelegt, daß wir unser Verständnis von Kirche aus Texten wie Epheser 5 und dem 1. Timotheusbrief ableiten sollen. Hier wird die patriarchale Hierarchie, die Männer über Frauen stellt, als Interpretationsmodell für die Beziehung zwischen Christus und der Kirche angewandt. Die weibliche *persona* der Kirche in diesen Textpassagen bedeutet nicht, wie im Magnifikat des Lukas, daß Frauen symbolisch für die Armen der Welt stehen, die durch das Kommen des Messias befreit werden sollen. Die Vorstellung von Kirche als weiblich wird vielmehr benutzt, um die patriarchale Geschlechterhierarchie zu bestätigen, indem diese mit der Unterwerfung der Kreaturen unter Gott und der Kirche unter Christus gleichgesetzt wird. Die Frau soll den Mann als ihr Haupt und ihren Herrn betrachten, wie die Kirche in Christus ihr Haupt und ihren Herrn sieht[15].

In den Legenden der Paulus-und-Thekla-Akten verteidigt eine Gruppe paulinischer Christen die geistliche Kompetenz von Frauen. Es wird erzählt, wie Thekla vom Apostel Paulus zum Predigeramt berufen wird. In den pastoralen Episteln werden diese Überlieferungen jedoch als »Altweibergeschichten« denunziert, und eine patriarchale Paulusgestalt wird als normgebend eingesetzt[16]. Dieser Paulus befiehlt den Frauen zu schweigen und erklärt, ihr einziger Weg zur Seligkeit sei das Gebären von Kindern (1. Timotheus 2, 11–15). 1. Mose 2 und 3 werden benutzt, um ein theologisches Modell zu etablieren, das Frauen den zweiten Platz in der Schöpfung und den ersten Platz in der Sünde zuweist. Durch die Einbeziehung des 1. Timotheusbriefes in den christlichen Kanon und den Ausschluß anderer Texte, wie der Paulus-und-Thekla-Akten (die dem 1. Timotheusbrief vielleicht als mündliche Überlieferungen vorangingen), wird die gesamte nachfolgende christliche Theologie dahingehend beeinflußt, ihre Einstellung zu Frauen und ihre auf Frauen bezogene Auslegungspraxis nach der patriarchalen Überformung auszurichten. Alternative Sichtweisen, die durch Maria Magdalena, die erste Zeugin der Auferstehung, und durch frühe christliche Prophetinnen und geistliche Autoritäten wie Priska, Eudokia, Phoebe und Thekla repräsentiert sind, geraten in Vergessenheit, ebenso wie die Vision einer Menschheit, die geeint aus den Wassern der Taufe hervorgeht und in der »nicht Jude noch Grieche, nicht Sklave noch Freier, nicht Mann noch Frau« als diskriminierende Unterscheidungsmerkmale vorhanden sind.

Das Bild der Kirche im 1. Timotheusbrief ist nach dem Modell der patriarchalen Familie entworfen. Den Männern, die sich als *pater familias* in der Beherrschung ihrer Frauen, Diener und Kinder erfolgreich hervorgetan haben, wird auch die höchste Qualifikation für die Ämter des Bischofs, Ältesten und Diakons zugesprochen (1. Timotheus 3). In der dieser Norm folgenden christlichen Gemeinschaft gehorchen Frauen ihren Männern, Kinder ihren Eltern, Sklaven ihren Herren (Kolosser 3, 18–23; 1. Timotheus 6, 1–2; 1. Petrus 2, 18–21). In der christlichen Tradition wurde dieser Verhaltenskodex als Beschreibung einer ursprünglichen Ordnung aufgefaßt – und nicht als Beweis für die Existenz eines vorangegangenen, andersgearteten Christentums, das vom aufsteigenden patriarchalen Christentum bekämpft wurde[17].

Das Versprechen der Befreiung und der Verrat an den Frauen wiederholen sich in der Geschichte des Christentums ständig, auch in den Erneuerungsbewegungen, die im Lauf der Jahrhunderte entstanden. Im ersten Kapitel haben wir dieses Muster am Beispiel der monastischen Bewegung und am Beispiel des Konflikts zwischen radikalem und offiziellem Puritanismus in der englischen Reformation nachgewiesen. In vielen Erneuerungsbewegungen wurden den Frauen in Anknüpfung an die prophetische Tradition zunächst geistliche Funktionen zugestanden. Später, wenn die Gruppe sich etablierte und die patriarchalen Normen der Kirchenorganisation übernahm, schloß man die Frauen wieder von diesen Funktionen aus. So gab es unter den Waldensern des 12. Jahrhunderts Frauen, die predigten und lehrten, aber im 16. Jahrhundert, als die Waldenser die calvinistische Theologie der Schweiz übernahmen, wurde die frühere Tradition der Predigerinnen unterdrückt[18]. Die englischen Baptisten der puritanischen Revolution hatten viele Predigerinnen[19], aber diese Tradition löste sich auf, als die Baptisten die klerikale Definition der geistlichen Funktionen übernahmen. Auch bei den englischen Methodisten des 18. Jahrhunderts war es üblich, daß Frauen predigten und lehrten; die etablierten methodistischen Kirchen des 19. Jahrhunderts lösten dieses Muster auf, obwohl es auf der lokalen Ebene in einigen methodistischen Gemeinschaften erhalten blieb[20]. Die amerikanischen Evangelikalen wurden um 1930 ebenfalls fundamentalistisch und machten die Doktrin der männlichen Führerschaft zur Grundlage ihrer Definition von christlicher Familie und christlicher Kirche; damit verleugneten sie ihre frühere Einstellung, die Frauen und Männern, die vom Geist erfüllt waren, gleichermaßen geistliche Kompetenz zusprach[21].

Ein ähnliches Muster von Freiheitsversprechen und Verrat an den Frauen zeigt sich auch in modernen säkularen Reform- und Revolutionsbewegungen: im Liberalismus, im Sozialismus, in den Befreiungsbewegungen der Dritten Welt. Der Liberalismus war an der Entwicklung der Weltanschauung, die auch den Feminismus hervorbrachte, entscheidend mitbeteiligt. Während der gesamten Geschichte des Christentums seit Paulus (und damit ist auch der Paulus der ursprünglichen Episteln gemeint, nicht nur die hochpatriarchale Paulusgestalt des 1. Timotheusbriefes) wurde angenommen, das Patriarchat sei die Ordnung der Schöpfung und somit auch das gültige Vorbild der Ordnungen von Familie und Staat. Patriarchale Christen gingen von der Vorstellung aus, daß diese Ordnung der Schöpfung auch für die soziale Struktur der Kirche in der Geschichte bestimmend sei, obwohl auch Frauen erlöst und ins Himmelreich aufgenommen würden, ohne Ansehen ihrer Stellung in der Geschlechterhierarchie. Selbst radikale Christen betrachteten das Patriarchat als die Ordnung der Schöpfung und daher auch als gültige Ordnung der Familie und der Politik. Aber sie waren davon überzeugt, daß die soziale Struktur der Kirche die Ordnung des Zeitalters der Erlösung spiegeln müsse, und traten daher für die Rechte der Frauen ein, in der Kirche charismatische Führungspositionen zu übernehmen.

Erst die Philosophie der Aufklärung machte der Gleichsetzung von patriarchaler Ordnung und Schöpfungsordnung ein Ende. Die charakteristische neue Einstellung des Liberalismus war der Glaube an eine »ursprüngliche Natur«, an die grundlegende Gleichheit all dessen, »was Menschenantlitz trägt«, und daher auch an die gleichen Rechte aller Menschen in der Gesellschaft. Dieser neue egalitäre Ansatz gab dem Liberalismus die Möglichkeit, etablierte soziale Hierarchien kritisch zu bewerten: Sie erschienen nun nicht mehr als Ausdruck von Natur, sondern – im Gegenteil – als unnatürliche Deformationen, hervorgerufen durch ungerechte Privilegien, die sich in der Gesellschaft, in Abweichung von den wahren Naturgesetzen, herausgebildet hatten. So konnten die Anhänger des Liberalismus ihre eigenen sozialen Reformen und Revolutionen, die das *ancien régime*, den Klerikalismus und den Feudalismus Europas zu Fall brachten, als Wiederherstellung der »Naturordnung« betrachten; in der neuen Gesellschaft bedeutete die Zugehörigkeit aller zur allgemeinen menschlichen Natur auch gleiche Bürgerrechte für alle.

Die bürgerlichen Revolutionen des späten 18. und des 19. Jahrhunderts bezogen diesen egalitären Universalismus jedoch in der Praxis nicht auf die Frauen und die dienenden und besitzlosen Klassen. Die aufsteigende Bourgeoisie wollte selbst im Verhältnis zu den alten herrschenden Klassen rechtlich gleichgestellt sein; sie wollte diese Gleichheit jedoch nicht auf jene Gruppen ausdehnen, die sie als ihre »natürlichen« Untergebenen ansah. Olympe de Gouges, die führende Feministin der Französischen Revolution, die in einem Traktat die Gleichstellung der Frauen in der neuen bürgerlichen Ordnung gefordert hatte, wurde von ihren jakobinischen *confrères* guillotiniert[22]. Der napoleonische Gesetzeskodex, der zur Konsolidierung der bürgerlichen Revolution verfaßt wurde, erlegte den Frauen strikte Unterordnung in Familie und Gesellschaft auf.

Der Widerspruch zwischen der universalistischen Rhetorik und der begrenzten faktischen Anwendung der Theorie der allgemeinen Menschenrechte zeigt sich auch in dem bekannten Briefwechsel zwischen Abigail und John Adams in aller Deutlichkeit. Die Männer, die auf dem Verfassungskonvent in Philadelphia 1787 die amerikanische Konstitution niederlegten, gehörten den reichen Pflanzer- und Handelskasten der früheren Kolonien an. Abigail Adams bediente sich selbst der Rhetorik der Revolution, als sie ihren Mann aufforderte, »sich der Damen zu erinnern« und Bürgerrechte für die Frauen in die neue Verfassung aufzunehmen. Sie erklärte, daß Frauen, wenn sie bei den Bürgerrechten übergangen würden, dasselbe Recht hätten, eine Revolution anzufachen, wie die Kolonisten in der Auseinandersetzung mit der englischen Krone. Frauen, so schrieb sie, würden kein Gesetz anerkennen, in dem sie nicht repräsentiert seien. John Adams weigerte sich jedoch, diese Drohung ernst zu nehmen. Er erwiderte in scherzhaftem Ton, daß bereits die Befürchtung aufgekommen sei, die Revolution der Kolonisten habe die Bande der legitimen sozialen Autorität gelockert; Sklaven, Dienstboten und Indianer seien ihren Herren gegenüber unverschämt geworden und gingen geringschätzig mit ihren Aufsehern um. Ihr Brief sei aber, wie er sagte, das erste Anzeichen dafür, daß eine weitere, zahlenmäßig größere gesellschaftliche Gruppe unzufrieden geworden sei[23]. So enthüllte Adams unbeabsichtigt nicht nur den Ausschluß der Frauen aus dem Gleichheitsprinzip, sondern auch die Ausgrenzung der anderen Klassen von Abhängigen, deren Befreiung nicht das Ziel der neuen Konstitution war. Adams und den anderen Verfassern der amerikanischen Konstitution fiel es jedoch schwer, diese Widersprüche auszuhalten, und sie hatten Schwierigkeiten, die Diskriminierung der Gruppen, über die sie herrschten, zu rechtfertigen, insbesondere die Fortsetzung der Sklaverei unter der neuen Verfassung[24].

Der universalistische Ansatz des Liberalismus erlaubte es Frauen, Schwarzen und unterprivilegierten männlichen Weißen im 19. und 20. Jahrhundert jedoch, den Kampf um ihre Einbeziehung in die Freiheiten der demokratischen Regierungsform aufzunehmen. Sie erreichten ihre Ziele allerdings erst nach langen Kämpfen, den amerikanischen Bürgerkrieg eingeschlossen. Nach den Sezessionskriegen erhielten die männlichen Schwarzen die Bürgerrechte; mit den Jim-Crow-Gesetzen um 1880 büßten sie diese Rechte jedoch wieder ein und wurden erneut zur sozial verachteten Klasse degradiert. So mußte in den sechziger Jahren dieses Jahrhunderts erneut ein Kampf um die demokratischen Rechte der Schwarzen geführt werden. In Amerika sind nach wie vor nur wenige hohe Regierungspositionen mit Schwarzen oder mit Frauen besetzt; erst im Präsidentschaftswahlkampf 1984 gab es ernsthafte Bemühungen, Schwarze und Frauen als Präsidentschafts- oder Vizepräsidentschaftskandidaten in Erwägung zu ziehen. In der Praxis fand der Liberalismus also vielfache Mittel und Wege, die etablierten Geschlechter-, Klassen- und ethnischen Hierarchien aufrechtzuerhalten – trotz seines Anspruchs auf die universelle Durchsetzung der Menschenrechte.

Die Analyse der Klassenhierarchien in der kapitalistischen Industriegesellschaft ist das Herzstück der sozialistischen Tradition. Im Hinblick auf hierarchische Strukturen, die Geschlecht und ethnische Zugehörigkeit betreffen, war der Sozialismus jedoch ebenfalls ambivalent. Seine Anhänger verschlossen sich im allgemeinen der Erkenntnis, daß diese Strukturen von Unterdrückung zusätzliche und andere Hintergründe haben können als die dem kapitalistischen Klassensystem innewohnenden Beschränkungen. Diskriminierung aufgrund der Geschlechts- oder der ethnischen Zugehörigkeit wurde von den meisten Sozialisten als Unterkategorie der Klassendiskriminierung gesehen. Man nahm an, daß diese Formen der Diskriminierung sich automatisch auflösen würden, sobald die Klassengesellschaft überwunden sei.

Die frühesten sozialistischen Theorien, die um 1830 in England von Owen und in Frankreich von Fourier formuliert wurden, entwarfen das Bild eines Kollektivs, das die traditionelle Frauenarbeit, Kochen, Hausarbeit und Kindererziehung, vergesellschaften würde. Owen und Fourier sahen die sozialistische Revolution nicht nur als Rückkehr zur Basisgesellschaft, in der die Arbeiter selbst die Produktionsmittel besitzen, sondern sie setzten auch die Kollektivierung der reproduktiven Arbeit voraus. Im Frühsozialismus hatte die Mitarbeit der Frauen einen hohen Stellenwert; die Frauenemanzipation war ein Schlüsselelement seiner Zukunftsvision[25]. 1825 verfaßten die von Owen geprägten Sozialisten William Thompson und Anna Wheeler in London einen »Appell an die eine Hälfte der menschlichen Gattung, Frauen, gegen den Anspruch der anderen Hälfte, Männer« zu kämpfen, die die Frauen in rechtlicher und häuslicher Sklaverei halten wollten, und formulierten damit das entschiedenste feministische Manifest, das in der Zeit vor der gegenwärtigen Frauenbewegung je geschrieben wurde.

In der zweiten Hälfte des 19. Jahrhunderts wurden die frühsozialistischen Bewegungen von den Marxisten jedoch als bloßer »Utopismus« abgetan; sie, die Marxisten, erhoben dagegen den Anspruch, den wahren »wissenschaftlichen« Sozialismus zu vertreten. In der Praxis ignorierte dieser Sozialismus die Unterdrückung der Frauen in ihrer Rolle der häuslichen Dienstbarkeit. Die sozialistische Revolution wurde ausschließlich als Kampf des Industrieproletariats gegen die besitzenden Klassen des kapitalistischen Systems definiert – ein Kampf, der mit politischen (und militärischen) Mitteln ausgetragen werden mußte und dessen Ziel ein Staatssystem des kollektiven Eigentums an Produktionsmitteln und der Überwindung der Klassenschranken sein würde. In der Realität schufen die meisten sozialistischen Revolutionen eine neue herrschende Kaste von Parteifunktionären, in deren Händen sich nun die ökonomische, legale und politische Macht konzentriert und zu einem System allumfassender Kontrolle erstarrt.

Im Marxismus etablierte sich außerdem eine offizielle Position der Feindseligkeit jeder Form von Feminismus gegenüber, die sich speziell auf die Unterdrückung der Frauen als Geschlecht konzentriert. Dieser Ansatz wurde als »bourgeois« etikettiert. Sozialistische Frauen wurden aufgerufen, dieser Art des Feminismus zu entsagen und in Solidarität mit den proletarischen Männern für die Befreiung »aller« Arbeiter zu wirken[26]. Obwohl die sozialistischen Staaten den Frauen volle Gleichberechtigung vor dem Gesetz garantieren, obwohl sie sich bemühen, kollektive Einrichtungen (wie Kindertagesstätten) zu schaffen, die den Frauen gleiche Chancen in der Arbeitswelt einräumen, stehen sie jeder Ausweitung feministischen Denkens, das über den Bereich der bezahlten Arbeit hinausgeht und den Einfluß der unbezahlten Hausarbeit auf Frauen in die Diskussion einbezieht, feindselig gegenüber.

Das bedeutet, daß die sozialistischen Staaten die Geschlechterhierarchie bislang lediglich modifiziert, nicht aber radikal verändert haben. Durch den begrenzten Zugang zu Konsumgütern wurde die Arbeit der Frauen für den Haushalt zudem noch zeitaufwendiger. Die Tatsache, daß Frauen nach wie vor die Produzentinnen von Hausarbeit sind, beeinträchtigt ihre Chancengleichheit im Beruf. Die meisten Frauen sind auf schlechtbezahlte Tätigkeiten mit niedrigem Status am unteren Ende der Stufenleiter der sozialistischen Gesellschaften angewiesen. Die private Beziehung zwischen dem männlichen Konsumenten und der weiblichen Produzentin unbezahlter häuslicher Dienstleistungen trägt weiter dazu bei, das kulturelle Modell der Dominanz des Männlichen in der Gesellschaft insgesamt intakt zu halten[27].

Das Muster von Freiheitsversprechen und Verrat an den Frauen zeigte sich auch in den Emanzipationsbewegungen der Schwarzen und in den Befreiungsbewegungen der Dritten Welt in den sechziger und achtziger Jahren. Tatsächlich sind die Befreiungsbewegungen der Dritten Welt, die auf einem kulturellen Nationalismus basieren, von einer pathologisch chauvinistischen Haltung Frauen gegenüber geprägt. Sie bewerten den Feminismus als eine dekadente, westlich-kolonialistische Entwicklung, die zur Schwächung der traditionellen Strukturen von Familie und Gesellschaft führt. Die Revolution wird als Wiederherstellung der traditionellen patriarchalen Kultur gesehen, im Widerstand gegen modernistische und säkulare Strömungen, die den Frauen neue Rollenmöglichkeiten außerhalb der Familie eröffnet hatten. Von allen antikolonialistischen Revolten auf der Basis des kulturellen Nationalismus brachte die iranische Revolution die extremste Form von reaktionärem Chauvinismus hervor.

Die amerikanische Schwarze Theologie und die schwarzen Befreiungsbewegungen der sechziger und siebziger Jahre waren ebenfalls vom Kampf um die kulturelle Identität geprägt. Die Analyse der Klassenstrukturen mußte zugunsten der ausschließlichen Konzentration auf die Rassendiskriminierung zurücktreten. Zweifellos sollte dadurch verhindert werden, daß der Konflikt zwischen Mittelschicht-Schwarzen und Unterschicht-Schwarzen offen hervortrat. Insbesondere die Frauen wurden angewiesen, sich zurückzuhalten und den männlichen Schwarzen den Kampf um die Macht zu überlassen. Es wurde behauptet, die starke Rolle der Frauen im Leben der schwarzen Gemeinschaften sei eine Fehlentwicklung und die Schwäche der männlichen Schwarzen auf den negativen Einfluß des schwarzen »Matriarchats« zurückzuführen. Häufig ging mit der Befreiungsideologie ein heftiger männlicher Chauvinismus mit kompensatorischem Charakter einher, der den Frauen implizit oder explizit nahelegte, ihre untergeordnete Rolle in einem wiederhergestellten schwarzen Patriarchat zu akzeptieren. Die Black Muslims stellen die extremste Form des kompensatorischen Patrismus innerhalb der schwarzen Befreiungsbewegungen in Amerika dar, die auf dem Bemühen um kulturelle Eigenständigkeit basierten[28].

Die Wurzeln dieser ausgesprochen chauvinistischen Einstellung männlicher Befreiungsbewegungen liegen offenbar in den Ego-Konflikten zwischen dominierenden und unterdrückten Männern, die innerhalb der hierarchischen Klassen- und Rassenstrukturen auftreten. Unterdrückte Männer werden von dominierenden Männern nicht nur aufgrund ihrer »minderen« Klassen- oder ethnischen Zugehörigkeit gedemütigt; unterdrückte Männer erleben die ihnen auferlegte Position der Zweitrangigkeit als unmittelbaren Angriff auf ihre Männlichkeit. Dominierende Männer bezeichnen unterdrückte Männer als »Jungs«; sie benutzen die Frauen der unterdrückten Minderheit sexuell in einer Weise, die den Männern dieser Minderheit nahelegt, sie seien unfähig, ihre Frauen zu »beschützen«. Mit einer Revolte unterdrückter Männer geht daher oft ein starkes Bedürfnis einher, die eigene verletzte Männlichkeit zu verteidigen. Das äußert sich einerseits in dem Bedürfnis, die Frauen der eigenen Gruppe zur Unterordnung zu zwingen, andererseits darin, daß den früher herrschenden Männern die Macht der eigenen Männlichkeit demonstriert wird: Man vergewaltigt, verführt oder heiratet »ihre« Frauen[29].

Der Ego-Konflikt zwischen unterworfenen und herrschenden Männern, der auf dem Territorium der patriarchalen Dominanzvorstellungen ausgetragen wird, liefert vermutlich den Schlüssel zu der Frage, warum männliche Exodusgruppen so selten bereit sind, Frauen in ihre Befreiungsvisionen einzubeziehen. Wenn in einer Gesellschaft die Klassen- oder Rassenhierarchien unter Männern abgeschwächt werden, bedeutet das nicht notwendigerweise höhere Gleichheitschancen für Frauen. Tatsächlich wird die Auflösung hierarchischer Strukturen unter Männern häufig mit einer noch rigideren Festlegung der Frauen auf ihre traditionelle Rolle kompensiert. Wenn die Klassenunterschiede zwischen Männern geringer werden, büßen Frauen oft Formen von Macht ein, die sie vorher, auf der Basis der Klassenzugehörigkeit, ausüben konnten. Der Feudalismus zum Beispiel gab Frauen, die unabhängig Grund und Boden erbten, ein begrenztes Recht, die politische Macht auszuüben, die mit Landbesitz verbunden war. Die bürgerlichen Revolutionen, die das feudale Klassensystem stürzten und das männlich definierte Bürgertum an seine Stelle setzten, beseitigten die Überreste politischer Macht, die vermögende Frauen vorher innehatten. Nun wurden alle Frauen aufgrund ihrer Geschlechtszugehörigkeit für unfähig erklärt, innerhalb der Bürgerschaft politische Machtfunktionen zu übernehmen[30].

Die Befreiungsbewegungen in der Dritten Welt, die auf der Theorie des Sozialismus aufbauen, haben ebenfalls ihre Ambivalenz Frauen gegenüber gezeigt. Diese Ambivalenz beruht im wesentlichen auf zwei Faktoren: erstens auf dem Gefühl verletzter Männlichkeit, für das kolonisierte Männer sich durch ein Ressentiment gegenüber Frauen schadlos halten, und zweitens auf der traditionellen marxistischen Feindseligkeit gegen jeden feministischen Anspruch, der sich nicht dem Klassenkampf unterordnet. Die feministische Bewegung wird als Randphänomen der weißen Mittelschicht abgetan, das für Frauen der Dritten Welt keine Relevanz habe. Man bemüht sich, einen Keil zwischen die Frauen der westlichen Welt und der Dritten Welt zu treiben, um zu verhindern, daß sie miteinander kommunizieren. Es steht außer Frage, daß Frauen der Dritten Welt ihre feministischen Interessen im Kontext ihrer eigenen Lebenssituation formulieren müssen. Dennoch würde eine verstärkte Kommunikation zwischen den Frauen beider Sphären zweifellos zeigen, daß sie viele Probleme gemeinsam haben.

Viele Frauen der Dritten Welt wurden durch die Revolutionsrhetorik eingeschüchtert und so daran gehindert, den Sexismus ihrer Gesellschaft zu analysieren – sowohl den der traditionellen patriarchalen Gesellschaft innewohnenden Sexismus als auch die sexistischen Formen, die durch die koloniale christliche Kultur eingeführt wurden. Obwohl die Frauen der Dritten Welt für ihre selbstlose Hingabe an den Befreiungskampf gepriesen werden, besteht doch – ohne die Analyse des Sexismus – wenig Hoffnung, daß die im Aufbau begriffene neue Gesellschaft der Frage der Frauenemanzipation besondere Aufmerksamkeit widmen wird, abgesehen von den traditionellen marxistischen Lösungen der staatlichen Kinderbetreuung, der gesetzlichen und bildungsmäßigen Gleichstellung und der Einbeziehung der Frauen in den Produktionsprozeß. Tatsächlich stellen die genannten Maßnahmen für viele Frauen in der Dritten Welt schon gewaltige Veränderungen dar, aber sie trüben auch den Blick für das Ausmaß der neuen Geschlechterhierarchie, die durch die Doppelbelastung der Frauen in Beruf und Familie geschaffen wird[31].

Die feindselige Einstellung gegen die feministische Bewegung zeigt sich auch in der männlichen Schwarzen Theologie und in der Theologie der Befreiung in der Dritten Welt. In jüngster Zeit hat sich der Anteil der Frauen innerhalb der Schwarzen Theologie und in der Ökumenischen Gesellschaft der Theologen der Dritten Welt (EATWOT) entscheidend erhöht. Die Theologinnen weigern sich, die Ausgrenzung von Frauenfragen – oder der Frauen selbst – zu akzeptieren. Mercy Oduyoye bezeichnete diesen Protest der Frauen der Dritten Welt als die »Explosion innerhalb der Explosion«; sie spielte damit auf die früher von der Befreiungstheologie gebrauchte Beschreibung der Stimme der Armen als »Explosion des Bewußtseins« innerhalb der Theologie an. Auch in der Schwarzen Theologie in Amerika stecken die Feministinnen mittlerweile ihre Ziele ab[32].

Die männlichen Vertreter der Schwarzen und der Befreiungstheologie hören diese Frauen mit Respekt an, denn nun sind es Frauen ihrer eigenen Gruppe, die den feministischen Standpunkt einnehmen, und es kann nicht mehr behauptet werden, diese Einstellung gäbe es nur bei weißen Frauen. Es wird allerdings noch nicht klar, wie tief ihre Überzeugung geht, daß der Feminismus ein wesentlicher Bestandteil der Definition von Befreiung sein müsse. Bei größeren Zusammenkünften ist die deutliche Tendenz zu verzeichnen, daß feministische Interessen nur dann angesprochen werden, wenn Frauen in großer Zahl anwesend sind und sich bemerkbar machen, und daß Frauenfragen ignoriert werden, sobald das nicht der Fall ist.

Die Geschichte der Versprechungen und des Verrats an Frauen lehrt, daß die Befreiung der Frauen nur ein Werk der

Frauen sein kann. Von Frauenbefreiung kann erst die Rede sein, wenn die Frauen selbst die Bedingungen dafür definieren, wenn sie existierende Befreiungsbewegungen so formen, daß ihre eigene Befreiung aus dem Patriarchat darin inbegriffen ist.

KAPITEL 4

Frauenkirche: eine feministische Exodusgemeinschaft

Die Wertvorstellungen, die sich mit Israel und mit der Kirche als Exodusgemeinschaften und Wege in die Freiheit verbinden, wurden historisch von Männern definiert. Frauen setzten sich in den frühen Stadien der Exodusbewegungen in der Regel mit großem Enthusiasmus ein und glaubten, in die Befreiung einbezogen zu sein – als Frauen und nicht nur als Handlangerinnen bei einem männlichen Projekt. Wenn die Propheten des Exodus von »Israel« sprachen, wenn die frühe Kirche von »Gemeinschaft in Christus« sprach, bedeutete das, daß alle Mitglieder der Gesellschaft ohne Ansehen des Geschlechts und der ethnischen oder sozialen Zugehörigkeit in die neue Ordnung der Menschlichkeit einbezogen waren. Die Sprache der Reformation, der Revolutionen und der modernen Befreiungsbewegungen hat die Frauen glauben gemacht, auch sie wären in die Freiheit einbezogen. Tatsächlich wurden die Frauen jedoch von den männlich definierten Befreiungsprojekten betrogen. Die männlichen Anführer der Exodusbewegungen setzten sich selbst als neue herrschende Kaste von Priestern, geistlichen und weltlichen Amtsträgern, Politikern und Parteifunktionären ein. In den Gesetzen der neuen »erlösten« Gemeinschaft wurden Frauen wieder als zweitrangig definiert oder, bestenfalls, als Hilfskräfte innerhalb einer männlich geprägten Sozialordnung.

Frauenkirche bedeutet, daß Frauen zum ersten Mal kollektiv den Anspruch erheben, Kirche zu sein, und daß sie sich die Tradition des Exodus aneignen – als Gemeinschaft der Befreiung vom Patriarchat. Damit wird die Vorstellung, das Patriarchat sei »Gottes Wille«, strikt zurückgewiesen; ebensowenig wird es als »Ordnung der Schöpfung« oder als »naturgegeben« anerkannt. Wir benennen das Patriarchat als historisch geschaffenes soziales System, das den »Vätern«, das heißt den männlichen Mitgliedern der privilegierten Klassen, die Macht gab, sich zu einer Position der Herrschaft über Frauen und über Abhängige in Familie und Gesellschaft aufzuwerfen. Männer der herrschenden Klassen bauten Sozialstrukturen und kulturelle Rechtfertigungssysteme auf, die ihr Monopol auf die kulturelle, ökonomische und politische Macht in der Gesellschaft untermauerten. Anderen Mitgliedern der Gesellschaft wird der Zugang zu dieser Macht verweigert; sie erhalten lediglich Dienstleistungsstatus als physische Arbeiter und Arbeiterinnen in der Produktion und Reproduktion, während die Herrschenden den Ertrag ihrer Arbeit besitzen und verwalten.

Frauenkirche bedeutet, daß Frauen dieses System ablehnen, daß sie sich aus diesem System zu befreien suchen und daß sie sich in ihrem Bemühen zu einem Kollektiv zusammenschließen. Das Patriarchat war immer bestrebt, Frauen voneinander zu trennen: Mutter und Tochter, Schwiegermutter und Schwiegertochter, Nachbarinnen in ihren isolierten Haushalten, Frauen der herrschenden Schicht und Frauen der Unterschicht konnten und sollten nicht miteinander kommunizieren. Das Patriarchat lehrte die Verachtung der Frauen; die Frauen internalisierten die Misogynie der Gesellschaft und empfanden Selbsthaß und Mißtrauen gegeneinander. Daraus schloß man dann, Frauen seien nicht gern zusammen; die anerzogene Konkurrenz der Frauen untereinander und die Tendenz der Frauen, alles Männliche höher zu bewerten als irgendeine weibliche Leistung, wurden als »naturgegeben« angesehen. Alle Orte und Gelegenheiten, wo Frauen zusammenkamen und miteinander redeten, waren gesellschaftlich ohne Bedeutung und eröffneten keinen Zugang zu wirklicher Macht oder Information. Folglich konnte das »Weibergeschwätz« an solchen Orten nur »trivial« sein.

Aber das war nie die ganze Wahrheit. Frauen waren dennoch miteinander verbunden – als Schwestern, als erwachsene Frauen desselben Haushalts, als dörfliche Nachbarinnengemeinschaft –, und sie tauschten mehr aus als Kochrezepte und Tips für die Kindererziehung. Sie tauschten auch ihre Unzufriedenheit mit der männlichen Macht aus. Wenn sie mißhandelt wurden, fanden sie Wege, sich gegenseitig zu schützen. Dem patriarchalen Mann war der Anblick von Frauen, die miteinander sprachen, immer ein Dorn im Auge. Obwohl er nicht die mindeste Vorstellung davon hatte, worüber sie sprachen, nahm er an, daß ihr Gespräch nicht nur harmloser Klatsch sei, der sie von ihrer Arbeit – für ihn – abhielt, sondern daß es in irgendeiner Weise subversiv sei. Durch die gesamte patriarchale Kultur hallt immer wieder der Ruf, Frauen sollten schweigen. In der Gesellschaft der Männer sollten sie ohnehin nicht sprechen; aber auch nicht zuviel miteinander. Frauen wurden nicht nur an den Rand der Gesellschaft, sondern auch in die Sprachlosigkeit gedrängt; man beraubte sie ihrer Sprache, der Fähigkeit, ihre eigenen Erfahrungen zu artikulieren und zu kommunizieren. Das ist ein wesentlicher Aspekt bei der Definition von Frauen als Objekte und nicht als Subjekte ihrer eigenen Geschichte. Der erste Schritt zum feministischen Exodus aus dem Patriarchat ist es also, daß Frauen sich versammeln, ihre eigenen Erfahrungen artikulieren und miteinander kommunizieren. Frauen geben einander die Bestätigung, daß sie nicht etwa unzurechnungsfähig und verrückt sind, sondern daß sie tatsächlich durch die ihnen aufgezwungene gesellschaftliche Randständigkeit in ihrem menschlichen Potential eingeschränkt und beschnitten wurden. Sie entwickeln eine Sprache und Methoden der Analyse für die unterschiedlichen Aspekte dieses Unterdrückungssystems; sie lernen, die permanenten Botschaften der patriarchalen Kultur, die ihre Ergebenheit in und ihre Kollaboration mit dem System erzwingen wollen, zu erkennen und ihnen zu widerstehen. So bedauerlich das manchen Männern erscheinen mag, die sich selbst als Sympathisanten der feministischen Bewegung sehen, muß dieser Prozeß der Bewußtwerdung notwendigerweise durch ein separatistisches Stadium gehen. Frauen müssen sich aus männlich dominierten Sphären zurückziehen, um zusammenzukommen und ihre eigenen Erfahrungen zu definieren.

Eine Phase des Rückzugs und der intensiven Kommunikation nur unter Frauen ist ein wesentliches Element im Aufbau der feministischen Gemeinschaft, denn Frauen haben, anders als andere randständige Gruppen, keine eigene kritische Gegenkultur zur Verfügung, auf die sie zurückgreifen könnten. In unterdrückten ethnischen Gruppen haben sich im allgemeinen bestimmte Elemente der Kulturen erhalten, die ihrer Unterwerfung vorangingen. Auf dieser Basis entwickelten sie häufig Subkulturen, in denen sich der Widerstand gegen das herrschende System in bestimmten Formen von Sprache, Musik und Tanz äußert. Gerade weil Frauen durch die patriarchale Familienstruktur voneinander isoliert waren, weil sie keinen Zugang zur Bildung hatten und ihrer eigenen Sprache beraubt wurden, weil sie kulturell kolonisiert wurden durch die Erziehung in einer Sprache, die nicht von Frauen definiert war, die aber umgekehrt Frauen als minderwertig und als bloße Hilfskräfte in einer männlichen Welt definierte – gerade darum brauchen Frauen eigene abgegrenzte Bezirke und ausschließlich weibliche Zusammenkünfte, um eine kritische Gegenkultur zu entwickeln, eine autonome weibliche Basis, von der aus sie gegen das Patriarchat antreten können.

Das Bedürfnis nach einer eigenständigen Basis sollte nicht mit einem ideologischen Separatismus verwechselt werden. Mit ideologischem Separatismus meine ich eine Position, die von manchen Feministinnen eingenommen wird und die davon ausgeht, daß die Trennung von Frauen- und Männerwelt total und permanent sein sollte. Dazu gehört im allgemeinen ein dualistisches Menschenbild, das Männern die Fähigkeit zu authentischer Menschlichkeit abspricht, und die Suche nach Wegen der Fortpflanzung ohne Männer als Grundlage einer rein weiblichen Gesellschaft[1].

Es ist durchaus verständlich, daß manche Frauen zu solchen Schlußfolgerungen kommen. Wenn wir die Geschichte des Patriarchats insgesamt überdenken und das Ausmaß an Grausamkeit, das es hervorgebracht hat, in allen Konsequenzen zu sehen beginnen, gehen wir zwangsläufig durch Erfahrungen von rasender Wut, die uns vielleicht zu dem Schluß führen, daß Männer generell zu meiden seien. Für jede Frau, die zu wirklicher Autonomie finden will, ist es unausweichlich notwendig, durch zumindest einen Teil dieser Wut hindurchzugehen. Aber hindurchgehen bedeutet nicht, diese Wut zu einer Ideologie zu machen. Wir müssen einen festen Standort autonomer Menschlichkeit finden, eine weibliche Identität, die dem Patriarchat nicht mehr in die Falle geht, ohne dabei die Menschlichkeit von Männern in Abrede zu stellen oder ihre beschädigte Menschlichkeit mit dem Patriarchat zu verwechseln. Wir müssen uns unserer eigenen Fehlbarkeit bewußt sein, unserer Fähigkeit, nicht nur zu Opfern zu werden, sondern auch Opfer zu schaffen. Wir müssen uns genügend reife Selbstachtung aneignen, um die Menschlichkeit von Männern hinter der Maske des Patriarchats zu erkennen.

Wenn wir darüber sprechen, daß Frauen sich zurückziehen, um ihre eigenen Erfahrungen aufzuarbeiten und eine kritische Gegenkultur zum Patriarchat zu entwickeln, müssen wir uns bewußt sein, daß das für die meisten Frauen bedeutet, ein paar Stunden in der Woche aus ihrem Zusammenleben mit Männern herauszunehmen. Selbst Frauen, die professionell mit feministischen Studien beschäftigt sind und die in permanenter Kommunikation mit anderen Feministinnen stehen, verbringen einen großen Teil ihres Lebens in der Interaktion mit Männern und mit der männlichen Kultur. In einer Welt, in der die meisten Organisationssysteme des Alltags von Männern kontrolliert und männlich definiert sind, ist das kaum zu vermeiden.

Vermutlich wird nur eine geringe Zahl von Frauen das Bedürfnis – und noch weniger die Mittel – haben, eine rein weibliche Produzentinnen- und/oder Verbraucherinnen-Kooperative aufzubauen, in der Kontakte mit Männern weitgehend vermieden werden können. Und selbst eine solche Gemeinschaft würde sie nicht von jeder Form der Abhängigkeit von der männlich dominierten Welt befreien. Ich unterstütze das Experiment feministischer Lebens- und Arbeitsgemeinschaften, vorausgesetzt, Frauen verfallen nicht einer separatistischen Ideologie, verbunden mit der Vorstellung, Männer würden allmählich aussterben, und es sei nicht nötig, sich mit ihnen als Teil der Menschheit auseinanderzusetzen.

Die Frauenkirche ist die christlich-theologische Ausdrucksform der feministischen Kollektivierungs- und Aufarbeitungsphase und der Formung einer kritischen Gegenkultur. Frauen müssen die falschen theologischen Mythen, die der Rechtfertigung der patriarchalen *Ekklesia* dienen, außer Kraft setzen und beginnen, Liturgien zu schaffen, die bei der Befreiung aus dieser *Ekklesia* Geburtshilfe leisten. Sie werden die Versammlung emanzipierter Frauen als erlösende Gemeinschaft erfahren, die in einem neuen Frau-Sein wurzelt. Frauen ermächtigen sich selbst und werden vom Geist der Befreiung ermächtigt, auf den sie sich gründen, die neue Gemeinschaft der befreiten Schwesterlichkeit zu feiern, in ihr zu kommunizieren und in ihr aufgehoben zu sein.

Wie Frauenkirche zu einer erlösenden Gemeinschaft vom Patriarchat befreiter Frauen und Männer transformiert werden kann, bleibt vorerst noch offen. Ich stelle mir vor, dies könnte der Kulminationspunkt einer längeren Entwicklung sein, in der die Frauenkirche ein Stadium darstellt. Wenn Frauen ihre kritische Gegenkultur in klarer Form zum Ausdruck bringen, wird diese Möglichkeit manchmal schon sichtbar. Manche Männer fühlen sich dann angesprochen, weibliche Standpunkte zu verstehen und nachzuvollziehen, statt sie nur lächerlich zu machen oder zu verwerfen. Für die Entwicklung einer neuen Mitmenschlichkeit zwischen emanzipierten Frauen und Männern ist es notwendig, daß Männer ihre eigene Entmenschlichung durch das Patriarchat kritisch beleuchten und daß sie ihre eigene Gegenkultur der Befreiung schaffen, die eine echte Entsprechung zum feministischen Exodus darstellt und die Möglichkeit eines offenen Dialogs eröffnet. Ich stelle mir vor, daß diese Gemeinschaft befreiter Menschlichkeit nicht mehr »Frauenkirche«, sondern einfach »Kirche« genannt werden wird, das heißt die authentische Gemeinschaft des Exodus und der Befreiung von der Unterdrückung, die durch religiöse und soziale Erneuerungsbewegungen immer wieder angekündigt, aber bisher stets durch den Rückfall in patriarchale Formen der *Ekklesia* korrumpiert wurde.

Wenn ich sage, daß Frauenkirche ein Stadium innerhalb des dialektischen Prozesses ist, der zur Kirche der Mitmenschlichkeit und der Befreiung vom Patriarchat hinführt, heißt das jedoch nicht, daß die Frauenkirche nur für einige Jahre existieren müsse, um dann in die große Kooperation zwischen Frauen und Männern einzumünden. Das Patriarchat ist zu alt, und seine Wertvorstellungen sind zu tief in unserem Unbewußten und in unserer Kultur verwurzelt, um rasch analysierbar, ablösbar und durch eine neue Einheit von Frauen und Männern ersetzbar zu sein. Wir müssen die Frauenkirche als feministische Gegenkultur zur *Ekklesia* des Patriarchats verstehen, die in absehbarer Zukunft als Exodus fortgesetzt werden muß, sowohl innerhalb der existierenden Kirchen als auch an ihren Rändern. Frauenkirche heißt weder, daß wir die offizielle Kirche als Sekte verlassen, noch, daß wir uns zu ihren Bedingungen in sie einordnen. Es geht darum, die Basis für eine kritische feministische Kultur zu schaffen und eine religiöse Gemeinschaft zu bilden, die von den etablierten kirchlichen Institutionen ein Stück weit unabhängig sind. Es geht auch darum, diese kritische Kultur und das neue Gemeinschaftsgefühl mit den vielen Frauen zu teilen, die in den existierenden Kirchen arbeiten, die sich gelegentlich oder regelmäßig treffen, um die feministische Vision gemeinsam zu erfahren, die aber immer wieder von den Begrenzungen der männlich dominierten Kultur in ihrem Handlungsspielraum eingeschränkt werden. Manche Frauen werden vielleicht ausschließlich an den feministischen Liturgien teilnehmen, andere werden das regelmäßig tun, während sie weiterhin auch zum traditionellen Gottesdienst in ihren Pfarrbezirken gehen und versuchen, dort etwas von dem alternativen Geist zu verbreiten. Wieder andere werden vielleicht nur gelegentlich an diesen Experimenten teilnehmen, an jährlichen Versammlungen von Pastorinnen oder an feministischen *Retreats* (themenzentrierten meditativen Versammlungen, die sich über ein Wochenende oder einige Tage erstrecken, A. d. Ü.), wo Frauen ihre Gemeinschaft im Kontext dieser Zusammenkünfte feiern.

Nur wenn einige Gruppen intensiv und ausschließlich an der Gestaltung der Gegenkultur arbeiten, ohne Kontrollen und Einschränkungen von seiten der patriarchalen Kultur, und nur wenn sie dabei in Dialog und Interaktion mit Frauen in den Institutionen bleiben, die das, was in den alternativen Gemeinschaften entwickelt wird, adaptieren und verwenden, kann ein echter dialektischer Transformationsprozeß stattfinden. Wir müssen es ablehnen, nur zwischen den beiden von der Institution definierten Möglichkeiten zu wählen, nämlich entweder die Bedingungen der etablierten Kirche zu akzeptieren oder jede Verbindung mit ihr abzubrechen, sektiererisch zu werden und feindselig auf die Menschen zu reagieren, die innerhalb der Institutionen arbeiten. Die Abgegrenztheit der Sekte mag radikaler erscheinen, tatsächlich ist sie aber nur die Kehrseite der Forderung nach Anpassung an die Bedingungen der Institution. Beide Optionen zielen darauf ab, den kreativen dialektischen Prozeß zwischen dem Exodus innerhalb und jenem außerhalb der Grenzen zu unterbinden. Nur dieser kreative Prozeß kann aber zu einer echten Transformation und zu einer Neudefinition der Inhalte und Werte führen, die mit lebendiger Kirche verbunden sind.

Wir können den Entwicklungsprozeß des feministischen Exodus und der alternativen Kultur nicht rasch »abwickeln«; wir können nicht davon ausgehen, daß die Transformation sich schnell und problemlos vollziehen wird. Wir können nicht annehmen, daß wohlmeinende Männer sehr bald mit Verständnis und Zustimmung reagieren werden und daß wir einander in neuer Weise begegnen werden. Damit soll nicht gesagt sein, daß es keine gutwilligen Männer gäbe, die Verständnis aufbringen und sich uns anschließen möchten. Die feministische Theologie und die Feier des Auszugs aus dem Patriarchat muß also auch parallele männliche Gruppen und gemischte Gruppen von Frauen und Männern ermutigen. Aber, um mit der Bibel zu sprechen, »wir haben nicht mit Fleisch und Blut zu kämpfen, sondern mit Mächtigen und Gewaltigen, nämlich mit den Herren der Welt, die in dieser Finsternis herrschen« (Epheser 6, 12). Viele individuelle Männer mögen inzwischen bereit sein, zu überlegen, was Feminismus für sie bedeuten könnte. Aber das institutionalisierte Patriarchat ist dazu nicht bereit, denn das würde die Auflösung seiner Machtstrukturen bedeuten. Von den patriarchalen Institutionen und ihren Vertretern haben wir nicht nur alle bekannten Verteidigungsstrategien zu erwarten, sondern immer neue und immer einfallsreichere Gegenschläge.

Die kritische feministische Kultur muß ihre autonome Basis dauernd aufrechterhalten, um diese neuen Strategien zur Verteidigung des Patriarchats auch in Zukunft zu demaskieren und richtig zu benennen. Sie muß auf massiven Widerstand vorbereitet sein, der sich nicht nur gegen feministische Frauen richten wird, sondern auch gegen ihre männlichen Sympathisanten, die vom Patriarchat als die schlimmsten Verräter angesehen werden. Die Frauenkirche muß ein permanentes Engagement aufbringen, autonome Grundlagen der Gemeinschaftsbildung und der kulturellen Arbeit zu etablieren und im Dialog mit Kirchenleuten, aber außerhalb der institutionellen Kontrolle zu bleiben. Dieses Engagement muß so lange aufrechterhalten werden, wie es dauert, die patriarchale Macht vollständig zu brechen und alle ihre sozialen und kulturellen Ausdrucksformen zu transformieren – wir könnten also sagen, bis zum Erscheinen des neuen Zeitalters.

Woher kommt diese Konzeption von Frauenkirche? Wo liegen ihre Wurzeln? Ihre Wurzeln sind vermutlich so alt wie die Idee von Kirche selbst als Exodusgemeinschaft gegen die Strukturen von Unterdrückung. Wo immer eine Kirche der Befreiung Frauen in ihren Exodus einschloß (und das geschah, anfangs zumindest, immer) und wo Frauen sich damit identifizierten als Subjekte ihrer eigenen Definition von Humanität, waren die Grundzüge von Frauenkirche präsent. Denn allein die Konzeption von Kirche als Exodusgemeinschaft, die Frauen einbezieht, impliziert einen Exodus aus dem Patriarchat. Frauen können nie authentische Mitglieder einer Kirche sein, solange sich diese Kirche nicht als Gemeinschaft definiert, die das Patriarchat als grundlegende Ausdrucksform der Unterdrückung zu überwinden trachtet, als Ausdruck der Herrschaftsstrukturen zwischen Männern und Frauen, zwischen den Generationen, zwischen den Mächtigen und den Schwachen. Das Patriarchat benutzte die natürlichen Unterschiede zwischen Menschen und formte sie zu Strukturen von Privilegiertheit und menschenverachtender Ausbeutung um. Die Überwindung dieser Herrschaftsstrukturen und ihres fehlgeleiteten religiösen Ausdrucks, der *Ekklesia* des Patriarchats, liegt schon in der bloßen Idee von Kirche als der Überwinderin der Sünde und des Bösen, als lebendige Hoffnung auf eine erlöste Menschheit in einer erlösten Welt.

Andererseits ist die Erkenntnis, daß Frauen die Bedeutung von Kirche als Exodus aus dem Patriarchat klarmachen müssen, noch nicht alt. In der Vergangenheit kämpften die meisten christlichen Frauen nur für begrenzte Rechte, für ihre Rechte, an der Kirche, so wie sie ist, teilzuhaben. Selbst den ersten ausgesprochen feministischen Christinnen wie Sarah und Angelika Grimké, die um 1840 die patriarchale Auslegung des biblischen Menschenbildes in Frage stellten und für sich in Anspruch nahmen, die wahre Ordnung der Schöpfung als ebenbürtige Gemeinschaft von Frauen und Männern wiedererweckt zu haben, ging es in erster Linie um das Recht der Frauen, in existierenden Kirchen zu predigen. Bis vor etwa zehn Jahren gingen die meisten Bemühungen um die Ordination von Frauen von der Vorstellung aus, es genüge das volle Recht auf geistliche Ämter für Frauen, um innerhalb der Kirche gleichberechtigt zu sein. Erst nachdem sich Frauen einige Jahrzehnte lang in der theologischen Ausbildung und als Pastorinnen in einigen Kirchen engagiert hatten, wurde klar, welche Grenzen der Einbeziehung von Frauen in männliche Institutionen und in die männliche Kultur gesetzt sind. Aus diesen Erfahrungen heraus wurde dann deutlich, daß wir über die bisherige Art der Einbeziehung von Frauen in die Kirche einen Schritt hinausgehen müssen, denn sie ändert nichts an den Grundstrukturen und an den kulturellen Symbolen der patriarchalen *Ekklesia*. Die Erfolge, die durch das bisherige Engagement von Frauen zustande gekommen sind, sollen dadurch keinesfalls geschmälert werden; sie sind vielmehr die Basis, von der aus die neuen Schritte von der Einbeziehung zur Transformation überhaupt erst möglich wurden.

In den protestantischen Kirchen Amerikas werden Frauen seit fünfundzwanzig Jahren ordiniert; im Lauf der letzten fünfzehn Jahre ist ihre Zahl in den theologischen Seminaren rapide angestiegen. In den liberaleren protestantischen Theologieseminaren sind heute oft 50 Prozent der Studierenden Frauen.

Auch die Zahl der Frauen, die katholische Theologie studieren, hat sich stark erhöht. Dieser Prozeß vollzog sich nicht nur in katholischen Hochschulen, die nur sehr zögernd Frauen zum Studium zuließen, sondern auch in den größeren, nicht konfessionell gebundenen theologischen Ausbildungsstätten, wie der Harvard Divinity School in Boston, dem Union Theological Seminary in New York, der Divinity School der Universität von Chicago und der Graduate Theological Union in Berkeley. Wie hoch die Anzahl katholischer Frauen in diesen Bereichen des Theologiestudiums ist, wurde im allgemeinen kaum wahrgenommen. Bislang ist wenig darüber bekannt, warum Frauen diese Studienbereiche wählen und was sie mit einer theologischen Ausbildung anfangen, die ihnen kaum Berufschancen, im Sinn einer bezahlten Anstellung innerhalb der katholischen Kirche, bietet[2]. Diese Entwicklung zeigt jedenfalls, daß unter den katholischen Frauen ein Gärungsprozeß eingesetzt hat. Sie suchen im theologischen Bereich nach einer feministischen Identität und eignen sich die dafür notwendigen intellektuellen und praktischen Voraussetzungen an.

Bei Katholikinnen speist sich die Tendenz zur Frauenkirche auch aus jüngeren historischen Entwicklungen, nämlich aus einer entscheidenden Veränderung und Erneuerung der Frauenorden in Amerika. In diesem Zusammenhang entstand in einigen Sektoren der Ordensbewegung ein starkes feministisches Autonomiebewußtsein; manche Frauen blieben Mitglieder ihrer Orden, andere verließen sie, identifizierten sich aber weiterhin mit den sozialen Befreiungsbewegungen auf kirchlicher oder ökumenischer Basis. Die von katholischen Feministinnen ausgelöste Unruhe führte 1975 zur Bildung der Konferenz für die Ordination von Frauen, die intensiv um die Priesterweihe für Frauen in der katholischen Kirche kämpfte und damit auch die Kritik an der bestehenden Ordnung der geistlichen Funktionen und die Forderung nach ihrer Erneuerung verband. Mit anderen Worten: Es war bereits klargeworden, daß die traditionelle Definition des Priestertums in symbolischer und in sozialer Hinsicht misogyn ist und daß seine hierarchische Ordnung in der Sicht von Frauen im Widerspruch zur authentischen Bedeutung von christlicher Praxis steht. Frauen können also nicht wirklich in eine geweihte Priesterschaft einbezogen werden, wenn die Bedeutung und die Funktionen dieser Priesterschaft nicht neu definiert werden.

Im letzten Jahrzehnt vertiefte sich diese Kritik am patriarchalen Charakter des Priestertums. Bis zu einem gewissen Grad wurde deutlich, daß die Idee der Ordination von Frauen einen Widerspruch in sich enthält, denn sie ist nur ein Element innerhalb einer viel weitergehenden Zielvorstellung. Die meisten katholischen Frauen können und wollen nicht in eine Priesterschaft aufgenommen werden, wie sie gegenwärtig definiert wird. Die Möglichkeit der Spaltung zeichnete sich ab, zwischen Frauen, die für die Ordination in eine Priesterschaft in mehr oder minder traditioneller Form arbeiteten, Frauen, die danach strebten, die Priesterweihe zu erhalten und dann, von innen heraus, das Priestertum zu verändern, sowie Frauen, die der Idee des geweihten Priestertums generell ablehnend gegenüberstanden. In diesen Spaltungstendenzen manifestieren sich die Schwierigkeiten, die unterschiedlichen Momente eines dialektischen Transformationsprozesses zur Deckung zu bringen. Zur Zeit sind diese Probleme noch weit von einer Lösung entfernt. Aber als sich das unmittelbare Ziel der Ordination von Frauen zugunsten einer weitergehenden kulturellen und institutionellen Transformation veränderte, entstanden innerhalb der katholischen feministischen Bewegung viele Gruppen, die dieses neue Bewußtsein zum Ausdruck brachten. Die National Coalition of American Nuns, die National Assembly of Women Religious (beides überregionale Zusammenschlüsse von Nonnen, die älter sind als die Konferenz für die Ordination von Frauen), die Gruppe WATER (The Women's Alliance for Theology, Ethics and Ritual), die Chicago Catholic Women, Die Women's Ordination Conference (Konferenz für die Ordination von Frauen), das Institute for Women Today, die Gruppe Las Hermanas und das Quixote Center sind Organisationen, die in Richtung einer größeren kulturellen Transformation arbeiten.

Diese Gruppen formierten sich (nicht ohne Schwierigkeiten und Konflikte!) zu einer offenen Koalition, die sich »Women of the Church Coalition« nennt. Im November 1983 hielt diese Vereinigung in Chicago einen großen Kongreß ab, der sich an die früheren, von der Konferenz für die Ordination von Frauen organisierten Kongresse von 1975 und 1979 anschloß, inhaltlich über diese aber weit hinausging. Der Kongreß lief unter dem Motto »Die Frauenkirche spricht«. Hier wurde zum ersten Mal eine neue Haltung – die des feministischen Exodus innerhalb der Kirche – öffentlich geäußert und kollektiv erfahren. Der Kongreß formulierte einen neuen theologischen und praktischen Standpunkt von Frauen: den authentischen theologischen Anspruch, selbst Kirche zu sein, sich nicht mehr von der *Ekklesia* des Patriarchats definieren zu lassen, nicht mehr um die Einbeziehung in das Priesteramt zu bitten oder um das Recht, die Sakramente nach den Bedingungen des Patriarchats empfangen zu dürfen. Die Teilnehmerinnen dieser Versammlung von rund 1500 Frauen waren zu 95 Prozent römisch-katholisch mit einem etwas größeren Anteil von Laien- als von Ordensfrauen; das stellt eine bedeutsame Veränderung im Vergleich zum ersten Kongreß für die Ordination von Frauen 1975 dar, dessen Teilnehmerinnen zu 90 Prozent Mitglieder von Frauenorden waren. An dem Kongreß »Die Frauenkirche spricht« nahm nur eine relativ geringe Zahl von Protestantinnen teil, aber diese Frauen schlossen sich zusammen und brachten den Antrag ein, die Bewegung der Frauenkirche solle als ökumenisch und nicht nur als katholisch anerkannt werden. Ich bin der Meinung, daß dies, implizit, bereits der Fall ist. Obwohl die Energien der meisten protestantischen Frauen noch von der Wahrnehmung der Ordinationsmöglichkeiten absorbiert sind, die ihnen in ihren Kirchen zur Verfügung stehen, wissen doch viele von ihnen bereits, daß sie ihren Kampf innerhalb ihrer Konfessionen durch ein unabhängiges feministisches Engagement ergänzen müssen, das ihnen erlaubt, eine kritische Einstellung gegenüber patriarchalen Formen aufrechtzuerhalten und größere Veränderungsziele ins Auge zu fassen. Der kritische Blick schwindet allzu leicht dahin, wenn die gesamte Energie von den institutionellen Aufgaben aufgesogen wird.

Beide Gruppen von Frauen, diejenigen, die in geistlichen Ämtern Fuß fassen konnten und darum kämpfen, die Strukturen der Institutionen zu verändern, und diejenigen, die keinen Zugang zu geistlichen Ämtern haben und sie aus der weiteren Perspektive ihrer misogynen Geschichte heraus betrachten, müssen sich zusammenschließen. Sie stellen gewissermaßen die beiden Seiten der notwendigen Transformation dar, und sie brauchen einander.

Der Kongreß der Frauenkirche in Chicago hatte im wesentlichen liturgischen Charakter. Es gab große Gruppenliturgien mit mehreren Vortragenden, aber die meisten Sprecherinnen hielten eher Predigten als Vorträge[3]. Mehrere kleinere Workshops beschäftigten sich mit den drei Schlüsselthemen feministischer Praxis, die als »Spiritualität«, »Sexualität« und »Über-

leben« formuliert wurden. Unter dem Stichwort »Spiritualität«
liefen Workshops über feministische Theologie, Beratungsar-
beit, feministischen *Retreat*, spirituelle Erfahrung und insbesondere feministische Glaubensgemeinschaften. Unter dem
Stichwort »Sexualität« wurden Fragen behandelt, die den
sexuellen Lebensstil betreffen, Zölibat, Ehe, Leben als Lesbierin, geschiedene Frau, alleinstehende Frau und Themen wie die
rechtliche Seite der weiblichen Fortpflanzungsproblematik, Inzest, Vergewaltigung, Pornographie und Prostitution. Unter
dem Themenkomplex »Überleben« ging es um alleinstehende
einkommenslose Frauen mit Kindern, Frauen, die Sozialhilfe
empfangen, um Gewalt gegen Frauen, um Kirchenarbeit im
Widerstand gegen patriarchale Institutionen, um alte Frauen
und Flüchtlinge, um Militarismus, Arbeitslosigkeit und das Er-
richten von sozialen Netzwerken.

Auf dem Kongreß wurde der bewußte Versuch unternom-
men, den Dialog zwischen sprachlich und ethnisch unterschiedlichen Gruppen zu eröffnen; alle Konferenzveranstal-
tungen liefen zweisprachig in Englisch und Spanisch ab. Die
Organisatorinnen hatten sich intensiv um Stipendiengelder bemüht, um sozial unterprivilegierten Frauen die Teilnahme zu
ermöglichen. Daher konnten viele Frauen aus hispanischen
Gemeinden dabeisein, unter anderem Frauen aus den Armen-
vierteln ausländischer Arbeitnehmer in Florida und in New
York. Da diese Frauen sich in ihrer eigenen Sprache äußern
konnten, waren ihre Beiträge von wahrhaft enormer Kraft und
erreichten alle Teilnehmerinnen. Das zeigte in aller Deutlichkeit, daß die Grenzen der Kommunikation zwischen Frauen
unterschiedlicher ethnischer und Schichtzugehörigkeit, die das
Patriarchat errichtet hat, nicht unüberwindlich sind, wenn die
privilegierten Frauen über die Klassenschranken hinweg die
nötigen Mittel zur Verfügung stellen und unterprivilegierten
Frauen Raum lassen, ihre eigenen Erfahrungen zu formulieren
und mitzuteilen.

Ich möchte dieses Kapitel mit einer Predigt abschließen, die
ich im Rahmen der liturgischen Veranstaltungen des Kongres-
ses hielt. Die Predigt faßt die Vision von Frauenkirche zusammen, die auf dem Kongreß in Erscheinung trat; sie spiegelt das
enthusiastische Gefühl einer Versammlung, die kollektiv die
Möglichkeit erfuhr, auf einer neuen Basis als Kirche zusammenzustehen. Die Predigt endet mit der Benennung bestimmter
amerikanischer Bischöfe, die eingeladen werden, uns auf unse-

rer Reise in die Freiheit zu begleiten. Der Grund dafür ist, daß diese Bischöfe (wenn auch nicht der Papst, dessen Name in polemischer Absicht genannt wird) den Kongreß befürworteten und finanziell unterstützten; ihre Namen erschienen in der Konferenzbroschüre neben den Namen vieler Organisationen, vor allem Frauenorden, die den Kongreß ermöglicht hatten.

Die neue Frauenkirche

Was bedeutet Frauenkirche theologisch? Über diese Frage wollen wir gemeinsam nachdenken. Wie können Frauen, die ausgeschlossene Hälfte der Menschheit, das aus der Kirchentradition ausgeschlossene Geschlecht, den Anspruch erheben, Kirche zu sein, als Kirche zu sprechen? Bedeutet das nicht Spaltung, Sektierertum, das Reduzieren des Ganzen auf einen seiner Teile? Heißt das nicht, das »nahtlose Gewand der katholischen Einheit« zerreißen, wie die Priesterschaft sagen würde? Ich behaupte heute, daß wir Frauen sehr wohl als Kirche sprechen können; wir sind nicht im Exil außerhalb der Kirche, sondern die Kirche ist gemeinsam mit uns im Exil. Wir streben eine Ganzheit an, die sich durch uns allmählich zu zeigen beginnt. Als Frauenkirche sprechen heißt zuallererst, die Fehler anzuprangern, heißt, gegen das Ersticken der Kirche in den Tempeln des Patriarchats zu protestieren. Wir stehen im Konflikt mit den Repräsentanten des Patriarchats, die für sich beanspruchen, die authentischen Vertreter von Kirche zu sein. Wir behaupten, daß unsere wahre Mutter, die Quelle der Weisheit, in den Tempeln des Patriarchats versteckt und verformt wurde, daß sie durch ein großes mechanisches Idol mit glühenden Augen und rauchenden Nüstern ersetzt wurde, das Blasphemien und Lügen speit, sobald es sein Maul öffnet. Was sagt dieses Idol? Wie spricht der monströse Roboter in den Tempeln des Patriarchats? Erinnern wir uns der Worte, die aus seinem Mund kamen, und der Taten, die aus seinen Händen hervorgingen.

Dieser Roboter-Moloch ist das Idol der fehlgeleiteten Männlichkeit, das Idol des Vaterrechts. Es beansprucht die ganze Erde als Schöpfung und als Domäne des Vaterrechts. Es monopolisiert das Gottesbild, indem es behauptet, Gott könne nur im Licht des Vaterrechts gesehen werden. Gott ist Herrscher, König, Krieger, ein Gott der Macht, der die Herrschaft der Mächtigen vergrößert und die Niedrigen noch tiefer in die Knechtschaft stößt; der den Mächtigen das Szepter in die Hand gibt und den Machtlosen befiehlt, sich in Angst und Selbsthaß zu verkriechen. Gott kann nicht im Bild der Frauen, der Kinder, der Armen, der scheuen und sanften Kreaturen dieser Erde erscheinen. Männer sind das passende und gültige Abbild dieses Gottes der Macht, besonders die mächtigen Männer: Herrscher, die Befehle geben, Krieger, die töten, Richter, die strafen. Diese sind Gott am ähnlichsten, sie sind beispielhaft für das Bild dieses Gottes. Sie sehen heißt Gott sehen. Ihrem Wort gehorchen heißt dem Wort Gottes gehorchen. Sie kritisieren und gegen ihre Herrschaft rebellieren ist Auflehnung gegen Gott. Frauen sind in diesem Gottesbild nicht enthalten. Frauen können in sich selbst nur das sehen, was degradiert und entwertet ist, was sich unterwerfen muß, was beherrscht wird. Frauen stehen für den Körper, die Leidenschaften, für den entwürdigenden und blutigen Prozeß von Geburt und Tod, für Endlichkeit und Sterblichkeit, für Fehlbarkeit, für alles Vergängliche und Verwesende, aus dem das mächtige transzendente Männliche in ein ewiges Leben zu entkommen sucht, in ein Sein ewig währender Macht. Frauen können nicht für das Bild Gottes, des Allmächtigen, stehen; sie stehen für all das, was nicht Gott ist, für alles, was zertreten und zum Schweigen gebracht werden muß, damit Männer wie Gott sein können.

Hören wir weiter die Worte des großen Idols mit den glühenden Augen und den rauchenden Nüstern, die Lügen und Blasphemien, die mit surrender Computerstimme aus seinem Inneren dringen: »Christus, der große Erlöser, ist gekommen, um der Menschheit das Heil zu bringen.« Wer ist dieser Erlöser, und wovon erlöst er die »Menschheit«? Dieser Erlöser des Männlichen kommt, um die Männer von der Geburt, von den Frauen, von der Erde und von allen Begrenzungen zu befreien. Dieser Erlöser kann nur im Bild des Männlichen kommen. Da Gott nur als männlich imaginiert werden kann, da das Männliche das gültige Abbild Gottes ist, muß auch der Erlöser männlich sein. Die Frau ist der mißratene Mann, der defekte und unvollkommene Ausdruck der menschlichen Spezies. Nur das Männliche repräsentiert perfekte Menschlichkeit.

Nur das Männliche kann Christus repräsentieren. Zwischen Christus und dem Priester muß eine physische Ähnlichkeit bestehen; das bedeutet aber nicht, daß der Priester jüdisch aussehen sollte. Nein, der Priester muß Hoden haben, männliche Genitalien, und er muß aufrecht stehen wie ein Monument phallischer Macht. Nur der Mann kann auf die phallische Kanzel steigen und den Samen des Wortes in den hingestreckten Leib des Volkes ergießen, in Frauen und Kinder, die unten passiv darauf warten, das Wort zu empfangen. Nur das Männliche mit seiner Samenkraft kann die Eucharistie herstellen. Frauen sind impotent und kastriert; ihnen ermangelt die göttliche Samenkraft. Sie können nicht handeln, sie können nur empfangen, und sie sollten für das, was sie empfangen, dankbar sein.

Laßt uns weiter hören, welche Taten von der Hand des Idols ausgehen: »Wenn die Frauen nicht dankbar sind, sollen sie bestraft werden. Tatsächlich sind sie nie dankbar, sondern immer rebellisch gewesen. Schon in den allerersten Anfängen war die Frau die Ursache all unserer Nöte. Sie war es, die Sünde und Tod in die Welt brachte; durch sie verloren wir das Paradies und mußten fortan unser Brot im Schweiß unseres Angesichts verdienen. Darum soll die Frau durch alle Zeiten bestraft werden. Sie soll schweigen und uns dienen in Unterwürfigkeit, wissend, das dies ihr Platz ist und daß sie nichts Besseres verdient. Wenn sie Widerworte gibt, soll man ihr das Maul stopfen, sie herabsetzen und sie lächerlich machen; so wird man sie zum Schweigen bringen. Wenn sie sich nicht einschüchtern läßt und nicht schweigen will, muß man sie mit Gewalt belehren.« Millionen von Frauen wurden auf den Streckbänken christlicher Folterkeller gepeinigt; sie wurden in Säcke gebunden und in Flüsse geworfen, an Galgen aufgehängt und auf Scheiterhaufen verbrannt, um sie die Lektion der Bescheidenheit und des Schweigens zu lehren. Jede Minute, Tag und Nacht, schreien Frauen auf oder unterdrücken ihre Schmerzensschreie, wenn sie in einsamen Straßen oder in ihren eigenen Wohnungen geschlagen, von Messerstichen durchbohrt, vergewaltigt werden, damit sie die Lektion der Unterwerfung und des Schweigens lernen.

Die Körper der Frauen sollen den Männern, die sie besitzen, stets sexuell verfügbar sein – niemals jedoch jenen Männern, die nicht die Eigentümer dieser weiblichen Körper sind. Die Bäuche und die Eierstöcke der Frauen gehören ihren Ehemännern, die sie schwängern, und den Priestern und Ärzten, die die Regeln für Geburt und Tod festlegen. Laßt die Frauen nur nicht glauben, daß ihre Körper ihnen selbst gehören, daß sie selbst entscheiden könnten, wann sie empfangen wollen und wann nicht, oder ob sie überhaupt Kinder in die Welt setzen wollen. »Wenn eine Frau im Kindbett stirbt, so ist das nicht zu beklagen, denn zum Gebären wurde sie von Gott geschaffen«, sprach der große Reformator Martin Luther. Und das Echo seiner Lehren hallt in ökumenischer Harmonie durch die gesamte patriarchale Kirche. Papst, Patriarch und Prälat reichen sich in brüderlicher Eintracht die Hände, über den unterworfenen Körper der Frau hinweg. Sie kommen zu der feierlichen Übereinkunft, daß die Frau an den Traditionen ihrer Kirche keinen Anteil hat. Die Stimme der Frau soll nicht von der männlichen Kanzel herab ertönen, an den männlichen Altären soll die Frau nicht ihre Hände zum Segen erheben.

Wir, die Frauenkirche, weisen das Idol des Patriarchats zurück. Wir verurteilen es im Namen Gottes, im Namen Christi, im Namen der Kirche, im Namen der Menschlichkeit, im Namen der Erde. Unsere Göttin, unser Gott ist Mutter und Vater, Freundin, Freund, Geliebter, Helferin. Sie schuf dieses Idol nicht; sie ist durch dieses Symbol nicht repräsentiert. Unser Bruder Jesus kam nicht in die Welt, um dieses Idol zu schaffen, und es ist nicht sein Abbild. Das Idol steht nicht im Dienst der Botschaft Jesu, denn Jesus, das Kind Marias, lehrte die Absetzung der Mächtigen und die Erhöhung der Niedrigen. Es ist Blasphemie, wenn das Idol für sich in Anspruch nimmt, im Namen Jesu zu sprechen und seine Erlösungsmission zu erfüllen, während es alles zertritt und ins Gegenteil verkehrt, was Christus je gelehrt hat. In den Händen des Idols wurde der Auftrag der Transformation und der Erlösung auf den Kopf gestellt oder zurückgedreht zu den Zeiten Babylons: Die Ersten sollen die Ersten sein, und die Letzten sollen die Letzten bleiben – so schuf Gott die Erde, und so soll sie für alle Zeiten sein. Die Machthaber und die Verursacher von Gewalt, Völkermord und Krieg treten mit ihrer größten Dreistigkeit auf, wenn sie behaupten, Christus zu sein, die Botschaft Christi zu repräsentieren. Das Römische Reich kleidet sich in das Gewand des Gekreuzigten und setzt sich wieder auf seinen imperialen Thron.

Als Frauenkirche schreien wir es heraus: Verrat, Betrug, Fälschung, Blasphemie! Das ist nicht die Stimme unseres Gottes, das ist nicht das Antlitz unseres Erlösers, das ist nicht die Mission unserer Kirche. Unser Bild von Humanität ist hier nicht präsent und kann hier nicht zu finden sein; es ist aus diesem Alptraum vorgeblicher Erlösung ausgeschlossen. Als Frauenkirche beanspruchen wir für uns die authentische Botschaft Christi, die wahre Mission von Kirche, den echten Auftrag unseres Mutter-Vater-Gottes, der kommt, die Menschheit zu retten, nicht, sie zu vernichten, der kommt, die Gefangenen zu befreien und uns die Erde wiederzugeben als unser gelobtes Land. Wir sind nicht im Exil, aber die Kirche ist mit uns im Exodus. Gottes Schechina, die heilige Weisheit, das Mutterantlitz Gottes, floh mit uns von den Thronsitzen des Patriarchats und ging mit uns in den Exodus. Sie ist mit uns, wenn wir von den rauchenden Altären flüchten, wo Frauenkörper als Brandopfer dargebracht werden; wenn wir unsere Ohren bedecken, um die entmenschlichte Stimme nicht zu hören, die aus dem Idol des Patriarchats spricht.

Als Frauenkirche müssen wir keinen Mangel leiden an Worten der Weisheit; wir werden nicht hungern müssen nach dem Brot des Lebens. Wir lernen von Grund auf neu, was es heißt, ein geistliches Amt zu erfüllen, nicht um uns als Herrscher aufzuspielen, sondern um einander zu leiten und zu lehren, die Worte des Lebens zu sprechen. Die Eucharistie geht mit uns in den Exodus. Die Wasser der Taufe sprudeln in unserer Mitte als Quelle des Lebens, und der Baum der Weisheit wächst in unserer Mitte und trägt Blüten und Früchte. Wir ernten das Korn und backen das Brot, wir pflücken die Trauben und keltern den Wein. Und wir reichen sie von Hand zu Hand als den Leib und das Blut unseres neuen Lebens, des Lebens der neuen Menschheit, für das unsere Märtyrer in blutigen Kämpfen starben, für das unser Bruder Jesus starb, für das Perpetua und Felicitas litten und alle Frauen, die verbrannt, geschlagen und vergewaltigt wurden, und Jean Donovan, Maura Clarke, Ita Ford, Dorothy Kazel und die Frauen von Guatemala, Honduras, El Salvador und Nicaragua, die gegen den Leviathan des Patriarchats und des Imperialismus kämpften. Die neue Menschheit geht hervor aus ihrem Blut; sie wurde um den Preis ihres Lebens gewonnen, und wir wagen es, die Früchte ihres Sieges anzunehmen und zu teilen, in der Hoffnung und im Glauben, daß unsere Märtyrer nicht umsonst starben. Denn sie werden auferstehen von den Toten. Sie sind unter uns, wenn wir das Sakrament der neuen Menschheit miteinander teilen, wenn wir die neue Erde aufbauen, befreit vom Joch des Patriarchats.

Wir sind die Kirche der Frauen, nicht im Exil, aber im Exodus. Wir entfliehen den donnernden Hufen der Armeen Pharaos. Wir warten nicht auf den Ruf, ins Land der Sklaverei zurückzukehren, um an den Altären des Patriarchats zu dienen. Nein, wir rufen auch unsere Brüder auf, von den Tempeln des Patriarchats zu fliehen. Wir rufen unsere Brüder Maurice Dingman, Frank Murphy, George Evans, Raymond Hunthausen, Charles Buswell, Tom Gumbleton; wir rufen auch unseren Bruder Karol Wojtyla und alle unsere Väter und Söhne, Ehemänner und Geliebten, mit uns zusammen das Idol mit den glühenden Augen und den rauchenden Nüstern, das unsere Erde verzehrt, zu verlassen.

Wir rufen unsere Brüder, sich unserem Exodus aus dem Land des Patriarchats anzuschließen, unserer gemeinsamen Suche nach dem gelobten Land, in dem es keinen Krieg mehr geben wird, in dem keine Kinder mehr verbrannt, keine Frauen vergewaltigt, keine Alten mehr an den Rand gedrängt werden, in dem die Erde nicht mehr ausgebeutet wird. Laßt uns gemeinsam das große Idol zerbrechen und es zu Staub zermahlen, laßt uns gemeinsam den Leviathan der Gewalt und des Elends entmachten, der die Erde zu zerstören droht; wir werden ihn unterpflügen in den Boden und seine Substanz zurückverwandeln in Frieden und Wohlstand, daß alle Kinder dieser Erde am Festmahl des Lebens teilhaben können.

KAPITEL 5

Die Ekklesiologie der Frauenkirche: Geistliche Kompetenz und Gemeinschaft

Um eine vom Patriarchat befreite Kirche aufzubauen, müssen wir den Klerikalismus demontieren. Dazu müssen wir verstehen, daß Klerikalismus mit einem emanzipierten Verständnis von geistlichen Funktionen unvereinbar ist. Der Klerikalismus ist der Ausdruck der Abspaltung geistlicher Tätigkeit von der Interaktion mit der Gemeinschaft und der Transformation geistlicher Kompetenz in ein hierarchisches Kastenwesen, das Priestertum über Laientum stellt. Der Klerus monopolisiert die Lehre, die sakramentalen Handlungen und die Verwaltung der Kirche und macht die Gemeinde zu einer passiven Herde von Abhängigen, die in ihrer religiösen Praxis von der Priesterschaft angeleitet werden soll, ohne über Form und Inhalt dieser Praxis mitbestimmen zu können. Ein Verständnis geistlicher Tätigkeit als Aktivität, die aus der Gemeinschaft kommt und die sich kontinuierlich auf die Gemeinschaft bezieht, wird unterdrückt und durch die ausschließliche geistliche Kompetenz der »Geweihten« ersetzt, die über eine das Potential der Gemeinschaft überschreitende heteronome Macht verfügen.

Die offizielle klerikale Mythologie gibt vor, die geweihte Priesterschaft sei von Christus (als dem Stellvertreter Gottes) eingesetzt worden; Christus habe eine Hierarchie begründet, in der die göttliche Macht vom Vorgänger auf den Nachfolger weitergegeben werde. Die Bischöfe verleihen den Priestern göttliche Macht; die Priester gewähren den Laien Vergebung, Wahrheit und göttlichen Segen, vorausgesetzt, die Laien unterwerfen sich den von der Hierarchie geschaffenen Regeln. Auf diese Weise wurde die gesamte Lehre und das sakramentale Leben der Kirche zu einem Herrschaftsinstrument in den Händen des Klerus und zum Ausdruck seiner Macht über das Volk.

Machtmißbrauch in Funktionen, die eigentlich im Dienst der Menschheit stehen sollten, finden wir nicht nur im Klerus und in religiösen Organisationen wie der Kirche. Wir finden dieselbe Deformation auch in anderen helfenden Berufen, in der Medizin, der Psychologie, der Pädagogik, der Sozialarbeit. In jedem dieser Bereiche wird den Klienten das Gefühl gegeben, sie seien unfähig, sich selbst und anderen zu helfen und gemeinsam mit Freunden und Gleichgestellten Hilfe zu organisieren. Den Klienten wird systematisch die Möglichkeit genommen, sich die Fähigkeiten und Fertigkeiten für effektive Hilfeleistung anzueignen; der Zugang zu diesem Wissen wird nur den zukünftigen amtlich bestätigten Professionellen eröffnet. So wird ein Bedürfnis nach professioneller Hilfe geschaffen, und die Menschen werden zu Klienten gemacht, die von der Befriedigung dieses Bedürfnisses durch professionelle Helfer abhängig werden. Je stärker Menschen in den Sog der professionellen Hilfe geraten, desto mehr verlieren sie ihre Eigenständigkeit. Sie werden in immer höherem Maß von den professionellen Helfern abhängig und bekommen immer mehr das Gefühl, sie seien unfähig, sich selbst zu helfen oder anderen Hilfe zu geben.

Der Klerikalismus ist auf der Basis des Paternalismus aufgebaut. Das Grundsymbol (und die Grundstuktur) der Interaktion zwischen einem Mitglied des Klerus und einem Laien ist die Beziehung eines allwissenden Vaters zu einem hilflosen Kind. Das Bild des überlegenen Mannes und der abhängigen Frau in der patriarchalen Ehe wird ebenfalls benutzt, um die Beziehung zwischen Klerus und Laienschaft darzustellen; dieses Bild ist aus dem Epheserbrief im Neuen Testament abgeleitet, wo es die Beziehung zwischen Christus und der Kirche darstellt, aber noch nicht auf Priesterschaft und Laien angewandt wird, denn diese Hierarchie hatte sich in der Kirche noch nicht entwickelt[1].

Was wir an all diesen Formen von Paternalismus und Klerikalismus ablesen können, ist die Reduzierung der Beziehung zwischen einem dominierenden und einem abhängigen Erwachsenen auf die Beziehung zwischen einem Vater und einem Kind. Da die Macht, die der Vater ausübt, als wohlmeinend und weise interpretiert wird, ist es vom psychologischen und vom kulturellen Standpunkt aus sehr schwierig, sie zu kritisieren. Es wird an tiefe frühkindliche Schuldgefühle appelliert, wenn es darum geht, diese Beziehungsstruktur intaktzuhalten. Der Abhängige muß sich sowohl undankbar als auch geächtet fühlen, wenn er die väterliche Autorität zurückweist. Dadurch wird es so schwierig, das Unangemessene an der Vorstellung der Vater-Kind-Beziehung zwischen Erwachsenen zu artikulieren und ihre Funktion, den Entzug der Autonomie, zu benennen.

Das symbolische Bild von Christus als Ehemann und der Kirche als Gattin, übertragen auf die Beziehung zwischen Priesterschaft und Laien, ist ein Beispiel der Reduzierung erwachsener Interaktion auf die Interaktion zwischen Vater und Kind. Die »Ehefrau« in dieser Verbindung ist nicht die gleichberechtigte Partnerin des Mannes, sondern die abhängige Kind-Frau der traditionellen patriarchalen Ehe. Auch die Symbolik, die den Priester als Hirten und die Laien als Schafe darstellt (ein Bild, das aus der Symbolik des archaischen Königtums abgeleitet ist[2]), wird benutzt, um Abhängigkeit darzustellen: Eine Herde geistloser Tiere ist auf einen allwissenden Führer angewiesen. Die Identifikation der Frauen mit dem Kindlich-Weiblichen oder mit Schafen, die von einem paternalistischen Klerus geführt werden müssen, fungiert als mächtige psychologische Barriere, die der Ordination von Frauen entgegensteht. Das Bild Christi als Vater-Gatte und der Kirche als Kind-Frau, ohne Rückfrage auf das Verhältnis von männlich und weiblich innerhalb der Kirche übertragen, wurde in den vergangenen Jahren als Schlüsselargument in der Polemik der anglikanischen, der römisch-katholischen und der orthodoxen Kirche gegen die Ordination von Frauen gebraucht[3]. Es ist nicht zu erwarten, daß Frauen, selbst in jenen Konfessionen, die ihnen den Zugang zu geistlichen Ämtern eröffnet haben, innerhalb der ordinierten Priesterschaft je mehr als Ersatzfunktionen erfüllen werden, solange das paternalistisch-klerikale Modell der geistlichen Autorität aufrechterhalten bleibt. Die Entmündigung der Menschen durch den Klerus zeigt sich im sakramentalen Leben, in der Lehre und in der Kirchenverwaltung. Die sakramentalen Symbole, die für das Leben und die kollektiven Erfahrungen einer auf Gott gegründeten Gemeinschaft stehen, wurden den Menschen entfremdet und zu magischen Werkzeugen in den Händen des Klerus gemacht, der durch die Weihe »von oben« die Verfügungsgewalt darüber erhielt.

Wir können diesen Entfremdungsprozeß in verschiedenen christlichen Sakramenten nachweisen: in der Taufe, der Eucharistie, der Beichte und – in etwas anderer Form – im Sakrament der Ehe. Die Taufe sollte die Überwindung entfremdeter und repressiver Formen der Beziehung zwischen Menschen symbolisieren: Durch den Eintritt in eine Gemeinschaft, die das erlösende Moment der Mitmenschlichkeit repräsentiert, wird im Getauften das eigene, authentische Potential für ein humanes Leben wiedererweckt. Der Klerikalismus verwandelte die Taufe jedoch in einen Ritus, durch den man sein natürliches, von den Eltern gegebenes Leben zurückweist; das Sterbliche und Sündige der eigenen Geburt als Folge des elterlichen Geschlechtsverkehrs wird durch eine Wiedergeburt innerhalb der Kirche transformiert[4]. Der theologische Schlüssel zu diesen Entfremdungserscheinungen innerhalb des sakramentalen Lebens ist ein quasi-manichäischer Augustinismus, der Natur und Gnade, Schöpfung und Erlösung zu Gegensätzen macht. Wenn Gnade und Erlösung als jenseits von Natur liegend – oder zur ursprünglichen menschlichen Natur im Gegensatz stehend – definiert werden, können sie sich als Macht konkretisieren, über die nur noch die Vertreter der Institution verfügen, die diese Macht vermittelt.

Das Symbol der Eucharistie sollte für Geborgenheit, seelisches Wachstum und Einbezogensein in ein authentisch menschliches Leben der Gleichheit und der Würde aller stehen. Gerade dieses Symbol wurde den Menschen jedoch am radikalsten entfremdet und zu einem klerikalen Machtinstrument transformiert. Die Taufe konnte im traditionellen Katholizismus in Krisensituationen, wenn kein Priester verfügbar war, auch von Laien vollzogen werden. Das Abendmahl hingegen wird in rigidester Weise als klerikale Domäne gehütet und als heilige Handlung definiert, die kein Laie je gültig ausüben kann.

Die Vorstellung von der übernatürlichen Macht, die in ungebrochener Sukzession vom Vorgänger auf den Nachfolger übergeht, von Christus auf die Apostel, von den Aposteln auf die Bischöfe und Priester, wird besonders dann in Anspruch genommen, wenn es um das Recht geht, die Abendmahlsfeier zu leiten[5]. Da die tatsächliche sakramentale Handlung der Eucharistie relativ einfach ist und jeder innerhalb einer Stunde lernen könnte, sie auszuführen, geht es offensichtlich nicht um besondere Fähigkeiten und Spezialwissen. Es zeigt sich vielmehr, daß die einfache symbolische Handlung des Segnens von Brot und Wein in ein Symbol der Kontrolle über Gnade und Erlösung umgewandelt wurde, in eine Macht, die der Klerus in einer Weise für sich beansprucht, die jenseits des Zugriffs der Laien oder der »natürlichen« menschlichen Wesen liegt.

Als logische Folge dieser Betrachtungsweise von Eucharistie

wird es der Gemeinschaft unmöglich, eigene Priester einzusetzen. Wenn die Menschen nicht die Macht haben, das Abendmahl zu vollziehen, können sie diese Macht natürlich auch nicht auf selbstgewählte Priester übertragen. Im Protestantismus ist diese Frage ungeklärt, zumal die Baptisten und die freien Kirchen die alte christliche Praxis wiederbelebten, die Gemeinde an der Berufung und der Weihe der Geistlichen zu beteiligen. In den größeren protestantischen Kirchen bleibt dieser Akt dem Klerus vorbehalten, und die episkopal organisierten Kirchen vertreten die Auffassung, Geistliche könnten nur von Bischöfen eingesetzt werden, da nur die letzteren die Hauptexponenten der Macht sind, die sich aus der Nachfolge der Apostel herleitet. Die Tendenz, die sakramentale Handlung des Abendmahls nur von geweihten Geistlichen vollziehen zu lassen, herrscht jedoch in den meisten protestantischen und katholischen Kirchen vor; sie ist der charakteristische Ausdruck des Klerikalismus. Die Funktion dieser Regelung, das heißt der Umwandlung des Abendmahls in ein Instrument klerikaler Macht, wird selten analysiert oder hinterfragt.

Die Riten der Beichte und der Absolution sind ein weiteres Beispiel für die Klerikalisierung einfacher Handlungen, in diesem Fall des Eingestehens von Fehlern oder Schuld und ihrer Vergebung. Im Judentum konnten die Reinigungs- und Versöhnungsriten nur von Priestern ausgeführt werden, aber das Neue Testament spricht von der Vergebung als von einem Akt der Menschlichkeit, den Christen einander gegenseitig erweisen sollen[6]. In den ersten Jahrhunderten wurde die Frage der Vergebung jedoch durch das Problem des Abfalls vom Glauben unter dem Druck der Verfolgung kompliziert. Konnte ein Mensch, der seine christliche Taufe verleugnet hatte, Vergebung erhalten und wieder in die Kirche aufgenommen werden? Manche Rigoristen waren nicht bereit, den Verrätern am Glauben eine zweite Chance zu gewähren; andere sprachen sich für eine nur einmalige Vergebung aus[7].

Es herrschte auch die Überzeugung, daß Märtyrer oder jene, die sich dem Druck der Verfolgung nicht gebeugt und für den Glauben gelitten hatten, dadurch über besondere Macht verfügten, den schwachen Brüdern und Schwestern zu vergeben. Das christliche Episkopat des dritten Jahrhunderts konsolidierte seine eigene zentralisierte klerikale Macht dadurch, daß es den Charismatikern oder Märtyrern das Recht, den Abtrünnigen zu vergeben, entriß und den Anspruch erhob, nur die Bischöfe könnten Vergebung gewähren[8].

Die Buße entwickelte sich zu einem öffentlichen Ritual, durch das Christen, von denen man wußte, daß sie Sünden begangen hatten, für mehrere Jahre in den Status der Katechumene (der Taufbewerberschaft) zurückverwiesen wurden. Erst nachdem sie einige Jahre lang diese Behandlung erfahren hatten, wurden die Sünder durch eine öffentliche Zeremonie wieder in die Gemeinschaft der Getauften aufgenommen[9]. Auf der Synode von Elvira in Spanien im Jahr 306 n. Chr. trat die Bedeutung des sich entwickelnden Exklusivrechts auf Vergebung deutlich hervor: Es gab den Bischöfen ein Kontrollinstrument über Klerus und Laien in die Hand. Die Synode verabschiedete eine Reihe kanonischer Regeln, die für bestimmte Sünden schwere Bußen festlegten; viele dieser Sünden konnten erst am Ende des Lebens vergeben werden. Die Synode ist auch deshalb bedeutsam, weil sie großen Nachdruck auf sexuelle Sünden legte, die als ebenso schwerwiegend betrachtet wurden wie die Apostasie. Der erste Versuch, das Zölibat für den Klerus durchzusetzen, geht ebenfalls auf die Synode von Elvira zurück. Eine kürzlich erstellte Studie weist auf den Zusammenhang zwischen sexueller Repression im Klerus und Kontrolle über die Sexualität der Laien hin und beschreibt diesen Prozeß als eins der Schlüsselelemente klerikaler Macht[10].

Die individuelle Buße entwickelte sich innerhalb der Praktiken des Klosterlebens und wurde später auch auf die Laien übertragen[11]. Mit der Entwicklung der persönlichen Beichte wurden noch umfassendere Möglichkeiten der Kontrolle des Klerus über das Leben der Laien geschaffen. Die individuelle Beichte einmal jährlich wurde für die Gläubigen obligatorisch, um in Kommunion mit der Kirche zu bleiben; die monatliche Beichte wurde empfohlen. Wieder wurde die Macht der Einflußnahme des Klerus auf das Sexualleben der Laien zum zentralen Anliegen des Beichtrituals. Die Unterdrückung außerehelicher Beziehungen, die Kontrolle des Sexuallebens in der Ehe und insbesondere das Verbot für Frauen, selbst über ihre Fruchtbarkeit zu bestimmen, wurden zu den typischen Merkmalen dieser Art klerikaler Einflußnahme. Viele katholische Ehepaare, die in den fünfziger Jahren heirateten, erinnern sich an ihre Kämpfe mit unpraktizierbaren Bestimmungen über die Geburtenregelung, die sie als allumfassende Macht der Priester über ihr Ehebett erlebten.

Die Ehe selbst ist ein Sakrament, mit dem das traditionelle Christentum ambivalent umging. Da die Ehe der offensichtliche Ausdruck der natürlichen Gemeinschaft der Geschlechter, der Sexualität und der Fortpflanzung ist, war sich das traditionelle Christentum nicht sicher, ob sie als Vehikel der höheren und übernatürlichen Kräfte des sakramentalen Lebens überhaupt geeignet sei. Während der ersten acht Jahrhunderte des Christentums empfahlen Theologen und geistliche Lehrer jenen, die ein vollkommenes christliches Leben der Erlösung führen wollten, mit Nachdruck, entweder gar nicht zu heiraten oder innerhalb der Ehe auf Sexualität und Fortpflanzung zu verzichten[12]. Verheiratete wurden in der gesamten katholischen Tradition als ungeeignet für die Heiligkeit angesehen, es sei denn, sie hatten nach dem Tod des Partners oder durch freiwillige Trennung vom Ehebett der Sexualität entsagt. Im 9. Jahrhundert wurde die Ehe als Sakrament definiert, vor allem deshalb, weil sie so der klerikalen Kontrolle unterworfen war[13]. Selbst die Protestanten, die zu einer positiveren Wertung der Ehe als des normalen Lebens von Christen zurückfanden, folgten der klassischen Doktrin, daß die sakramentale Gnade jenseits der Natur angesiedelt sei, als sie die Ehe als Sakrament ablehnten. Die protestantische Theologie trieb so die augustinische Spaltung zwischen Natur und Gnade, Schöpfung und Erlösung noch weiter.

Im Katholizismus hatte die Erklärung der Ehe zum Sakrament eine Schlüsselfunktion, was die klerikale Kontrolle über das individuelle und sexuelle Leben der Laienschaft angeht. Die Ablehnung der Scheidung, die ja auch die Verweigerung einer zweiten sakramentalen Ehe bedeutet, stellt eine große Zahl von Katholiken de facto außerhalb der Kommunikation mit der Kirche. Wenn ein Paar sich den offiziellen kanonischen Prozeduren unterwirft, um seine Ehe annullieren zu lassen und somit die Chance einer zweiten sakramentalen Ehe mit anderen Partnern zu erhalten, sehen sich beide Partner, insbesondere aber die Frau, einer entwürdigenden Examinierung ihres Sexuallebens und sogar ihrer Körperfunktionen ausgesetzt[14]. Wir erkennen hier die Struktur eines klerikalen Machtsystems, in dem eine zölibatäre und sexuell unterdrückte Priesterschaft ein immenses Bedürfnis zeigt, strafende Macht über das Sexualleben der Laien (denen die Sexualität zum Zweck der

Fortpflanzung gestattet ist) auszuüben. Eine ähnliche Verbindung von sexueller Unterdrückung, sexueller Macht über andere und Klerikalismus findet sich in autoritär strukturierten Sekten. Ein typisches Beispiel dieser Art von Machtausübung ist die Mun-Sekte: Die Anhänger erkennen die Autorität Muns und seiner Stellvertreter an, indem sie sich einer strikten Kontrolle ihres Sexuallebens unterwerfen und ihre Sexualität entweder ganz unterdrücken oder den Geschlechtsverkehr auf Befehl und in der von den Führern vorgeschriebenen Weise ausüben.

Die Entmündigung der Menschen im Bildungsbereich ist ein zweites wesentliches Merkmal des Klerikalismus. Der Klerus monopolisiert theologische Bildung, indem er sie an Orte verlagert, die den Laien in der Regel nicht zugänglich sind. Außerdem wird die theologische Bildung in einer dem Nicht-Eingeweihten unbekannten Sprache vermittelt. Dabei kann es sich – wie in der Vergangenheit – um eine alte Sprache wie Latein handeln, die Laien oder selbst Nonnen nicht gelehrt wurde, oder, in unserer Zeit, um einen wissenschaftlichen Jargon, den die meisten Menschen nicht verstehen. Theologie ist zu einer spezialisierten Fachwissenschaft geworden, die nur den Professionellen offensteht. Dadurch wird den Leuten das Gefühl gegeben, sie seien hilflos und auf die Priesterschaft angewiesen, wenn es darum geht, Bibeltexte zu interpretieren oder theologische Vorstellungen und Symbole zu analysieren. Außerdem wird den Laien beigebracht, die Essenz des Glaubens sei simpel und der Zugang zum Glauben sei nur durch die Unterwerfung unter die vom Klerus festgelegten Lebensregeln möglich. Es besteht also kein Bedarf, selbst zu denken; es genügt, wenn man tut, was einem gesagt wird.

Der Protestantismus des 16. Jahrhunderts stellte ursprünglich eine intensive Bemühung dar, der Bevölkerung den Zugang zur Bibel und zur theologischen Bildung zu eröffnen. Dieser Aspekt des Protestantismus baute auf populistischen Bewegungen des Mittelalters auf, die jahrhundertelang bestanden hatten und deren Ziel es war, den gewöhnlichen, ungebildeten Leuten die Bibel zurückzugeben und sie selbst zum Lesen, Lehren und Predigen zu ermächtigen[15]. Im späten Mittelalter wurden diese Tendenzen durch die Erfindung des Buchdrucks, der Bibeln leichter zugänglich machte, enorm verstärkt. Diesem entklerikalisierenden Aspekt der Reformation wirkte jedoch die Tatsache entgegen, daß die geistliche Führung der

Hauptlinie des Protestantismus aus den Universitäten kam. Die Gelehrten wurden zu Vertretern einer neuen Exegese und eines neuen Bibelwissens, das auf der Wiederentdeckung der alten Sprachen und den Anfängen der historisch-kritischen Methode beruhte. Diese geistlichen Lehrer gingen davon aus, daß nur jemand, der über eine Universitätsausbildung und die gründliche Kenntnis der alten Sprachen verfügte, die biblischen Schriften richtig verstehen könne. Im Protestantismus nahm der neue Klerikalismus die Form des universitären Gelehrtentums an. Nicht zufällig tragen protestantische Pastoren eher Professorenroben als Priestergewänder. Obwohl Überreste der populistischen Bibeltradition noch existieren, eröffnet heute auch der Protestantismus Ungebildeten keinen Zugang zu korrekter Bibelinterpretation. Vor allem entwickelte er keine Methoden der theologischen Bildung für Jugendliche und Erwachsene, die geeignet wären, Laien die historisch-kritische Methode und die neue Exegese zu vermitteln. So entstand erneut eine gespaltene Kultur, die Klerus und Laien voneinander trennt. In weiten Teilen der Laienschaft kam der Verdacht auf, daß der Klerus selbst den »einfachen Glauben«, der mit naiver Buchstabengläubigkeit identifiziert wird, nicht teilt. Einige der schärfsten Konflikte im zeitgenössischen Protestantismus, wie jener, der die Missourisynode der lutheranischen Kirche in Amerika spaltete, wurden von einer fundamentalistischen Laienkultur ausgelöst, die heftig gegen eine universitäre theologische Bildung opponiert, von der erwachsene Laien ausgeschlossen bleiben[16].

Der Fundamentalismus selbst hat jedoch autoritäre Formen angenommen. Seine Anhänger gehen davon aus, daß der buchstabengetreue Glaube an eine Reihe magischer Ereignisse und die strikte Ablehnung eines aus Geschichte und Wissenschaft abgeleiteten kritischen Bewußtseins die wahren Wege zur Erlösung seien. Metaphorische und paradigmatische Interpretationsweisen der biblischen Schriften, die vor der Reformation sehr wohl verstanden wurden, müssen hinter einem pseudowissenschaftlichen Buchstabenglauben zurücktreten, der sogar solche Ereignisse wie die unbefleckte Empfängnis als biologische »Tatsache« nimmt.

Die römisch-katholischen Basisgemeinden, die von der Wiederentdeckung der prophetischen Tradition in der Theologie der Befreiung profitierten, haben heute wieder zu einem populären Verständnis des Bibelstudiums zurückgefunden[17]. Ob-

wohl der Katholizismus bis vor kurzem dem populären Bibelstudium ablehnend oder skeptisch gegenüberstand, erlaubte
die vom Zweiten Vatikanischen Konzil ausgehende neue Er-
mutigung zur biblischen Bildung Laiengruppen, das Bibelstudium als subversive Aktivität zu entdecken – ähnlich wie im
Mittelalter, als die Bibel zum Werkzeug der Befreiung des Volkes aus klerikaler und feudaler Unterdrückung wurde.

Der dritte Bereich hierarchischer Machtausübung ist der
Klerikalismus in der Kirchenverwaltung. Die am stärksten hierarchisch strukturierten Kirchen (wie die katholische Kirche) geben Laien überhaupt keine wesentlichen Funktionen in der
Kirchenverwaltung. Die Laien sind weder an der Berufung
noch an der Ordination der Geistlichen beteiligt. Sie werden
nicht in die Kirchenräte der Diözese oder in nationale und internationale Kirchenräte gewählt. Sie haben keinen Einfluß auf
Entscheidungen, die das Leben der Kirche betreffen, weder in
organisatorischer noch in finanzieller Hinsicht. Das Zweite Vatikanische Konzil versuchte, die hierarchische Struktur der Kirchenorganisation zugunsten kollegialer Beziehungen zwischen
Papst und nationalen Episkopaten, zwischen Bischöfen und
Priestern, zwischen Priestern und Laien zu verändern[18]. Die
Kurie in Rom, die dem Zweiten Vatikanischen Konzil ohnehin
nie freundlich gegenübergestanden hatte, reagierte auf diese
Veränderungstendenzen jedoch mit Widerstand. Allenfalls auf
der untersten Ebene, bei der Beteiligung von Laien an den lokalen Kirchenräten der Pfarreien, sind gewisse Fortschritte zu verzeichnen. Aber selbst hier bleibt die Entscheidungsgewalt
rechtlich dem Priester vorbehalten, der sich von den Laien lediglich beraten läßt, sich aber jederzeit über ihre Ratschläge
hinwegsetzen kann. So bleibt das System selbst auf der Ge-
meindeebene despotisch, auch wenn dieser Eindruck durch die
Persönlichkeit bestimmter Priester oder ihre Fähigkeit, sich de-
mokratisch zu geben, gemildert wird. Da den Laien letztlich
keine wirkliche Entscheidungsgewalt gegeben wird, handelt es
sich allenfalls um einen wohlwollenden Despotismus, nicht
aber um wirkliche Demokratie[19].

Auf der Ebene der Diözesen sperrten sich die Bischöfe gegen
jede Form effektiver Einflußnahme der Laienschaft und sogar
der Priester. In der Zeit nach dem Zweiten Vatikanischen Konzil bemühten sich einige Geistliche, »Priesterunionen« zu bilden, die als unabhängige Vereinigungen in die Auseinandersetzung mit den Bischöfen eintreten könnten[20]. Diese Bewegung

wurde jedoch schnell niedergeschlagen und durch interne Priesterräte unter der Kontrolle von Bischöfen kanalisiert.

Mehr noch wurden die Bemühungen, die Kirchenhierarchie auf internationaler Ebene zu modifizieren, zu Zielscheiben vatikanischer Gegenschläge. Bischofsversammlungen, die berufen wurden, um den Papst zu beraten, machte man soweit wie irgend möglich zu Pseudogremien mit der Funktion, Entscheidungen, die der Papst und die Kurie längst getroffen hatten, routinemäßig zu genehmigen. Die Anstrengungen nationaler Episkopate (wie die der holländischen Kirche in den siebziger Jahren), eine wirklich demokratische Organisationsstruktur zu schaffen, in der eine aus Laien, Priestern, Nonnen und Theologen zusammengesetzte Wählerschaft auf den Synoden der Länder kirchenpolitische Beschlüsse fassen und über die Wahl von Bischöfen mitbestimmen sollte, wurden im Keim erstickt[21]. Der Vatikan verfolgte die Strategie, mit seiner Macht, die Bischöfe der nationalen Kirchen zu berufen, jede Bewegung in Richtung größerer Autonomie auf der nationalen Ebene zu unterbinden. In Holland wurden Diözesen, die ohnehin klein waren, weiter unterteilt; in die neugeschaffenen Freistellen wurden reaktionäre Bischöfe eingesetzt, die den Einstellungen der meisten holländischen Katholiken verständnislos gegenüberstanden und die alle Versuche, eine nationale Kirchenregierung zu etablieren, unterminierten. In Amerika wurden reaktionäre Bischöfe in wichtige Bistümer wie New York und Boston berufen, ebenfalls mit dem Ziel, die vatikanische Macht über die amerikanische Kirche zu festigen.

Das bestgehütete Geheimnis im modernen Katholizismus ist die letzte Entwicklung dieser hierarchischen Struktur der Kirchenregierung und ihr nicht-religiöser Ursprung. Die Macht des Vatikans beruht auf dem falschen Mythos, daß die hierarchische Form der Kirchenorganisation von Christus begründet worden sei und daß sie seit den Anfängen des Christentums bestanden habe, obwohl niemand, der auch nur über eine oberflächliche Kenntnis der Kirchengeschichte verfügt, diese unglaubliche Konstruktion akzeptieren kann. Es ist bezeichnend, daß sich bei der Verwarnung des brasilianischen Befreiungstheologen Leonardo Boff, den die Vatikanische Kongregation für den Glauben (die frühere Inquisition) unter Beschuß genommen hatte, der Hauptvorwurf auf den Mythos der apostolischen Einsetzung bezog: Boff hatte gelehrt, daß Christus keine historische Institution begründet habe[22]. Ein Seufzer der Erleichterung ging durch die Reihen der Befreiungstheologen, weil andere kritische Inhalte, wie ihre marxistische Ausrichtung und ihre Sicht des Klassenkampfes, in dieser Verwarnung nicht erwähnt worden waren. Boff erklärte sich rasch bereit, seine anstoßerregenden Meinungen zurückzuziehen. Es gab aber wenig Diskussion darüber, warum der Vatikan gerade die Infragestellung des göttlichen Ursprungs der Institution Kirche als den wichtigsten Streitpunkt ansah, in dem es gegen die Theologie der Befreiung anzugehen galt. Es ist offensichtlich, daß der Vatikan gegen den bloßen Hauch eines Zweifels ankämpft, wenn es um die Frage geht, ob Jesus tatsächlich eine Kirche mit der zentralisierten autokratischen Struktur des Katholizismus im 19. und 20. Jahrhundert begründet oder zu begründen beabsichtigt habe.

Im Unterschied dazu schlugen sich in der Organisationsstruktur der protestantischen Kirchen die volkstümlichen Impulse der Reformationszeit in einer Weise nieder, die den Einfluß des Klerus in der Kirchenverwaltung wesentlich stärker einschränkte. Auch die beginnenden demokratischen Entwicklungen innerhalb des mittelalterlichen Parlamentarismus hinterließen ihre Spuren in der Organisation der protestantischen Kirchen. Gewählte Laiendelegierte wurden in regionale und überregionale Entscheidungsgremien einbezogen; auf der lokalen Ebene formierten sie sich zu Kirchenräten. Der Protestantismus entwickelte unter dem Einfluß des mittelalterlichen und des frühen modernen Parlamentarismus eine Kirchenkonzeption, in der die Laienschaft einen der gesetzgebenden Stände, vergleichbar dem »dritten Stand«, darstellte. Das bedeutet, daß die Laiendelegierten als Repräsentanten einer gesonderten Gruppe innerhalb der Kirche gesehen werden und daß der Klerus selbst nicht als gewählte Vertretung des gesamten Volkes betrachtet wird. Durch diese Sichtweise von Laienschaft, Klerus und Bischöfen (in episkopalen Kirchen) wurden auch die Laienvertreter klerikalisiert; Kirchenpolitik als demokratischer Prozeß, der von der Basis der gesamten Gemeinde ausgeht, wurde so unmöglich gemacht.

Hier gibt es natürlich Unterschiede zwischen den eher hierarchisch organisierten protestantischen Kirchen und jenen mit kongregationalem Charakter, in denen die Laiengremien manchmal einen zwingenden Einfluß auf den lokalen Geistlichen ausüben können. Da aber alle menschlichen Institutionen dazu neigen, sich zu verselbständigen, wirkt auch in den kirchlichen Institutionen eine Eigendynamik in Richtung eines schleichenden Klerikalismus, der sich selbst in Kirchen mit einer starken demokratischen Tradition bemerkbar macht. Es herrscht die Tendenz, an wenige Vertreter der Laienschaft Macht zu delegieren, in einer Weise, die den Rest der Gemeinde als Gesamtgruppe entmündigt. Dieser Prozeß ist nicht nur das Resultat klerikalen Machthungers – auch die Laien selbst müssen die Verantwortung dafür übernehmen. Viele Menschen betrachten die geistlichen Funktionen als einen Komplex von Dienstleistungen, die von bezahlten Professionellen übernommen werden, und nicht als ein Werk der Gemeinschaft, an dem sie selbst aktiv beteiligt sein sollten. Sie treten also die Entscheidungsgewalt lieber an den Klerus und die wenigen Laienvertreter ab, die sich um kirchliche Ämter bemühen, statt kollektive Verantwortung zu fordern.

Die Frauenkirche als Gemeinschaft der Erlösung vom Patriarchat muß die Verantwortung für eine radikale kollektive Wiederaneignung der geistlichen Funktionen übernehmen. In der Frauenkirche müssen geistliche Funktionen eine Artikulationsform der Gemeinschaft sein, ein Komplex praktischer und symbolischer Aktivitäten, die für das Gemeinschaftsleben, für die Kommunikation untereinander und für die wechselseitige Bestärkung in der Mündigkeit stehen. Ein Ansatzpunkt beim Abbau des Klerikalismus ist die theologische Neuinterpretation der Beziehung zwischen Natur und Gnade, Schöpfung und Erlösung. Die Frauenkirche baut auf einer Konzeption auf, die kürzlich als »schöpfungsorientierte Spiritualität« definiert wurde[23]. Das bedeutet, daß Gnade und Erlösung nicht jenseits der menschlichen Natur liegen, sondern Gnade oder Sein in Gott der menschlichen Natur selbst innewohnen, daß sie in der Natur begründet sind. Die Schöpfung selbst ist die ursprüngliche Gnade oder der ursprüngliche Segen Gottes. Das Böse und die Entfremdung entstehen aus der Verzerrung und Verdrehung unserer wahren Natur. Man könnte sagen, daß die »Urlüge« in der unterscheidenden Aufteilung der Menschen unter den Gesichtspunkten des Geschlechts und der ethnischen Zugehörigkeit und in ihrer Bewertung in »gut« und »schlecht«, »vollwertiges Geschöpf« und »mangelhaftes Geschöpf« liegt. Auf dieser Lüge werden immer neue ungerechte Machtsysteme errichtet, die den Zugang zu authentischer Menschlichkeit blockieren und authentische Beziehungen zu unseren eigenen Körpern, zur Erde und zu Gott/der Göttin unmöglich machen. Diese Entfremdung aufheben heißt jedoch nicht, authentisches Leben im Widerspruch zur Natur sehen. Authentisches Leben ist vielmehr der Gegenpol zu den entfremdeten Systemen der Ungerechtigkeit, die fälschlich den Anspruch erheben, »Natur« zu sein.

Wenn wir den Kontakt mit unserem positiven menschlichen Potential verloren haben, bedeutet das nicht, daß dieses Potential nicht mehr vorhanden sei. Wir müssen vielmehr unsere authentischen Fähigkeiten wiederentdecken, indem wir unsere Einstellung verändern oder Umkehr (*metanoia*) üben und damit dem wahren Potential humanen Lebens wiederbegegnen, das wir immer in uns tragen und das unsere Existenz aufrechterhält, selbst wenn wir es »vergessen« oder den Kontakt damit verlieren. *Metanoia* ist nicht einfach, weil die Mächte und Herrschaftssysteme der entfremdeten Existenz uns in ein falsches Bewußtsein hineinsozialisieren. Die Wiederbegegnung mit dem ursprünglichen Segen der Schöpfung wird als Sprung auf eine neue Bewußtseinsstufe erfahren, durch den die Gewalt falscher Mächte über unseren Geist gebrochen ist. Nur in diesem Sinn geht die spirituelle Erfahrung über unser gegenwärtiges Sein hinaus. Gleichzeitig wissen wir, daß es sich um den allernatürlichsten Vorgang handelt, denn wenn wir dem ursprünglichen Segen der Schöpfung begegnen, erkennen wir ihn sofort als unser wahres Selbst – etwas, das uns bereits innewohnt, und nicht etwas Fremdes, das wir durch Bemühung erlangen müßten. Das ist die Wahrheit, die der protestantischen und der augustinischen Lehre der Erlösung allein durch die Gnade, ohne die Werke des Gesetzes, zugrunde liegt. Aber diese Doktrin muß von der verzerrenden, dualistischen Anthropologie befreit werden, die den Zustand der Entfremdung mit Natur gleichsetzte.

Alle Funktionen von Kirche – die Umkehr, durch die wir in sie eintreten, die Eucharistie, durch die wir mit ihr kommunizieren, die geistlichen Funktionen, durch die wir uns wechselseitig in ihr bestätigen – sind die einfachen Ausdrucksformen der Entwicklung einer wahrhaft menschlichen Gemeinschaft der gegenseitigen Liebe. Die größtmögliche Verzerrung von Kirche ist ihre Identifikation mit einem ekklesialen Überbau, der unsere wahre Natur verzerrt und der von einer konkurrenzorientierten und repressiven hierarchischen Macht geschaffen wurde. Das gesamte Konzept von Geistlichkeit als einer geweihten Kaste, die mit einer ontologisch über der Natur stehenden Macht (die auch Macht über andere bedeutet) ausgestattet ist, muß zurückgewiesen werden. Die geistliche Praxis muß vielmehr als ein Medium verstanden werden, durch das die Gemeinschaft ihre Lebenszusammenhänge symbolisch ausdrükken, ihre Bedürfnisse artikulieren und ihre Zusammengehörigkeit bestätigen kann.

Wenn wir den Klerikalismus als Prozeß der Enteignung sehen, durch den dem Volk die geistliche Kompetenz und die Verfügung über die Sakramente und die theologische Bildung genommen wurde, ist die Frauenkirche – wie alle christlichen Basisgemeinden – die revolutionäre Kraft, die diese ungerechte Enteignung rückgängig macht. Wir erheben den Anspruch auf Verfügung über die Sakramente als Symbol unserer gegenseitigen Ermächtigung und unseres Eintritts in ein Leben der Erlösung, in ein authentisch menschliches Leben, in den Segen der Schöpfung, in dem wir kraft unserer menschlichen Natur stehen, wenn wir von den Mächten der Entfremdung befreit sind. Der Ansatzpunkt theologischer Bildung und Lehre sind unsere eigenen Reflexionen über die Bedeutung unseres authentischen Lebens und seiner Befreiung aus der Verzerrung. Geistliche Arbeit ist die aktive Praxis unseres authentischen Lebens und der Aufbau einer alternativen Kultur, von der aus wir den Systemen der Ungerechtigkeit entgegentreten können. Wir sollten unsere Taufe als den Prozeß der Umkehr oder *metanoia* betrachten, durch den wir fähig werden, die Ideologie der Entfremdung zu durchschauen und mit dem ursprünglichen Segen der Schöpfung in Berührung zu kommen, der unserem wahren Wesen zugrunde liegt. Diese Umkehr kann als allmählicher Prozeß erfahren werden, an dessen Beginn wir uns nicht mehr klar erinnern können, oder als plötzlicher Durchbruch, bei dem wir den Tag und die Stunde benennen können, in der die neue Erkenntnis aufleuchtete. Es wäre also müßig, darüber zu streiten, ob *metanoia* ein Durchbruch oder ein Prozeß sei – sie ist beides, Prozeß und Ereignis. Solange die Mächte und Herrschaftsstrukturen des entfremdeten Lebens ihren Platz in der Welt behaupten, muß *metanoia* allerdings notwendigerweise ein permanenter Prozeß sein. Da mit einem wirklich menschenwürdigen Leben die Aufhebung der Isolierung verbunden ist, ist der Eintritt in eine Gemeinschaft, die das authentische Leben als Prinzip der allgemeinen Menschlichkeit bestätigt, ein angemessener Ausdruck von *metanoia*. Bekanntlich suchen heute viele Menschen, die etwas von diesem Prozeß der Umkehr in sich spüren, nach einer Gemeinschaft, die diese Dimension neuer Mitmenschlichkeit spiegelt. Aber die meisten finden keine solche Gemeinschaft, es sei denn in kleinen Selbsthilfegruppen von Gleichgesinnten. Viele erleben nicht einmal diese Basis gemeinschaftlichen Lebens und sind gefährdet, weil sie sich selbst für soziale Außenseiter oder für verrückt halten.

Die meisten institutionalisierten Kirchen versagen nicht nur, wenn es darum geht, eine befreite Existenz zu fördern; sie verbieten diese Entwicklung sogar. Statt dessen bieten sie den fehlgeleiteten repressiven Machtsystemen religiöse Rechtfertigung. Deshalb geht für viele Menschen der Prozeß der Umkehr mit dem Verlassen der Kirche einher. Viele, die aus der Kirche ausgetreten sind, um zu ihrer authentischen Menschlichkeit zurückzukehren, können daher den Prozeß, den sie durchlaufen, nicht als Umkehr oder Konversion erkennen. Ohne eine Gemeinschaft, die ein befreites Leben bestätigt und es als authentische Menschlichkeit in Kommunion mit Gott/der Göttin benennt, bleibt eine solche Wandlung unvollständig, da ihr das Element der positiven »Neugeburt« fehlt.

Die Forderung nach der völligen Demontage des klerikalen Konzepts von Geistlichkeit und Kirchenorganisation läßt vielleicht an anarchistische Formen der Ablehnung jeder Art von Führerschaft denken. Gruppen, die das patriarchale Modell von Kompetenz oder Autorität ablehnen, gehen oft durch eine pathologische Verweigerungsphase, in der besondere Talente oder Fähigkeiten nicht anerkannt werden und in der diejenigen, die über solche Fähigkeiten verfügen, an der Übernahme von Leitungsfunktionen gehindert werden. Verwirrung herrscht, und es kommt nichts zustande, weil sich die Leute nicht darauf einigen können, Aufgaben zu delegieren. Aber wenn diese Phase einmal durchgestanden ist, wird es offensichtlich, daß der Abbau von autoritären Strukturen nicht die Abschaffung faktischer Kompetenz bedeutet, die sich in der Eignung für bestimmte Funktionen äußert. Das heißt auch, daß die Gemeinschaft selbst darüber entscheiden muß, welche Formen von Liturgie, Lehre und Gottesdienst sie praktizieren will als Ausdruck ihrer Entfaltung als Glaubensgemeinschaft. Dann wird es ziemlich einfach, unterschiedliche Aufgaben an Leute zu delegieren, die bereit sind, die damit verbundenen Funktionen zu erfüllen. Geistliche Arbeit, die nicht von einer klerikalen Kaste ausgeht, sondern auf klar definierten Funktionen beruht, kann die wirkliche Vielfalt der religiösen Bedürfnisse einer Gemeinschaft auffangen und erfüllen. Sie kann auf die vielfältigen Talente und Fähigkeiten der Menschen in der Gemeinschaft zurückgreifen und ihre geistliche Kompetenz aktivieren. Eine lebendige Gemeinschaft braucht eine Vielfalt von Funktionsträgern. Wenn die Gesamtheit der geistlichen Praxis auf eine ordinierte Kaste konzentriert ist, müssen viele Bedürfnisse der Gemeinschaft unerfüllt bleiben, weil ein einzelner oder wenige nicht über alle notwendigen Fähigkeiten und Begabungen verfügen können. Eine Glaubensgemeinschaft braucht:

a) Schöpfer von Liturgien – Dichter, Künstler, Choreographen, die für das symbolische Leben der Gemeinschaft kreative Ausdrucksformen finden;

b) Lehrende, die in der Geschichte der Religionen und ihrer Entwicklungszusammenhänge in sozialen Systemen bewandert sind und die der Gemeinschaft helfen können, die eigenen ererbten religiösen Symbole kritisch zu reflektieren und zu rekonstruieren;

c) Verwalter, die sich darauf verstehen, die finanziellen Ressourcen der Gemeinschaft zu entwickeln und sinnvoll einzusetzen;

d) Organisatoren im sozialen Bereich, die fähig sind, Strukturen von Benachteiligung und Unterdrückung zu analysieren und das Potential der Gemeinschaft für gesellschaftliche Veränderungen zu mobilisieren;

e) spirituelle Berater, die Einsicht in den Bereich religiöser Erfahrung haben und die zugleich andere auf diesem Weg anleiten können.

Jede Glaubensgemeinschaft, die sich um ein erfülltes Gemeinschaftsleben bemüht, sollte sich bis zu einem gewissen Grad in den Bereich der Liturgie, der Bildung und der theologischen Reflexion engagieren, ihre materiellen und menschlichen Ressourcen organisieren, sich einer besimmten Form von sozialer Arbeit widmen und ihr religiöses Leben vertiefen. Menschen, die über besondere Fähigkeiten in diesen Bereichen verfügen, sollten in der Gemeinschaft selbst gefunden oder in sie hineinberufen werden. Diese Menschen werden als Funktionsträger oder Leitende in den unterschiedlichen Bereichen eingesetzt, aber nicht, um diese Arbeit stellvertretend für andere zu leisten, die dann zu passiven Konsumenten werden. Die Funktion derer, die geistliche Ämter übernehmen, ist vielmehr, Lehrer und Helfer zu sein, die die anderen Mitglieder der Gemeinschaft zum Engagement in den genannten Bereichen anleiten.

Die Gemeinschaft wird durch jede weitere Entfaltung der liturgischen Kreativität, der Bildung, der Planung, des sozialen Wandels und der spirituellen Entwicklung in ihrer Mitte mündiger werden; immer mehr Mitglieder der Gemeinschaft werden ihre Fähigkeiten entwickeln. Obwohl niemand universelle Kompetenz entwickeln muß, sollte jeder das Gefühl haben, in allen Bereichen lernen und partizipieren zu können. Eine immer größere Zahl von Mitgliedern der Gemeinschaft sollte fähig werden, Leitungsfunktionen in einem oder in mehreren Bereichen des Gemeinschaftslebens zu übernehmen. So wird es immer leichter möglich, die Rollen nach dem Rotationsprinzip zu verteilen, denn viele Menschen werden sich durch den einen oder anderen Bereich besonders angesprochen fühlen und durch die Übernahme von Leitungsfunktionen auf diesem Gebiet ihre Kompetenz erweitern.

Eine Gemeinschaft, deren geistliche Praxis auf einer klaren Definition von Funktionen beruht, bestätigt und fördert die Talente ihrer Mitglieder und weiß sie einzusetzen, um neue und weitere Fähigkeiten zu entwickeln. Die Leitung der liturgischen Versammlung, das Segnen der eucharistischen Symbole und das Vollziehen der sakramentalen Handlungen erfordert die wenigsten Spezialbegabungen und -kenntnisse. Das wurde mir vor einigen Jahren in aller Klarheit bewußt, als ich eingeladen war, in der Old Cambridge Baptist Church eine Predigt zu halten. Die Gemeindepastorin bat mich, auch bei der Leitung der Abendmahlsfeier mitzuwirken. Sie fragte mich nicht, ob ich darin Erfahrung hätte, sondern ging einfach davon aus, daß ich keine Anleitung brauchte. Da ich die Zeremonie häufig erlebt hatte, schloß ich mich bereitwillig an, sprach den Segen und reichte den Teilnehmern des Gottesdienstes den Kelch. Während ich das tat, fiel mir auf, daß diese Zeremonie wahrhaftig keine lange Ausbildung oder besondere Fähigkeiten erfordert; dennoch behielt sich der Klerus gerade diesen rituellen Akt vor, um die priesterliche Macht über die Gemeinschaft zu demonstrieren.

Andere Bereiche der geistlichen Arbeit hingegen erfordern entwickelte Fähigkeiten und Ausbildung. Die kreative dichterische Arbeit an der Liturgie, das Lehren aus der intimen Kenntnis der Bedeutung religiöser Symbole heraus, das Wissen um die Analyse der gesellschaftlichen Verhältnisse, die Kenntnis sozialer Organisationsformen, die Befähigung, Menschen auf der inneren Reise zu spirituellen Erfahrungen zu begleiten – all das erfordert sowohl besondere Fähigkeiten als auch Ausbildung und Erfahrung. Eine Gemeinschaft braucht diese Bereiche geistlicher Arbeit, um ihr religiöses Leben voll zu entwickeln, aber ordinierten Geistlichen fehlen die notwendigen Fähigkeiten allzu oft. Zeremonielle Rollen innerhalb einer feststehenden Liturgie (wie bei der Eucharistie) können jedoch leicht in regelmäßigen Abständen nach dem Rotationsprinzip neu verteilt werden. Durch eine Rückführung dieser Rollen in die Verantwortung der Gemeinschaft würde ausgedrückt, daß der Mißbrauch sakramentaler Funktionen als Mittel der Herrschaft über Menschen überwunden ist.

Wenn einem Mitglied der Gemeinschaft für einen bestimmten Zeitraum eine Leitungsfunktion übertragen wird, drückt sich darin vor allem die symbolische Einheit der Gemeinschaft aus. Das ist auch ein wichtiger Grund, eine solche Wahl anzunehmen. Es sollte jedoch nie vergessen werden, daß die Person, die eine Leitungsfunktion erfüllt, nicht über die Macht der Erlösung verfügt, sondern daß sie das erlöste Leben der Gemeinschaft in seiner symbolischen Einheit zusammenfaßt. Wenn mehrere Mitglieder der Gemeinschaft gewählt werden, die im Turnus mit der leitenden Person gemeinsam die gottesdienstlichen Aufgaben erfüllen, kann das ein Weg sein, sakramentale Handlungen sowohl zu vereinheitlichen als auch zu kommunisieren.

Ich habe hier von einer lebendigen oder erfüllten Gemeinschaft gesprochen. Das beinhaltet eine gewisse Vielfalt von Funktionen, die das kirchliche Leben ausmachen. Von Lebendigkeit innerhalb der Kirche kann man sprechen, wenn alle diese Funktionen auch Bestandteile des täglichen Lebens sind. Eine der wichtigsten Funktionen ist das gemeinsame Lernen und Erweitern des Wissens. Die Studien können in unterschiedliche Richtungen gehen; das Aufarbeiten der historischen und soziologischen Bedeutung alter Traditionen und Symbole ist eine Möglichkeit. Das Ziel dabei ist, die Symbole aus ihren entfremdeten Zusammenhängen zu lösen und sie in einer Form zu rekonstruieren, die ihre authentischen religiösen Inhalte freilegt. Eine weitere Möglichkeit wären Veranstaltungen, die der Bewußtseinsentwicklung dienen, zum Beispiel der offene Erfahrungsaustausch über die Formen der patriarchalen Unterdrückung und ihre kritische Analyse. Lernen und Wissenserweiterung können auch andere Arten von Gruppen umfassen, die sich der psychologischen und spirituellen Beratung widmen, mit dem Ziel, die persönliche Selbsterfahrung im Zusammenhang mit den sozialen Beziehungen zu fördern. Stärker spezialisierte Studiengruppen können sich auf ein besonderes soziales Problem konzentrieren, wie das Welt-Hungerproblem, Obdachlosigkeit oder Gewalt in der Familie. Solche Gruppen würden Faktoren erforschen, die soziale Probleme verursachen und fortsetzen, Ideologien analysieren, die zur Legitimation von Ungerechtigkeit und Unterdrückung dienen, und sich die Mittel für Kritik und für eine veränderte soziale Praxis erarbeiten.

Ein zweiter Aspekt von Lebendigkeit innerhalb der Kirche ist die Liturgie – das gemeinsame Gebet und gemeinsame gottesdienstliche Feiern. Ich setze diesen Aspekt an die zweite Stelle und nicht an die erste, weil ich meine, daß die Gruppe eine Vorstellung von ihrer eigenen Identität als zeugnisablegende Gemeinschaft mit einer bestimmten Form von sozialer Praxis haben muß, ehe sie beginnen kann, ihrem kollektiven Leben authentischen symbolischen Ausdruck zu verleihen. Die meisten Kirchenliturgien sind tot, eben weil sie keinen wirklichen Bezug mehr zu einer Gemeinschaft haben, die über eine kollektive Identität und über eine soziale Praxis verfügt, die diese Identität ausdrückt. Es ist wichtig für eine Gemeinschaft, Schöpfer von Liturgien zu haben, die um die Bedeutung von religiösen Symbolen wissen und die den kollektiven Ansprüchen und Wertvorstellungen dichterischen, malerischen oder musikalischen Ausdruck verleihen können. Alles das bleibt jedoch tote Form, wenn die Gemeinschaft selbst keine authentische Praxis als Bezugspunkt für den liturgischen Ausdruck entwickelt hat.

Wenn diese Praxis existiert, kann sie sich in künstlerischem Ausdruck niederschlagen, muß es aber nicht; oft genügt es auch, sie ganz einfach und ohne künstlerischen Anspruch auszudrücken. Ich erinnere mich an den Sommer 1965, den ich in Mississippi verbrachte; es war der Höhepunkt der Bürgerrechtskämpfe im amerikanischen Süden. Eine ökumenische Gruppe von Christen hatte sich im früheren Beulah College niedergelassen. Jeder dort war intensiv mit organisatorischen Arbeiten befaßt, die oft mit hohem Risiko für die persönliche Sicherheit verbunden waren. Einmal in der Woche versammelte sich die ganze Gruppe, um ihren Zusammenhalt auszudrücken und im Gebet zu bekräftigen. Wir setzten uns, wie ich mich erinnere, einfach im Kreis zusammen, berichteten über

Dinge, die sich im Lauf der Woche ereignet hatten, faßten uns an den Händen und sprachen einige spontane Gebete in der Art einer Quäkerversammlung. Obwohl diese Versammlungen in liturgischer Hinsicht einen äußerst schlichten Charakter hatten, waren sie doch die eindrucksvollsten Formen von Liturgie, die ich je erlebt habe, eben weil der gemeinschaftliche Bezug, den sie ausdrückten, so intensiv und so stark war.

Ein dritter Punkt: Eine Gemeinschaft muß ein soziales Engagement haben, das ihre Entscheidung für einen neuen Weg zur Humanität bezeugt, einen Anspruch, der über den begrenzten Kreis ihrer eigenen Mitglieder hinausgeht. Das bedeutet, die Gruppe muß sich auf ein spezielles soziales Problem konzentrieren, für das sie ihre Kräfte mobilisieren kann, um in der Gesellschaft zu einer Kraft der Veränderung zu werden, und sei es nur auf der lokalen oder der Nachbarschaftsebene. Es ist wichtig, daß die Gruppe bei dieser Wahl realistisch bleibt und sich auf eine Sache konzentriert, die sie auf effektive Weise vertreten kann. Wenn es sich um ein universelles Problem wie den Welthunger handelt, muß ein Aspekt des Problems ausgewählt werden, den die Gruppe konkret angehen kann. Es muß auch die Bereitschaft vorhanden sein, sich auf ein oder zwei bestimmte Probleme zu beschränken (das hängt von der Größe der Gruppe ab und von den Möglichkeiten, sie in kleinere Gruppen mit verschiedenen Aufgabenstellungen zu unterteilen); es nützt nichts, sich in alle möglichen Richtungen zu verzetteln.

Die Übel der modernen Welt sind so unüberschaubar vielfältig und so zahlreich, daß es in engagierten Gemeinschaften leicht zu einer paralysierten Haltung kommt; in der Theorie werden alle Probleme angesprochen, während die Praxis lahmgelegt ist. Das führt dann schließlich zu Frustration und Rückzug. Wenn eine Gruppe die Zusammenhänge zwischen verschiedenen gesellschaftlichen Problemfeldern reflektiert und dann einen bestimmten Teilbereich wählt, in dem sie arbeiten kann, findet sie die passende Form für ihre Ressourcen und ihre Möglichkeiten zu konkreter Aktivität.

Ein letzter Punkt: Vielleicht entscheidet sich eine Gemeinschaft, ihr Leben auf irgendeiner Ebene zu kollektivieren. Das kann in Form eines regelmäßigen Gemeinschaftsessens stattfinden oder in Form der Zusammenlegung von Geldmitteln, die auch für die soziale Praxis der Gruppe und nicht nur für ihren internen Unterhalt verwendet werden. Die gemeinschaftlich verwalteten Geldmittel können entweder in kollektive Arbeitsprojekte investiert werden, in denen mehrere Mitglieder der Gruppe fest beschäftigt sind, oder in Projekte des Zusammenlebens, in Wohngemeinschaften oder mehrere gemeinschaftlich organisierte Haushalte. Das Ausmaß, in dem eine Gruppe ihr Leben kollektivieren will, sollte sorgfältig erwogen werden. Zuviel Kollektivierung in allen Lebensbereichen – Zusammenleben als Familie, Arbeit in Projekten der Gemeinschaft – schafft eine Sektenatmosphäre, die Interaktionen mit anderen Netzwerken behindert. Aber bestimmte Formen kollektiven Lebens – das Zusammenleben in Wohngemeinschaften und das Anlegen von Geldfonds – können helfen, die Isolierung und Fragmentierung der Existenz in Kleinfamilien oder Haushalten von Alleinerziehenden zu überwinden, die es schwierig machen, sich um anderes als das bloße Überleben zu kümmern. Wenn einige Mitglieder der Gemeinschaft sich für kollektive Lebensformen entscheiden und andere es nicht tun, kann die erste Gruppe als ein Zusammenschluß von »Insidern« erscheinen, die sich von den anderen abheben. Die Dynamik solcher Prozesse muß also diskutiert werden, um zu klären, was eine Gruppe erreichen will, wenn sie bestimmte Bereiche ihres Lebens zusammenlegt.

Diese Zusammenfassung der unterschiedlichen Aspekte des Gemeinschaftslebens – Lernen, Liturgie, soziales Engagement und Kollektivierung der Arbeit oder des Zusammenlebens – bedeutet nicht, daß jede Gemeinschaft, die sich mit dem Weg der Befreiung vom Patriarchat identifiziert, unbedingt alle diese Aspekte in ihrer Praxis realisieren muß. Diejenigen, die daran interessiert sind, den dialektischen Prozeß zwischen der Frauenkirche als autonomer Gemeinschaft und der historischen Institution Kirche zu unterstreichen, beschränken ihre Mitgliedschaft in der Frauenkirche vielleicht auf eine Studiengruppe oder liturgische Gruppe, die ihre religiöse Praxis in einem anderen Bereich begleitet. Dieser Personenkreis hätte vermutlich Verbindung zu einer lokalen Kirche oder zu anderen Zweigen einer kirchlichen Institution und würde versuchen, Ideen, die aus Studiengruppen der Frauenkirche kommen, in die historische Kirche hineinzutragen. Andere konzentrieren sich vielleicht auf eine bestimmte Form der sozialen Praxis, wie die Arbeit in einem Frauenhaus oder einem Zentrum für obdachlose Frauen. Dieses soziale Engagement würde dann vermutlich der zentrale Ansatzpunkt ihrer Patriarchatskritik und ihrer Arbeit für die Veränderung werden. Einige Frauen, die in solchen Projekten arbeiten, schließen sich vielleicht einer feministischen Studiengruppe an, die keinen unmittelbaren Zusammenhang mit dem Bereich der sozialen Arbeit hat, sondern als ein Forum fungiert, in dem diese und andere Kämpfe für die Veränderung reflektiert werden können. Manche Frauen nehmen vielleicht sowohl an feministischen als auch an traditionellen religiösen Zeremonien teil. Mit anderen Worten: Es müssen nicht alle Aktivitäten in einer einzigen Gemeinschaft vereinigt sein; Lebendigkeit kann sich auch ereignen, wenn die gesetzten Ziele in mehreren unterschiedlichen Gemeinschaften realisiert werden, die sich untereinander zu einem Netzwerk sozialer Transformation verbinden. Wenn wir also von den unterschiedlichen Aspekten von Gemeinschaft sprechen, bezieht sich das auf die Idealvorstellung von Kirche als einer Einheit, in der die unterschiedlichen Inhalte einer übergeordneten Gesamtvision entspringen. Dieser Vorstellung nachzuleben erfordert ein hohes Maß an Zielorientiertheit, das sowohl Schwierigkeiten und Gefahren als auch Vorteile mit sich bringen kann. Die Gefahr liegt vor allem darin, daß eine Gruppe, je mehr sie die unterschiedlichen Aspekte ihres Lebens in ein geschlossenes System einbringt, die Tendenz entwickeln kann, engstirnig und sektiererisch zu werden und Mißbrauch mit Macht zu treiben. Die Mitglieder einer Gemeinschaft sollten also jeden Schritt in Richtung Kommunisierung sehr sorgsam überlegen und sicherstellen, daß individuelle Initiative und Autonomie gewährleistet bleiben.

In der Zerrissenheit der Übergangssituation, in der wir heute leben, werden sich die meisten Menschen vermutlich für das Engagement in mehreren verschiedenen Gemeinschaften entscheiden. Für viele mag es tatsächlich besser sein, nicht alle ihre Energien an einem Ort zu bündeln, sondern die unterschiedlichen Aspekte ihrer Vision von Gemeinschaft und Transformation durch verschiedene Gruppen zu leben und so an einer Vielfalt von Netzwerken mitzuarbeiten, die sich in unterschiedliche Richtungen erstrecken.

Der zweite Teil dieses Buches, der die liturgischen Ausdrucksformen der Frauenkirche behandelt, geht nicht von der Voraussetzung einer einheitlichen Gemeinschaftsstruktur aus. Es werden vielmehr unterschiedliche liturgische Situationen dargestellt und gestaltet – für den Gebrauch von Gruppen und Netzwerken, deren Mitglieder verschiedene Strukturen von

Gemeinsamkeit haben, von Studien- und Liturgiegruppen in lokalen Kirchen, die sich an eine bestimmte Konfession gebunden fühlen, bis hin zu autonomen, kommunal lebenden Gruppen und allen Formen, die dazwischen liegen.

TEIL II

LITURGIE UND FRAUENKIRCHE

*Unsere Wunden
heilen,
unsere Befreiung
feiern*

KAPITEL 6

Liturgien der Frauenkirche: Basisperspektiven

In diesem Teil des Buches werden wir unterschiedliche Gelegenheiten für Liturgien und rituelle Handlungen untersuchen, durch die eine Gemeinschaft der Befreiung vom Patriarchat ihren Weg in sakramentaler Form ausdrücken und so ihre eigenen Lebensprozesse vertiefen und stärken kann. Die liturgischen Ideen, die hier entwickelt werden, sind verschiedenen Schichten der mediterranen und westlichen religiösen Tradition entnommen: der vorbiblischen Tradition des Nahen Ostens, der jüdischen und der christlichen Tradition. Ich beziehe mich ausdrücklich und bewußt auf diese drei Schichten von Tradition, aus denen das Christentum selbst hervorgegangen ist, aber nicht im Sinn von Eklektizismus oder Synkretismus; diese Begriffe drücken ein willkürliches Zusammenbringen von Überlieferungen aus, die in keinem inneren Zusammenhang stehen. Die hier angesprochenen drei Schichten religiöser Tradition sind jedoch eine aus der anderen hervorgegangen. Die christliche Tradition des wöchentlichen Sabbats, das Kirchenjahr mit seinen jahreszeitlichen Feiern oder das Muster von Krise und Erneuerung, wie es sich in der Karwoche und in Ostern äußert, sind ohne die rituelle Struktur der jüdischen Woche und des jüdischen Jahres, die den christlichen Riten zugrunde liegt, nicht völlig zu verstehen. Und in ähnlicher Weise ist die Struktur der jüdischen Riten ohne die alte nahöstliche Tradition, auf der sie aufbaut, nicht verständlich.

Die religiösen Strukturen des Nahen Ostens, die unseren Überlieferungen zugrunde liegen, waren usprünglich aus der Ritualisierung der jahreszeitlichen Zyklen der Natur entstanden. Der Jahreszyklus durchlief die Stadien von der Ernte bis zur neuen Aussaat und wieder zur Ernte, von der Regenzeit zur sengenden Hitze der Dürreperiode, die der ausgetrockneten Vegetation den Tod brachte, und wieder zur erlösenden Feuchtigkeit, die neues Leben versprach. Dieser jahreszeitliche Zyklus wurde als der Rahmen erfahren, in dem sich das dramatische Geschehen von Tod und Wiedergeburt abspielte. Für die Kulturen des östlichen Mittelmeerraums wurden die Zyklen der Natur zum Sakrament des ewigen Wandels von Leben und Tod, von geordnetem Kosmos und ungeordnetem Chaos. In den symbolischen Sequenzen der jahreszeitlichen Feste erfuhren die archaischen Völker im Ritual die grundlegenden Polaritäten der geordneten Welt der Ansiedlungen und des bebauten Landes mit ihrem empfindlichen Rückhalt von Sicherheit und Gedeihen und der sozialen und natürlichen Kräfte, die jederzeit einbrechen konnten. Die sorgsam gebauten Bewässerungsanlagen konnten zerstört, die bepflanzten Felder, die im nächsten Jahr Nahrung geben sollten, vernichtet werden. Feinde konnten die Behausungen der Menschen einreißen, Massaker anrichten, Siedlungen in Schutt und Asche legen. Die Feinde der geordneten Welt waren sowohl die unberechenbaren Kräfte der Natur – Überschwemmungen, Dürren, Stürme – als auch feindliche nomadisierende Stämme, die mit Neid auf den Wohlstand einer seßhaften Gruppe schauten.

In den Ritualen des Jahreszeitenzyklus durchlebte die Gemeinschaft symbolisch die Schicksalsschläge und Bedrohungen, die von natürlichen und menschlichen Feinden ausgingen. Sie erfuhren sich selbst als von diesen feindlichen Kräften vernichtet und dann wieder errettet; Sicherheit und Gedeihen wurden symbolisch wiedergewonnen, Friede und Gerechtigkeit im Land wieder fest etabliert. Durch die mimetische Darstellung ihrer existentiellen Konflikte suchte die Gemeinschaft sich für die Auseinandersetzung mit den realen Schwierigkeiten zu festigen und zu stärken. Indem sie ihre Niederlage und ihre Rettung symbolisch durchlebte, bekräftigte sie ihre Überzeugung, wirkliche Verheerungen überleben zu können, und stärkte ihren Glauben an die Erneuerungskraft des Lebens.

In den jahreszeitlichen Zyklen entdeckten die archaischen Gesellschaften auch das Drama der Götter. In der sterbenden Vegetation und dem ausgetrockneten Land sahen sie den Tod des Gottes Baal, in der neuen Feuchtigkeit seine Wiedergeburt; der Gott repräsentierte sowohl die Kräfte der Fruchtbarkeit von Erde und Wasser als auch den König, das politische Oberhaupt des Volkes. In der Kraft der Natur, die Bedrohungen von Tod und Zerstörung zu überwinden, erblickten sie das Wirken der jugendlichen Göttin Anath, einer Kriegerin, die sich den Feinden Baals entschlossen entgegenstellte und sie besiegte, die

Baal vom Tod wiedererweckte und sich mit ihm in der »heiligen Hochzeit« vereinte; damit waren die Ordnung in der Gesellschaft und die Fruchtbarkeit in der Natur wiederhergestellt[1].

Im Lauf des ersten Jahrtausends v. Chr. vermischten sich bei den hebräischen Stämmen diese archaischen Überlieferungen der jahreszeitlichen Feste mit historischen Erinnerungen aus ihrer eigenen Geschichte, mit dem Auszug aus der ägyptischen Sklaverei, dem Marsch durch die Wüste, dem Empfang des Gesetzes am Sinai, dem Einzug in das Gelobte Land. Die Struktur des hebräischen Ritualjahrs entwickelte sich in einem Zeitraum von mehr als tausend Jahren; seine Zeremonien gingen auf Schichten zurück, die vor dem Ackerbau lagen, auf die Rituale nomadisierender Hirten mit ihren Neumondfesten und Opfern der erstgeborenen Lämmer. In Kanaan vermischten sich einige dieser Rituale mit den Ackerbauzeremonien kanaanitischer Stämme. Die drei wichtigsten Ritualperioden des Jahres gründeten sich ursprünglich auf die großen Ackerbauzeremonien, die jedoch im Sinn der historischen Stammesgeschichte uminterpretiert wurden[2]. Passah, das Fest der ungesäuerten Brote, geht auf das Fest der Gerstenernte zurück, bei dem das neue Korn zu Mazzot oder ungesäuertem Brot verarbeitet wurde. Diese Zeremonie wurde als Erinnerung an die Flucht aus Ägypten uminterpretiert; das ungesäuerte Brot wurde zum Symbol des in Eile hergestellten Brotes für die Reise. Das Wochenfest ist ursprünglich die Feier der Weizenernte, bei der das neue Korn zu Brotlaiben gebacken und den Göttern zum Erntedank dargebracht wurde. Diese Zeremonie wurde von der Erinnerung an die Verkündigung des Gesetzes am Sinai überlagert. Das Laubhüttenfest schließlich geht auf die Erntedankzeremonie nach der Weinernte zurück. Charakteristisch für dieses Fest ist der Bau von Hütten aus belaubten Zweigen, die ursprünglich ländliche Unterstände darstellten, in denen die Gemeinschaft während der Ernte leben und feiern konnte. Das herbstliche Laubhüttenfest entwickelte sich zum Wendepunkt des Jahres. Ihm geht der Versöhnungstag voraus, eine Zeremonie, die im nahöstlichen Neujahrsritual wurzelt, bei dem die Gemeinschaft rituell von ihren Sünden gereinigt wurde. Das darauffolgende Hüttenfest wird als Erinnerung an die Zelte interpretiert, in denen das Volk Israel während seines Aufenthalts in der Wüste wohnte. Der Beginn des neuen Jahres wurde auch mit messianischen Erwartungen verknüpft, mit der Niederlage der Feinde Israels und der Wiedereinsetzung Jahwes als König; darin liegt die Vorwegnahme der endgültigen Herrschaft Gottes, wenn alles Böse besiegt sein wird und Frieden und Gerechtigkeit auf Erden herrschen werden.

Durch die historischen Erinnerungen der Hebräer erhielten die kanaanitischen Mythen der Rettung vor den zyklisch wiederkehrenden Bedrohungen durch die Natur und durch das Einfallen von Feinden eine neue Dimension. Eine neue Art von Gott entsteht durch diese Verschmelzung, ein Gott, der eine historische Entscheidung für ein unbedeutendes Volk trifft, das unter dem größten Imperium des Nahen Ostens in Sklaverei lebt. Dieser Gott nimmt sich des unbedeutenden Volkes an und macht es zu »seinem« Volk, rettet es aus der Sklaverei, schließt ein Bündnis mit ihm und geleitet es in ein neues Land. Gott ist nicht nur in den periodisch auftretenden Konflikten von Leben und Tod als schützende Kraft anwesend; Gott interveniert und transformiert die Strukturen der sozialen Realität. Im Bündnis mit diesem Gott, der existierende soziale Ordnungen umstößt und neue Ordnungen schafft, hofften die Hebräer nicht mehr nur auf eine periodisch wiederkehrende Rettung von Feinden in Natur und Menschenwelt, sondern auf die entscheidende Rettung von allen Übeln, auf die definitive Errichtung von Frieden und Gerechtigkeit im Land.

Diese Veränderung vollzieht sich nicht einfach durch die Anrufung der Götter, durch Opfer oder mimetische Partizipation an den göttlichen Wandlungsprozessen, sondern durch die ethische Haltung des Volkes Gott gegenüber. Gerechtigkeit und Leben in Rechtschaffenheit sind Gottes Gebot. Historische Veränderungen und Notlagen werden nun als Ausdruck des gerechten Zorns Gottes und als Strafe für Israels Missetaten und Untreue interpretiert. Wiederherstellung von Frieden und Gerechtigkeit und neue Hoffnung hängen nun von der kollektiven moralischen Anstrengung ab, die Gebote einzuhalten. Die hebräische Religion führt also das neue Element der historischen Transformation durch ethisches Handeln in den Ritus ein. Viele Feministinnen lehnen bestimmte Aspekte dieser Vision ab – ihre patriarchale Struktur und ihren ethnischen Ausschließlichkeitsanspruch –, aber unsere grundlegenden Hoffnungen auf historische Befreiung und gerade die Hoffnungen aller modernen Befreiungsbewegungen, die auch ethische Veränderungen der Gesellschaft zum Ziel haben, wurzeln dennoch in dieser hebräischen Neudefinition von Religion.

Im Christentum wird die Struktur des jüdischen Ritualjahres durch Erinnerungen an die messianische Erwartung und Erfüllung überlagert. Das Neujahrsfest im Oktober, das im Judentum mit der Erwartung des Reiches Gottes verbunden ist, wurde im Christentum zum Beginn des Advents, der Vorbereitung auf die Geburt Christi beziehungsweise seine endgültige Rückkehr und die Erlösung der Welt. Das hebräische Passah wurde zum christlichen Ostern, und das Wochenfest, an dem sich die Juden an den Zusammenschluß Israels als Volk Gottes am Sinai erinnern, wurde zum christlichen Pfingsten, zur Gründungsfeier der christlichen Kirche, verbunden mit der Erinnerung an die Ausgießung des Heiligen Geistes.

Das Christentum erwies sich als sehr flexibel und aufnahmefähig, nicht nur was die Übernahme und Transformation des hebräischen Ritualjahrs anging, sondern auch bei der Assimilation bedeutsamer religiöser Zeremonien der Kulturen, die es bekehrte, in der griechisch-römischen Welt, in der Welt des nordeuropäischen Heidentums und schließlich in den neuen Kontinenten wie Lateinamerika. Die römische Feier der Wintersonnenwende, das Fest der Geburt der unbesiegbaren Sonne, das von den römischen Kaisern übernommen worden war, um ihre Macht zu zelebrieren, wurde zum christlichen Weihnachten, zur Feier der Geburt des messianischen Königs. Im koptischen Ägypten wurden die drei wichtigsten Ackerbaufeste, das Fest der Aussaat Mitte Dezember, der Ernte Mitte Mai und der Weinernte Mitte August, zu einem Zyklus von Marienfesten; so wurde die alte Muttergöttin, die diese Tage früher gesegnet hatte, durch die christliche Mutter Gottes ersetzt[3]. Die Erinnerung an die Verkündigung Mariä und, später, an die unbefleckte Empfängnis im Dezember, die Krönung Mariens zur Himmelskönigin im Mai und Mariä Himmelfahrt Mitte August wurden zu den Kernstücken eines Zyklus von Marienfesten, die sich auch über Europa ausdehnen sollten. Man könnte eine endlose Liste solcher Übernahmen und Transformationen älterer religiöser Zeremonien aufstellen, die sich sowohl im allgemeingültigen Kalender des Kirchenjahres als auch in regionalen Festen niederschlugen.

Obwohl das Christentum in seinem Kalender viele historische Gedenktage einführte, die sich besonders auf die Ereignisse im Leben Jesu und auch Marias und der Heiligen beziehen, ist der christliche Kalender im tiefsten Kern eschatologisch oder messianisch. Er baut auf der Zukunftsdimension der hebräischen Glaubenshoffnungen auf. Aber in christlicher Sicht hat die endgültige Erlösung der Welt von Sünde und Tod schon begonnen, auch wenn sich dieser Prozeß erst in Zukunft vollständig erfüllen wird. Das Element des Vorgeschmacks kommender Dinge macht die grundlegende Dynamik des christlichen Rituals aus. Man kann die jährliche rituelle Wiederholung der adventlichen Erwartung, die zur Geburt des Messias führt, der Fastenvorbereitung für die Passion und die Auferstehung Christi, der Himmelfahrt und der Ausgießung des Heiligen Geistes nur verstehen, wenn man sieht, daß es sich nicht einfach um Erinnerungen an abgeschlossene historische Ereignisse handelt; es handelt sich vielmehr um einen Rückblick auf zukunftweisende Erfahrungen, die auf die »letzten Tage« hindeuten, wenn die Menschheit und die gesamte Schöpfung aus der Sklaverei des Bösen und der Sterblichkeit befreit sein werden und wenn das Friedensreich Gottes auf Erden errichtet sein wird.

In der Anordnung der liturgischen Ideen, die in den folgenden Kapiteln dargestellt sind, liegt eine bewußte Wiederaneignung der drei Schichten religiöser Tradition, von denen wir sprachen. Was wir aus dem hebräischen Erbe wiederbeleben, ist insbesondere eine Sensibilität für historische Ungerechtigkeit und die Sehnsucht nach historischer Befreiung, die im Christentum in der Regel spiritualisiert wurde oder durch die Fehlinterpretation des Glaubens an eine Erlösung, die schon in einem Christus der Vergangenheit verkörpert sei, unterdrückt wurde. Das christlich-liturgische Bewußtsein kann durch eine neue Berührung mit den jüdischen Traditionen des Passahfestes, des Sabbatmahls und der Heiligung des Sabbats außerordentlich bereichert werden; sinnvoll ist auch eine Einschränkung des Konsums, in der sich eine neue Vorstellung von »Reinheit« in der Ernährung äußern kann. Wir können heute diese Verbindungen herstellen, weil es auch unter den amerikanischen Juden eine Erneuerung der Liturgie, des Studiums und der bewußten Glaubensgemeinschaft gibt[4].

Wie die christlichen Basisgemeinden verbinden auch diese jüdischen Erneuerungsbewegungen Gebet und Studium eng mit dem Kampf um soziale Gerechtigkeit. Es ist ihr Verdienst, daß die alten jüdischen Riten zu neuem Leben erwacht sind und mit den sozialen Problemen der Gegenwart in Verbindung gebracht werden. Im Rahmen dieser Erneuerungsbewegungen entstand auch ein jüdischer Feminismus, der nicht nur säkulare, sondern auch religiöse Züge trägt[5]. Jüdische Feministinnen kämpfen mit großen Schwierigkeiten, aber auch mit tiefem Glauben um die Wiederentdeckung der Ursprünge von Traditionen, die lange benutzt wurden, um Frauen in den Status der Zweitrangigkeit zu verweisen. Sie suchen nach Wegen, um diese Überlieferungen zu Ausdrucksformen ihrer vollen Menschlichkeit als Frauen und als Jüdinnen zu transformieren.

In den Liturgien dieses Buches wird auch die Heiligung der Natur und der Lebenszyklen wiederbelebt, die in den archaischen, dem Judentum und dem Christentum vorangehenden religiösen Systemen zu finden ist. Erinnern wir uns, daß die altkirchliche Bezeichnung für das Heidentum, Paganismus, auf das lateinische *paganus*, das heißt »ländlich«, zurückgeht. Wir brauchen heute eine neue Annäherung zwischen den historischen und eschatologischen Ritualen der jüdisch-christlichen Tradition und jenen Religionen, die der Natur nahe waren und die das Leben der Menschen in die Rhythmen und Ordnungen der Natur hineinstellten. Die biblischen Religionen haben die Bedeutung der linearen historischen Zeit und der transzendenten Finalität übermäßig betont. Daraus resultierte eine Verachtung des Wissens um die natürlichen Erneuerungszyklen und der Naturverbundenheit der »Heiden«, denen diese Beziehungen heilig waren.

Die historische Religion hat uns gelehrt, uns über die Natur zu stellen und auf eine Erlösung aus den Banden der Natur zu hoffen; aber die tatsächliche Existenz und das Überleben der Menschheit hängen nach wie vor von den Zyklen der Natur ab. Durch das Vermodern der abgestorbenen Vegetation entsteht fruchtbarer Boden; Verdunstung und Niederschläge bringen die lebenspendende Feuchtigkeit, die neues Wachstum ermöglicht. Tag und Nacht, Sommer und Winter, die Drehung unseres Planeten und die Bewegungen der anderen Himmelskörper, die um die Sonne kreisen – das sind die zyklischen Prozesse, die unser Leben erhalten. Wenn man die existentielle Bedeutung dieser Rhythmen verleugnet, negiert man damit die konkreten Grundlagen unserer Existenz. Dadurch, daß man Verachtung für diese elementaren Zusammenhänge lehrte, wurden eine Kultur und eine Technologie geschaffen, die uns der unwiderruflichen Zerstörung der Erde, der Luft und des Wassers, von denen unser Leben abhängt, gefährlich nahegebracht haben. Wenn wir die natürlichen Zyklen von Tag und Nacht, die Zyklen des Monates und des Jahres und unseren eigenen Lebenszyklus von der Geburt bis zum Tod wieder in unsere religiösen Riten hineinnehmen, akzeptieren wir damit auch unsere Endlichkeit und unsere wichtigste historische Aufgabe, das menschliche Leben und das Leben der Natur in harmonischer Wechselbeziehung zu erhalten und unseren Kindern eine lebensfähige Welt zu hinterlassen.

Obwohl wir die archaische oder »heidnische« Schicht unserer religiösen Überlieferungen bejahen, unterscheidet sich das in diesem Buch entwickelte Liturgieverständnis von der Wiederbelebung der Göttinnen-Religion in der feministischen Bewegung der letzten Jahre. Dieser Teil der Bewegung war nicht nur durch die Bemühungen um die Befreiung der Frauen vom Sexismus motiviert, sondern hatte auch die Versöhnung der menschlichen und der nicht-menschlichen Natur zum Ziel. Im Unterschied zu der Perspektive, die hier vorgeschlagen wird, versuchen die »heidnischen« Feministinnen die jüdischen und christlichen Schichten im Ritual vollständig abzubauen und zu einer Religion der Erneuerung der Natur zurückzukehren. Wenn sie jüdische und christliche Traditionen untersuchen, geschieht das nur mit dem Ziel, die dahinter verborgenen heidnischen oder matriarchalen Schichten freizulegen. Sie sehen die Religion der Naturerneuerung, in deren Zentrum die Große Göttin steht, als das geeignete System an, das Frauen vollkommen bestätigt und das uns außerdem wieder mit der Natur in Verbindung bringt. Dieses Zurückgehen hinter die historischen und messianischen Religionen und die Wiederbelebung der archaischen Naturreligion erscheint mir in mehrfacher Hinsicht problematisch. Zuallererst zeigt sich darin ein mangelnder Sinn für historische Verwurzelung, für die Zugehörigkeit zu einer Gemeinschaft, deren akkumuliertes Wissen man wertschätzt, auch wenn man sie kritisiert und zu erneuern versucht. Zu den Weisen und Lehrenden der archaischen Naturreligion, die vielleicht einmal existiert haben, stehen wir nicht mehr in Verbindung. Es ist schwer, Aussagen über die frühen Mutterreligionen zu machen, zumal wir ihre Überlieferungen nur in Resten und Überformungen kennen. Die Verfechterinnen der Göttinnenreligion tendieren zu einer ungeduldigen Haltung, wenn es um historische Genauigkeit in diesen Fragen geht; sie behelfen sich mit Mythen, die ihren gegenwärtigen Zwecken dienen. Die Verehrung der archaischen Großen Göttin wird einfach mit einer feministischen Religion gleichgesetzt, die Frauen zur Autonomie führt.

Problematischer als diese unhistorischen Tendenzen ist jedoch eine romantisierende Haltung, die davon ausgeht, eine sündenlose Welt könne durch das schlichte Verehren und Zelebrieren der Zyklen der Natur leicht wiedergewonnen werden. Das verweist uns gewissermaßen in die Zeit vor dem Sündenfall zurück, in den Zustand »träumender Unschuld«, in dem glückliche Frauen, Männer und Kinder wieder in Harmonie mit der Natur leben können. Es wird das Bild einer Welt entworfen, in der Adam und Eva noch nicht durch Probleme historischer Verantwortung aus dem Paradies vertrieben wurden. Man könnte sich fragen, ob in vorgeschichtlicher Zeit das Leben der Menschen mit der Natur tatsächlich so ungetrübt glückselig war. In jedem Fall sind wir durch unser historisches Bewußtsein und durch die Entwicklung von Herrschaftssystemen der Entfremdung und Unterdrückung längst aus diesem Status paradiesischer Unschuld herausgefallen. Der Versuch, durch rein rituelle oder kulturelle Mittel dahin zurückzukehren, ist eskapistisch.

Wenn wir wirklich zu einer gesunden Beziehung zwischen Geist und Körper, zwischen Menschen und natürlichen ökologischen Systemen zurückfinden wollen, können wir uns vor der historischen Verantwortung nicht drücken. Es reicht nicht aus, die erwünschte Harmonie im Kult zu imaginieren; wir müssen die historische und ethische Aufgabe übernehmen, die Systeme der Unterdrückung niederzureißen und neue Formen des Zusammenlebens menschlicher Gruppen und der Menschen mit der Natur zu entwickeln. Es ist durchaus nicht so, daß den Vertreterinnen der Göttinnenreligion generell das Verständnis für ethischen Widerstand und soziales Engagement fehlte; vielmehr liegt in ihrer Theologie, die proklamiert, daß alles Existierende gut sei, ein Mangel an Verständnis für historische Sünden und an Bereitschaft, sich für die Schlechtigkeit sozialer Systeme mit zur Verantwortung ziehen zu lassen[6]. Wenn wir im vollen Bewußtsein unserer Abspaltung von der guten Natur und unseres Kampfes um die Erneuerung der Beziehung zu den Lebewesen unserer Umwelt das Frühlingsäquinoktium oder die Mondzyklen feiern, liegt darin kein kultureller Eskapismus, sondern diese Feiern können Bestandteile eines ethischen Glaubens werden, der kritisches Urteilsvermögen und historische Hoffnungen einbezieht. Die Feier der Naturzyklen wird zum prophetischen Zeichen einer intakten Welt, die wir wiedererlangen müssen, um auf dieser Erde zu überleben. Ich meine daher, daß die historische und die messianische Ebene unserer Tradition für eine realistische Einschätzung unserer gegenwärtigen Situation von ausschlaggebender Bedeutung sind. Wir müssen die historischen und messianischen Dimensionen unseres Glaubens jedoch von der Verachtung für die natürlichen Zyklen der Erneuerung ablösen. Wir müssen sie transformieren und damit auch uns selbst wandeln, so daß wir die Aufgabe übernehmen können, ein gerechtes und lebensfähiges Universum, eine Welt ohne Vergewaltigung, Völkermord und Krieg aufzubauen.

Die folgende Darstellung von Liturgien ist in vier Kapitel aufgeteilt, die vier verschiedenen liturgischen Bereichen entsprechen. Keine einzelne Gemeinschaft wird alle diese Liturgien regelmäßig praktizieren, sondern diejenigen auswählen, die für sie relevant sind. Authentische Liturgie, die wirklich zielgerichtet und bewußt praktiziert wird, erfordert ein hohes Maß an Energie. Das heißt, es ist ein beträchtlicher Zeitaufwand nötig, sowohl um sie vorzubereiten, als auch um sie nachher zu assimilieren. In der Liturgie wird eine bestimmte Erfahrung des menschlichen Lebens herausgehoben und zu einer paradigmatischen Erfahrung gemacht. In der mimetischen Wiederholung konzentrieren wir unsere Aufmerksamkeit auf alle akkumulierten Ängste und Hoffnungen, die mit diesem Typus von Ereignis verbunden sind. Eigentlich sollten wir uns sowohl freudiggelöst als auch erschöpft fühlen, wenn wir wirkliche Andacht praktiziert haben. Die Tatsache, daß die meisten Menschen Liturgie als tote Form erleben, ist das schreckliche Zeugnis dafür, daß die religiöse Praxis der Kirche zur Routine erstarrt und zu einem Werkzeug von Herrschaft und Entfremdung geworden ist.

Die erste Sequenz von Liturgien im siebten Kapitel konzentriert sich auf die Gestaltung von Kirche als Gemeinschaft der Befreiung vom Patriarchat und von allen Formen der Unterdrückung. Diese Liturgien gehören nicht zum Bereich des natürlichen Lebenszyklus, obwohl manchmal Rituale des Lebenszyklus mit christlichen Sakramenten vermischt oder verwechselt wurden. So wurde die Taufe mit dem Geburtsritual verwechselt und die Konfirmation mit dem Übergangsritus der Pubertät. Die Riten der Heirat, der Krankenölung und des Viaticums für die Sterbenden beziehen sich alle eher auf den Lebenszyklus als auf die christliche Gemeinschaft. Die Rituale des Eintritts in die befreite Gemeinschaft sind messianisch; sie basieren weder auf historischen Erinnerungen noch auf den Zyklen der Natur. Sie stellen unsere Abkehr von historischen Systemen der Unterdrückung beziehungsweise unsere Hinwendung zum Leben der Erlösung dar. Sie verweisen auf eine Zukunft des erneuerten Lebens, das wir in unserer Erfahrung der Umkehr und der Zugehörigkeit zur befreiten Gemeinschaft in der Gegenwart vorwegnehmen.

Es war ein Fehler des Christentums, die Gründung der Kirche, der messianischen Gemeinschaft, mit der Ablehnung der Natur oder der Ablehnung der jüdischen Tradition zu identifizieren. Es sind nicht die menschlichen Erfahrungen der Vergangenheit oder die Natur, die wir zurückweisen, wenn wir in die messianische Gemeinschaft eintreten, sondern nur ihre korrumpierten Formen. Wir lehnen die Korrumpierung menschlicher Traditionen ab, ihre Verformung zu Werkzeugen der Entfremdung und Unterdrückung. Wenn wir uns von Ideologien und sozialen Systemen der Unterdrückung abwenden, stellen wir damit unsere wahren Beziehungen zur physischen Realität, zum Körper, zur Erde und zur Großen Göttin wieder her, die unser Leben in der Natur erhält. Für die Frauenkirche bedeutet der Eintritt in die messianische Gemeinschaft insbesondere die Abkehr vom Patriarchat als Ideologie und als Sozialordnung und die Bildung einer kritischen Gegenkultur und einer Gemeinschaft der Befreiung vom Patriarchat. Er bedeutet unser Wachstum und unser Aufgehobensein in einer neuen, wahren Menschlichkeit als Frauen und als neue Gemeinschaft von Frauen und Männern.

In der zweiten Sequenz von Liturgien im achten Kapitel geht es um Rituale der Heilung in Krisensituationen und nach der Erfahrung von Gewalt. Diese Rituale werden im allgemeinen nur einmal vollzogen, weil sie auf eine bestimmte Person oder Gemeinschaft zugeschnitten und auf einen bestimmten Akt oder bestimmte Erfahrungen von Gewalt bezogen sind. Jede dieser Zeremonien ist einzigartig und individuell auf eine Person, eine Zeit, eine Situation abgestimmt. Da jedoch diese Arten von Gewalt allzu häufig vorkommen, müssen Rituale der Heilung, wie sie hier skizziert werden, in vielen Gemeinschaften und für viele Arten der Verletzung von Menschen entwikkelt werden. Tatsächlich ist es oft schwer, zu entscheiden, welche Liturgien zu den Ritualen der Heilung und welche zu den Ritualen des Lebenszyklus gehören, weil die meisten von uns ihr Leben lang immer wieder Akten der Gewalt ausgesetzt sind und immer wieder der Heilung von den Folgen der Gewalt bedürfen.

Ich habe zum Beispiel die Scheidung den Ritualen der Heilung statt den Ritualen des Lebenszyklus zugeordnet, nicht weil Scheidung etwa selten vorkäme, sondern weil sie in der Regel als Versagen und Verletzung erfahren wird, als letztes Eingeständnis einer langen Geschichte von Gewalt und Kränkung. Die Scheidung negiert also alles, worauf wir hoffen, wenn wir eine verbindliche Beziehung eingehen. Ich habe in diese Sektion auch ein Ritual für das Coming-Out einer Lesbierin oder eines Homosexuellen aufgenommen, denn in einer von homophoben Vorurteilen belasteten Gesellschaft wie der unseren kann dieses Ereignis nicht einfach als Bekräftigung einer gottgegebenen sexuellen Vorliebe gesehen werden, sondern es wird zu einer Zurückweisung vergangener Erfahrungen von Schuld und Unterdrückung, durch die man die eigene Natur verleugnen mußte, zum Aufschrei gegen die homophobe Gesellschaft, die diese Schuld und diese Unterdrückung hervorgebracht hat.

Die in diesem Teil des Buches dargestellten Rituale wurden vom Christentum und, soweit ich weiß, von allen historischen Religionen vollständig vernachlässigt. Und doch handelt es sich um Situationen, in denen Menschen verzweifelt nach Ritualen der Heilung verlangen. Die Kirche hat nicht nur das Bedürfnis nach solchen Ritualen ignoriert, sondern sie hat, indem sie Sexismus und Menschenfeindlichkeit unterstützte, unmittelbar zur Ausbreitung der Gewalt beigetragen, von deren Auswirkungen die Menschen geheilt werden müssen. Daher wenden sich Menschen, die Gewalt erlitten haben, in diesen Situationen nicht an die Kirchen; sie suchen sich Therapeuten und andere professionelle Heiler. In solchen Situationen ist professionelle Hilfe zwar wichtig, liegt aber oft außerhalb der finanziellen Möglichkeiten derer, die Gewalt erlitten haben; oft werden auch die tieferen Dimensionen der Krise nicht angesprochen: das Gefühl, der sinnerfüllten menschlichen Gemeinschaft entfremdet oder von Gott verstoßen zu sein. Heilung von den Folgen der Gewalt erfordert also eine tiefere liturgische Dimension, die vergewaltigte Menschen in eine unterstützende, sinnerfüllte Gemeinschaft einschließt und sie mit der Sicherheit der göttlichen Liebe erfüllt.

Zu den Heilungsritualen gehören Liturgien für eine Frau, die vergewaltigt wurde, für eine Frau, die mißhandelt wurde, und für eine Frau (oder einen Mann), die in der Kindheit zum Opfer sexuellen Mißbrauchs oder sexueller Gewalt wurde. Man könnte auch an Rituale der Versöhnung für Schläger, Vergewaltiger oder gewalttätige Eltern denken, die ihre Handlungsweise bereuen. Ich werde hier nicht explizit Rituale dieser Kategorie entwickeln – die Möglichkeit sollte jedoch nicht ausgeschlossen werden. In unserer Gesellschaft verschließen sich die Opfer von Gewalt oft jahrelang in Furcht und Scham. Erst nach einem längeren Zeitraum, wenn sie die Situation, in der sie Gewalt erlitten, wirklich verlassen haben, werden sie fähig, sich die Ereignisse vor Augen zu führen und die tiefen Schichten ihrer Verletzung zu überwinden. Viele dieser Rituale werden also retrospektiven Charakter haben; sie stellen den Endpunkt einer langen Entwicklung dar, in der versucht wurde, mit den Gewalterfahrungen der Vergangenheit fertig zu werden.

Außerdem sind in diesem Teil Rituale der Heilung von Fehlgeburten und Abtreibungen enthalten. Fehlgeburten wurden im allgemeinen als »natürlich«, Abtreibungen als Sünde oder Verbrechen angesehen; entscheidend ist aber, daß beide Arten des Abbruchs einer Schwangerschaft für Frauen mit tiefen Verlustgefühlen verbunden sind. Leben hat begonnen, und Leben ist wieder erloschen, entweder durch körperliche Prozesse, die sich der eigenen Kontrolle entziehen, oder weil die Schwangerschaft selbst unerwünscht war und aus persönlichen und sozialen Gründen nicht aufrechterhalten werden konnte. In beiden Situationen – in jeweils etwas unterschiedlicher Weise – ist das Bedürfnis nach Heilung da, nach Versöhnung mit sich selbst und mit anderen, nach einem rituellen Abschluß, der ein unbelastetes Weiterleben erlaubt.

Auch Heilungsrituale für weniger intime Formen von Gewalt sind vorstellbar, für plötzliche gewalttätige Einbrüche in das Leben des einzelnen, die von Fremden oder von Naturgewalten, wie Feuer, ausgehen. Diese Arten von Gewalt führen bei den Opfern seltener zu schweren Traumata oder internalisierten Selbstvorwürfen, wie es bei Vergewaltigungen oder Gewalt in der Familie der Fall ist, aber sie werfen uns dennoch aus dem Gleichgewicht und machen uns vielleicht für längere Zeit unfähig, der Sicherheit der Straßen, unserer eigenen Wohnungen und unserer Umwelt zu trauen. Es wäre also durchaus nicht abwegig, Heilungsrituale für die Folgen von Raubüberfällen auf den Straßen, von Einbrüchen oder Bränden in der Wohnung, vom Verlust des Arbeitsplatzes ohne Hoffnung auf Neubeschäftigung zu entwickeln.

Die dritte Sequenz von Liturgien im neunten Kapitel enthält die Rituale des Lebenszyklus. Sie sind darauf ausgerichtet, uns durch unser Leben zu tragen, von der Geburt bis zum Tod. Ich beginne hier mit der Zeremonie der Namensgebung für ein neugeborenes Kind (statt mit dem Ritual der tatsächlichen Geburt, das sich meiner Auffassung nach eher auf die Mutter beziehen sollte). Die Zeremonie beinhaltet nicht nur die Verleihung des Namens, unter dem das Kind allgemein bekannt sein wird, sondern auch eines zweiten Namens, der geheim ist und erst in der Zeit der Pubertät enthüllt wird. Das Kind wird auch symbolisch mit den Hoffnungen der Taufe gezeichnet, wenn auch nicht im eigentlichen Sinn getauft, denn ich halte die Taufe für ein Ritual, dessen Sinn sich nur ein Erwachsener vollständig zu eigen machen kann in der bewußten Umkehr und der Abwendung von den Systemen des Negativen. Die Zeremonie der Namensgebung umfaßt auch die Bildung einer Gruppe von Menschen, die bereit sind, dem Kind Fürsorge angedeihen zu lassen.

Mit dem zweiten, größeren Ritual des Lebenszyklus in der Pubertät wird die sexuelle Reife gefeiert. Da in unseren modernen Gesellschaften die sexuelle und die soziale Reife weit auseinanderliegen, soll mit diesem Ritual der Beginn eines reiferen, aber noch sozial abhängigen Lebens in der Adoleszenz ausgedrückt werden. Für Mädchen hat das die besondere Bedeutung, daß sie die Menstruation als positives Mysterium und als ihr Potential, Leben zu schaffen, verstehen können. Die Zeremonie soll eine Zeit einleiten, in der die sich entfaltende Sexualität bestätigt und in der das Wissen darum vermittelt wird, wie wir eine eigene sexuelle Identität aufbauen und verantwortliche sexuelle Beziehungen zu anderen gestalten können.

Wenn eine junge Frau (ein junger Mann) den entscheidenden Schritt zur sozialen Reife tut und das Elternhaus verläßt, um in einem College oder in der ersten eigenen Wohnung zu leben, ist eine Zeremonie, die sich auf das Erwachsenwerden bezieht, die geeignete Form. Dabei könnte es sich eher um ein Fest als um ein formelles Ritual handeln, verbunden mit guten Wünschen und mit der Versicherung, daß weiterhin gewisse Hilfen von der familiären Gemeinschaft in Anspruch genommen werden können.

Die Heirat ist der nächste größere Übergangsschritt im Lebenszyklus; zwei Menschen kommen zusammen und bauen eine Beziehung auf, die für sie den Stellenwert einer neuen Familie haben wird. Wir beziehen hier sowohl die übliche Ehezeremonie eines heterosexuellen Paares ein, das Kinder haben will oder auch nicht, als auch die Ehezeremonie für ein homosexuelles Paar, das, obwohl es keine gemeinsamen Kinder zeugt, doch Elternfunktionen übernehmen kann, sei es für Kinder aus vorangegangenen heterosexuellen Beziehungen, sei es für adoptierte oder durch künstliche Befruchtung gezeugte Kinder. Obwohl in unserer Gesellschaft viele Ehe- und Familienbündnisse zerbrechen, liegt der Lebensbündniszeremonie doch die elementare Hoffnung zugrunde, daß die Beziehung permanent sein wird im Sinn einer lebenslangen Verbindung mit einem Menschen, der uns während unseres erwachsenen Lebens Partner und Familie sein wird, mit dem gemeinsam wir die Verbindung zur nächsten Generation herstellen können und der uns helfen wird, im biologischen und/oder im sozialen Sinn Elternschaft zu übernehmen.

Schwangerschaft und Geburt sind die nächste Übergangsstufe; aus der sexuellen und sozialen Verbindung eines Paares geht neues Leben hervor. In den letzten Jahren haben die meisten Frauen Atem- und Körperübungen erlernt, die ihre Körper auf den Geburtsprozeß vorbereiten. Auch die Partner werden in diese Übungen einbezogen, um sie auf die Teilnahme und Hilfe bei der Geburt einzustimmen. Obwohl diese Vorgänge als medizinische Geburtsvorbereitung betrachtet werden, handelt es sich tatsächlich auch um eine neue Art von Ritual, durch das die Männer mit dem Prozeß der Schwangerschaft, von dem sie biologisch ausgeschlossen sind, in Beziehung gebracht werden. Männer lernen dabei, sich mit der Schwangerschaft zu identifizieren, und entwickeln eine Verbindung zu dem ungeborenen Kind. Die Wiederbelebung der archaischen Sitte, die Gebärende (die mit der Muttergöttin identifiziert wurde) mit rituellen Gesängen zu begleiten, wäre eine besonders wirkungsvolle Stärkung und Bestätigung der Frau, die in den Wehen liegt, da sie so aus der religiösen Bedeutung ihrer Schöpfungsarbeit Kraft ziehen kann.

Als nächstes schlagen wir verschiedene Liturgien vor, die uns bei anderen bedeutsamen Übergangserfahrungen unseres Lebens leiten können. Dazu gehören die erste Berufstätigkeit, das Aufgeben einer Arbeit, die Rückkehr in die Ausbildung und ein beruflicher Neubeginn, der Umzug in eine neue Wohnung, der Wechsel in eine neue Umgebung. Frauen, die die traditionelle

weibliche Rolle der Hausarbeit und der Kindererziehung übernommen haben, brauchen vielleicht ein Ritual, das sich auf den
Wendepunkt des mittleren Alters bezieht, wenn sie sich entschließen, noch eine Ausbildung zu machen oder sich einen
Job zu suchen, um andere Aspekte ihres Potentials zu entwik-
keln. Mit weniger Kindern und einer weitaus höheren Lebens-
erwartung kann heute keine Frau die Kindererziehung als lebenslange Aufgabe betrachten. Es könnte Frauen (und schließlich auch Männern und Frauen als Eltern) helfen, diese
Tatsache anzuerkennen, wenn der Übergang zu der neuen Lebensphase als normaler Bestandteil des Lebenszyklus bestätigt
würde.

Und schließlich befassen wir uns mit den Ritualen, die uns
auf dem Weg des Absinkens der Kraft begleiten, wo es nicht
mehr um Aufstieg und Wachstum geht, sondern um Abschließen und Beenden – um das Aufhören der biologischen Fruchtbarkeit, das Ende der bezahlten Arbeit, um Krankheit, Sterben
und Tod. Mit den Ritualen des Lebenszyklus müssen wir das
Eingeständnis verbinden, daß sich das menschliche Leben
nicht permanent von einem Gipfel der Kraft zum nächsten be-
wegt, daß es nicht immer weiter, immer aufwärts geht. Das Modell eines Lebens immerwährender Selbstverwirklichung, das
von männlichen Mittelschichtpsychologen entwickelt wurde,
verleugnet unsere Endlichkeit und Sterblichkeit. Die Erwartung, daß es uns jeden Tag und in jeder Hinsicht besser und
besser gehen müsse, führt schließlich dazu, daß wir uns in jeder
Lebensphase unfähig und unvollkommen fühlen, weil wir unsere realen Schwächen und Unzulänglichkeiten unterdrücken.
Schlimmer noch: Mit dieser Haltung gehen wir unvorbereitet
in die Erfahrung des Absinkens unserer physischen und sozialen Energie, der Krankheit, der unvermeidlichen Begrenztheit
unserer Kräfte und des Sterbens hinein. Wenn wir unsere Endlichkeit akzeptieren, können wir lernen, auf jeder Stufe des Lebenszyklus unser Leben in seiner ganzen Fülle zu erfahren, statt
uns unserem gegenwärtigen Sein entfremdet zu fühlen, weil es
noch nicht die vollkommene Verwirklichung unseres idealen
Selbst ist oder weil es diesem Ideal-Selbst nicht vollständig entsprechen kann. Wir können lernen, die Erfahrung der nachlas-
senden physischen Kraft positiv zu wenden: durch weniger
Hektik, durch das Kultivieren von Weisheit und durch das
Weitergeben unseres langerworbenen Wissens an die Jüngeren.
Unsere gegenwärtige Gesellschaft hat den Lebenszyklus auf

zwei Phasen reduziert: Kindheit und Erwachsenenalter, wobei die Kindheit als Abhängigkeit von den Eltern verstanden wird und das Erwachsenenalter als Unabhängigkeit und selbstgenügsame Autonomie. In dieser Sichtweise fehlt nicht nur die Beziehung von Erwachsenen, vor allem männlichen Erwachsenen, zur Elternschaft; sie macht auch ein klares Akzeptieren des Alters als normales biologisches und soziales Lebensstadium unmöglich. Wenn die Alten sich nicht mehr selbst versorgen können, schieben wir sie in Altenheime ab, um nicht zu Zeugen ihrer abnehmenden physischen Kräfte werden zu müssen. Damit berauben wir die Alten – und auch die Kinder – der sanften und reifen Beziehungsform, die dem Herbst des Lebens angemessen ist. Die Alten werden verbittert und launisch oder verwirrt und senil – oder sie versuchen, im Ruhestand eine neue Adoleszenz heraufzubeschwören. Man gestattet ihnen nicht, die Fäden ihres Lebens zu einem sinnvollen Ganzen zu verweben, ihre Erfahrungen an eine neue Generation von Kindern weiterzugeben und sich so auf die letzte Hingabe ihrer Kräfte an die Große Göttin vorzubereiten, an die göttliche Matrix, aus der wir alle genommen sind und in die wir alle zurückkehren müssen.

In der vierten Sequenz von Liturgien im zehnten Kapitel stelle ich Zeremonien dar, die sich auf die Zyklen der Natur und auf die Zeitrhythmen beziehen. Ich gehe hier von verschiedenen zeitlichen Zyklen aus, die unser Leben bestimmen: dem Rhythmus von Tag und Nacht, den Zyklen der Woche, des Monats und des Jahres. Zum Zyklus von Tag und Nacht gehören die Segnungen von Sonnenaufgang und Sonnenuntergang, der Aktivität des Tages und des ruhigen Aufgehobenseins in der Nacht. Wir beziehen hier auch eine Segnung des Mahls ein, insbesondere der Mahlzeit, die eine Familie oder eine Gemeinschaft im Lauf des Tages gemeinsam einnimmt. Das gibt uns nicht nur Gelegenheit zur täglichen Danksagung für unsere Nahrung, sondern bietet uns auch Anlässe, über ethisches Verhalten im Hinblick auf den Konsum zu reflektieren. Die Vermeidung von verschwenderischem Umgang mit Lebensmitteln oder der Boykott von Nahrungsmitteln, die unter den Bedingungen der Ausbeutung und der Repression produziert werden, könnten Wege sein, unsere tägliche Ernährung mit dem Bewußtsein der gerechten Nahrungsverteilung und der Erhaltung der nahrungschaffenden Kräfte der Erde zu verbinden.

Der Zyklus der Woche gründet sich nicht unmittelbar auf die

Rhythmen der Natur, obwohl er in den Religionen der Frühgeschichte einmal die Viertel des Mondumlaufs markiert haben mag. Die Woche, die besonders in der hebräischen Tradition geheiligt war, ist vor allem ein Zyklus der Arbeit und der Ruhe, ein sozialer Zyklus. Im biblischen Sinn spiegelt die Woche auch den Zusammenhang zwischen historisch ablaufender Zeit und erlösender Zeit, die sechs Tage, in denen Gott die Welt erschuf, und den siebenten Tag, an dem er ruhte. Später wurde die Woche im jüdischen und christlichen Denken auch mit der messianischen Zeit in Beziehung gesetzt, mit den sechs Jahrtausenden weltlicher Geschichte, der Zeit des Kampfes zwischen den Kräften des Guten und des Bösen, und dem finalen Sabbat am Ende der Geschichte. Im Christentum wurde das siebte Millenium der Weltgeschichte, der Kulminationspunkt der historischen Zeit, durch den achten Tag ersetzt, die Zeit der eschatologischen Glückseligkeit, die uns von allen Übeln und vom Tod erlöst. Christen hielten also nicht den siebten Tag der historischen Gerechtigkeit als Tag der Andacht und der Ruhe heilig, sondern den achten Tag der eschatologischen Befreiung, den sie am Sonntag, dem ersten Tag der Woche, feierten, obwohl er eigentlich aus der Sequenz der Woche, der »Alltagszeit«, herausfällt.

Bei den Ritualen der Woche hebe ich zwei spezielle Elemente hervor: Erstens kann das Sabbat- oder Sonntagsmahl zu einer Gelegenheit werden, den Familien- oder Freundeskreis zu wenigstens einer gemeinsamen Mahlzeit in der Woche zu versammeln, in einem Leben, das häufig zu geschäftig und zu sehr fragmentiert ist, um täglich in Ruhe zum Essen zusammenzukommen. Selbst für Familien, die täglich eine gemeinsame Mahlzeit einnehmen, wäre das eine Gelegenheit, ohne Eile und über Stunden beim Essen zusammenzusitzen und miteinander zu reden. Das gemeinsame Mahl sollte mit Segnungen, Gebeten und Symbolen, die uns seine Bedeutung erfahren lassen, gefeiert werden, sowohl als Zeit der Gemeinsamkeit und des Ausruhens als auch als Vorgeschmack der endgültigen Erlösung von der Mühe und von allem Übel. Jedes Mahl am Ende der Woche sollte zu einer symbolischen Vorwegnahme des messianischen Mahles werden.

Zweitens sollte der Sabbat oder Sonntag als wirklicher Ruhetag wiedereingesetzt werden. Das ist nicht im repressiven Sinn gemeint, als Zeit verbissener Totenstille wie im puritanischen Sabbat. Wir gehen vielmehr davon aus, daß Gebet und Andacht in der Frauenkirche nie verbissenen Charakter haben. Der Sabbat oder Sonntag sollte die Zeit sein, in der wir uns erinnern, daß Leben, nicht Arbeit unser wirkliches Ziel ist. Wir arbeiten, um zu leben – wir leben nicht, um zu arbeiten. Die Arbeit selbst sollte zunehmend unentfremdet und ein Ausdruck von Kreativität werden. Aber wir leben noch in einer unbefreiten Zeit, in einer Gesellschaft, in der ein großer Teil der Arbeit, von der wir leben, entfremdete Zeit ist. Der Sabbat oder Sonntag wird zu der Zeit, in der wir das unentfremdete Leben und die unentfremdeten Tätigkeiten feiern, jene Aktivitäten, bei denen wir uns regenerieren, ob das Gespräche sind, Ruhen und Lesen, Spielen, oder ob wir uns daran erfreuen, in unseren eigenen Gärten, Küchen und Werkstätten herumzuhantieren. Da wir in einer Welt leben, die auf Arbeit fixiert ist, müssen wir uns geradezu disziplinieren, uns am Sabbat oder Sonntag von der Arbeit fernzuhalten. Wir sollten den festen Entschluß fassen, am Sabbat wirklich nichts zu tun – mit Ausnahme dessen, was uns Spaß macht, denn nur so können wir uns selbst und die Umwelt wieder mit neuer schöpferischer Energie erfüllen. Ohne die regelmäßige Feier des Sabbats versinkt die Welt völlig in Entfremdung. Wenn wir lernen, den Sabbat einzuhalten, können wir die Welt von der Entfremdung erlösen, oder, wie die rabbinische Tradition es ausdrückt, wenn Israel zwei aufeinanderfolgende Sabbatfeiern vollständig einhalten kann, wird das messianische Zeitalter kommen.

Der Zyklus des Monats ist für Frauen von besonderer ritueller Bedeutung, denn der Mondumlauf und der Zyklus des weiblichen Körpers, das Zunehmen und Abnehmen der lunaren und der weiblichen Energien, sind eng miteinander verbunden. Der Monatszyklus kann mit einer Neumondfeier verbunden sein und mit bestimmten Formen der Aufmerksamkeit, die Frauen ihren monatlichen Körperprozessen entgegenbringen. Die patriarchale Kultur zeigte gerade in ihrer Einstellung zur Menstruation, der Ebbe-Phase nach dem Höhepunkt des Eisprungs, ihre ganze Verachtung für den weiblichen Körper. Daher ist es für Frauen besonders wichtig, neue Formen der Bestätigung für diese Prozesse zu schaffen, für den Abbau des alten Potentials und die Reinigung, die den Weg für das Wachstum neuer Energien frei macht.

Der architektonische Entwurf für ein Zentrum der Frauenkirche (siehe S. 169) bezieht gerade diese Dimension in besonderem Maß mit ein. Eine Trockensauna und ein Dampfbad, ein beheiztes Schwimmbecken und ein Tauchbecken bieten ein Repertoire von Möglichkeiten, die körperliche Reinigung und Erneuerung bewußt zu erfahren. Es wäre vorstellbar, daß Frauen während ihrer Periode regelmäßig einen oder mehrere Tage freinehmen, um diese Zeit meditativ zu erleben, um allein oder mit Freundinnen spazierenzugehen, sich auf sich selbst zu besinnen und mit den tieferen Schichten ihres Körperbewußtseins in Berührung zu kommen. Wenn Frauen in naher Gemeinschaft leben, geschieht es oft, daß ihre Menstruationszyklen sich synchronisieren; wir können uns also vorstellen, daß Frauen innerhalb der Frauenkirche, die eng miteinander verbunden sind, denselben monatlichen Zyklus haben. Sie könnten diese Phase dann zu einer Zeit des gemeinsamen Rückzugs machen, mit Gesprächen während der Saunabäder oder danach und mit gemeinsamer Entspannung und Erholung.

Für das Zentrum der Frauenkirche sind auch kleine *Retreat*-Häuser vorgesehen, mit einem Schlaf- und einem Wohnraum und einem Bad; Frauen können sich für einige Tage in diese Häuser zurückziehen und allein sein, um zu lesen, Studien zu treiben oder zu meditieren.

Der vierte Zyklus zeitbezogener Zeremonien ist das Jahr. Wie wir schon an anderer Stelle zeigten, ist der Zyklus der jahreszeitlichen Feste die älteste Form von Ritualleben; die Erneuerung der Erde, der Götter und des Lebens der Menschen werden darin miteinander in Beziehung gesetzt. In unserer Tradition waren die planetaren Zyklen des Frühlings- und des Herbstäquinoktiums, die Aussaat- und die Erntezeit, die Jahreszeiten von Hitze und Kälte, die Winter- und die Sommersonnenwende die Anknüpfungspunkte für die Rituale von Leben, Tod und Wiedergeburt. Auf dieser Struktur bauten die Hebräer ihren Zyklus historischer Gedenktage und die Christen ihre eschatologischen Rituale auf.

In den hier vorgeschlagenen Jahreszeitenritualen wollen wir zwischen dem Historischen und dem Eschatologischen nicht trennen, sondern bewußt alle drei Schichten der Überlieferung erfahrbar machen. Die vier Wendepunkte des Kalenders sind nach wie vor die Sommer- und die Wintersonnenwende, das Frühlings- und das Herbstäquinoktium. Mit dieser Vier-Jahreszeitenstruktur verbinden wir bedeutsame Gedenk- und Gründungsfeiern unserer jüdisch-christlichen Tradition: das Passahfest des jüdischen Kalenders, Weihnachten, Ostern und Pfingsten des christlichen Kalenders. Bei jeder jahreszeitlichen Feier

heben wir auch das Gedenken an eine große historische Tragödie hervor, sowohl um zu trauern, als auch um vor uns selbst
das Gelübde abzulegen, daß wir solche von Menschen ausgelö-
sten Katastrophen nie wieder geschehen lassen. Im Herbst konzentriert sich dieses Ritual auf das Feuer, auf die Geschichte
des Holocausts von Frauen, auf die Frauen, die von der Inquisition als Hexen verbrannt wurden, und auf die Geschichte des
Patriarchats insgesamt, die das Leben von Frauen zu einem
Brandopfer machte und ihr Sein auf die Gebärmutterfunktion
reduzierte.

Im Winter könnte der 6. Dezember zum historischen Gedenktag gewählt werden, zur Erinnerung an die Märtyrer von
El Salvador, an die ungezählten namenlosen Opfer, an die vier
Frauen, die getötet wurden, an den ermordeten Erzbischof Romero. Diese Gedenkfeier hat vor allem für Menschen in den
USA und in Lateinamerika große Bedeutung; sie sind mit der
Tragödie Zentralamerikas enger verknüpft als Menschen an
anderen Orten der Welt. In anderen Ländern könnte man sich
auf Südafrika oder andere Krisenregionen konzentrieren. In jedem Fall stellen wir uns vor, daß die Gedenkfeier im Winter
den Kolonialismus, die Tragödie der Ausbeutung der Armen
der Welt und die Ungerechtigkeit des Profits für die Reichen
zum Thema hat.

Am 19. April erinnern wir uns des Holocausts unter dem Naziregime, des größten Massakers der Moderne, des Mordes an
sechs Millionen Juden und an zahllosen anderen Menschen. In
dieser Zeit erneuern wir unser Gelöbnis, uns mit aller Kraft für
die Verhinderung weiterer Massaker und Völkermorde durch
die infernalischen Technologien unserer Zeit einzusetzen.

Im Sommer, am 6. August, gedenken wir der Zerstörung von
Hiroshima und Nagasaki, in Trauer und Schrecken über den
ersten atomaren Vernichtungsschlag, durch den unzählige
Menschen getötet und Städte in Schutt und Asche gelegt wurden. Wir denken über den Beginn des nuklearen Zeitalters nach
mit seinen unmenschlichen Waffensystemen, von denen uns
allen die Vernichtung droht. Der Sommer ist die Zeit, in der eigentlich die Lebenskraft der Erde gefeiert werden sollte, das
Wachstum neuer Nahrung, die Wärme und die üppigen Felder
mit ihrem Überfluß an Vegetation. Es ist die Zeit, in der wir uns
der Aufgabe weihen, unsere Mutter, die Erde, und alles
menschliche, tierische und pflanzliche Leben, das von ihr abhängt, zu erhalten und sie vor dem letzten Holocaust zu bewah-

ren, der alles Fleisch verbrennen, Erde, Luft und Wasser mit tödlicher Strahlung erfüllen und unsere Sonne verdunkeln würde.

Zusätzlich zu diesen Mahnungen an historische Tragödien und zu der Erneuerung unseres Engagements für das Leben haben wir Rituale entwickelt, die sowohl der natürlichen als auch der messianischen Bedeutung der Jahreszeiten gerecht werden. Im Herbst feiern wir die Zeit des Neubeginns, das neue Jahr des liturgischen Kalenders der jüdischen und der christlichen Tradition. Das Judentum machte daraus eine Zeit der allgemeinen Buße, in der die Gemeinschaft als ganze von ihren Sünden gereinigt wird. Das Christentum gab das Ritual auf, in dem die Kirche als Gesamtgemeinschaft Reue übte, und schuf statt dessen eine der Buße dienende Fastenzeit vor Ostern, die sich vor allem auf die individuelle Reinigung und Erneuerung konzentriert. Ich schlage als Zeremonie im Herbst ein Bußritual für die Sünden der Kirche vor. Christen sollten sich der historischen Sünden erinnern, die sie an den Juden, den »Häretikern« oder religiösen Abweichlern, an den Frauen und an den Armen begangen haben. Manche ziehen es vielleicht vor, dieses Ritual in die Fastenzeit vor Ostern zu verlegen, um so den Zusammenhang zwischen individueller und kollektiver Buße hervorzuheben.

Der Herbst ist auch die Zeit für Zeremonien der Bündniserneuerung, die dem Bußritual für die Sünden der Kirche als Konsequenz folgen sollten. Bündniserneuerung bedeutet, daß sich eine Gemeinschaft der Befreiung erneut ihrem Engagement verpflichtet und entscheidet, wie dieses Engagement im kommenden Jahr verwirklicht werden soll. Im Herbst liegen auch die Feiern der Fülle, der Ernte und der Danksagung für die Früchte der Erde. Im Zusammenhang mit den Feiern der Ernte sollten wir uns auch bewußtmachen, wie viele Menschen Hunger leiden, von Wohlstand und Fülle ausgeschlossen und der doppelten Katastrophe der Zerstörung der natürlichen und der sozialen Umwelt ausgeliefert sind. Das Feiern der Fülle und die Erinnerung an die Not sollte zwar im Zusammenhang gesehen, aber nicht miteinander kombiniert werden. Es gibt eine Zeit für das klare Bewußtsein von Not und Hunger auf dieser Welt – und auch eine Zeit für das Genießen und Feiern des Überflusses. Das Fest der Fülle gibt uns nicht nur Gelegenheit, für unseren eigenen Wohlstand dankbar zu sein, es regt uns auch an, die Vision einer Welt zu entwerfen, in der alle in der Fülle leben, als Alternative zu der gegenwärtigen Ordnung, in der die Privilegiertheit und der Wohlstand der Wenigen auf der Verarmung des größten Teils der Menschheit beruht.

Der Winter ist die Zeit des absinkenden und wiedergeborenen Lichts, der Wintersonnenwende und der christlichen Feiertage. Ich schlage vor, beide Anlässe zu trennen, statt sie miteinander zu vermischen, wie es im Lauf der Geschichte geschehen ist. Die Feier der Wintersonnenwende ist ein wichtiger Einschnitt in der Zeit der kältesten und kürzesten Tage, insbesondere für die Menschen in nördlichen Klimazonen. Der geschmückte und mit Lichtern besteckte immergrüne Baum repräsentiert die Hoffnung auf die Wiedergeburt der Sonne, die von diesem Tag an wieder mehr Licht und das Versprechen neuer Vegetation im Frühling bringt. Es ist eine Zeit der Festlichkeiten, der Partys, der Geschenke. Weihnachten sollte damit in Zusammenhang gesehen, aber nicht verwechselt werden: Es ist die Erinnerung an das göttliche Kind, das zu Bethlehem in einem Stall geboren wurde; es ist die Hoffnung auf die Geburt des Messias der neuen Menschheit, der die Befreiung von der Sklaverei des Bösen bringen wird.

Der Frühling ist die intensivste Zeit des rituellen Kalenders, denn in überlagerter Form sind hier die Rituale der Erneuerung der Natur, der historischen Erinnerung an die Befreiung aus der Sklaverei und der messianischen Hoffnung auf die endgültige Erlösung von Sünde und Tod angesiedelt. Sie beginnt mit dem Aschermittwoch, der in die Fastenperiode hineinführt. Die vierzig Tage Fastenvorbereitung werden für uns sowohl eine Zeit, in der wir unsere Körper vom Winterfett befreien (das gilt für Menschen in Überflußgesellschaften), als auch eine Zeit der *metanoia* oder Umkehr des Bewußtseins. Es ist die Zeit der Wanderung durch die Wüste, in der wir unsere Fixierung an die Idole der Macht, des Reichtums und des Ruhms abwerfen und uns erneut dem wahren Ursprung der Schöpfung und der Erneuerung zuwenden sollten. Im Christentum wurde diese Zeit auch für die Erneuerung des Erwachsenen-Katechumenats oder der Taufvorbereitung vor Ostern gewählt.

Das Passahfest zum Zeitpunkt des Frühlingsäquinoktiums ist der Erinnerung an die Befreiung aus der Sklaverei in der Vergangenheit geweiht, und es ist Ausdruck der neuen Hoffnung, von Gott erwählt zu sein; damit verbindet sich das Engagement für die Befreiung aller Völker aus der Unterdrückung und für die Teilhabe aller am gelobten Land – an unserer Erde.

Während dieser Zeit können verschiedene Arten von Sederfeiern vollzogen werden (Seder ist die häusliche religiöse Feier jüdischer Familien an den ersten beiden Passahabenden; A. d. Ü.). Es gibt die traditionellen Sederfeiern, die universalistisch geprägten Seder der Befreiung und die Seder der Versöhnung zwischen entfremdeten ethnischen Gruppen, wie die »Sederfeier der Kinder Abrahams«, die das Ziel hatte, Juden und Palästinenser zusammenzubringen, im Austausch ihrer antagonistischen und jeweils exklusiven Geschichten von Vertreibung, Unterdrückung und Hoffnung[7].

Mit dem Karfreitag und den Kreuzwegstationen verbinden sich heute häufig Demonstrationen für soziale Gerechtigkeit. In den belebten Zentren der Großstädte können Plätze ausgewählt werden, die für Probleme der Ungerechtigkeit und der Repression stehen, für den Leidensweg und die Kreuzigung ganzer ethnischer Gruppen und Völker. Es wird dann ein Marsch von Station zu Station organisiert, verbunden mit Erinnerungsritualen an die Verbrechen gegen die Menschlichkeit, die jeder Haltepunkt repräsentiert.

Die Osterliturgie in ihrer erneuerten Form ist so machtvoll, daß ihr liturgisch nichts hinzuzufügen ist. Sie repräsentiert die dramatische Geburt des Lichts inmitten der Dunkelheit, die Wiederholung der Weltschöpfung und die Prophezeiung von Befreiung, Erlösung und Gemeinschaft, die Segnung der Wasser der Taufe, dargestellt am Bild der Urwasser bei der Schöpfung, über die der Geist Gottes dahinfährt, die segnende Kraft, die in die Osterkerze hinabsteigt, das Willkommenheißen neuer Mitglieder der Gemeinschaft in der Taufe und in der Konfirmation (als Frucht eines erneuerten Erwachsenen-Katechumenats), und sie kulminiert schließlich im österlichen Abendmahl. Liturgische Kreativität kann sich bei dieser Gelegenheit vor allem darin äußern, die komplexe prophetische Bedeutung dieses großen Rituals der Befreiung von Sünde und Tod zum Ausdruck zu bringen.

Das Pfingstfest oder Wochenfest, bei dem die Juden die Begründung ihrer Religion durch die Verkündigung des Gesetzes am Sinai und die Christen ihre Religionsgründung durch die Ausgießung des Heiligen Geistes des messianischen Zeitalters feiern, ist der geeignete Zeitpunkt, um sich auf die Bedeutung einer erlösenden Gemeinschaft zu konzentrieren, nachzudenken sowohl über die Regeln und Disziplinen, die wir uns auferlegen müssen, als auch über den Geist, der uns inspiriert. Für die Frauenkirche, die sich in der Frauen einschließenden prophetischen Tradition sieht und sich für die Befreiung vom Patriarchat und von jeder Form der Repression engagiert, wäre dies eine gute Zeit, über ihre Vision von geistlicher Arbeit und Gemeinschaft nachzudenken und sie zu erneuern. Die Berufung in geistliche Ämter, insbesondere solche mit speziellen Vollmachten, könnte in dieser Zeit stattfinden.

Der Sommer ist in liturgischer Hinsicht eine ruhige Zeit. Im Sommer sinkt die Intensität der Erinnerungen und Hoffnungen allmählich ab; es ist die Zeit, in der wir den Garten unseres Lebens kultivieren und in der normalen Alltagszeit leben. Ich schlage verschiedene Formen von Ritualen vor, die sich auf unterschiedliche Weise auf unsere Verantwortung für die Erde beziehen. Darunter könnte eine Feier der Sommersonnenwende sein, bei der die Dämonen der Verunreinigung aus Erde, Luft und Wasser vertrieben werden und bei der ein Baum des Lebens gepflanzt wird. Das Ritual könnte sich bis in die Nacht hinein fortsetzen mit einem Freudenfeuer, das die Kraft der Sonne an diesem längsten Tag des Jahres symbolisiert, mit Essen, Trinken und Tanzen unter freiem Himmel. Eine zweite Zeremonie im Sommer ist der Gedenktag für Hiroshima am 6. August, von dem bereits die Rede war.

Ich möchte an dieser Stelle noch einmal betonen, daß es nicht meine Absicht war, ein Liturgie- oder Gebetbuch mit vollständig ausgeformten Zeremonien, die einfach wiederholt werden können, vorzulegen. In vielen Fällen werden keine wirklichen Gebete formuliert, sondern nur symbolische Handlungen vorgeschlagen, aus denen Liturgien abgeleitet werden können. In jedem Fall liegt das Hauptziel darin, die Bedeutung von Situationen, die Anlässe zu Liturgien sein könnten, zu interpretieren. Jede Gemeinschaft, die daran interessiert ist, Liturgien um bestimmte Themen und Situationen zu entwickeln, muß in ihre eigenen Reflexionsprozesse eintreten. Die Gruppe sollte sich fragen: Drückt dieses Ritual die Bedeutung des Ereignisses aus? Welches sind die Schlüsselthemen dieser Situation, bezogen auf unsere eigene Erfahrung? Erst wenn die Gruppe ihre eigene Interpretationsbasis erarbeitet hat, können wirklich kontextbezogene Liturgien entstehen. Die Arbeit besteht also nicht einfach darin, sich neue Rituale anzueignen, sondern ein Kompendium von Quellen und Ideen zu entwickeln, aus denen die Gruppe ihre eigene liturgische Arbeit ableiten kann. In Gemeinschaften, deren Ziel der Exodus aus dem Patriarchat und die Gestaltung der Kirche der Befreiung ist, muß diese Arbeit geleistet werden. Im Kontext dieser Arbeit können die Mitglieder der Gruppe entscheiden, wie sie die Befreiungsprozesse für sich selbst darstellen wollen, um ihre noch andauernde Reise zu bestätigen und zu feiern.

KAPITEL 7

Die Gestaltung der Frauenkirche: Rituale der Gemeinschaftsbildung

In diesem Kapitel stelle ich Liturgien dar, die bei der Geburt der Frauenkirche Hebammendienste leisten und das Wachstum der Frauenkirche fördern können. Durch diese Liturgien definiert sich eine Gruppe von Frauen – oder von Frauen und Männern – als Gemeinschaft der Befreiung vom Patriarchat.

Die Gründung der Gemeinschaft

Wenn sich eine Gruppe von Menschen entschließt, zusammenzukommen und eine Gemeinschaft des Exodus aus dem Patriarchat zu begründen, sollte sie sich Zeit für die Diskussion ihrer Ziele und der theologischen und ekklesialen Bedeutung ihres Zusammenschlusses nehmen. Die Gruppe könnte zum Beispiel regelmäßige abendliche Diskussionen abhalten, die sich über mehrere Wochen erstrecken und die mit einem gemeinsamen Retreat abgeschlossen werden; bei der Abschlußversammlung entscheiden die Mitglieder über die Form der Gemeinschaft und feiern ihren Zusammenschluß. In den vorbereitenden Diskussionen sollten folgende Fragen aufgeworfen werden: Wollen wir in erster Linie eine Diskussions- oder Selbsterfahrungsgruppe begründen, in der wir unsere persönlichen Erfahrungen austauschen und darüber reflektieren können? Wollen wir versuchen, über die Strukturen des Patriarchats zu reflektieren und unsere individuellen Erfahrungen in einen allgemeinen Kontext einzuordnen? Soll unsere Gruppe die wechselseitige Beratung und Unterstützung bei unseren persönlichen Problemen zum Ziel haben? Wollen wir eine theologische Studiengruppe begründen? Oder ist unser Ziel eine religiöse Gemeinschaft? Welche Art von Liturgie wollen wir praktizieren? Wie wollen wir unsere Liturgien entwickeln? Wie oft sollen gemeinsame Andachten stattfinden?

Ein zweiter Fragenkomplex, der diskutiert werden könnte, ist die Beziehung der Gruppe zur historischen Institution Kirche. Manche Gruppenmitglieder wollen vielleicht eine autonome liturgische Gemeinschaft begründen. Andere könnten die Gruppe als Ergänzung zu ihrer Praxis innerhalb einer etablierten Konfession ansehen. Einige fühlen sich dem historischen Christentum vielleicht zutiefst entfremdet und brauchen Ausdrucksformen religiöser Gemeinschaft, die radikal davon abweichen. Andere wieder könnten die Gruppe als »Hauskirche« betrachten, die in Kontinuität zu ihrer Herkunftskirche steht. Die Mitgliedschaft in der Gruppe sollte von verschiedenen Perspektiven aus möglich sein. Es ist jedoch wichtig, die unterschiedlichen Einstellungen im Gespräch genau zu klären, um eine gemeinsame Basis für das Leben der Gruppe zu finden.

Ein dritter Bereich, der diskutiert werden sollte, ist die Gestaltung des gemeinschaftlichen Lebensstils. Wollen die Mitglieder einen Teil ihres jeweiligen Einkommens in die Gruppe einbringen, um Gemeinschaftsprojekte zu realisieren? Wie sollen die Verantwortlichkeiten verteilt werden? Soll ein regelmäßiges Gemeinschaftsessen stattfinden? Sind Haus- oder Wohngemeinschaften geplant? Welche Lebensbereiche sollen autonom gehalten, welche sollen kollektiviert werden? Will die Gruppe sich einem bestimmten Engagement, einer bestimmten Lebensführung verpflichten? Das sogenannte Shakertown-Gelübde, das heißt das Engagement für ein einfaches, ökologisch richtiges Leben, Weltbürgerschaft und ethisch verantwortliches Verhalten in der Arbeitswelt, könnte ein Ansatzpunkt sein, über spezielle Formen der Lebensführung zu diskutieren[1].

Und schließlich sollte die Gruppe darüber sprechen, welche Form des sozialen Engagements sie eingehen will. Sollte ein spezielles Projekt ausgewählt werden, das von der gesamten Gruppe finanziell und durch den persönlichen Einsatz der Mitglieder getragen wird, oder sollten unterschiedliche Projekte unterstützt werden, in denen sich Mitglieder bereits individuell engagiert haben? Wenn die Gruppe darüber entschieden hat, welche Form von Studium, religiöser Praxis und sozialer Aktivität sie in ihr Leben einbeziehen will, können Organisationspläne entwickelt werden. Aufgabenbereiche können definiert und Personen ausgewählt werden, die bestimmte Formen von Verantwortung übernehmen. Das Resultat der Diskussionszeit sollte eine Erklärung sein, in der festgehalten wird, wie die

Gruppe die Kirche, die sie bilden will, versteht und welche Organisationsform diese Kirche haben soll.

Die Gründungsfeier

Die Gruppe könnte eine Gründungsakte oder ein Kirchenbuch anlegen. Das grundlegende Glaubensbekenntnis und die theologische Vision der Gemeinschaft werden darin niedergelegt. Es sollte auch genaue Angaben über die Organisationsform der Gemeinschaft enthalten, darüber, wer im ersten Jahr des Zusammenschlusses welche Aufgaben übernehmen wird. Die Gründungsfeier könnte mit einer Erneuerung der Taufe beginnen (oder mit einer ersten Taufe für jene, die nicht getauft wurden oder die sich mit ihrer früheren Taufe nicht mehr identifizieren können). Das Ritual beginnt mit einem Exorzismus der Mächte und Herrschaftsformen des Patriarchats; dann zeichnen die Mitglieder einander mit Wasser und Öl und reichen einander den mit Milch und Honig gefüllten Abendmahlskelch (s. Taufritual). Zum Abschluß rezitiert die Gruppe gemeinsam ihr Glaubensbekenntnis. Aus dem Kirchenbuch werden dann die ethisch-religiösen Grundsatzerklärungen verlesen, auf die die Gruppe sich verpflichtet hat, und alle Mitglieder tragen ihre Namen in das Buch ein. In einer Gemeinschaft mit großer Mitgliederzahl könnte die Notwendigkeit empfunden werden, gewählte Mitglieder in Funktionen der Koordination, Organisation, Lehre und Liturgie einzusetzen. Die Namen dieser Personen können dann aufgerufen werden; die Mitglieder der Gemeinschaft legen jeder dieser Personen die Hände auf und berufen sie so in die Ämter, die sie während eines bestimmten Zeitraums ausfüllen werden. Die Gründungszeremonie endet mit einem Friedensgruß und einem gemeinsamen Lied.

Der Zusammenschluß der Gemeinschaft sollte auf einen bestimmten Zeitraum festgelegt werden, etwa auf ein Jahr. Das bedeutet, daß die Gemeinschaft das Bündnis periodisch erneuern muß, vielleicht im Herbst, der für viele Menschen den Jahreswendepunkt darstellt. Jedes Jahr könnte die Gemeinschaft erneut einige Zeit im *Retreat* zubringen. In dieser Phase würde darüber entschieden werden, ob an der ursprünglichen Form des Zusammenschlusses etwas verändert werden soll. Haben sich die theologischen Vorstellungen der Gruppe weiterentwickelt, so daß einige Aspekte des Glaubensbekenntnisses verändert werden müßten? Sollten Elemente der organisatorischen

Struktur der Gemeinschaft geändert werden? Gibt es neue Vorschläge für bestimmte Projekte oder Formen des sozialen Engagements? Welche Aufgaben müssen im kommenden Jahr erfüllt werden und wer wird sie übernehmen? Diese neuen Entscheidungen werden in das Kirchenbuch eingetragen. Die Retreatzeit endet mit einem Ritual der Bündniserneuerung. Das Glaubensbekenntnis wird gemeinsam gesprochen, neue Entscheidungen werden aus dem Kirchenbuch verlesen, und alle Mitglieder tragen für das kommende Jahr ihre Namen ein. Ämter und Funktionen werden neu verteilt.

Die Taufe

Die Taufe hat die Bedeutung der entscheidenden Umkehr oder *metanoia* (Bewußtseinswandlung), die von den destruktiven Kräften der persönlichen und der systemimmanenten Unterdrückung wegführt. Damit ist nicht nur eine innere Abkehr von diesen destruktiven Kräften gemeint, sondern auch der Kampf gegen den Einfluß, den sie auf unser Leben ausüben. Wir müssen erkennen, daß die Macht des Destruktiven über die bewußte Kontrolle hinaus wirksam ist. Sie ist in die tiefsten Schichten unseres Unbewußten eingedrungen, so daß wir weiterhin zu ihrer Erhaltung beitragen, ohne es zu bemerken. Die Macht des Destruktiven drückt sich in politischen, ökonomischen und sozialen Systemen aus, die wir nicht kontrollieren und denen wir, solange sie weiterexistieren, nicht vollständig entfliehen können. Unser Exodus aus dem Patriarchat ist also eine kontinuierliche Reise, sowohl innen, in unserem Bewußtsein, als auch außen, in der Gesellschaft, wo sie die Form des sozialen Kampfes annimmt. Die Taufe versinnbildlicht also unsere Loslösung vom Patriarchat und von allen seinen falschen Behauptungen sozialer Notwendigkeit und göttlicher Legitimation und steht für unsere Hinwendung zu einer neuen Ordnung.

Die traditionelle Theologie sah in der Taufe einen objektiven und einen subjektiven Aspekt. Der objektive Aspekt ist die befreiende Gnade Gottes, die jenseits unserer historischen Existenz liegt, die uns als unverdientes Geschenk gegeben wird und uns zu einem neuen Sein in Kommunion mit Gott transformiert. Der subjektive Aspekt ist das persönliche Annehmen der Taufe durch die Umkehr oder *metanoia* und durch die Umsetzung dieses Prozesses in der eigenen Lebensführung.

Im traditionellen Katholizismus und Protestantismus wurde der objektive Aspekt der Taufe betont. Man war überzeugt, daß Säuglinge und Kinder getauft werden sollten, da das Geschenk der göttlichen Gnade jenseits der eigenen Wahl- und Veränderungsmöglichkeiten liege. In der Hauptströmung des Protestantismus wurde auch das subjektive Annehmen der Taufe befürwortet durch eine bewußte Konversionserfahrung, die auf die Übergangszeit zum Erwachsenenalter verlegt wurde. Die Anabaptisten oder radikalen Protestanten des 16. Jahrhunderts lehnten die Kindertaufe ab. Sie legten das Schwergewicht auf das persönliche Bekehrungserlebnis als Grundlage der Taufe und sprachen der Taufe von Säuglingen und Kindern, die ja nicht in der Lage sind, die Umkehr als freie Willensentscheidung zu vollziehen, die Gültigkeit ab. Für die Anabaptisten hatte das Taufritual als solches keine Wirkung; die Taufe drückte das eigene Bekehrungserlebnis aus und bestätigte es[2]. In der anabaptistischen Sichtweise der Taufe spiegelt sich ein theologisches Menschenbild, das von der Überzeugung ausgeht, der Mensch sei von Natur aus gut. Die radikalen Protestanten verwarfen die augustinische Lehre von der Erbsünde als Zustand der Verderbtheit, in den das Kind hineingeboren wird, und als kollektive Sündenhaftigkeit der Gattung Mensch, die durch die sexuelle Reproduktion weitergegeben wird. Sie glaubten, daß die ihrem Wesen nach gute menschliche Natur, die auf den Heiligen Geist gegründet ist, immer noch präsent sei. Obwohl die Kräfte der Entfremdung in der Welt wirken, bleibt die Fähigkeit, zwischen Gut und Böse zu unterscheiden, intakt, und es ist daher möglich, aus der eigenen Entscheidung heraus Sünden zu bereuen. Das Geschenk der Gnade Gottes und die individuelle Entscheidung schließen sich in diesem Denken, im Unterschied zu der augustinischen Sichtweise von Natur und Gnade, nicht aus, sondern der freie Wille und die Gnade Gottes wirken zusammen.

Das ist auch das theologische Menschenbild dieses Buches. Umkehr oder *metanoia* wird als eine Kraft erfahren, die aus einem Bereich jenseits unserer historischen Existenz in unser Leben einbricht und unsere Transformation bewirkt. Die Transzendenz der Gnade liegt jedoch nicht jenseits unserer menschlichen Natur, die uns bei der Geburt mitgegeben wurde. Eher liegt sie außerhalb des kulturellen Bewußtseins und des Systems ungerechter Herrschaft, die uns prägten. Wir werden in einer Gesellschaft sozialisiert, deren kulturelle Muster darauf abzielen, das Patriarchat zu rechtfertigen und es als von Gott eingesetzt erscheinen zu lassen. In diesem Sinn wird *metanoia* – ob sie sich nun als Prozeß des allmählichen Erwachens zu einem komplexeren und besseren Selbst oder als dramatischer Augenblick der plötzlichen Einsicht äußert – als jenseits unseres vergangenen historischen Selbst erfahren. Das heißt aber nicht, daß diese Prozesse jenseits unseres natürlichen Potentials lägen. Transformation ist vielmehr gerade deshalb möglich, weil sie unserer ursprünglichen authentischen Natur und unserem menschlichen Potential innewohnt.

Umkehr oder Bekehrung heißt Ausbrechen aus einer Sozialisation der Entfremdung und Unterdrückung, die unser Bewußtsein so sehr verformt hat, daß wir es als normal hinnehmen, zu Opfern gemacht zu werden. Umkehr ist der Sprung in ein neues Bewußtsein, das von den Ideologien und Rechtfertigungssystemen der Unterdrückung frei wird und nach einer alternativen Welt strebt, in der Wahrhaftigkeit und Güte in der Beziehung zwischen Menschen vorherrschen werden. In gewisser Weise kann man von Umkehr mit dem augustinischen Wort als von einem »Durchbrechen der Sklaverei des Willens« sprechen[3], aber nicht in dem Sinn, daß der eigene freie Wille außer Kraft gesetzt würde und nicht mehr existierte, sondern in dem Sinn, daß dieser freie Wille durch kuturell vermittelte Täuschungen gefangengesetzt war. In der Umkehr befreit sich der eigene Wille aus der Sklaverei und trifft seine Entscheidungen gegen die Herrschaft der Unterdrückung und der Falschheit.

Das Taufritual ist also von entscheidender Bedeutung und sollte, wie die Anabaptisten erklärten, als Bestätigung der erwachsenen Bekehrung vollzogen werden. Nur dann kann die Realität der Taufe existentiell erfahren werden. Das heißt auch, daß man die Taufe nicht als Routine handhaben und auf ein bestimmtes Alter, die späte Adoleszenz etwa, festlegen kann mit der Erwartung, daß jeder termingemäß die Bedeutung der Umkehr erfährt. In unserer Kultur sind junge Menschen im Adoleszenzalter gewöhnlich nicht fähig, erwachsene Glaubensentscheidungen zu treffen. Frühestens in den Jahren über zwanzig, wenn sie sich in ausreichendem Maß von den Wertvorstellungen der Eltern emanzipiert haben, können junge Menschen anfangen, ihre eigenen Vorstellungen vom Leben zu entwickeln. Bei den meisten Menschen wird sich ein echtes Bekehrungserlebnis vermutlich sogar wesentlich später einstellen, in den mittleren Jahren, wenn die von der Sozialisation geprägte Persona zusammenbricht und der Prozeß der authentischen Individuation beginnt. Obwohl einige Menschen auch vorher entscheidende Augenblicke der Einsicht erfahren können, die ihr gesamtes Leben verändern, bleibt Bekehrung doch stets Bestandteil eines Wachstumsprozesses, einer Klärung der wichtigsten Werte des eigenen Lebens und einer Entwicklung, die zu einer immer weitergehenden Verwirklichung dieser Werte führt.

Die traditionellen Kirchen legten stets ein exzessives Bedürfnis an den Tag, das Leben der Menschen von Kindheit an zu kontrollieren. Das führte dazu, daß der seelische Wachstumsprozeß eines bekehrten Lebens mit der konventionellen, christlich eingefärbten Sozialisation innerhalb des patriarchalen Wertsystems verwechselt wurde. Für die bewußte *metanoia*, die Abkehr von ungerechten sozialen Systemen und Ideologien, bleibt da kein Raum. Es ist charakteristisch für diese Entwicklung, daß die kritische Hinterfragung der konventionellen Sozialisation sowohl von der Kirche selbst als auch von den Individuen mit dem »Verlassen der Kirche« identifiziert wird. Wenn wir Kirche als Gemeinschaft der Befreiung vom Patriarchat und Taufe als entscheidenden Bewußtseinswandel verstehen, durch den wir uns vom Patriarchat lösen, müssen wir den rituellen Ausdruck von *metanoia* in das Erwachsenenalter verlegen. Das Taufritual in dieser Liturgie ist also auf den Wendepunkt des reifen Bewußtseins ausgerichtet, im Unterschied zu den Ritualen der institutionalisierten Kirchen, die das Christentum mit dem Patriarchat verwechselt haben. Wenn Kinder in Gemeinschaften der Befreiung vom Patriarchat hineingeboren werden, können sie dennoch durch Rituale gesegnet und mit den Hoffnungen der Taufe gezeichnet werden. Diese Rituale, die zur selben Zeit wie die Namensgebung für ein neugeborenes Kind stattfinden könnten, würden allerdings nicht als vollständige Erfüllung der Taufe betrachtet werden. Das Leben des Kindes wird vielmehr symbolisch der Reise in die Freiheit geweiht, mit der Voraussetzung, daß das Kind später, wenn es erwachsen und autonom geworden ist, sich diese Wertvorstellungen zu eigen machen müßte.

Der Taufe könnte eine mehrere Wochen umfassende Periode der Reflexion vorangehen, die der Klärung der Bedeutung dieses Wendepunktes für das eigene Bewußtsein und für die eigene Lebensführung dient. Menschen, die in theologischer und soziologischer Analyse geschult sind, könnten als Ratgeber bei diesem Prozeß fungieren. Die Person, die sich auf die Taufe vorbereitet, tritt in einen Reflexionsprozeß über die kulturellen Muster ein, von denen sie sich befreien will. Wo liegen die Wurzeln dieser Strukturen? Wie haben sie sich auf ihr Leben ausgewirkt? In welcher Weise haben sie unsere sozialen Institutionen geprägt? Was bedeutet die Loslösung von diesen Strukturen und das Engagement für die Befreiung in der Realität? Wie wird sich dadurch ihre eigene Lebensweise, ihre Beziehung zu anderen Menschen, ihre eigene Zukunftsvision verändern?

Als Abschluß der Studien- und Reflexionsphase sollte die Person, die getauft werden will, ein Glaubensbekenntnis formulieren, in dem die theologische Bedeutung dieser Bekehrungserfahrung zum Ausdruck kommt. Wie wirkt sich die Bekehrung auf ihre Beziehung zur höchsten Realität, zur Gesellschaft, zur Natur, zum eigenen Selbst, zur Zukunft aus? Die Initiandin (der Initiand) formuliert eine Darstellung ihrer (seiner) eigenen Lebensgeschichte, die das Bekehrungserlebnis mit der eigenen Vergangenheit und Zukunft in Beziehung setzt. Sie (er) könnte auch einen neuen Namen oder die Neuinterpretation eines gegebenen Namens wählen, um die sich neubildende Identität zu unterstreichen.

Die Gemeinschaft versammelt sich im Halbkreis um die Person, die getauft werden will. Sie nennt ihren neuen Namen und erläutert seine Bedeutung. Die Gemeinschaft heißt sie unter dem neuen Namen willkommen. Dann verliest sie ihre Lebensgeschichte und ihr persönliches Glaubensbekenntnis. Die Mitglieder der Gemeinschaft und die Initiandin (der Initiand) stehen auf und rezitieren eine Litanei des Exorzismus von den Mächten und Herrschaftsformen des Patriarchats. Eine(r) der Anwesenden hält während dieses Rituals eine Kerze hoch, und nach jeder Erklärung des Exorzismus wird eine Handglocke geläutet. Eine Litanei der Loslösung vom Patriarchat könnte die folgende Form haben:

☐ Mächte der Zerstörung der Menschlichkeit, die Männer zu

Werkzeugen der Herrschaft machen und Frauen in die Unterwerfung zwingen – hebt euch hinweg von uns!

☐ Mächte des Militarismus, die unseren Wohlstand und unsere Lebensquellen aufsaugen, um Waffen der Zerstörung zu
schaffen, und die den Armen die Nahrung, die Bildung und die
medizinische Versorgung vorenthalten – hebt euch hinweg von
uns!

☐ Mächte der Gewalt in den Familien, die über die Kinder,
die Frauen, die Schwachen und Alten in ihren Häusern herfal-
len und sie in der Sklaverei von Angst und Selbsthaß festhalten
– hebt euch hinweg von uns!

☐ Mächte der Gewalt in der Gesellschaft, die jedes Heim gegen das andere abschließen und uns mit Angst erfüllen, wenn
wir nachts auf den Straßen gehen – hebt euch hinweg von uns!

☐ Mächte des Rassismus, die uns glauben machen, nur jene,
die aussehen wie wir, seien wertvoll, die uns hindern, die
Menschlichkeit anderer, die uns nicht ähnlich scheinen, zu sehen und zu lieben – hebt euch hinweg von uns!

☐ Mächte des Reichtums und der Ausbeutung, die den Wenigen Muße, Luxus und Macht geben und die Mehrzahl der
Menschen in Armut und in harter und unkreativer Arbeit festhalten – hebt euch hinweg von uns!

Der Initiandin (dem Initianden) wird etwas Salz auf die Zunge
gegeben mit den Worten: »Mögen unsere Augen immer die
Wahrheit sehen und unsere Lippen immer die Wahrheit sprechen.«

Dann wird ein Gefäß mit Wasser und ein Handtuch gebracht. Über den Kopf der Initiandin (des Initianden) wird
dreimal Wasser ausgegossen. Falls ein größeres Wasserbecken
vorhanden ist, steigt die Initiandin (der Initiand) unbekleidet
hinein und wird dreimal untergetaucht. Bei jedem Wasserguß
oder jedem Untertauchen werden die Worte gesprochen:
»Durch die Kraft des Ursprungs, den Geist der Befreiung und
die Vorboten unserer Hoffnungen sei von der Macht des Bösen
befreit. Mögen die Mächte der Gewalt, des Militarismus, des
Sexismus, des Rassismus und der Ungerechtigkeit, mögen alle
negativen Kräfte, die die Menschlichkeit entwürdigen, die
Macht über dein Leben verlieren. Mögen diese reinigenden

Wasser den Einfluß aller dieser Kräfte hinwegwaschen. Mögest du in das gelobte Land kommen, wo Milch und Honig fließen, und in Tugend, Stärke und Wahrhaftigkeit des Geistes wachsen. Und möge das Öl der Freude immer auf deiner Stirn glänzen.«

Die Initiandin (der Initiand) steigt aus dem Wasser und wird mit einem weißen Gewand bekleidet. Ihre (seine) Stirn wird mit Öl gesalbt, eine Kerze wird ihr (ihm) in die Hand gegeben, eine reichbestickte Stola wird ihr (ihm) um die Schultern gelegt. In einer Prozession wird die (der) Getaufte an den Ort zurückgeführt, wo die Zeremonie begann.

Im Anschluß an die Taufe vollzieht die Gemeinschaft die Abendmahlszeremonie mit Milch und Honig. Ein Kelch, in dem Milch und Honig gemischt sind, und eine Schale mit süßem Gebäck werden mit den Worten gesegnet: »Dies ist das Brot der Gemeinschaft, die in der Welt des Patriarchats versprengt war und die sich nun zu einem neuen Volk zusammenschließt, um eine neue Welt der Befreiung aufzubauen. Dies ist der Kelch der Erlösung, die Essenz des gelobten Landes, in dem Milch und Honig fließen, unserer wahren Heimat.«

Brot und Kelch werden nun der (dem) Getauften gereicht und dann von der gesamten Gemeinschaft geteilt[4]. Die Liturgie endet damit, daß die Teilnehmerinnen und Teilnehmer sich den Friedenskuß geben, sich an den Händen fassen und ein abschließendes Lied singen. An das Ritual schließt sich ein Fest an.

Rituale der Versöhnung

Das Sündenverständnis der patriarchalen Religion hat wenig authentischen Charakter. Man übernahm Mythen vom Ursprung der Sünde, wie die Geschichte von Eva und dem Apfel, die der Frau die Schuld für den Sündenfall der Menschheit zuschreiben und die patriarchale Unterdrückung der Frau als verdiente Strafe rechtfertigen. Das biblisch-historische Rollenmodell des Weiblichen, das die Frau entweder als Heilige oder als Sünderin darstellt, diente ebenfalls dazu, Frauen zum Masochismus zu erziehen und kritisches Denken bei Frauen oder weibliche Macht zu unterdrücken. Für Vergewaltigung und Prostitution werden Frauen selbst verantwortlich gemacht; man weigert sich, zu sehen, daß sie die Opfer einer sexuell gewalttätigen und pornographischen Kultur sind. Nicht der männliche Partner, sondern die Frau wird des »Ehebruchs« für schuldig befunden und gesteinigt. In den Evangelien zeichnet sich der Beginn einer Kritik an dieser Entwertung der Frauen ab; sie sprechen von Verständnis und Vergebung für Frauen, die als Prostituierte oder Sünderinnen stigmatisiert wurden. Aber diese Tendenz kehrt sich durch ein männlich-asketisches Christentum, das der Sexualität der Frau feindselig gegenübersteht, sehr bald um. In der Frauenkirche muß jede Diskussion über die Bedeutung von Buße und Versöhnung mit der korrekten Benennung von Sünde und mit der Zurückweisung der falschen Definition von Sünde, die das Übel rechtfertigt und die Opfer schuldigspricht, beginnen. Diese Strukturen des Patriarchats wurden nicht von heute lebenden Individuen erfunden. Sie bauten sich in einem Prozeß von Jahrtausenden auf und wurden zum Bestandteil kultureller Institutionen und Ideologien. Der erste Schritt zur richtigen Benennung von Sünde ist also die Entmystifizierung sozialer Institutionen und kultureller Vereinbarungen.

Obwohl die Frauen die Hauptopfer des Patriarchats waren, sind sie deshalb doch nicht grundsätzlich unschuldige Opfer gewesen. Es stimmt auch nicht, daß Frauen von Natur aus sanfter und liebevoller als Männer und Männer von Natur aus aggressiver und gewalttätiger seien. Diese geschlechtsspezifischen Stereotypen sind soziale Konstruktionen des Patriarchats. Sie erfüllen den Zweck, männliche Gewalttätigkeit als natürlich und unvermeidlich erscheinen zu lassen, während Frauen diese Gewalttätigkeit hinzunehmen und in privatem Altruismus zu mildern und zu beschwichtigen haben. Mit der Benennung oder dem Bekenntnis von Sünden ist nicht einfach die Zurückweisung der Mißstände in sozialen Systemen oder die Stigmatisierung der Übeltäter »da draußen« gemeint. Es ist wahr, daß die Menschen, die sich in der Frauenkirche zusammenschließen, vermutlich nicht diejenigen sind, die pornographische Industrien aufbauen, Vernichtungswaffen entwickeln und konstruieren oder Fabriken besitzen, die die Umwelt vergiften. Dennoch: Ein Sündenbekenntnis bedeutet wenig, wenn es vor allem der Kritik der Sünden der anderen dient. Wir müssen uns selbst fragen, auf welche Weise wir zu Kollaborateurinnen und Kollaborateuren dieser Mißstände und Übel geworden sind.

Es sind nicht alle Menschen gleichermaßen sündig. Es gibt tatsächlich Übeltäter in der Welt, die gesellschaftliche Machtpositionen errungen haben und tagtäglich Entscheidungen treffen, die der Ausweitung und Fortsetzung der Unterdrückung dienen. Dennoch sind diejenigen, die in repressiven Herrschaftssystemen über wenig Macht verfügen, nicht von jeder Schuld frei. Die Strukturen der Unterdrückung wirken bis in unser Alltagsleben hinein. Sie prägen die Berufswelt, das Familienleben, das Leben auf den Straßen, unsere Konsum- und Freizeitgewohnheiten und gestalten so eine Welt, die uns allen Zustimmung und Kooperation abverlangt. Wir alle haben bis zu einem gewissen Grad mit den Systemen des Sexismus, des Rassismus, der Klassenprivilegien, des Neokolonialismus, des Militarismus kooperiert, indem wir sie als »normal« akzeptierten. Wir haben Aspekte dieser Systeme in unser Ego integriert und gewisse Vorteile dieser Systeme ausgenutzt. Ein Sündenbekenntnis muß in erster Linie diese Elemente von Sünde benennen und konkret darauf hinweisen, wie die Mitglieder der Gemeinschaft zu Komplizen des Systems geworden sind. Solche Bekenntnisse oder Erklärungen müssen immer wieder neu formuliert werden, da sich das Problembewußtsein der Gemeinschaft im Lauf der Zeit verändert und weiterentwickelt.

Hinweise für ein Bekenntnisritual, das sich auf das Sexismusproblem bezieht, können einem Text von Andrea Dworkin über Antifeminismus entnommen werden[5]. Die Autorin zeigt, daß die Pornographie zu den grundlegenden Ideologien des Patriarchats gehört. Als Pornographie bezeichnet sie alle kulturellen Symbole, durch die Frauen in erster Linie als Sexualobjekte dargestellt oder umgekehrt nur als »gut« definiert werden, wenn sie asexuell sind. Dworkin betrachtet die Prostitution als die Form, die das Patriarchat nach außen hin angenommen hat. Unter Prostitution versteht sie alle real vorkommenden Praktiken der sexuellen Ausbeutung von Frauen. Sie teilt diesen Oberbegriff in vier Unterkategorien des Verbrechens gegen Frauen ein:

a) Ökonomische Ausbeutung von Frauen durch die geschlechtsspezifische Arbeitsteilung, in Form von unbezahlter Hausarbeit und schlecht bezahlter Lohnarbeit;

b) Gewalt gegen Frauen in der Familie: Inzest, Vergewaltigung in der Ehe und Mißhandlung;

c) Gewalt gegen Frauen außerhalb der Familie: Raubüberfälle und Vergewaltigungen;

d) Ausbeutung der Fortpflanzungsfähigkeit der Frauen oder Verweigerung der Selbstbestimmung im Hinblick auf Sexualität und Fortpflanzung.

Diese vier von Andrea Dworkin entwickelten Kategorien können einem Bekenntnisritual zugrunde gelegt werden, das die eigene Kollaboration mit dem System der sexuellen Ausbeutung thematisiert.

Ritual der Bewußtseinsreinigung von der Verschmutzung des Sexismus

Bei diesem Ritual werden einige Objekte gezeigt; sie stehen symbolisch für unterschiedliche Aspekte des Sexismus, die dann in ihrer Bedeutung benannt werden.

☐ Eine Teilnehmerin des Rituals hält ein Make-up-Köfferchen hoch: Das ist das Bild des koketten Mädchens, das gelernt hat, seinen Körper als Sexualobjekt herzurichten und verführerisch zu sein.

☐ Eine Plastikflasche mit Allzweckreiniger wird gezeigt: Das ist das Bild des weiblichen Arbeitstiers, das alle Hausarbeiten allein auf sich nimmt und nicht verlangt, daß alle, die im Haushalt leben, auch ihren Anteil an Arbeit tun.

☐ Ein zerbrochener Federhalter wird hochgehalten: Das ist das Bild der Frau, die bereitwillig ihren Berufs- und Bildungsehrgeiz aufgab, weil sie sich überzeugen ließ, der Platz der Frau sei im Haus.

☐ Das Bild einer Frau, deren Mund mit Heftpflaster zugeklebt ist, wird hochgehalten: Das ist das Bild der Frau, die nicht protestiert, wenn sie sexistische Sprache und anzügliche Bemerkungen mit anhören muß, weil sie Angst hat, als verbissene Emanze kritisiert zu werden.

☐ Eine prall gefüllte Brieftasche wird gezeigt: Das ist das Bild der Hierarchie zwischen Mittelklasse-Frauen und Unterschicht-Frauen, das Bild der ökonomischen Macht privilegierter Frauen über Arbeiterinnen; das ist die Haltung von Frauen mit hohem Status, die sich der Sekretärin oder Putzfrau überlegen fühlen und meinen, daß die Sklavenarbeit für diese Frauen passend sei.

154

☐ Ein Fähnchen mit einem feministischen Symbol wird gezeigt: Das ist das Bild der verdeckten Gewalt zwischen emanzipierten und konservativen Frauen; das Vorurteil der konservativen Frauen, Feministinnen seien unweiblich, und das Vorurteil der Feministinnen, konservative Frauen seien dumm und unaufgeklärt. Das ist die Unfähigkeit, einander als Menschen zu begegnen, die um ihr Überleben kämpfen.

☐ Ein goldener Ring wird hochgehalten: Das ist das Bild der verhüllten Gewalt zwischen heterosexuellen und lesbischen Frauen; das sind die Gefühle von Mißtrauen und Angst gegenüber lesbischen Frauen, die eine an homophobe Vorurteile fixierte Gesellschaft den heterosexuellen Frauen eingepflanzt hat.

☐ Gekreuzte Stäbe werden hochgehalten: Das ist der verhüllte Kampf zwischen separatistischen und liberalen Feministinnen, das Gefühl von Feindseligkeit und Ärger einer anderen Frau gegenüber, die mehr oder weniger Wut auf das Patriarchat empfindet als ich selbst; das ist die Unfähigkeit, einander zu begegnen und die unterschiedlichen Standpunkte zu akzeptieren.

Nach jeder Erklärung verharrt die Gruppe eine Weile in schweigender Meditation, und jede Teilnehmerin denkt darüber nach, ob das Gesagte auf sie zutrifft. Jede schreibt ein Wort oder ein Symbol auf ein Blatt Papier. Zum Schluß werden die beschriebenen Zettel in ein Feuerbecken geworfen, das in der Mitte steht. Eine der Anwesenden spricht die Worte: »Wie dieses Feuer soll unser gerechter Zorn aufflammen. Dieses Feuer soll uns reinigen von zerstörerischer Feindseligkeit, die wir gegen uns selbst und gegen andere richten; unsere Energien und unsere Absichten sollen so rein, so kraftvoll und so leuchtend wie diese Flammen sein.«
Die Gruppe bildet Paare von je zwei Frauen, die sich gegenüberstehen. Sie legen einander die Hände auf den Kopf und sagen: »Der Geist der Weisheit vergibt uns, befreit uns und stärkt unser Wachstum und unsere Veränderung. Auch ich vergebe dir, ich befreie dich, ich gebe dir die Kraft, zur Klarheit und zur Wahrhaftigkeit zu kommen.«
Die Frauen, die einander gegenüberstehen, umarmen sich; dann kehren alle in den Kreis zurück, fassen sich an den Händen und stimmen ein abschließendes Lied an.

Diese Bekenntnisformeln sollten nicht zur Routine werden. Sie müssen immer wieder neu formuliert werden, um mit unserem Bewußtseinsprozeß in Beziehung zu bleiben. Es könnten auch Konflikte unter den Gruppenmitgliedern auftreten, die mit den Mitteln der Alltagskommunikation nicht zu klären sind. Gruppen sollten vielleicht die Regelung einführen, daß ein Mitglied unter bestimmten Umständen eine Beratungssitzung einberufen kann. Während dieser Sitzung sollten die Meinungsverschiedenheiten dargelegt werden, und die Kontrahentinnen und Kontrahenten sollten versuchen, zu einer wirklichen Übereinkunft zu kommen und sich zu versöhnen. Wenn ein neues Einverständnis erreicht ist, könnte ein einfaches Versöhnungsritual stattfinden.

Liturgie und Sakrament

Die christliche Liturgie setzt sich aus zwei Hauptelementen zusammen: aus der in der Tradition der jüdischen Synagoge stehenden Liturgie des Wortes, die aus Bibeltexten, Predigt und Gesang besteht, und aus der Abendmahlsgemeinschaft[6]. Um diesen Kern herum entwickelten sich weitere Elemente: Litaneien, Glaubensbekenntnisse, Prozessionen. Ich werde hier beispielhaft einige Elemente darstellen, die zu unterschiedlichen, entweder ganz auf das Wort bezogenen oder auf die Verbindung von Wort und Sakrament ausgerichteten Liturgien zusammengestellt werden können.

Texte und Predigten

Die Frauenkirche beschränkt sich nicht auf die Bibeltexte des Alten und des Neuen Testaments für den liturgischen Gebrauch. Es können auch andere Texte herangezogen werden, alte und moderne Dichtung und insbesondere die Texte feministischer Schriftstellerinnen. Wenn ein Text in die Liturgie aufgenommen wird, ist damit jedoch mehr gemeint als eine inspirierende Lesung. Der Text wird paradigmatisch; wir erwarten, daß aus ihm der unser Leben transformierende Geist spricht. Die Entscheidung über den Stellenwert, den biblische Texte als Element von Studien und von Predigten haben sollen, ist daher für die Identität der Frauenkirche von ausschlaggebender Bedeutung. Wie Elisabeth Schüssler Fiorenza zeigte, sind alle biblischen Texte androzentrisch; ihre Lesung und Interpretation muß daher von einer feministischen Hermeneutik begleitet sein. Nach der Auffassung von Fiorenza sollten wir nur solche Texte als Wort Gottes akzeptieren, die eine klar erkennbare Befreiungsintention haben. Da jedoch selbst diese Texte auf das Männliche hin ausgerichtet sind, ist ihre Befreiungszielsetzung nicht bewußt feministisch. Auch diese Texte müssen also durchgearbeitet werden, um ihre Befreiungsintention in den Kontext der Befreiung vom Patriarchat zu stellen. Ich schlage vor, daß in der Frauenkirche auch an Texten gearbeitet wird, die bewußt auf die Unterdrückung von Frauen abzielen, wie der Eva-Mythos in der Genesis oder die Passagen des 1. Timotheusbriefes, die besagen, daß Frauen schweigen sollen. Das Ziel solcher Studien wäre natürlich nicht, die Autorität der besagten Texte anzuerkennen; an ihnen läßt sich vielmehr ablesen, daß im frühen Christentum Frauen als Subjekte kirchlichen Lebens präsent waren und daß die historische Existenz der Frauenkirche durch repressive Texte verleugnet und negativ verzerrt wurde.

Das Bibelstudium in der Frauenkirche sollte in kleinen Arbeitsgruppen stattfinden, die sich auf bestimmte Schlüsseltexte konzentrieren. Die Arbeitsgruppen sollten versuchen, den befreienden beziehungsweise repressiven Inhalt, den der Text in seinem ursprünglichen Zusammenhang hatte, herauszuarbeiten, indem zum Beispiel untersucht wird, ob der fragliche Text der interpretierende Kommentar zu einer älteren Schriftversion ist. Texte mit befreiender Intention können so auf ihrem ursprünglichen Hintergrund gesehen werden, und Texte mit repressivem Inhalt können kritisch beleuchtet und durch einen von der Arbeitsgruppe formulierten Kommentar neu erläutert werden[7]. Diese Arbeit ist auch die Basis für die Verwendung des Textes in der Liturgie. Der Originaltext und sein neuer Kommentar werden verlesen; die Gemeinschaft kann dann auch auf die textkritische Arbeit der Studiengruppe reagieren.

Da patriarchale Texte einen so zwingenden Einfluß auf unser Leben haben – im Protestantismus, der das Schwergewicht auf das Bibelwort legt, noch mehr als im Katholizismus –, empfiehlt sich für die Frauenkirche ein Ritual, das die repressive Macht patriarchaler Texte bricht. Das heißt nicht, daß biblische Texte generell verworfen werden, sondern daß sie aus der Perspektive völliger geistiger Freiheit heraus betrachtet werden, wobei das Ziel der Befreiung vom Patriarchat die Richtschnur darstellt. Der folgende Exorzismus patriarchaler Texte wurde als Teil einer feministischen Liturgie formuliert, die an verschiedenen Orten zelebriert wurde: am Immaculate Heart College in Los Angeles und an der Pacific School of Religion in Berkeley im Sommer 1984 und in der alten Kathedrale von Lund in Schweden im September 1984.

Exorzismus patriarchaler Texte

Die Gruppe versammelt sich um einen Tisch mit einer Kerze, einer Handglocke und einer Bibel. Es werden einige Texte verlesen, deren Inhalt eindeutig repressiv ist. Nach jeder Lesung wird die Glocke geläutet. Die Gemeinschaft ruft unisono: »Mächte der Finsternis, hebt euch hinweg!«

Folgende Texte bedürfen eines Exorzismus:

☐ 3. Mose 12, 1–5 (Unreinheit von Frauen nach der Niederkunft)

☐ 2. Mose 19, 1.7–9.14–15 (Ausgrenzung von Frauen bei der Verkündung des Gesetzes am Sinai)

☐ Richter 19 (Vergewaltigung, Folter und Zerstückelung der Nebenfrau)

☐ Epheser 5, 21–23 (Vergleich männlicher Herrschaft über Frauen mit der Beziehung zwischen Christus und der Kirche)

☐ 1. Timotheus 2, 11–15 (Frauen sollen in der Kirche schweigen und ihre Erlösung durch das Gebären von Kindern finden, da sie in der Schöpfung an zweiter und beim Sündenfall an erster Stelle stehen)

☐ 1. Petrus 2, 18–20 (Sklaven werden ermahnt, ungerechte Behandlung von ihren Herren zu erdulden, um Christus auf dem Leidensweg nachzufolgen)

Zum Schluß sagt eine der Teilnehmerinnen: »Diese und andere Worte der Unterdrückung haben die Macht über unser Leben verloren. Wir brauchen uns nicht mehr für sie zu entschuldigen; wir müssen nicht mehr versuchen, sie als Worte der Wahrheit zu interpretieren. Wir verwerfen ihre Botschaft als Ausdruck des Bösen und als Rechtfertigung des Bösen.«

Die biblischen Schriften sind nicht die einzige Quelle repressiver Lehren. Wir stehen in einer Tradition misogyner Theologie, die nach wie vor immensen Einfluß auf die christliche Kirche und die vom Christentum geprägte Gesellschaft hat. Es kann also noch eine weitere Liturgie der Ablösung von der misogynen Theologie formuliert werden, die sich auf die Texte patriarchaler Theologen bezieht.

Litanei der Ablösung von der patriarchalen Theologie

Die christliche Theologie entwertete die Frauen und verwies sie in den Status der Zweitrangigkeit. Hören wir die Botschaften dieser repressiven Theologie[8]:

»Aber weil in den jetzigen Zeiten ... Ruchlosigkeit mehr unter den Weibern als unter den Männern sich findet, wie die Erfahrung selbst lehrt, können wir ... sagen, daß, da sie in allen Kräften, der Seele wie des Leibes, mangelhaft sind, es kein Wunder ist, wenn sie gegen die, mit denen sie wetteifern, mehr Schandtaten geschehen lassen. Denn was den Verstand betrifft oder das Verstehen des Geistigen, scheinen sie von anderer Art zu sein als die Männer ...

Terentius sagt: Die Weiber sind leichen Verstandes, fast wie die Knaben ... und in Sprüche 11 heißt es, gleichsam das Weib beschreibend: Ein schönes und zuchtloses Weib ist wie ein goldener Ring in der Nase der Sau. Der Grund ist ein von der Natur entnommener: Weil es fleischlicher gesinnt ist als der Mann, wie es aus den vielen fleischlichen Unflätereien ersichtlich ist. Diese Mängel werden auch gekennzeichnet bei der Schaffung des ersten Weibes, indem sie aus einer krummen Rippe geformt wurde, das heißt aus einer Brustrippe, die gekrümmt und gleichsam dem Mann entgegengeneigt ist. Aus diesem Mangel geht auch hervor, daß, da das Weib nur ein unvollkommenes Tier ist, es immer täuscht ...

Das Wort femina ... kommt von fe und minus (fe = fides, Glaube; minus = weniger, also femina = die weniger Glauben hat), weil (die Frau) immer nur geringeren Glauben hat und bewahrt, und zwar aus ihrer natürlichen Anlage zur Leichtgläubigkeit, mag auch infolge der Gnade zugleich und der Natur der Glaube in der hochgebenedeiten Jungfrau niemals gewankt haben, während er doch in allen Männern zur Zeit des Leidens Christi gewankt hatte.

Also schlecht ist das Weib von Natur, da es schneller am

Glauben zweifelt, auch schneller den Glauben ableugnet, was die Grundlage für die Hexerei ist.

Was endlich die andere Kraft der Seele, den Willen betrifft, so schäumt das Weib infolge seiner Natur, wenn es den haßt, den es vorher geliebt, vor Zorn und Unduldsamkeit; und wie die Meeresflut immer brandet und wogt, so ist eine solche Frau ganz unduldsam . . .

Und weil (die Frauen) aus dem ersten Mangel, dem des Verstandes, leichter als Männer den Glauben ableugnen, so suchen, ersinnen und vollführen sie infolge des zweiten Punktes, der außergewöhnlichen Affekte und Leidenschaften, verschiedene Rache, sei es durch Hexerei, sei es durch irgendwelche anderen Mittel. Daher ist es kein Wunder, daß es eine solche Menge Hexen in diesem Geschlecht gibt.«

Der Hexenhammer[9]

»Nun aber kommt über die Schmerzen, Kinder zu tragen und zu gebären, auch das dazu, daß Eva unter des Mannes Gewalt ist, die zuvor ganz frei und in keinem Ding geringer war als der Mann, sondern teilhaftig aller Gaben Gottes war. Und ist diese Strafe auch gewachsen aus der Erbsünde, die ein Weib ja so unwillig trägt, als die anderen Schmerzen und Beschwerungen, so auf das Fleisch gelegt sind. Darum bleibt das Regiment und die Herrschaft bei dem Manne, dem das Weib aus Gottes Gebot muß gehorsam und unterthan sein; der regieret Haus und Polizei, krieget, vertheidigt das seine, pflügt, sät, bauet, pflanzet etc. Dagegen muß ein Weib daheim sitzen und an das Haus gebunden sein; wie es Paulus Titus 2,5 darum ›häuslich‹ nennt. Und haben die Heiden die Venus also gemalt, daß sie steht auf einer Schnecke, daß gleichwie dieselbe ihr Haus mit sich trägt, also soll das Weib stets daheim sein und der Hausgeschäfte warten, als die, der gemeinen Ämter und Regierung der Dinge, die draußen und öffentlich sind beraubt, allein bei den häuslichen Arbeiten bleiben muß . . .«

Martin Luther[10]

»Mann und Frau sind sich nicht nur vor Gott, sondern weil vor Gott, darum auch als Menschen . . . hinsichtlich der Verheißung ihrer menschlichen Existenz völlig gleich. Sie sind sich auch gleich in der Notwendigkeit ihrer Beziehung und Ausrichtung aufeinander. Sie stehen und fallen zugleich. Sie werden und sind zugleich frei oder unfrei. Sie werden durch Gottes Ge-

bot zugleich in Anspruch genommen und geheiligt. . . . . Aber –
und darin und insofern nun doch nicht in einfacher Gleichheit:
als Mann und Frau, jedes für sich und jedes im Verhältnis zum
anderen an seinem Ort, so also, daß A nicht B, sondern A ist
und B nicht ein anderes A, sondern eben B ist. Und eben hier
greift die Ordnung ein, außerhalb derer der Mann nicht der
Mann, die Frau nicht die Frau sein kann, beide weder für sich
noch in ihrer Ausrichtung und Beziehung aufeinander. Jedes
Wort ist mißverständlich und gefährlich, wenn es darum geht,
diese Ordnung zu bezeichnen. Aber sie existiert! Und alles andere wäre null und nichtig, wenn man von ihrer Existenz abse-
hen, wenn man nicht auch sie als Element des göttlichen Gebo-
tes erkennen, wenn man sie dem Zufall überlassen würde.
Wenn im Sein und Zusammensein von Mann und Frau nicht
Ordnung waltet, dann (es gibt kein Drittes) Unordnung . . . A
geht vor B, und B kommt nach A. Ordnung heißt Folge. Ordnung heißt Vorordnung und Nachordnung, Überordnung und
Unterordnung.«

Karl Barth[11]

Nach jeder Lesung sagt die Gemeinschaft unisono: »Erlöse
uns, heilige Weisheit, von den üblen Mächten dieser Tradition.«

Dann kniet die Gruppe nieder und spricht gemeinsam das
folgende Gebet:

»Göttin und Gott, wir versammeln uns hier in deinem Namen, und in deinem Namen hörten wir die Überlieferung der
Jahrhunderte. Wir hörten die Worte, die uns verurteilen, uns
selbst und einander abzulehnen in deinem Namen.

Man hat uns gelehrt, uns selbst zu mißtrauen und Verdacht
gegen andere Frauen zu hegen.

Man hat unsere Hoffnungen beschnitten und unsere Liebe
beschränkt.

Wir gestehen ein, daß wir unsere Lektion gut gelernt haben,
von unseren Brüdern und Gatten, Geliebten und Freunden und
voneinander auch und alles in deinem Namen.

Wir bringen die Ebenen unserer Geschichte mit unserem Le-
ben zusammen und bitten dich, Gott und Göttin, Mutter und
Vater, um den Mut, den Staub der Unterdrückung von unseren
Füßen zu schütteln, und um die Kraft, die Spaltung zu heilen,
die uns voneinander getrennt hielt, und um die Liebe, die unser
Leben befruchten und uns miteinander versöhnen wird.«

Litaneien der Erinnerung an die Toten

Es gibt viele Möglichkeiten, Litaneien zu formulieren, die uns die Abwesenden und die Toten wieder in Erinnerung rufen. Damit knüpfen wir an die jüdische Tradition des Kaddisch oder Gedenkhymnus für die Toten an und auch an die christliche Tradition der Heiligenanrufung, die den Geist unserer Vorläuferinnen und Vorläufer in unserer Mitte präsent macht. Im folgenden werden wir zwei Modelle solcher Litaneien vorstellen, eine zum Gedenken an die Opfer von Massakern und Völkermorden und die andere zur Erinnerung an unsere Vorläuferinnen.

Gedenklitanei für die Toten

Laßt uns, die wir die Massaker an unseren Schwestern und Brüdern überlebt haben, unserer Toten gedenken:

☐ Wir gedenken der Millionen von Menschen, in der Mehrzahl Frauen, die auf den Scheiterhaufen des Mittelalters und der Reformationszeit in Europa verbrannt wurden und die man Hexen nannte.

☐ Wir gedenken der amerikanischen Indianer, der Frauen, Männer und Kinder, die bei der Vertreibung aus ihren Stammesgebieten an Krankheiten, Hunger und Kälte starben.

☐ Wir gedenken der Afrikaner, die auf den Sklavenschiffen unter den Peitschenhieben der Sklavenhändler und in den Kolonien in Nord- und Südamerika starben.

☐ Wir gedenken der sechs Millionen Juden, die in den Konzentrationslagern der Nazis starben, während Christen innerhalb und außerhalb Deutschlands ihre Augen abwandten.

☐ Wir gedenken der vielen anderen Opfer des Naziregimes, der Kommunisten, der Widerstandskämpfer, der Homosexuellen, der Behinderten, der Roma und Sinti, der slawischen Völker, die durch die Todesmaschinerie des Naziregimes vernichtet wurden.

☐ Wir gedenken der Opfer der ersten Atombomben, die in Hiroshima und Nagasaki Menschen wie Fackeln verbrannten. Möge ihr Tod uns eine Mahnung sein, daß wir den endgültigen nuklearen Holocaust, die Vernichtung alles pflanzlichen, tierischen und menschlichen Lebens auf unserem Planeten verhindern.

Nach jeder Erklärung spricht die Gemeinschaft die Worte: »Wir werden diese Toten nie vergessen!«

Litanei der Erinnerung an unsere Vorläuferinnen

☐ Wir rufen in unsere Mitte Mirjam, die gemeinsam mit Mose und Aaron das Volk Israel aus Ägypten herausführte[12].

☐ Wir rufen in unsere Mitte Deborah, die Richterin des Volkes Israel, die Wahrhaftigkeit und Gerechtigkeit vertrat[13].

☐ Wir rufen in unsere Mitte Hulda, die Prophetin, die dem Volk das Wort Gottes verkündete[14].

☐ Wir rufen in unsere Mitte Bruria, die Gelehrte, die ihrer Generation das Gesetz auslegte[15].

☐ Wir rufen in unsere Mitte Maria Magdalena, die erste unter den Aposteln in der Verkündigung der frohen Botschaft der Auferstehung[16].

☐ Wir rufen in unsere Mitte Phöbe, die Diakonin der Kirche in Kenchreä, die in den frühen Kirchen das Evangelium verbreitete[17].

☐ Wir rufen in unsere Mitte Prisca, die gemeinsam mit ihrem Gefährten Aquila im Dienst der Botschaft Christi stand und die ihr Leben für ihren Mitapostel Paulus aufs Spiel setzte[18].

☐ Wir rufen in unsere Mitte Thekla, die von Paulus berufen wurde, das Evangelium zu predigen und zu taufen[19].

☐ Wir rufen in unsere Mitte Priska und Maximilla, die Prophetinnen der kontinuierlichen Präsenz des Geistes[20].

☐ Wir rufen in unsere Mitte Paula und Melania, die Begründerinnen der Frauengemeinschaften des Gebets und des Dienstes am Nächsten[21].

☐ Wir rufen in unsere Mitte Julian von Norwich, die Lehrerin und Mystikerin, die die mütterliche Natur Gottes und Christi enthüllte[22].

☐ Wir rufen in unsere Mitte Katharina von Siena, die Päpste

und Könige ermahnte, zu bereuen und ihrer wahren Aufgabe, dem Dienst am Volk, die Treue zu halten[23].

☐ Wir rufen in unsere Mitte Sor Ines de la Cruz, deren wissenschaftliche und poetische Genialität hinter dem Schleier von Kultur und Religion verborgen lag[24].

☐ Wir rufen in unsere Mitte Margaret Fell, die das Recht der Frauen, das Wort Gottes zu predigen, in der Quäkergemeinschaft durchsetzte[25].

☐ Wir rufen in unsere Mitte Antoinette Brown, die erste Frau, die in einer christlichen Kirche in ein geistliches Amt eingesetzt wurde[26].

☐ Wir rufen in unsere Mitte Sojourner Truth, die zur lebendigen Verkörperung der geistigen Kraft und der Schönheit schwarzer Frauen wurde[27].

☐ Wir rufen in unsere Mitte Amanda Berry Smith, die ihren Schwestern und Brüdern in Amerika und Afrika das Evangelium der Befreiung brachte[28].

☐ Wir rufen in unsere Mitte Georgia Harkness, die nach einem Kampf von hundert Jahren für ihre methodistischen Schwestern das Recht der vollen Ordination durchsetzte[29].

☐ Wir rufen in unsere Mitte Sally Preisand, die eine der ersten weiblichen Rabbis in Amerika wurde[30].

☐ Wir rufen Carter Heyward, Alison Cheek und die anderen Frauen in Philadelphia, die in der episkopalen Kirche die Ordination von Frauen durchsetzten[31].

☐ Wir rufen in unsere Mitte Theresa Kane, die es wagte, sich Papst Johannes Paul II. in Washington kritisch entgegenzustellen[32].

Weitere Namen von Frauen, die für das Leben der jeweiligen Gruppe von Bedeutung sind, können hinzugefügt werden. Nach der Anrufung jeder Ahnin antwortet die Gemeinschaft: »Sei mit uns.«

Das Glaubensbekenntnis

Die Arbeit am Glaubensbekenntnis ist in der Frauenkirche ein kontinuierlicher Prozeß, durch den wir unsere theologische Basis permanent reflektieren. Eine Glaubensgemeinschaft sollte ein grundlegendes Credo entwickeln, das bei jeder Bündniserneuerung wieder überprüft wird. Dieses Credo sollte bei liturgischen Versammlungen gemeinsam rezitiert werden.

Bei Versammlungen oder Liturgien mit spontanem Charakter, wie sie beim Abschluß eines *Retreats* oder eines Studienseminars zustande kommen, könnte eine Bekenntnisformel speziell für diese Gelegenheit entwickelt werden. Das folgende Credo wurde für eine Liturgie geschrieben, die zum Abschluß eines Seminars über feministische Theologie an der Pacific School of Religion in Berkeley im Sommer 1983 zelebriert wurde:

»Schwestern im Glauben, wir bekennen unsere Sünden: Wir haben Opfer schuldig gesprochen und Leiden verleugnet. Wir kehren um und erinnern uns unserer Geschichte und hören denen, die leiden, aufmerksam zu. Wir haben einen Blick auf das Licht getan, und wir teilen dieses Licht, wie wir das Brot des Lebens teilen, in Wahrhaftigkeit und Verständnis, in liebender Solidarität.

Wir haben in den Wassern der Versöhnung gebadet, und wir suchen ein Leben in Freiheit und Gerechtigkeit, in Wärme und liebender Fürsorge. Wir haben den Wein des Opfers gekostet, und wir streben nach Frieden und Versöhnung in einer Welt, die von den Schrecken der Vernichtung beherrscht und vom Tod bedroht ist.

Schwestern im Glauben, wir beten um Mut und Zusammenhalt; wir treten gemeinsam hinaus in die Welt, um mit aller Kraft nach diesen Zielen zu streben.«

Die Segnung symbolischer Speisen

Die Frauenkirche bejaht die symbolische Bedeutung von Brot und Wein; Brot steht für die Nahrung der Menschheit, Wein steht einerseits für das tägliche Getränk beim Mahl, wie es in den mediterranen Ländern üblich ist, andererseits steht er auch für das Element des Rauschs und der Ekstase in der religiösen Erfahrung, in der Kommunion mit Gott/der Göttin. In der christlichen Tradition sehen wir Brot und Wein als die Symbole des sakramentalen Mahls der Verbundenheit mit dem messianischen Propheten Jesus von Nazareth. Das Abendmahl ist die Vorwegnahme des messianischen Mahls, bei dem die gesamte Menschheit das Fest des Lebens feiert, befreit von Krieg und Ungerechtigkeit. Das Brot und der Wein der Eucharistie stehen für den Leib und das Blut der ganzen Menschheit, die aus der Quelle allen Seins geschaffen wurde und in der Erlösung erneuert werden wird.

In der christlichen Tradition gibt es viele Formen der eucharistischen Segnung. Im frühen Christentum war es den charismatischen Prophetinnen und Propheten vorbehalten, die Segensworte zu sprechen; bei jeder Abendmahlsfeier wurde die Segensformel spontan entwickelt. Die Frauenkirche sollte die Freiheit haben, die Formen der Segnung kontinuierlich neu zu entwickeln. Die hier wiedergegebene einfache Segensformel ist aus der alten christlichen Tradition abgeleitet, wurde aber verändert, um sie unserer Zeit anzupassen und mit unseren Bemühungen um Gerechtigkeit in Beziehung zu setzen:

Segnung des Brotes: »In diesem Laib Brot sind die Körner versammelt, die ausgestreut waren über die Hügel und Ebenen. Heilige Weisheit, versammle dein Volk in der Gemeinschaft von Frieden und Gerechtigkeit. Möge die Welt des Patriarchats vergehen und das neue Zeitalter der Liebe und Freude zwischen Schwestern und Brüdern heraufkommen.«

Segnung des Kelches: »Wir sind der neue Wein des Lebens, der in den Zweigen des Weinstocks fließt. Wir gedenken unseres Bruders Jesus, der sein Blut vergoß, um die Wurzeln des Weinstocks zu nähren. Wir gedenken der vielen Schwestern und Brüder, die starben, um eine neue Welt ins Leben zu rufen: Oskar Arnulf Romero, Martin Luther King, Ita Ford, Dorothy Kazel, Maura Clarke und Jean Donovan, deren Blut diesen Weinstock nährt und ihm neues Leben gibt. Wie wir diesen geweihten Kelch teilen, wollen wir unser Leben miteinander teilen zum Wohl der geliebten Gemeinschaft. Wir geloben, den Kampf um die Gerechtigkeit weiterzuführen, bis die gesamte Menschheit in Frieden und Freude am Mahl des Lebens teilhaben kann.«

Brot und Wein werden mit den Grußformeln »Dies ist das Brot des Lebens« und »Dies ist der Kelch der Erlösung« gereicht.

Die Frauenkirche beschränkt sich bei ihren eucharistischen Speisen nicht auf Brot und Wein. In der Taufliturgie haben wir die alte christliche Tradition des mit Milch und Honig gefüllten Kelches wiederaufgenommen. Für Frauen ist es wichtig, auch den Apfel, der absurderweise zu einem Symbol des Bösen und der Verurteilung des Weiblichen als Quelle allen Übels gemacht wurde, als positives Symbol wiederzugewinnen. Der Apfel ist also eine der Frauenkirche besonders angemessene symbolische Speise, die in der eucharistischen Feier verwendet werden kann.

Segnung des Apfels: »Das ist die Frucht des klaren Bewußtseins. Möge sich der Schleier der Täuschung von unseren Augen heben, daß wir Wahrheit und Falschheit, Gut und Böse erkennen und richtig benennen.«

Architektur für die Frauenkirche

Vermutlich werden die Wohnungen der in den Gruppen zusammengeschlossenen Frauen in den meisten Fällen die Versammlungsorte der Frauenkirche sein. Vielleicht gibt es aber auch die Möglichkeit, daß einige Frauengruppen sich zusammenschließen und die Mittel für die Errichtung eines Bauwerks aufbringen, das den Bedürfnissen feministischer Gemeinschaften angemessen ist. Ich stelle mir vor, daß ein solches Zentrum der Frauenkirche verschiedene Funktionen erfüllt. Es müßte ein Raum für liturgische Versammlungen vorhanden sein, der sowohl zentrierend als auch lösend und erhebend wirkt. In meiner Vorstellung ist das ein runder Raum, in dem bis zu 150 Menschen Platz haben, der aber auch nicht erdrückend wirkt, wenn sich nur eine Handvoll Leute in ihm versammeln. Er sollte nur bewegliches Mobiliar enthalten, das für unterschiedliche Anlässe verwendet werden könnte: für Konferenzen, Gespräche, gemeinsames Essen, liturgische Versammlungen. In meiner Vorstellung hat der Raum eine transparente Kuppel, die mit einem Ring spektralfarbiger Glaselemente abschließt. Das farbige Licht symbolisiert die Einheit aller Elemente der Schöpfung. Die umschließende Mauer ist von schmalen, hohen Fenstern durchbrochen. Der Grundriß des Gebäudes und die Lichtöffnungen sind so ausgerichtet, daß der Lichteinfall bei der Sommer- und Wintersonnenwende wahrgenommen werden kann.

Unter dem runden Raum liegt eine ebenfalls runde Krypta, die durch eine Treppe vom Zentrum oder von der Seite aus zu betreten ist. Diese Krypta wird vor allem für Rituale verwendet, die mit Geburt und Tod in Zusammenhang stehen. An diesen zentralen Raum ist eine Küche angeschlossen, in der Gemeinschaftsessen zubereitet werden können. Von diesem Bereich aus führt ein Übergang in ein zweites Gebäude mit eiförmigem Grundriß, das die Funktion eines Kommunikationszentrums hat und in dem Gesprächs- und Studienzirkel und Diskussionen stattfinden können. Dieser Gebäudeteil ist durch einen bepflanzten Innenhof mit dem nächsten Bereich verbunden, der eine Trocken- und eine Dampfsauna, ein beheiztes Schwimmbecken und ein Tauchbecken, Umkleideräume und Toiletten enthält. Der Garten im Innenhof ist mit Ziersträuchern, Blumen, Büschen und Heilkräutern bepflanzt. Der Sauna- und Bäderbereich dient der Entspannung und Erholung, wird aber auch für Rituale verwendet, die mit Wasser und Bädern verbunden sind, wie die Pubertäts- und Menstruationsriten und die Taufen. Auch der Zentralraum dieses Bereichs hat eine Lichtkuppel.

Im Idealfall sollte das Zentrum der Frauenkirche in einer natürlichen Umgebung mit Bäumen, Wiesen und einem fließenden Bach errichtet werden, umgeben von mehreren kleinen Rundhäusern mit Schlaf- und Arbeitsräumen, in die sich Frauen für einige Tage zurückziehen können, um zu meditieren, zu lesen, zu schreiben. Ein runder Rasenplatz im Freien, der für Mai- und Sommersonnenwendfeiern benutzt werden könnte, wäre ebenfalls wünschenswert. Außerdem könnte das Zentrum um einen Kinderspielplatz, eine Weberei, eine Töpferei, eine Bibliothek erweitert werden[33].

Anhöhe

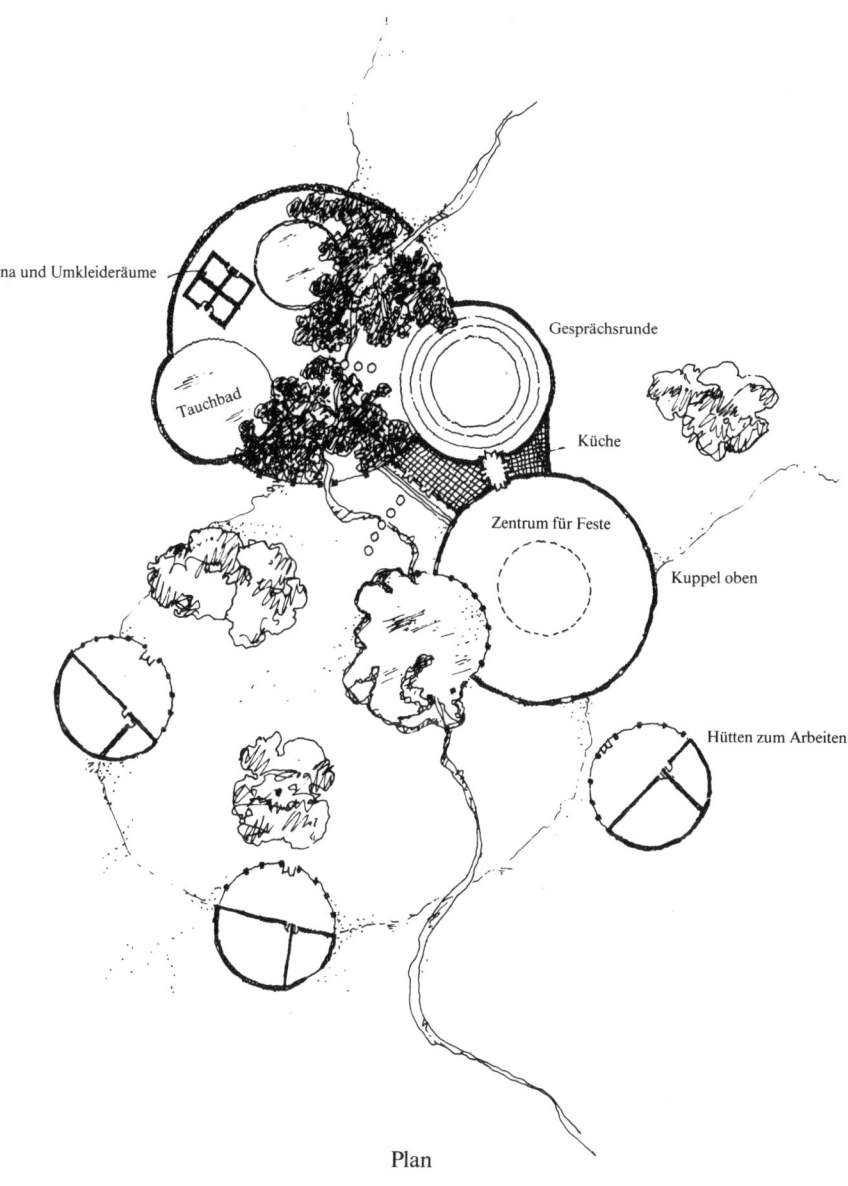

na und Umkleideräume

Gesprächsrunde

Tauchbad

Küche

Zentrum für Feste

Kuppel oben

Hütten zum Arbeiten

Plan

169

KAPITEL 8

Unsere Wunden heilen: Die Überwindung der Gewalttätigkeit des Patriarchats

Das Heilen gehört zu den ursprünglichsten Aspekten der Religion. Im Neuen Testament tritt Jesus vor allem als Heiler und Exorzist auf. Seine Macht, die Seelen und Körper der Menschen vom Zugriff des Dämonischen zu befreien und sie von Krankheiten wie Blindheit, Lähmung und Blutfluß zu heilen, wurde theologisch als wesentlicher Bestandteil seiner Identität als Christus verstanden, als Präsenz der heilenden und erlösenden Macht Gottes. Innerhalb des Christentums wurde diese Tradition in Form verschiedener Heilpraktiken fortgesetzt, von Pilgerfahrten zu heiligen Orten, an denen sich Wunderheilungen ereigneten, bis hin zu den charismatischen Predigern, die durch Handauflegen heilten. Obwohl diese Tradition auch der Scharlatanerie Tür und Tor öffnete, weist sie doch auf die Intensität des menschlichen Bedürfnisses nach Formen des Heilens hin, die somatische, psychische und spirituelle Prozesse integrieren.

Die abendländische Kultur hat die Realität in unterschiedliche Zonen aufgeteilt; sie überließ dem Arzt die Heilung des Körpers, dem Psychiater die Heilung der Seele und dem Priester die Heilung des Geistes. Die Erkenntnisse und Erfolge der modernen Medizin und Psychiatrie sollen damit durchaus nicht abgewertet werden. In der Spaltung selbst liegt jedoch die Tendenz, ganzheitliche Auffassungen als wertlos zurückzuweisen. Die Medizin konzentriert sich ausschließlich auf den Teil des Körpers, der als problematisch angesehen wird, und vernachlässigt dabei den Organismus als ganzheitliches System und körperlich-seelisch-geistige Einheit.

Ursprünglich war die gesellschaftliche Aufgabe des Heilens eine weibliche Tradition. Die Heilkunst der Frauen verband die Kenntnis der Heilpflanzen mit überliefertem psychologischem und geistigem Wissen. Die moderne männliche Elite-Medizin, die sich innerhalb der Gilden der Bader und Wundärzte und an den Universitäten herausbildete, entzog den Frauen systematisch das Recht, die Heilkunst zu praktizieren; die Übernahme der Geburtshilfe durch die männliche Medizin ist der Kulminationspunkt dieses Prozesses. Die Professionalisierung der Medizin führte auch zu einer Entmachtung aller volkstümlichen Formen des Heilens. Man gab den Menschen das Gefühl, sie seien unfähig, sich selbst oder einander zu heilen, und sie seien auf Spezialisten angewiesen, deren Wissen außerhalb ihres Fassungsvermögens ist und nicht hinterfragt werden kann.

Die Frauen-Gesundheitsbewegung hat in letzter Zeit große Teile der Tradition männlich-professioneller Medizin in Frage gestellt, besonders auf dem Gebiet der Gynäkologie. Gerade hier erweist sich die männliche Medizin als eine Geschichte erschreckender Desinformation und Misogynie, die häufig destruktive Praktiken Frauen gegenüber zur Folge hatte. Frauen haben sich bemüht, die Kontrolle über ihre eigenen Körper zurückzugewinnen, insbesondere in den Bereichen der Sexualität und der Fortpflanzung, und die Überlieferungen der ganzheitlichen Medizin wiederzuerlernen[1]. Meiner Ansicht nach sollte die moderne Medizin nicht völlig abgelehnt, sondern stärker mit ganzheitlichen Methoden durchsetzt werden. Wir müssen die Überlieferungen seelischer und spiritueller Heilung, die einen wesentlichen Bestandteil vollständiger Gesundheit ausmachen, wiederbeleben[2]. Die Liturgie der Heilung, die hier vorgeschlagen wird, ist von allgemeiner Bedeutung; sie ist auf das Symbol des Heilens ausgerichtet, als Reinigung von den Todeskräften, die im Selbst wirken, und als Öffnung des Selbst für die vitalen Kräfte des Schöpferischen und Erlösenden. Das Heilritual wird von einer kleinen Gruppe von Freundinnen ausgeführt, gemeinsam mit der Heilungsuchenden, im Bewußtsein, daß durch Berührung kommunizierte Liebe ein wesentlicher Aspekt des Heilens ist.

Heilritual für seelisch-geistige oder körperliche Leiden

Einige Freundinnen bilden einen Kreis um die Heilungsuchende. Diese lokalisiert mit geschlossenen Augen die Körperpartien, in denen sie Schmerz oder Spannung fühlt, und spricht über die Ängste, Aggressionen und Belastungen, die mit diesem physischen Leiden verbunden sein mögen. Die anderen Frauen legen ihre Hände auf den betroffenen Körperteil der

Heilungsuchenden; eine von ihnen berührt mit beiden Händen die Schläfen der Leidenden. Die Frau wird in eine meditative Imagination hineingeführt, in der sie sich vorstellt, daß die Todeskräfte des Schmerzes und des seelischen Leidens ins Fließen kommen und sich zu einem Wasserstrom vereinigen, der abfließt und in der Erde versickert. Wenn möglich, sollte dieser Imagination ein Tauchbad in warmem Wasser folgen. Danach wird die Frau in ein warmes Tuch gehüllt und wieder in den Kreis hineingeführt. Die Teilnehmerinnen des Rituals legen der Frau von allen Seiten die Hände auf und rufen den Geist der Weisheit und die segnenden und erlösenden Kräfte an. Eine Aura erlösender Energie, die von den Ursprüngen allen Lebens und den Kräften der Erneuerung her aufsteigt, wird heraufbeschworen und auf die Frau im Zentrum gerichtet. Sie imaginiert, daß alle Kanäle ihres Seins sich diesen Lebenskräften öffnen, daß die Energien durch sie hindurchfließen und daß ihre eigenen vitalen Kräfte wieder in harmonische Verbindung mit der großen Lebensenergie der Göttin/Gottes treten. Zum Abschluß der Heilmeditation umarmen sich alle.

Rituale der Heilung von den Folgen erlittener Gewalt

Zusätzlich zu dieser allgemeinen Liturgie der Heilung von physischen und psychischen Leiden stelle ich in diesem Kapitel Heilungsrituale für die Folgen verschiedener Formen von sozialer Gewalt dar, insbesondere jener Formen von Gewalt, die aus dem patriarchalen Frauenhaß resultieren, der sich in sexuellen Angriffen auf Frauen äußert. Außerdem beziehe ich Heilungsrituale für Abtreibungen, Fehlgeburten oder Totgeburten mit ein. Unter Scheidungen leiden Männer und Frauen gleichermaßen, aber bei Frauen kommt es weitaus häufiger vor, daß sie in der Folge in wirtschaftliche Not geraten, besonders dann, wenn sie das Sorgerecht für die Kinder übernehmen.

Florence Hayes schrieb die Scheidungsliturgie für dieses Kapitel, die auch ein Ritual der neuen Namensgebung beinhaltet. Kate Pravera stellte ihr Ritual der Namensgebung zur Verfügung, das sie nach ihrer Scheidung für sich selbst formulierte. Diese Liturgie der neuen Namenswahl weist deutlich darauf hin, in welchem Maß die patriarchale Gesellschaft den Frauen das Recht der Selbstbenennung entzogen hat und daß Frauen im Lauf der Generationen die Namen ihrer Mütter verloren haben. Die neue Namenswahl erhält also für Frauen, die ihre Namen verloren haben und denen von anderen in kontrollierender Absicht Namen gegeben wurden, eine besondere Bedeutung. Die letzte Liturgie dieses Kapitels hat das Coming-Out (das Bekenntnis zur eigenen Identität, A. d. Ü.) einer Lesbierin zum Inhalt; wir könnten hier von einer »Liturgie der Heilung von den Folgen der Vorurteile« sprechen.

Heilungsritual für ein Inzestopfer

Nach den heutigen Erkenntnissen wird eine von drei Frauen in der Kindheit von ihrem Vater, einem Verwandten oder einem Freund der Familie sexuell mißbraucht. Die freudianische Psychologie stellte diese Situation auf den Kopf und gab dem Kind, das sich dem Erwachsenen gegenüber angeblich sexuell verführerisch verhält, die Schuld, statt der Tatsache des sexuellen Mißbrauchs ins Auge zu sehen. In der Einstellung zu Kindern, die sexueller Gewalt ausgesetzt sind, wurde dadurch das Muster der Schuldzuweisung an die Opfer beträchtlich verstärkt, und Kinder wurden mehr denn je daran gehindert, über solche Vorfälle zu sprechen. Menschen, die in der Kindheit sexuell mißbraucht wurden, tragen lange an ihren Schuld- und Schamgefühlen wegen dieser Erlebnisse, die, wenn sie nicht verarbeitet werden können, später häufig psychosomatische Erkrankungen auslösen.

Das folgende Ritual wurde von einem weiblichen Inzestopfer entwickelt, von einer Frau, die während ihrer Kindheit lange Zeit von ihrem Vater sexuell mißbraucht worden war. Ihre jüngeren Schwestern hatten ebenfalls darunter zu leiden, aber sie war das Hauptopfer. Der Vater spielte die Rolle des geheimen Verführers, während die Mutter, die nicht fähig oder nicht bereit war, die Situation bewußt wahrzunehmen, ihre eigentlich auf den Mann gerichtete Wut an dem Kind ausließ, indem sie es dauernd als »schmutziges, verdorbenes Geschöpf« beschimpfte. Das Mädchen wuchs mit dem Gefühl auf, wertlos und schlecht zu sein, und flüchtete als Heranwachsende in die Promiskuität. Später verdrängte sie diese Ereignisse vollständig aus ihrer Erinnerung; aber als sie anfing zu studieren, kamen ihre Erfahrungen wieder an die Oberfläche. Danach ging sie durch eine Phase, in der sie ständig dem Zusammenbruch nahe war, konnte dann aber mit der Hilfe einer verständisvollen Therapeutin ihre Kindheitsgeschichte aufarbeiten und ihren Selbsthaß begraben.

In der Zeit, als sie sich dem Abschluß ihrer Therapie näherte, entdeckte sie auf dem Dachboden ihres Hauses eine schwarze Spielzeugkatze aus ihrer Kinderzeit. Wenn sie von ihrem Vater mißbraucht worden war, verkroch sie sich in ihrem Zimmer und malträtierte das Spielzeugtier, indem sie es an den Ohren und am Fell riß und ihm in den Unterleib, in die von ihr imaginierte Vagina, stach. Sie entschloß sich, für diese Spielzeugkatze ein Begräbnisritual zu zelebrieren, mit dem sie symbolisch die Geschichte ihrer eigenen Verletzung und Mißhandlung und insbesondere den daraus resultierenden Selbsthaß begraben wollte.

Trauer und Abschied von der Vergangenheit: die Form des Rituals

Zuerst hob die Frau in einem Wald ein Grab aus. Sie arbeitete allein und nahm sich dabei die Zeit, nachzudenken und sich körperlich auszuagieren. Die Liturgie fand um Mitternacht statt. Die Frauen, die mit ihr trauerten, kamen an, eine mit einem Kreuz aus Zweigen, eine andere mit einem Gefäß voll Wasser, andere mit Blumen oder Wiesenklee, einige in schwarzen Kleidern und Hüten. Zu den Trauernden gehörten auch ihre Therapeutin und die Menschen, die der Frau in ihrer Krisenzeit Unterstützung gegeben hatten. Die Therapeutin las den Psalm 27. Um Mitternacht wurde die Spielzeugkatze in ihrem Sarg, einer offenen Pappschachtel, gezeigt, und alle konnten sehen, wie mißhandelt und zerrupft sie aussah. Eine andere Freundin, ebenfalls ein Inzestopfer, las den zehnten Absatz aus dem Tao Te King, der Erneuerung, Geburt und Ganzheit thematisiert. Die Frau sprach dann einen Mitternachtssegen, in dem sie der vielen anderen Frauen gedachte, die ihre dunklen und schmerzhaften Erfahrungen begraben müßten, der obdachlosen Frauen, der mißhandelten und vergewaltigten Frauen und der anderen Inzestopfer. Sie sprach über den Terror, der das Leben so vieler Frauen beherrscht, und über die Anstrengungen, die wir machen müssen, um diesen Terror zu begraben. Sie erklärte, daß sie sich für die Sache dieser Frauen engagieren werde. Dann wurde der Sarg versenkt, und alles Dunkle wurde mit ihm begraben; die Anwesenden schaufelten gemeinsam das Grab zu. Dann wurde die Trauernde von allen

174

Anwesenden neu getauft. Das Wassergefäß wurde von Hand zu Hand weitergegeben, jede Frau besprengte die Trauernde mit Wasser und sprach einige Worte der Bestätigung und Unterstützung. Dabei wurde die Stimmung allmählich immer ausgelassener, bis schließlich das Gefäß mit dem Rest des Wassers der Neugetauften über den Kopf gestülpt wurde. Ein Gedicht von E. E. Cummings, »Ich danke dir, Gott, für diesen erstaunlichen Tag« wurde gelesen.

Ein Jahr später dachte die Frau noch einmal über die Wirkung des Rituals nach. Es hatte die Inzesterfahrung wirklich zu einem Abschluß gebracht. Sie trauert immer noch um die verlorenen und unerfüllten Möglichkeiten ihrer Kindheit, aber diese Trauer hat eine andere Qualität. Sie ist »sanfter, reifer und leichter zu ertragen«. Sie fühlt sich stärker und hat keine Angst mehr. Sie hat sich vorgenommen, das Mitternachtsgrab noch einmal zu besuchen, »wenn die Bäume ein bißchen grüner geworden sind«.

Heilritual für mißhandelte Frauen

Die Gemeinschaft versammelt sich im Kreis um die Frau, die Heilung sucht. Eine Frau, die das Ritual leitet, steht auf und spricht eine Einführung:

»Die Ehe als Verbindung von Mann und Frau mit dem Ziel der Familiengründung wurde uns Frauen als edelstes Ziel, als Quelle unseres größten Glücks und unserer höchsten Erfüllung dargestellt. In der Realität war der Ehekontrakt unter dem Patriarchat jedoch allzu oft eine Lizenz für legalisierte Gewalt gegen Frauen. Vergewaltiger, so wurde gesagt, sind die Stoßtruppen des Patriarchats, während gewalttätige Ehemänner die Besatzungsmacht darstellen. Die im Vergleich zu Frauen größere physische Kraft der Männer, die auf Aggression ausgerichtete Körpererziehung von Männern und die auf Passivität ausgerichtete Erziehung von Frauen bilden die Grundlagen eines Systems, das alle Frauen wie Ehefrauen behandelt: als Besitz und Dienerin des Mannes. Die Religion hat diese Gewalt zu oft gerechtfertigt, indem sie Männern die Legitimation gab, ihre Frauen zu schlagen, und indem sie Frauen dahin brachte, ihr Leiden als Weg zur Erlösung zu akzeptieren. Eine Theologie, die eine Opfermentalität kultiviert, verwandelt den Kreuzestod Christi in eine geistige Haltung des Sadismus bei

Männern und des Masochismus bei Frauen. Wir sind hier zusammengekommen in unserer gemeinsamen Ablehnung der Mißhandlung und der Verletzung von Frauen. Wir weisen ihre rechtliche Billigung, ihre kulturelle Akzeptanz und ihre Rechtfertigung durch die Religion zurück. Wir schreien unseren Protest heraus; wir geben unser Wort, daß wir sie offenlegen werden. Gewalt gegen Frauen muß aufhören. Hier, an diesem Ort, werden wir damit Schluß machen.

Der Anlaß unserer Zusammenkunft ist unsere gemeinsame Trauer und die Heilung unserer Schwester, die diese Gewalt erlitten hat, die sich entschlossen hat, ihr zu widerstehen, und die an Körper, Geist und Seele von ihrem Gift und ihren Verletzungen geheilt werden will. Laßt uns gemeinsam ein Klagegebet sprechen«:

(Das folgende Gebet verbindet den Psalm 22 mit dem »Brief einer mißhandelten Frau«, aus Del Martin: »Gewalt gegen Frauen«[3]. Die männliche Sprache des Psalms wurde beibehalten als Ausdruck der ambivalenten Hilfsquelle, die ein patriarchaler Gott für eine Frau darstellt, die Mißhandlungen ausgesetzt ist. Das Gebet kann wie ein Wechselgesang gesprochen werden.)

Erste Gruppe: »Ich bin Mitte Dreißig, im selben Alter wie mein Mann. Ich habe Abitur und studiere zur Zeit, um die zusätzliche Ausbildung zu bekommen, die ich brauche. Mein Mann hat einen Hochschulabschluß und ist ein Fachmann auf seinem Gebiet. Wir sind beide attraktiv und werden im großen und ganzen von unserer Umgebung respektiert und gemocht. Wir haben vier Kinder und leben in Wohlstand und mit aller Bequemlichkeit, die wir wünschen können. Ich habe alles – außer einem Leben ohne Angst.«

Zweite Gruppe: »Mein Gott, mein Gott, warum hast du mich verlassen? Ich schreie, aber meine Hilfe ist fern. Mein Gott, des Tages rufe ich, doch antwortest du nicht, und des Nachts, doch finde ich keine Ruhe.«

Erste Gruppe: »Während des größten Teils meiner Ehejahre wurde ich regelmäßig von meinem Mann mißhandelt. Was meine ich mit mißhandelt? Ich meine, daß Teile meines Körpers wiederholt und mit Gewalt geschlagen wurden; Blutergüsse, Schwellungen, blutende Wunden, Bewußtlosigkeit und alles das in Verbindung waren die Folgen. Ich bekam Tritte in den Unterleib, als meine Schwangerschaft schon sichtbar war. Ich bekam Fausthiebe und Tritte an den Kopf, die Brust, ins

Gesicht, in den Unterleib, öfter als ich zählen kann. Ich bekam Ohrfeigen, weil ich mich über Politik äußerte, weil ich eine andere Ansicht über Religion vertrat, weil ich weinte. Ich wurde bedroht, wenn ich nicht tat, was er wollte. Ich wurde bedroht, wenn es ihm schlechtging und auch wenn es ihm gutging. Jedesmal, wenn er mich geschlagen hatte, verließ mein Mann das Haus und blieb tagelang weg.«

Zweite Gruppe: »Ich aber bin ein Wurm und kein Mensch, ein Spott der Leute und von allen verachtet. Alle, die mich sehen, verspotten mich, sperren das Maul auf und schütteln den Kopf.«

Erste Gruppe: »Kaum jemand hat je mein blauschwarz angelaufenes Gesicht oder meinen geschwollenen Mund gesehen, denn ich blieb nach solchen Vorfällen im Haus, weil ich mich schämte. Nun wäre die erste Reaktion auf diese Geschichte, die mir selbst einfällt: Warum hast du nicht um Hilfe gebeten?«

Zweite Gruppe: »Sie klage es dem Herrn, der helfe ihr heraus und rette sie, hat er Gefallen an ihr.«

Erste Gruppe: »Zu Beginn unserer Ehe ging ich zu einem Geistlichen; nach einigen Besuchen sagte er mir, daß mein Mann mir nicht wirklich schaden wolle – er sei nur verwirrt und fühle sich unsicher. Er riet mir, mehr Toleranz und Verständnis aufzubringen. Vor allem wurde ich aufgefordert, meinem Mann die Mißhandlungen zu verzeihen, wie Christus seinen Peinigern vergeben hat. Ich tat das auch.«

Zweite Gruppe: »Du hast mich aus meiner Mutter Leib gezogen, du ließest mich geborgen sein an der Brust meiner Mutter. Auf dich bin ich geworfen von Mutterleib an, du bist mein Gott von meiner Mutter Schoß an. Sei nicht fern von mir, denn Angst ist nahe, denn es ist hier kein Helfer.«

Erste Gruppe: »Es ging weiter wie vorher. Als nächstes wandte ich mich an einen Arzt. Er gab mir Beruhigungstabletten und sagte, ich solle die Dinge leichternehmen. Ich sei einfach zu nervös. Ich wandte mich an eine Freundin, und als ihr Mann es erfuhr, beschuldigte er mich, entweder hätte ich alles erfunden oder das Vorgefallene übertrieben. Er sagte ihr, sie solle sich von mir fernhalten. Das tat sie nicht, aber sie konnte mir auch nicht mehr wirklich helfen. Schon dadurch, daß sie mir glaubte, mußte sie in Loyalitätskonflikte geraten. Ich wandte mich an eine Familienberatungsstelle. Dort sagte man mir, mein Mann brauche Hilfe, und ich solle einen Weg finden, die Zwischenfälle unter Kontrolle zu bekommen. Ich konnte die Mißhandlungen nicht unter Kontrolle bekommen. Das war der ganze

Effekt meiner Suche nach Hilfe. Bei der Beratung stellte ich fest, daß ich mich gegen den Verdacht verteidigen mußte, ich wolle geschlagen werden.«

Zweite Gruppe: »Feinde umgeben mich wie gewaltige Stiere, mächtige Büffel haben mich umringt. Ihren Rachen sperren sie gegen mich auf wie ein brüllender und reißender Löwe.«

Erste Gruppe: Einmal rief ich die Polizei. Nicht nur, daß sie auf den Anruf nicht reagierten – sie riefen einige Stunden später an und fragten, ob die Lage sich beruhigt habe. Um diese Zeit hätte ich tot sein können.«

Zweite Gruppe: »Ich bin ausgeschüttet wie Wasser, alle meine Knochen haben sich voneinander gelöst, mein Herz ist in meinem Leib wie zerschmolzenes Wachs. Meine Kräfte sind vertrocknet wie eine Scherbe, meine Zunge klebt mir am Gaumen, und du legst mich in des Todes Staub.«

Erste Gruppe: »Wenn es wieder geschieht, weiß ich nicht, wo ich hingehen soll. Niemand will eine Frau mit vier Kindern aufnehmen. Selbst mitfühlende und hilfsbereite Menschen wollen nicht in etwas hineingezogen werden, was man gemeinhin eine ›Ehekrise‹ nennt.«

Zweite Gruppe: »Aber du, Herr, sei nicht fern, meine Stärke, eile, mir zu helfen.«

Abschlußreflexion (von der Leiterin des Rituals gesprochen): »Wir haben die Seelenqualen einer mißhandelten Frau gehört. Wir hörten auch den Klageschrei unseres biblischen Glaubens. Wir haben zu dem Gott unserer Väter geschrien, aber wir wurden nicht gehört. Das patriarchale Antlitz dieses Gottes hat die Quelle der Gnade vor uns verschlossen und uns in Demütigung, Schuld und Verzweiflung zurückgelassen. Allzu oft wurde dem Opfer das Gefühl gegeben, sie selbst sei die Ursache ihrer Konflikte. Wir müssen von vorn beginnen. Wir müssen die Maske des Patriarchats vom Antlitz unseres Gottes und unserer Göttin reißen und den Quell der Gerechtigkeit, der Heilung und der Hoffnung wieder zum Fließen bringen. Hören wir die Geschichte unserer Schwester.«

Aussprache

Die mißhandelte Frau stellt ihre persönliche Geschichte dar, die Geschichte der Gewalt in ihrer Ehe, die Konstellation von Ereignissen, die sie in diese Situation brachten, und wie sie begann, Widerstand zu leisten, Befreiung und ein neues Leben zu suchen.

Heilsalbung

Mehrere Frauen gehen zu der mißhandelten Frau und salben ihren Körper mit duftendem Öl. Dabei sagen sie: »Dieses Gesicht (diese Hand, diese Brust, dieser Rücken, dieses Bein) wurde geschaffen, um die Energie des Lebens zu fühlen und zu genießen. Sie wurden zum Objekt der Gewalt und zur Quelle von Schmerz gemacht. Wirf diesen Schmerz von dir. Befreie dich von der Demütigung. Sei geheilt!«

Die Frauen umringen sie, legen ihr von allen Seiten die Hände auf und beginnen zu summen. Sie hüllen die Frau in ein Gewebe sanft steigender und fallender Töne ein. Das Summen kann allmählich in ein Lied übergehen. Die mißhandelte Frau steht auf und stellt sich mit den anderen in den Kreis. Sie sprechen gemeinsam:

»Wir sind hier, um der Gewalt ein Ende zu machen –
wir werden sie beenden.
Wir sind hier, um die Herrschaft des Schreckens zu brechen –
wir werden sie brechen.
Wir sind hier, um die Verletzten zu heilen –
wir werden sie heilen.
Wir sind hier, um zu helfen –
wir werden einander helfen.
Wir sind hier, um neu anzufangen –
wir werden neu anfangen.
Wir sind hier, um das System zu verändern –
wir werden es verändern.
Wir treten gemeinsam hinaus in die Freiheit –
wir werden uns befreien.
Wir schaffen eine neue Welt, eine Welt der Sicherheit und des Glücks, wo Frauen, Männer und Kinder gemeinsam ohne Angst leben können –
wir werden diese Welt schaffen.
Das Alte endet, das Neue beginnt –
dies ist der Ort.
Das Schweigen endet, Widerstand und Veränderung beginnt –
wir sind die Handelnden, und wir werden handeln.
Das ist unser fester Wille!«

Die Gruppe kann das Ritual mit gemeinsamem Singen und Tanzen nach geeigneter Musik abschließen.

Heilritual für eine vergewaltigte Frau

Die Teilnehmerinnen des Rituals bilden einen Kreis um die Frau, die vergewaltigt wurde.

Eine Frau sagt: »Wir sind hier, weil unserer Schwester Gewalt angetan wurde. Ihr Körper, ihre Seele und ihr Geist sind grausam verletzt worden. Wir sind hier, um mit ihr zu trauern und mit ihr unsere Wut herauszuschreien. Wir sind außer uns vor Wut – wir sind voller Entrüstung über die Feindseligkeit gegen Frauen, über die Verkehrung von Sexualität in Gewalt. Die Feindseligkeit und die Gewalt, von der wir in der patriarchalen Welt umgeben sind, finden in der Vergewaltigung ihren extremsten Ausdruck. Wir sind verzweifelt, und wir trauern, denn wir wissen nicht, wann die Gewalt enden wird und wie wir den angerichteten Schaden ausgleichen sollen. Aber wir weigern uns, aufzugeben. Wir werden erfolgreich weiterkämpfen. Wir werden uns nicht einschüchtern und zu furchtsamen Geschöpfen machen lassen, die ihren Anspruch auf Freiheit nicht durchsetzen können. Wir gehen hin, wo es uns gefällt, und wir tun, was wir wollen.«

Eine zweite Frau sagt: »Wir stehen in Liebe und Mitgefühl zu unserer Schwester X, der Gewalt angetan wurde. Sie wurde grausam verletzt, aber sie ist nicht zerstört. Sie wurde gedemütigt, aber ihre Integrität ist unberührt. Sie war der Häßlichkeit ausgesetzt, aber ihre Schönheit ist unangetastet. Das Böse hat nach ihr gegriffen, aber sie ist gut. Wenn ihr Leiden mit Lügen und Zweifeln beantwortet wird, bleibt sie dennoch in der Wahrheit. Wir bekräftigen ihre Ganzheit, ihre Güte, ihre Wahrhaftigkeit, ihre Integrität, ihre Schönheit. Wir verwerfen die Kräfte der Destruktion, der Häßlichkeit, der Gewalt und der Lüge, die versuchten, aus ihr ein Opfer zu machen.«

Die Frau, die vergewaltigt wurde, kann sich nun entscheiden, ob sie über ihre Erfahrung sprechen will, oder ob sie lieber schweigen und sich in anderer, nonverbaler Weise ausdrücken will. Dann wird die Frau von der Gruppe zu einem rituellen Bad geleitet. Das warme Wasser, in das sie eintaucht, ist mit Kräutern versetzt und mit duftenden Blütenblättern bestreut. Sie wird massiert und mit warmem Wasser übergossen. Danach hüllen die Frauen sie in ein Tuch, salben sie mit duftendem Öl, kleiden sie in ein festliches Gewand und schmücken sie mit einem Kranz aus wilden Pflanzen, Blumen und Kräutern. Die Frauen versammeln sich wieder im Kreis um die Heilungsuchende; eine Frau legt ihr die Hände auf und sagt:

☐ (Indem sie ihr die Hände auf den Bauch legt): »Von der Gewalt, die deinem Körper angetan wurde, sei geheilt!«
Alle anderen Frauen der Gruppe wiederholen: »Sei geheilt!«

☐ (Die Hände werden auf die Stirn aufgelegt): »Von der Gewalt, die deiner Seele und deinem Geist angetan wurde, sei geheilt!«

Alle sprechen gemeinsam: »Der Segen unserer göttlichen Mutter umgibt dich, stützt dich, umfließt dich, liebkost dich und bringt dich zur Ganzheit. Sei heil und ganz, Schwester, sei heil und ganz!«

Falls die Vergewaltigung in der Wohnung der Frau stattgefunden hat, sollten die Räume rituell gereinigt und neu geweiht werden, wobei auf den Raum, in dem das Verbrechen geschah, und auf die Tür oder das Fenster, durch das der Vergewaltiger hereinkam, besondere Aufmerksamkeit verwendet wird (s. die folgende Liturgie).

Neuweihung eines Hauses (einer Wohnung) nach einem Einbruch oder anderen Gewalttaten

Das Ritual beginnt damit, daß die Betroffenen zusammen mit Freunden vor dem Haus stehen. Jemand spricht die einleitenden Worte: »Dieses Haus ist unser Zuhause, der Ort unserer Ruhe und unserer Sicherheit. Wir haben uns oft darauf gefreut, in dieses Haus zurückzukehren, an den Ort, wo wir Entspannung, Schutz und Geborgenheit fanden. Unser Zuhause wurde durch Gewalt entweiht. Statt Geborgenheit und Frieden herrscht nun Angst an diesem Ort. Seine Ganzheit ist zerbrochen, sein Frieden zerstört. Wenn wir unerwartete Geräusche hören, zucken wir zusammen und fragen uns, ob uns wieder Gewalt geschehen wird. (Es können dann Einzelheiten des Einbruchs und seiner Auswirkungen auf die Mitglieder des Haushalts geschildert werden.)

Dann lesen zwei der Anwesenden im Wechsel Jesaja 24,

4–12, wo es unter anderem heißt: »Die Stadt ist zerstört und wüst, alle Häuser sind verschlossen, daß niemand hineingehen kann. Man klagt um den Wein auf den Gassen, daß alle Freude weg ist, alle Wonne des Landes dahin ist. Nur Verwüstung ist der Stadt geblieben, und die Tore sind in Trümmer geschlagen« (10–12).

Die Mitglieder des Haushalts sprechen gemeinsam: »Wir werden uns nicht der Angst überlassen. Die heilige Weisheit ist unsere Kraft und unser Schutz. Wir werden diesen Ort wieder zu einem Zuhause machen, zu einem Ort der Geborgenheit, des Friedens und der Liebe. Wir werden hier weiterleben und Kraft und Schutz aus unserer gegenseitigen Liebe ziehen.«

Angeführt von den Mitgliedern des Haushalts umschreitet die Gruppe das Haus (oder geht durch die Räume der Wohnung); einige der Anwesenden tragen blühende Zweige, jemand schwingt ein Weihrauchgefäß. Beim Umschreiten des Hauses wird mit einem angespitzten Stock eine Furche gezogen; Körner werden hineingestreut, die den Lebenszyklus symbolisieren. An einigen Stellen hält die Gruppe an, und alle sprechen gemeinsam: »Wir sind in der Weisheit geschützt und geborgen. Wir werden keine Angst haben.«

Die Gruppe betritt das Haus. Jede Tür und jedes Fenster wird mit Wasser besprengt. Dazu werden die blühenden Zweige in ein Wassergefäß getaucht.

Dabei sprechen alle zusammen: »An dieser Tür (diesem Fenster) soll nicht länger die Angst lauern. Wir wollen mit Vergnügen hinausschauen; sanfter Wind soll hereinwehen, und nur willkommene Gäste sollen eintreten.«

Zum Schluß versammeln sich alle um einen Tisch. Das Weihrauchgefäß wird in die Mitte gestellt, umgeben von den Blütenzweigen.

Alle fassen sich an den Händen und sprechen das Gebet: »In der Kraft der heiligen Weisheit kommen wir zusammen, um einander Halt und Schutz zu sein. Möge diese Kraft von Hand zu Hand, von Berührung zu Berührung, von Blick zu Blick, von Wort zu Wort weiterfließen. Laßt uns die Wunden dieses Hauses heilen, und jeder heile des anderen Wunden. Frieden und Liebe sei mit uns allen.«

Heilritual nach einer Abtreibung

Gemeinsames Gebet: »Gott, Mutter und Vater, Göttin des Lebens und der Erneuerung, wir sind voller Sorge. Wir sind traurig über den Zwiespalt, den wir oft erfahren, zwischen Leben und Leben, zwischen der Bestätigung eines potentiellen neuen Lebens, das kaum begonnen hatte, und dem bestehenden Leben, das erhalten und ernährt werden will, unserem eigenen Leben und dem Leben, für dessen Erhaltung wir Verantwortung tragen. Wir trauern, noch mehr, wir sind voller Wut, daß wir vor diese Wahl gestellt werden, eine Wahl zwischen zwei Übeln, eine Wahl gegen das potentielle Leben und gegen das existierende Leben. Wir sind nicht froh, daß wir diese Wahl treffen müssen. Wir würden unser Leben gern so einrichten, daß uns diese Wahl erspart bleibt, aber das ist nicht immer möglich. Wir sind von Zersplitterung und Unzulänglichkeit umgeben und werden oft durch Zwang zu Entscheidungen gedrängt, die wir lieber in Freiheit treffen würden. Die Welt, die uns umgibt, ist voller Zwang und Gewalt; sie unterdrückt das Wissen und das Selbstverständnis, das uns erlauben würde, besser zu entscheiden, besser vorauszudenken und zu planen. Wir leben in einer Welt, in der unzählige Menschen Hunger leiden, in der viele Kinder unerwünscht zur Welt kommen, ohne die mindeste Aussicht auf Liebe und ohne Entwicklungschancen. Auf diese Weise wollen wir kein Leben schaffen. Wir wollen Leben schaffen, das erwünscht ist, das erhalten und ernährt werden kann. Unsere Schwester hat ihre harte Entscheidung getroffen. Wir wollen nicht vorgeben, daß diese Wahl einfach war, ohne Schmerz und Verletzung, aber wir wissen, daß sie die beste Wahl getroffen hat, die sie treffen konnte. Wir stehen zu ihr und unterstützen sie in ihrem bestehenden Leben; wir helfen ihr, ihre Kräfte zu sammeln und ihre Energien darauf zu richten, wie sie künftig ihr eigenes Leben erhalten will und wie sie für die sorgen wird, die sich von ihrem Leben nähren.«

Die Frau, die die Abtreibung durchgemacht hat, kann nun, wenn sie es wünscht, über ihre Erfahrungen sprechen. Sie reflektiert über die Bedeutung ihrer Entscheidung für sie selbst und für ihre weiteren Lebenspläne. Wenn sie geendet hat, gehen einige Frauen zu ihr, legen ihr die Hände auf und sagen: »Sei geheilt, Schwester, sei heil und ganz.«

Eine Frau bringt dann einen Blumentopf, der mit Erde gefüllt ist, sät Blumensamen hinein und sagt dabei: »Leben welkt dahin, Lebendes stirbt. Leben erneuert sich. Wir schauen nicht auf die Vergangenheit zurück, wir schauen in die Zukunft; wir wenden uns der Sonne zu, die jeden Tag aufgeht, dem frischen Tau, der jeden Tag auf dem Gras liegt, den neuaufsteigenden Möglichkeiten des Lebens. Diese Samen sollen für die neuen Lebensmöglichkeiten stehen, die sich uns eröffnen, sogar in der Trauer um die Keime von Leben, die nicht aufgehen werden.«

Die Frau, der das Ritual gilt, begießt die Saat mit Wasser, und der Blumentopf wird ihr als Geschenk überreicht. Vielleicht entschließt sich die Gruppe danach, das Gespräch im Saunabad fortzusetzen.

Heilritual nach einer Fehlgeburt oder Totgeburt

Gemeinsames Gebet: »Gott, Mutter und Vater, Göttin des Lebens und der Erneuerung, wir sind voller Trauer. Unsere Schwester X (und unser Bruder Y) freute(n) sich auf die Geburt eines Kindes. Pläne, Erwartungen und Hoffnungen hatten sich schon um dieses zukünftige Kind gebildet. Aber dieses potentielle Leben, das zu wachsen begonnen hatte, wurde ausgelöscht. Wir bleiben mit leeren Armen und mit leerem Herzen zurück, und die Hoffnungen auf das neue Leben sind zunichte geworden. Wir trauern um die Unzulänglichkeit des Lebens, darum, daß wir zu schwach sind, Leben nach unseren eigenen Wünschen zu formen, daß unsere Hoffnungen auf ein neugeborenes Kind sich nicht erfüllten. Wir fühlen Bitterkeit und Wut gegen die blinden Kräfte des Schicksals, die den zarten Keim unserer Hoffnungen so schnell zerstörten. Sollten wir Wut gegen dich empfinden, die Quelle des Lebens, die uns dieses Leben genommen hat? Oder bist du selbst den Unzulänglichkeiten und Begrenzungen des Lebens unterworfen, wenn du darum kämpfst, neues Leben hervorzubringen? Bist du, Göttin und Gott des Lebens und der Erneuerung, selbst unfähig, die Todeskräfte zu lenken, die deiner Schöpfungsarbeit Grenzen setzen? Trauerst du mit uns um die schnelle Auslöschung des Lebensfunkens, der in uns zu wirken begonnen hatte? Können wir, Mensch und Göttin/Gott, zusammen weinen und trauern um das keimende Leben, das war und nun nicht mehr ist und nicht sein wird?

Dennoch müssen wir weitergehen und unseren Kampf um die Erhaltung des Lebens weiterführen: des Lebens um uns, das von uns abhängig ist, und auch unseres eigenen Lebens. Da unsere Hoffnungen, ein neues Leben zu nähren, erloschen sind, wenden wir uns dem existierenden Leben zu, das unsere Hilfe braucht. Heile unsere Schwester X (und unseren Bruder Y) von ihrem Leid. Wir richten unsere Energien auf sie, stützen sie und bestärken sie in ihrem weiterbestehenden Leben, wie sie ihre Lebenskraft sammeln und ihre Kräfte darauf richten, ihr eigenes Leben und das Leben, das sie umgibt, zu erhalten.«

Die Frau (oder das Paar) reflektiert nun über ihre Trauer und über ihre Hoffnungen, die Fäden des Lebens wieder aufzunehmen. Die Anwesenden bilden einen Kreis um sie, legen ihnen die Hände auf und sagen: »Seid von eurem Leid geheilt!«

Die Liturgie endet in derselben Weise wie das Heilungsritual nach einer Abtreibung.

Ein Scheidungsritual
von Florence Perrella Hayes[4]

Teilnehmer:
Das Ehepaar und zwei Freunde, die gemeinsam mit dem Paar die Texte des Rituals lesen, die Kinder (falls das Paar Kinder hat) und andere nahe Freunde und Verwandte
Symbole:
Ein Kelch, der bis zum Rand mit Wein gefüllt ist, eine mit Erde gefüllte Schale und, wenn das Paar Kinder hat, zwei Rosen für jedes Kind
Ablauf des Rituals:
1. Gruß und Anrufung
2. Erinnerung an die Ehevision
3. Bestätigung der elterlichen Bindung (wenn Kinder da sind)
4. Trübung der Vision – Sorge und Versöhnung
5. Leeren des Kelches
6. Änderung des Namens
7. Segnung

Jeder der sieben Teile des Rituals wird mit einer passenden Bibelstelle, einem Gedicht oder einem Lied eingeleitet und mit einem Augenblick der Stille beendet.

Gruß und Anrufung

Eine Freundin: »Ich grüße alle, die aus Liebe zu X und Y hier zusammengekommen sind. Wir, die Familie und die Freunde, begleiten sie heute bei der Beendigung ihrer Ehe, und wir rufen den Segen Gottes auf sie herab, die nun einen neuen Abschnitt ihrer Lebensreise beginnen. Möge Liebe und Frieden über ihrem neuen Leben walten.«

Erinnerung an die Ehevision

Ein Freund: »Am Anfang schuf Gott Himmel und Erde, und die Erde war wüst und leer, und es war finster auf der Tiefe; und der Geist Gottes schwebte auf dem Wasser.
Und Gott sprach: Es werde Licht! Und es ward Licht. Und Gott sah, daß das Licht gut war. Da schied Gott das Licht von der Finsternis« (1. Mose 1,1–4).
Freundin: »Der Beginn der Liebe ist wie das Wehen des göttlichen Geistes, wie ein Lichtfunke in der Finsternis.«
Freund: »Der Beginn der Liebe ist wie der Vorgeschmack auf das Königreich und die Rückkehr in den Garten des Paradieses.«
Sie: »Wir werden die Welt neu erschaffen.«
Er: »Wir stehen zu der Vision, die wir teilten, und zu den guten Früchten unseres gemeinsamen Lebens.«
(Beide Partner benennen positive Erinnerungen oder positive Aspekte des gemeinsamen Lebens und der gemeinsam geleisteten Arbeit.)
Sie: »Zum Zeichen, daß wir zu diesen Erinnerungen stehen und sie in unseren Herzen bewahren, trinken wir gemeinsam aus diesem Kelch.«
(Beide Partner trinken aus dem Kelch.)

Bestätigung der elterlichen Bindung

Freundin: »Dein Weib wird sein wie ein fruchtbarer Weinstock, deine Kinder wie junge Ölbäume um deinen Tisch her« (Psalm 128,3).
Er: »Unsere Liebe setzte das Schöpfungswerk Gottes fort. Wir ehren diese neuen Menschen, unsere Kinder, die unser Leben bereichern und die uns herausfordern, unseren Horizont zu erweitern.« (Jedes Kind wird beim Namen genannt.)

Sie: »Sie sind die Inkarnation unserer Liebe; sie erfüllen uns mit Staunen und mit Freude, mit Trost und mit Besorgnis. Wir bekräftigen unsere Verbundenheit mit unseren Kindern, solange wir leben.«

Er: »Wir bleiben die Eltern unserer Kinder, auch wenn wir nicht mehr Mann und Frau sind. Als Zeichen dieser Bindung trinken wir gemeinsam aus diesem Kelch.« (Eltern und Kinder trinken aus diesem Kelch.)

Trübung der Vision

Freund: »Dem Bösen steht das Gute entgegen, dem Tod das Leben, dem Glauben die Sünde. So sind alle Werke der Schöpfung in Polaritäten geordnet.«

Sie: »Die Liebe führte uns zusammen, und nun fordert das Leben unsere Trennung. In Trauer bitte ich dich um Verzeihung, weil ich andere Wege einschlug als du. Verzeih mir die alltäglichen Vertrauensbrüche.«

Er: »Verzeih mir, daß ich nicht zuhörte, verzeih mir, daß ich dich nicht verstand.«

Sie: »Denk nicht mehr an die zäh wuchernden Mißverständnisse, an meine Fehler, die ich nicht ausräumte.«

Er: »Denk nicht mehr an meine Ängste und an die Unehrlichkeit, hinter der ich mich verbarg. Denk in Liebe an mich.«

Sie: »Denk in Liebe an mich.«

(Die Partner geben einander den Friedenskuß oder reichen sich die Hände.)

Leeren des Kelches

Freundin: »Ein jegliches hat seine Zeit, und alles Vorhaben unter dem Himmel hat seine Stunde: Geboren werden hat seine Zeit, sterben hat seine Zeit; pflanzen hat seine Zeit, ausreißen, was gepflanzt ist, hat seine Zeit« (Prediger 3,1–2).

Er: »Es gibt eine Zeit für die Vereinigung, und es gibt eine Zeit für die Trennung.«

Sie: »Was ist das Gute an einer Trennung, was ist gut daran, wenn ein Traum zu Ende geht?«

Freund: »Das Gute ist das Loslassen; gut ist es, einzugestehen, daß wir nichts und niemanden besitzen.«

Freundin: »Gut ist es, einander freizugeben und zu segnen,

gut ist die Weigerung, den Menschen zu zerstören, den wir einmal liebten und begehrten.«

Er und sie: »Wir nehmen uns in unseren Begrenzungen an.« (Beide umfassen gemeinsam den Kelch.) »Wie wir den Rest dieses Weins in die Erde fließen lassen, gießen wir den Rest unserer Ehe aus.« (Sie gießen gemeinsam den restlichen Wein in die mit Erde gefüllte Schale.)

Änderung des Namens

In Quebec, wo diese Liturgie geschrieben wurde, sind keine rechtlichen Schritte erforderlich, wenn eine geschiedene Frau sich entschließt, wieder ihren Mädchennamen anzunehmen. Wenn sie jedoch einen vollständig neuen Namen annehmen will, wird sie die Hilfe eines Rechtsanwalts in Anspruch nehmen müssen. Die Namensänderung im Scheidungsritual hat den Sinn, unter Freunden ein Zeichen für den Neubeginn zu setzen.

Freund: »Und Adam nannte sein Weib Eva, denn sie wurde die Mutter aller, die da leben« (1. Mose 3, 20).

Freundin: »Da rang ein Mann mit ihm, bis die Morgenröte anbrach. Und als er sah, daß er ihn nicht übermochte, schlug er ihn auf das Gelenk seiner Hüfte, und das Gelenk der Hüfte Jakobs wurde über dem Ringen mit ihm verrenkt. Und er sprach: Laß mich gehen, denn die Morgenröte bricht an. Aber Jakob antwortete: Ich lasse dich nicht, du segnest mich denn. Er sprach: Wie heißest du? Er antwortete: Jakob. Er sprach: Du sollst nicht mehr Jakob heißen, sondern Israel; denn du hast mit Gott und mit Menschen gekämpft und hast gewonnen« (1. Mose 32, 25–30).

Freund: »Wer bist du und was sind deine Taten? Unser Name sollte der Ausdruck unseres innersten Selbst sein. Dieser Name wird uns vielleicht erst allmählich im Lauf unseres Lebens enthüllt. Andere dürfen diesen Namen erst nach unserem Tod aussprechen, wenn er nicht für immer in Gott verborgen bleibt.«

Freundin: »Woher kommst du? Wohin gehst du? In der Zwischenzeit tragen wir einen öffentlichen Namen, den wir formen und dem wir Bedeutung geben. Für jene, die uns nahe sind, ist er ein Schlüssel; für andere bleibt er ein Geheimnis. Zum Zeichen des Neubeginns deines Lebens wirst du von heute an X (werdet ihr von heute an X und Y) heißen. Die Namen eurer Kinder bleiben dieselben, da ihre Beziehung zu euch als Eltern dieselbe bleibt.«

(Die Mutter und der Vater geben jedem Kind eine rote Rose.)

Segnung

Alle erheben ihre Hände, um das Paar zu segnen. Die Frau und der Mann können entweder einfach den Segen empfangen oder auch ihre Hände erheben, um einander zu segnen.
Freund: »Wir erheben unsere Hände, um X und Y zu segnen. Mögen sie die Kraft und den Mut finden, sich ihre neuen Lebenswege zu bahnen in Freude und Gesundheit.«
Freundin: »Freude und Liebe sollen sie begleiten in ihrer Arbeit, in ihren Freundschaften, in der Beziehung zu ihren Kindern.«
    Jede(r) der Anwesenden verabschiedet sich von dem Paar mit einer persönlichen Geste der Freundschaft.

Ritual der neuen Namensgebung

Florence Hayes' Liturgie geht davon aus, daß beide Partner fähig und bereit sind, sich versöhnlich zu begegnen. Das ist aber allzu oft nicht der Fall. Es könnte also sein, daß statt des Scheidungsrituals in der dargestellten Form ein Heilungsritual für einen der ehemaligen Ehepartner gebraucht wird. Dieses Ritual könnte die Form einer Zeremonie der Namensgebung annehmen.
    Das folgende Ritual der neuen Namensgebung formulierte Kate Pravera[5] für sich selbst; es wurde am 7. Mai 1981 vollzogen. Das Ritual drückt Kates Entwicklung zu einer neuen Identität aus, nachdem sie sich aus ihrer Ehe und von ihrem früheren Selbstverständnis als Frau gelöst hatte.
    Einleitende Musik: Auszüge aus der »Suite für Flöte und Jazz-Piano« von Bolling
Lesung: Die Macht, zu benennen, gehört uns!
    Der einfache Vorgang, die Geschichte einer Frau zu erzählen, ist ein revolutionärer Akt: Es ist nie zuvor getan worden. Eine neue Sprache muß geschaffen werden, um die Erfahrungen und Erkenntnisse von Frauen auszudrücken; neue Metaphern müssen gefunden, neue Inhalte erwogen werden. Wenn Frauen die Benennung ihrer Erfahrungen und Erkenntnisse mitteilen, öffnen sie Wege zu anderen Frauen, die ihre eigenen unausgesprochenen Sehnsüchte formuliert sehen, die entdek-

ken, daß ihre Wahrnehmung der Welt und der in ihr wirkenden Kräfte plötzlich Form angenommen hat[6]. Was geschieht, ist, daß wir Frauen uns selbst und einander hören, und aus diesem unterstützenden Hören erwachsen neue Worte[7]. Die Macht, zu benennen, wurde uns Frauen gestohlen. Wir haben nicht mehr die Freiheit, aus eigener Initiative uns selbst, die Welt und Gott zu benennen. Die alte Ordnung der Namensgebung war nicht das Resultat eines Dialogs – diese Tatsache bleibt in der Genesis unerwähnt, wenn erzählt wird, wie Adam das Weib benannte. Frauen erkennen jetzt, daß die generelle Durchsetzung männlich bestimmter Benennungen falsch war, weil sie voreingenommen und parteiisch ist. Das heißt, inadäquate Begriffe wurden als adäquat akzeptiert. Zu einer menschlichen Existenz gehört die als adäquat empfundene Benennung des Selbst, der Welt, Gottes. Die »Methode« des sich entwickelnden spirituellen Bewußtseins von Frauen ist nichts anderes als diese Rückkehr zur Sprache der Menschlichkeit – eine Wiederaneignung der Macht, zu benennen[8].

Teil I: Die Erfahrung der Leere

I Was Once a Smiling Girl
who walked with her laughter
through a city, that was hers.
I was once a woman poet
who came out with a poem
as one goes out with a child
to show and enjoy it.
I was once the mother of two beautiful daughters
and walked secure in my joy
defying the wind and other things.
Now,
I am a woman, who does not know the land where she lives,
without love, nor laughter, nor Nicaragua,
I am a poet
who writes in secret
in serious offices and boarding houses,
I am a girl who cries under an umbrella
when memories sting
I am a mother who yearns for her daughters' happiness:
Now,
I am a song of rain and melancholy,

I am of absence
(*Gioconda Belli*, geschrieben im vorrevolutionären Nicaragua[9])

Ein lächelndes Mädchen war ich einmal,
das mit seinem Lachen
durch eine Stadt ging, die ihm gehörte.
Eine Dichterin war ich einmal,
die ein Gedicht nach außen trug,
wie eine Frau, die ihr Kind herumträgt,
um es zu zeigen, um es zu genießen.
Ich war eine Mutter mit zwei schönen Töchtern
und ging geborgen in meiner Freude
und kümmerte mich nicht um den Wind und andere Dinge.
Jetzt bin ich eine Frau,
die das Land nicht kennt, in dem sie lebt,
hier ist keine Liebe, kein Lachen, kein Nicaragua.
Ich bin eine Dichterin,
die im Verborgenen schreibt,
in ernsten Büros und in Hotels.
Ich bin ein Mädchen, das weint, unter einem Schirm verborgen,
wenn der Schmerz der Erinnerung brennt.
Ich bin eine Mutter, die das Glück ihrer Töchter herbeisehnt:
Jetzt.
Ich bin ein Lied von Regen und von Melancholie,
ich bin in der Leere.

Lesung: In der Anthropologie der Kirchenväter werden Männlichkeit und Weiblichkeit als Ausdruck der Spaltung zwischen Körper und Geist behandelt. Frauen werden als analog zum Körper definiert in bezug auf den herrschenden Geist: entweder als gehorsamer und unterjochter Körper (die Gattin) oder als sinnliche Leiblichkeit in der Revolte gegen die Herrschaft der Vernunft (die Hure). Frauen werden in die Definition der Sünde aufgenommen. Das körperliche Prinzip an sich wird als so dämonisch angesehen, daß der hohe Weg der Erlösung die Verschmähung des gesamten körperlichen Lebens erfordert zugunsten des asketisch-jungfräulichen Seins[10].

Da Frauen ihr eigenes Nicht-Sein intensiv wahrnehmen, entwickeln sie eine besonders sensible Wahrnehmung für die größeren Kräfte des Nicht-Seins, Kräfte der Herrschaft, des Todes und der Destruktion, die in der Männerwelt wirken. Sie haben oft sehr klare Vorstellungen darüber, in welcher Weise die destruktive Macht des Männlichen auf ihr persönliches Leben und auf die größeren Zusammenhänge in Natur und Gesellschaft einwirkt[11].

Strike
I want a strike, where we all go together.
A strike of arms, legs, heads,
a strike born in each body.
I want a strike of doves
of workers of flowers
of chauffeurs of children
of technicians of women.
I want a huge strike,
encompassing love,
A strike, where everything stops
the clock the factories
the school the colleges
the bus the hospitals
the highway the ports
A strike of eyes, hands and kisses
A strike where no one breathes,
A strike, where silence emerges
to hear the sounds
of the fleeing tyrant.
(Gioconda Belli[12])

Ich will einen Streik, bei dem alle mitmachen,
einen Streik der Arme, Beine, Köpfe,
einen Streik, geboren in jedem Körper.
Ich will einen Streik der Tauben,
der Arbeiter, der Blumen,
der Chauffeure, der Kinder,
der Techniker, der Frauen.
Ich will einen großen Streik
allumfassender Liebe,
einen Streik, der alles zum Stillstand bringt:
die Uhr, die Fabriken,
die Schule, die Hochschulen,
den Bus, die Krankenhäuser,
die Autobahn, die Häfen,
einen Streik der Augen, Hände und Küsse,
einen Streik, wo niemand atmet,

einen Streik, wo Stille eintritt,
wo alle hören
wie der Tyrann entflieht.

Teil II: Erwachen und Erkenntnis
Das Erscheinen des Selbst

Das Erwachen geschieht oft durch mystische Erfahrungen in
der Natur oder mit anderen Frauen. »Erwachen« bezeichnet
die mystische Erfahrung von Frauen treffender als »Bekehrung«, denn der Begriff Erwachen legt nahe, daß das Selbst nur
erkennen muß, was schon da ist. Erwachen bedeutet die Fähigkeit, zu wissen oder zu sehen, was im Selbst ist, wenn der Bann
des Schlafs einmal gebrochen ist[13].

Für Frauen ist Erwachen kein Aufgeben, sondern ein Zu-
wachs von Macht, es ist eher ein Verwurzeln des Selbst in den
Kräften des Seins als eine Unterwerfung des Selbst unter die
Kräfte des Seins. Wir laden dich nun zum Ritual der Selbstseg-
nung ein.

Ritual der Selbstsegnung: Die sieben Kräfte der Selbstbe-
stimmung

In diesem Augenblick wird Salz herumgereicht. Streu etwas davon auf den Boden. Salz bedeutet das Salz der Erde – Weisheit.
Wir stehen auf dem Boden unserer Weisheit.

1. Gruppe: »Wir segnen unsere Stirn.« (Jede der Anwesenden
berührt ihre Stirn.)
2. Gruppe: »Wir erheben den Anspruch auf die Kraft der Vernunft.«
1. Gruppe: »Wir segnen unsere Augen.«
2. Gruppe: Wir erheben den Anspruch auf die Kraft der Vision, auf die Erkenntnis der Kräfte des Lebens und
des Todes in unserer Mitte.«
1. Gruppe: »Wir segnen unsere Lippen.«
2. Gruppe: »Wir sprechen die Wahrheit über unsere Erfahrungen; wir erheben den Anspruch auf die Macht, zu
benennen.«
1. Gruppe: »Wir segnen unsere Hände.«
2. Gruppe: »Wir erheben den Anspruch, die Schöpferinnen
einer neuen Menschlichkeit zu sein.«
1. Gruppe: »Wir segnen unsere Leiber.«
2. Gruppe: »Wir erheben den Anspruch, selbst zu entscheiden,
ob wir gebären wollen.«

1. Gruppe: »Wir segnen unsere Füße.«
2. Gruppe: »Wir erheben den Anspruch, den Weg unserer mu-
tigen Vorläuferinnen zu gehen und, wenn es nötig
ist, neue Wege zu bahnen.«
Die siebte Segnung: »Denk einen Augenblick darüber nach,
welchen Anspruch du für dein eigenes Leben erhebst. Geh
dann in die Mitte des Kreises und wähle eine Blume aus als
Zeichen dieser neuen Kraft. Wenn du willst, teile der Gruppe
mit, wofür du dich entschieden hast.«
Abschluß der Segnung (alle stehen im Kreis, die Handflächen
berühren sich):
»Wir segnen einander und erheben den Anspruch auf die
Macht, die in unserem gemeinsamen Kampf als Frauen liegt.«
(Dann strecken alle die Hände aus, die Handflächen sind nach
unten gewandt):
»Wir segnen die Erde mit all ihrer Fruchtbarkeit. Wir nehmen
die Lebenskraft der Erde in uns auf. Wenn wir die Erde berühren, fühlen wir die Kraft all derer, die an diesem Tag um ihre
Befreiung kämpfen. Wir denken an alle, die überall auf der
Welt den Boden bestellen. Von Südostasien bis Zentralamerika
sind es die ärmsten und die am meisten ausgebeuteten Völker
der Erde. Aber es gibt Hoffnung. Eine Welle der Kraft geht
über das Angesicht der Erde, und diese Kraft wird nicht sterben.
In Solidarität mit den Campesinas und Campesinos von El Salvador erhob Erzbischof Romero den Anspruch auf diese Kraft.
Er sagte: ›Sie (die Junta) können mich töten, aber ich werde
nicht sterben.‹ Wir nehmen diese große Kraft des gemeinsamen
Kampfes in uns auf.«
Lied: »We shall overcome . . .«

Teil III: Die neue Namensgebung

»Ein Name ist erst vollständig wirksam, wenn er von anderen
gebraucht wird. Durch den heutigen Ritus erhebe ich den Anspruch auf die Macht, mich selbst zu benennen. Ich nenne mich
Kate Pravera, das bedeutet: ›die in der Wahrheit lebt‹. Zum
Abschluß des Ritus nenne ich meinen neuen Namen, der von
diesem Tag an gebraucht werden soll. Ich bitte euch dann, eine
nach der anderen zu wiederholen: ›Du bist Kate Pravera‹.«
Abschlußlied: »We Are Dancing Sarah's Circle« (Wir tanzen
Sarahs Kreistanz).

Coming-out-Ritual für eine Lesbierin
von Rebekka Parker und Joanne Brown [14]

Dieses Ritual wurde entwickelt, um die Neugeburt einer Frau zu feiern, die sich vor sich selbst und vor ihrer Gemeinschaft zu ihrer Identität als lesbische Frau bekennt. Es basiert auf der Tradition der Tauferneuerungsrituale, in dem Sinn, daß eine Frau, die sich als Lesbierin bekennt, die Geburt einer neuen Identität erfährt oder die Heimkehr zu einer ursprünglichen Identität, die verlorengegangen war. Die Entdeckung und die Bestätigung der eigenen Sexualität als positive Kraft und als Geschenk der Göttin/ Gottes sind die Grundvoraussetzungen dieser Feier. Das folgende Ritual beginnt mit der Danksagung an die Schöpfung und konzentriert sich dann auf die Frau, deren erneuertes Leben an diesem Tag gefeiert wird. Die göttliche Weisheit wird angerufen als Bindeglied zwischen dem Persönlichen und dem Heiligen; als solches wohnt sie der Frau inne, die im Zentrum des Rituals steht. Der Kopf der Frau wird mit Wasser besprengt als Zeichen ihrer gesegneten Geburt und der ihrem Wesen innewohnenden Heiligkeit und Güte. Worte des Segens und der Bestätigung werden gesprochen, und die Gesegnete wird in der Gemeinschaft willkommen geheißen. Gebete zum Schutz allen Lebens und für die Befreiung aller Unterdrückten, ein Psalm und eine Hymne der Danksagung an die Quelle der Gerechtigkeit und der Befreiung schließen das Ritual ab.

Sammlung und Vorbereitung

Einleitende Erklärung (von einer der Anwesenden gesprochen):
   »Alles Leben ist heilig, alles Leben ist eine gesegnete Gabe. Wir sind heute zusammengekommen, um für das Geschenk des Lebens Dank zu sagen und das Leben von X zu segnen, die uns eingeladen hat, ihre Identität als lesbische Frau mit ihr zu feiern. Lesbische Frauen und schwule Männer werden in unserer Gesellschaft abgelehnt und unterdrückt; unser Zusammenkommen hier ist ein Protest gegen ungerechtfertigte Verfolgung und gegen Fehlurteile. Wir wenden uns von der Vorurteilshaltung der Kirche ab und proklamieren den heiligen Wert aller Kinder der Göttin/Gottes, wenn wir diese Schwester mit Freude willkommen heißen. Wir beginnen diese Feier mit einem gemeinsamen Gebet.«

Gebet für die Wahrheit

»O Gott der Wahrheit und der Gerechtigkeit, wie oft gebrauchen wir Ausflüchte und betrügen uns selbst und andere! Wir sehnen uns danach, nur die Wahrheit zu sprechen und zu hören, aber wir fallen doch immer wieder davon ab. Aus Angst vor Verlust oder in der Hoffnung auf Gewinn, aus träger Gewohnheit oder in grausamer Absicht sagen wir Halb-Wahrheiten, verdrehen Tatsachen, schweigen, wenn andere lügen, und belügen uns selbst.

Wir, die wir lesbisch oder schwul sind, fühlen uns oft gezwungen, etwas vorzutäuschen, was wir nicht sind, uns in einer Weise darzustellen, die unaufrichtig ist, und zu Lügen und Ausflüchten zu greifen. Du aber kennst unsere Gedanken und unsere Worte, bevor wir sie äußern. Vor dir müssen wir nicht die Unwahrheit sagen, wie wir es in der heterosexuellen Welt oft tun müssen. In deiner Gegenwart können wir nicht lügen. Mögen unsere Gebete uns helfen, die Wahrheit zu praktizieren in Worten und Gedanken, vor dir, vor uns selbst und in der Beziehung miteinander; möge unsere Befreiung sich vollenden, so daß wir nicht das Bedürfnis haben, Ausflüchte und Lügen zu gebrauchen. Ewiger Gott, reinige unsere Herzen, daß wir dir in Wahrheit dienen.«

Danksagung für das Leben

Musik: Beethoven, »Ode an die Freude«

Lobgesang auf die Weisheit (wie ein Wechselgesang rezitiert):
»Der Sand des Meeres und die Regentropfen und die Tage der Ewigkeit – wer kann sie zählen?
Die Höhe des Himmels und die Weite der Erde und die Tiefe des Abgrunds – wer kann sie ermessen?
Vor allen anderen Dingen wurde die Weisheit geschaffen, klares Verstehen, das ewig andauert.
Wem wurden die Tiefen der Weisheit je enthüllt?
Wer kennt ihre geheimnisvollen Wege?«[15]
Die Frau, die ihr Coming-Out feiert, antwortet:
»Es war die Weisheit, die mir die sichere Erkenntnis dessen gab, was da ist, so daß ich den Bau der Welt begreife und das Wirken der Elemente, Anfang, Ende und Mitte der Zeiten; wie die Tage ab- und zunehmen; wie die Jahreszeiten

wechseln, wie das Jahr umläuft und wie die Sterne stehen; die Natur der Tiere und die Kraft der Raubtiere; die Macht der Geister und die Gedanken der Menschen, die Vielfalt der Pflanzen und die Kräfte der Wurzeln.

So erkannte ich alles, was verborgen und was sichtbar ist, denn die Weisheit, die alles kunstvoll gebildet hat, lehrte es mich.«[16]

Alle stimmen in das Lob der Weisheit ein:

»Denn es wohnt in ihr ein Geist, der verständig ist, heilig, einzigartig, vielfältig, fein, behend, durchdringend, rein, klar, unversehrt, freundlich, scharfsinnig, ungehindert, wohltätig, menschenfreundlich, beständig, gewiß, ohne Sorge; sie vermag alles, sieht alles und durchdringt selbst alle Geister, die verständig, lauter und sehr fein sind. Denn die Weisheit ist regsamer als alles, was sich regt, sie geht und dringt durch alles – so rein ist sie.«[17]

Die Leiterin des Rituals fügt hinzu:

»Obwohl sie nur eine ist, kann sie doch alles. Und obwohl sie bei sich selbst bleibt, erneuert sie das All, und von Geschlecht zu Geschlecht geht sie in heilige Seelen ein und macht sie zu Freunden Gottes und zu Propheten. Denn sie ist herrlicher als die Sonne und übertrifft alle Sternbilder. Verglichen mit dem Licht hat sie den Vorrang, denn das Licht muß der Nacht weichen, aber die Bosheit kann die Weisheit nicht überwältigen. Kraftvoll erstreckt sie sich von einem Ende zum anderen und regiert das All vortrefflich.«[18]

Tauferneuerung und Segen
Anrufung der Weisheit

Be thou my vision, the joy of my heart;
Naught be all else to me save that thou art.
Thou my best thought, by day or by night
Waking or sleeping, thy presence my light.
Be thou my wisdom, the lamp to my feet;
Thy word, like honey, to my lips is sweet;
Thou, my delight, my joy, my command;
My dwelling ever, be the palm of thy hand[19].

Sei meine Erkenntnis und meines Herzens Freude;
nichtig sei mir alles außer deinen Ordnungen.
Du meine beste Einsicht bei Tag oder bei Nacht,
im Wachen und im Schlafen sei deine Gegenwart mein Licht.

Sei meine Weisheit, meines Fußes Leuchte;
dein Wort ist meinem Munde süßer als Honig.
Ich habe Freude an deinem Gesetz.
Laß mich immerdar in dir wohnen.

Gebet

»Geliebte Weisheit, warum bist du uns so fern? Unsere Welt leidet unter deiner Abwesenheit. Niemand will dir die Treue halten, niemand sucht nach dir. Wir, deine Kinder, werden zurückgewiesen, weil die Menschen so leicht an falsche Bilder glauben oder nur sehen, was sie sehen wollen, und die Wahrheit, die vor ihren Augen liegt, nicht ertragen.

Du sollst die Wahrheit kennen, und die Wahrheit soll dich befreien – so wurde uns gesagt. Was ist die Wahrheit über uns? Bist du es nicht, die uns geschaffen hat? Sind wir nicht alle das Werk deiner Hand? Wir sehen um uns die Schönheit der Schöpfung in all ihrer Vielfalt und Fülle. Und dennoch hat alles darin seinen Ort und seinen Zweck. Du hast alle Dinge so gestaltet, daß sie miteinander zum Guten wirken. Der Atem der Bäume schafft die Luft, die wir atmen. Die Fische finden den Weg zu ihren Laichgründen durch den Rhythmus der Strömungen in ihren heimatlichen Flüssen. Der Wind treibt die Distelwolle vor sich her und sät den Samen. Nichts in der Schöpfung fällt aus deiner Ordnung heraus.

Und wir, in unserer Einzigartigkeit und unserer Vielgestaltigkeit, sind wir nicht ein Teil deiner Ganzheit und wertvoll, so wie wir sind?

O Weisheit, komm zu uns! Lehre uns das Gute unseres eigenen Wesens erkennen. Lehre die Verblendeten die Wahrheit des menschlichen Werts. Erfülle die Verstockten mit deiner Beweglichkeit. Gib den Menschen einen offenen Geist und offene Herzen, Augen, die das Wunderbare sehen, und einen Willen, der sich dem Guten zuneigt. Amen.«

Selbstsegnung

Die Frau, die ihr Coming-Out zelebriert, rezitiert aus dem Psalm 139:
»Heiliger Gott, du erforschest mich und du kennst mich.
Ich sitze oder stehe auf, so weißt du es.
Du verstehst meine Gedanken von ferne.

Ich gehe oder liege, so bist du um mich und siehst alle meine Wege.

Denn siehe, es ist kein Wort auf meiner Zunge,
das du, Gott, nicht schon wüßtest.

Von allen Seiten umgibst du mich und hältst deine Hand über mir.

Diese Erkenntnis ist zu wunderbar und zu hoch,
ich kann sie nicht begreifen.

Wohin soll ich gehen vor deinem Geist,
und wohin soll ich fliehen vor deinem Angesicht?

Führe ich gen Himmel, so bist du da; bettete ich mich bei den Toten, siehe, so bist du auch da.

Nähme ich die Flügel der Morgenröte und bliebe am äußersten Meer, so würde auch dort deine Hand mich führen und deine Rechte mich halten.

Spräche ich: Finsternis möge mich decken und Nacht statt Licht um mich sein,

so wäre auch die Finsternis nicht finster bei dir,
und die Nacht leuchtete wie der Tag.

Finsternis ist wie das Licht;
denn du hast meine Nieren bereitet und hast mich gebildet im Mutterleibe.

Ich danke dir dafür, daß ich wunderbar gemacht bin;
wunderbar sind deine Werke, das erkennt meine Seele.«[20]

Erneuerung der Taufe

Die Leiterin des Rituals und andere Freundinnen und Freunde besprengen die Frau mit Wasser und sprechen die folgenden Worte (oder andere spontane Segensworte):

»Wir segnen dich, die du von einer Frau geboren wurdest, von Frauen geliebt wirst und Frauen liebst. Du bist das Licht der Welt.«

Worte des Willkommens

Alle Versammelten grüßen die Frau mit den folgenden (oder mit ihren eigenen) Worten:

»Wir heißen dich in dieser Gemeinschaft willkommen, Schwester und Freundin. Wir kämpfen gemeinsam mit dir um unsere Integrität. Wir geloben, uns der Ungerechtigkeit zu widersetzen, und wir empfangen mit Freude die Gaben, die aus der Hand Gottes kommen.«

Abschließende Gebete

Gebete für die Freiheit aller Menschen und den Schutz allen Lebens:

»In der Vergangenheit, im Lauf unserer gesamten Geschichte, wurden Menschen unterdrückt. Auch heute wird die Liste der unterdrückten Völker und Menschengruppen immer länger, und es ist kein Ende abzusehen. Aber die Menschen, die unter Gewaltherrschaft leiden, glauben an ihre Sache, an sich selbst und an ihren Schöpfer. Die Falashas, die schwarzen Juden Äthiopiens, führen seit Jahrhunderten ein Leben der Unterdrückung. Sie haben ein Gebet, das ihre Einigkeit, ihre Hoffnung und ihren Glauben ausdrückt. Dieses Gebet wollen wir nun gemeinsam sprechen:
Gott, laß mich nicht fern sein von deinem Volk, von der Freude, dem Licht und dem Glanz. Laß mich dein Licht sehen, Gott, und laß mich die Worte der Gerechten hören, wenn sie über dein Gesetz sprechen. Ewiger Gott, den ich preise, sei mir gnädig. Sei mein Hirte am Tag und mein Wächter bei Nacht. Sei mein Führer, wenn ich wandere, meine Zuflucht an dem Ort, wo ich bleibe[21].
Laßt uns beten als Gemeinschaft von Schwestern und Brüdern. Laßt uns einige Augenblicke über das Gebet von Radclyffe Hall meditieren:
»Gott, wir glauben an dich, wir haben unseren Glauben bekannt ... wir haben dich nicht verleugnet; steh auf und verteidige uns! Erkenne uns an, Gott, vor der ganzen Welt. Gib uns das Recht auf unsere Existenz.«[22]

Abschließender Psalm

»Gott, gib dein Gericht dem König und deine Gerechtigkeit dem Königssohn,
daß er dein Volk richte mit Gerechtigkeit und deine Elenden rette.
Laß die Berge Frieden bringen für das Volk
und die Hügel Gerechtigkeit.
Er soll den Elenden im Volk Recht schaffen
und den Armen helfen und die Bedränger zermalmen.

Er soll leben, solange die Sonne scheint
und solange der Mond währt, von Geschlecht zu Geschlecht.
Er soll herabfahren wie der Regen auf die Aue,
wie die Tropfen, die das Land feuchten.
Zu seinen Zeiten soll blühen die Gerechtigkeit
und großer Friede sein, bis der Mond nicht mehr ist.
Er soll herrschen von einem Meer bis zum anderen
und von dem Strom bis zu den Enden der Erde.
Er wird den Armen erretten, der um Hilfe schreit,
und den Elenden, der keinen Helfer hat.
Er wird gnädig sein den Geringen und Armen,
und den Armen wird er helfen.
Er wird sie aus Bedrückung und Frevel erlösen,
und ihr Blut ist wertgeachtet vor ihm.
Voll stehe das Getreide im Land bis oben auf den Bergen,
wie am Libanon rausche seine Frucht.
In den Städten sollen sie grünen wie das Gras auf Erden.
Gelobt sei Gott, der allein Wunder tut!
Gelobt sei sein herrlicher Name ewiglich,
und alle Lande sollen seiner Ehre voll werden. Amen,
Amen.«[23]

Hymne

Zum Abschluß kann der Choral »Nun danket alle Gott« oder
ein anderes angemessenes Lied gesungen werden.

KAPITEL 9

Übergangsrituale: Liturgien des Lebenszyklus

Diese Rituale des Lebenszyklus tragen die Mitglieder der Frauenkirche durch ihr ganzes Leben hindurch, von der Geburt bis zum Tod und durch die vielen Stadien und Phasen des Übergangs auf neue Lebensstufen. Sicherlich gibt es noch andere Situationen des Übergangs auf neue Stufen, die hier nicht angesprochen sind. Es war nicht meine Absicht, Rituale für jede denkbare Situation bereitzustellen, und sicherlich sind die hier entworfenen Rituale auch nicht generell anwendbar, selbst wenn sie sich auf eine bestimmte Altersgruppe beziehen, zum Beispiel auf junge Menschen, die sich aus dem Elternhaus lösen. Der diesem Anlaß entsprechende Ritus, der hier vorgeschlagen wird, ist vielleicht für junge Leute passend, die freundschaftliche Beziehungen zu ihren Eltern haben, aber nicht für Jugendliche oder junge Erwachsene, die in einer konfliktreichen oder unglücklichen Elternbeziehung leben. Ich betone daher an dieser Stelle noch einmal, daß dieses Buch lediglich Anregungen und Ideen bereitstellt; letztlich muß aber jedes Ritual den Bedürfnissen einer bestimmten Gruppe oder Person und ihren Lebenszusammenhängen gemäß gestaltet werden. Außerdem konzentrieren sich diese Rituale vor allem auf den weiblichen Lebenszyklus. Einige der Liturgien – diejenigen, die sich auf die Namensgebung, die Taufe, auf Geburtstage, auf das Verlassen des Elternhauses, auf Lebensbündnisse, auf den Umzug in ein neues Haus, auf das Sterben und die Beisetzung beziehen – sind für Frauen und Männer gleichermaßen gültig. An anderen Ritualen, wie an der Geburtstagszeremonie, können Männer teilnehmen. In anderen wichtigen Bereichen wird jedoch nur der weibliche Lebenszyklus abgehandelt; für diese Bereiche müßten komplementäre männliche Übergangsrituale entworfen werden, zum Beispiel Pubertätsrituale für männliche Jugendliche und Rituale für ältere Männer, die in den Ruhestand gehen. Diese Rituale sollten, wie ich meine, von Männern entwickelt werden. Es wäre die Aufgabe männlicher Gemeinschaften, die in Solidarität mit feministischen Frauen ihren eigenen Exodus aus dem Patriarchat vorbereiten, neue Perspektiven für diese kritischen Punkte der männlichen Entwicklung zu finden.

Feier der Namensgebung für ein neugeborenes Kind und Taufversprechen

Der folgende Ritus der Namensgebung wurde nach dem Beispiel der Feier gestaltet, die am 6. April 1985 für Genevieve Beatrice, die Tochter von Marilyn Gerashe und Michael Trudel, abgehalten wurde. Dieser Zeremonie schloß sich keine Taufe an. Das »Zeichnen mit dem Versprechen der Taufe« wurde hinzugefügt, da die hier vorgeschlagenen Rituale als Liturgien verstanden werden sollen, die im Kontext der Frauenkirche vollzogen werden.

Durch das Taufversprechen drückt die Gemeinschaft die Überzeugung aus, daß wir vom ersten Augenblick unseres Lebens an mit dem Versprechen der Befreiung von allem Übel aufwachsen sollen. Aber es handelt sich um ein Zeichen und nicht um den wirklichen Vollzug der Taufe, denn jeder Mensch muß als Erwachsener, zu Beginn und bei der Definition seiner eigenen Reise in die Freiheit entscheiden, ob er dieses Versprechen einlösen will. Unter Freiheit verstehen wir hier sowohl die Loslösung von deformierenden Ideologien und Herrschaftsmechanismen der Gesellschaft – die von den eigenen Eltern vertretenen eingeschlossen – als auch die freie Entscheidung für positive Werte, die von der Gesellschaft und im Elternhaus vermittelt wurden, jedoch auf die eigenen, erwachsenen Lebenszusammenhänge bezogen.

Ehe eine Zeremonie der Namensgebung und des Taufversprechens stattfindet, sollte sich innerhalb der Gemeinschaft eine Gruppe bilden, die zur Unterstützung der Eltern und des Kindes da ist. Diese Gruppe von mehreren »Lebenseltern« oder »Paten«, Frauen und Männern, und die Eltern des Kindes sollten sich mehrmals treffen, um darüber zu diskutieren, nach welchen Wertvorstellungen ein Kind in unserer Zeit erzogen werden sollte. Welche Werte der Gesellschaft werden von den Mitgliedern der Gruppe abgelehnt, und wie würden sie im familiären Alltag versuchen, negativen gesellschaftlichen Einflüssen, zum Beispiel der Verherrlichung von Gewalt (auf die Kinder schon durch das massenhaft produzierte Kriegsspielzeug vorbereitet werden), entgegenzuwirken? Welche Werte wollen sie dem Kind zu vermitteln versuchen, und wie würden sich diese Werte im Alltag niederschlagen?

Das Resultat der Zusammenkünfte sollte ein Dokument sein, in dem die Eltern ihre Wertvorstellungen im Hinblick auf ihr gemeinsames Leben mit dem Kind formulieren. Die Paten geben den Eltern des Kindes ihr Wort, sie zu unterstützen und für das heranwachsende Kind als erweiterte Elterngruppe dazusein, an die das Kind sich um Unterstützung wenden kann, falls die Eltern sterben oder sich trennen sollten oder ihm aus anderen Gründen nicht mehr zur Verfügung stehen.

Zeremonie der Namensgebung

Die Teilnehmer der Zeremonie versammeln sich im Kreis. In der Mitte des Kreises stehen ein Lebensbaum, Salz, Wasser, Öl und ein Leuchter mit sieben Kerzen. Ein Buch wird herumgereicht, in das alle ihre Namen und ihre guten Wünsche für das Kind eintragen; dieses Buch wird dem Kind später, beim Pubertätsritual, überreicht werden.

Die Mutter zündet die Kerzen an mit den Worten: »Das Licht, das wir jetzt entzünden, soll uns erleuchten, daß wir unsere Macht nutzen, zu heilen und nicht zu verletzen, zu helfen und nicht zu hemmen, zu segnen und nicht zu verfluchen, und dem Geist der Freiheit zu dienen.«[1]

Die Mutter hält das Kind, das mit den folgenden Worten gesegnet wird: »Am Anfang war Gott. Am Anfang war die Quelle allen Lebens. Am Anfang war die Sehnsucht Gottes, ihr Stöhnen, ihre Wehen, ihr Gebären, ihre Freude. Und Gott liebte, was sie geschaffen hatte, und sie sagte: Es ist gut. Gott hielt die Erde sanft in ihren Armen, und sie wußte, daß alles Gute geteilt werden will. Gott sehnte sich nach Wesen. Gott wollte die gute Erde mit Wesen erfüllen. Und die Menschheit wurde aus der Sehnsucht Gottes geboren. Wir wurden geboren, um die Erde miteinander zu teilen.«[2]

Die Namensgebung

Die Eltern nennen die Namen, die sie für das Kind gewählt haben, und erklären ihre Bedeutung. Wer in der Familie oder in der Geschichte hat diesen Namen getragen, und was soll dem Kind durch diese Namensgebung symbolisch mitgegeben werden? Einer der Namen, der zuletzt flüsternd genannt wird, ist ein geheimer Name, der dem Kind erst zur Zeit seiner Pubertät enthüllt wird.

Die Versprechen

Die Gastgeberin der Versammlung spricht:
»Freunde, durch unsere Teilnahme an dieser Zeremonie der Namensgebung und des Taufversprechens bekräftigen wir unsere Bindung an (Name des Kindes) in einer Gemeinschaft der Liebe. Wir nehmen sie (ihn) in unsere Gemeinschaft auf und akzeptieren unsere Verantwortung als erweiterte Familie, für sie (ihn) zu sorgen, sie (ihn) zu lehren und von ihr (ihm) zu lernen.

Ihr (die Namen der Eltern werden genannt) seid die wichtigsten Menschen im Leben dieses Kindes. Ihr seid die ersten und die wichtigsten Vermittler von Liebe und Lernen, Stärke und Engagement, Hoffnung und Vertrauen. Wollt ihr (Name des Kindes) eine Umgebung schaffen, die in ihr (ihm) die Kraft der Liebe und das Verlangen nach Frieden und Gerechtigkeit erweckt?«

Die Eltern: »Ja, das wollen wir tun.«

Die Paten werden mit ihren Namen angesprochen: Ihr (X, Y) habt euch mit (Namen der Eltern) zu einer erweiterten Familie zusammengeschlossen in gemeinsamer Fürsorge für (Name des Kindes). Ihr habt gemeinsam über die Wertvorstellungen nachgedacht, die ihr in der Erziehung von . . . vertreten wollt. Welche Vorsätze habt ihr gefaßt?«

Die Paten verlesen das Dokument, das sie gemeinsam mit den Eltern formuliert haben. Darin wird erklärt, welche Werte sie zu vermitteln hoffen und welche Art von familiärer Umgebung sie mitgestalten wollen, um diese Werte im Alltag zu praktizieren. Nach dieser Lesung wird das Dokument in das Buch hineingelegt, das dem Kind später gegeben werden soll.

Die Paten werden angesprochen: »Ihr habt euer Wort gegeben, (X und Y) zu helfen, dieses Kind aufzuziehen. Versprecht ihr, diesem Kind eure Weisheit und eure Erfahrung mitzuteilen, es zu trösten und zu ermutigen und in Notzeiten dazusein, so daß es sich um Hilfe an euch wenden kann?«

Paten: »Wir versprechen es.«

Zu allen Anwesenden: »Wollt ihr alle versprechen, (die Eltern) und (das Kind) liebevoll zu unterstützen?«

Die Gruppe: »Wir versprechen es.«

Zeichnen mit den Hoffnungen der Taufe

Die Paten halten das Kind; sie sprechen gemeinsam mit den Eltern:

»(Name des Kindes), wir zeichnen dich mit dem Versprechen der Freiheit. Mit diesem Zeichen wollen wir dir den Weg des Lebens bereiten und geloben selbst, die Pfade der Lüge und des Todes zu meiden. Aber wir sind nicht vollkommen; wir werden vielleicht nicht all unsere Versprechen einlösen können. Mit diesem Zeichen bekräftigen wir die Hoffnung auf deine Reise in die Freiheit. Wir akzeptieren deinen Weg, auf dem du manches ablehnen wirst, was wir dir mitgeben, und anderes annehmen wirst, alles in deiner eigenen Weise. Mögest du fähig werden, von dir zu weisen, was den Tod in sich trägt, und in dich aufzunehmen, was Leben bedeutet, dein eigenes Leben und das Leben derer, die dich umgeben. Mögen deine Augen die Wahrheit sehen und deine Lippen die Wahrheit sprechen.« (Die Zunge des Kindes wird mit etwas Salz berührt.)

»Mit diesem Wasser weihen wir dich der Reise in die Freiheit; dieses Wasser wäscht die Geschichte des Sexismus, des Rassismus, der Klassenvorurteile, der militärischen Gewalt und aller Übel, von denen die Menschheit befleckt ist, hinweg. Dieses Wasser ist das Zeichen deines Anspruchs auf die Erneuerung des Lebens, auf die Wiederherstellung des ursprünglichen Segens der Schöpfung und der harmonischen Verbindung der Menschen untereinander, der Menschen mit der Natur und mit dem Geist der Weisheit, der alle Dinge hervorbrachte.«

Wasser wird über den Kopf des Kindes gegossen; die Stirn des Kindes wird mit Öl gesalbt, wobei die folgenden Worte gesprochen werden:

»Gott gebe dir Mut auf deiner Reise in die Freiheit; möge das Öl der Freude immer auf deiner Stirn glänzen.«

Der Leuchter wird neben den Lebensbaum gestellt mit den

206

Worten: »Dieser Lebensbaum steht für den Segen der Schöpfung, für die Harmonie aller Lebewesen untereinander und mit der heiligen Weisheit. Sie ist der Anfang, die Mitte und das Ende deiner Reise. Das Bild des Lebensbaums soll dich immer auf deiner Reise begleiten und das Licht der siebenfachen Weisheit immer deinen Pfad beleuchten.«

Einige der Anwesenden können nun Gaben überreichen, die als Symbol für die Werte und Hoffnungen stehen, mit denen sie das Kind begleiten wollen. Bei dieser Gelegenheit können auch die üblichen Geschenke überreicht werden.

Zum Schluß wird das Buch mit den Eintragungen der Anwesenden und dem Dokument der Eltern und der Paten hochgehalten, es wird erklärt, daß dem Kind in der Pubertät – bei der Enthüllung des geheimen Namens – dieses Buch zum Geschenk gemacht wird.

Geburtstage

Geburtstage sind die allgemein üblichen Anlässe für Feiern in der Familie oder im Freundeskreis. In unserer Kultur werden Geburtstage gewöhnlich durch Parties und Geschenke gefeiert, oder man geht aus und unternimmt etwas, woran der/dem Gefeierten besonders liegt. In Amerika ist der mit Kerzen (nach der Anzahl der Lebensjahre) besteckte Kuchen der Höhepunkt der Geburtstagsparty. Freunde bringen den Kuchen singend herein, die/der Gefeierte bläst die Kerzen aus und denkt dabei an einen geheimen Wunsch. Geburtstagsfeste haben eine wichtige Funktion: Sie sind eine Bestätigung der Einmaligkeit jedes einzelnen als Individuum und ein Zeichen des Geliebtwerdens. Es ist durchaus nicht kindisch, wenn selbst Leute im mittleren Alter sagen, daß sie depressiv werden, wenn sich niemand ihres Geburtstags erinnert. Selbst im Geschäftsleben ist es üblich geworden, auf die Geburtstage der Angestellten mit einer Aufmerksamkeit zu reagieren.

Wir könnten darüber nachdenken, ob wir bei der Gestaltung von Feiern die Bedeutung der Geburtstage als Bestätigung des Lebens jedes einzelnen noch stärker hervorheben. Ein Kelch könnte gesegnet werden mit der Anrufung des mütterlichen Geistes der Schöpfung, der Kraft, die alles Leben hervorbringt und erneuert. Der Kelch wird zuerst der/dem Gefeierten gereicht und dann den Gästen. Es könnte auch ein Erinnerungsbuch angelegt werden, das mit dem ersten Geburtstag in der Kindheit beginnt und vielleicht bis ins Erwachsenenalter hinein fortgeführt wird. Jedes Jahr könnte ein während der Geburtstagsfeier aufgenommenes Foto hinzukommen, verbunden mit Glückwünschen und Hoffnungen für die Zukunft. Das Buch kann über die Jahre zu einem Dokument der Erinnerungen und neuer Lebensmöglichkeiten werden, dem jedes Jahr etwas hinzugefügt wird.

Pubertätsritual für eine Heranwachsende

Dieses Ritual findet nach der ersten Menstruation eines Mädchens statt. Es beginnt mit einer Versammlung von Frauen (die Mutter der Initiandin eingeschlossen) und Mädchen, die von der Initiandin als Vertraute betrachtet werden. Sie können unterschiedlichen Altersstufen angehören, müssen aber selbst zu menstruieren begonnen haben. Die Frauen baden gemeinsam, indem sie vielleicht in die Sauna gehen und anschließend schwimmen. Die Initiandin kann dann ihre Fragen äußern. Die Frauen sprechen mit ihr über die Sexualität, den Umgang mit der Menstruation, über Geschlechtsverkehr, Schwangerschaft und Schwangerschaftsverhütung, über den Umgang mit sexuellen Beziehungen. Nach dem gemeinsamen Bad und dem Gespräch unter Frauen wird die Initiandin in die Versammlung hineingeführt; sie sitzt im Zentrum des Kreises, den die Frauen um sie bilden. Sie wird in ein helles Gewand mit einer bunten Schärpe gekleidet und mit einem Kranz aus Blumen geschmückt. Die Frauen halten verschiedene Symbole für den weiblichen Körper in den Händen und rezitieren gemeinsam mit der Initiandin:

☐ »Meine Augen sind keine Objekte der Herrschaft über mich. Meine Augen sind meine Art, die Welt zu sehen. Durch meine Augen kann ich alle Dinge betrachten, durch sie nehme ich die Schönheit und das Erregende aller sichtbaren Dinge in mich auf.«

☐ »Meine Lippen sind keine Objekte der Herrschaft über mich. Meine Lippen sind meine Art zu sprechen und zu singen, zu essen, zu küssen und meine Freude und mein Entzücken zum Ausdruck zu bringen.«

☐ »Meine Beine sind keine Objekte der Herrschaft über mich. Meine Beine sind meine Art zu gehen und zu laufen, zu tanzen und mich an jeden Ort zu bewegen, der mir gefällt.«

☐ »Meine Brüste sind keine Objekte der Herrschaft über mich. Meine Brüste sind meine Art, mütterliche Kraft auszudrücken und vielleicht eines Tages ein Kind zu nähren.«

☐ »Mein Körper ist kein Objekt der Kontrolle über mich. Ich bin mein Körper. Er ist mein Sein, mein Agieren und meine Präsenz, wo immer ich sein will. Nie soll mein Körper als Objekt von Herrschaft über mich benutzt werden. Mein Körper soll immer der freudige Ausdruck meiner selbst sein.«

Nach jeder Passage werden die Körperpartien der Initiandin mit duftendem Öl gesalbt. Die Frauen sagen dann zu der neu in die weibliche Gemeinschaft aufgenommenen jungen Frau: »Du wächst zu einer Frau heran. Du bist nun kein Kind mehr. Dein Körper reift, du wirst die Gefühle der Sexualität erfahren und fähig sein, Kinder zu gebären. Du wirst auch unabhängiger von deinen Eltern, bereitest dich auf dein eigenes Leben vor und lernst zu entscheiden, was richtig und was falsch für dich ist und wie du die Kräfte deines Geistes und deines Körpers am besten gebrauchst. Als Zeichen deiner wachsenden Unabhängigkeit geben wir dir den Schlüssel zum Haus der Familie.«

Ein Säugling (oder eine Puppe) wird der Initiandin in die Arme gelegt. Die Frauen sagen: »Dieser Säugling repräsentiert das Kind, das dein Körper nun empfangen und gebären kann. Du bist jetzt fähig, Mutter zu werden. Aber du bist noch nicht fähig, die Verantwortung für ein anderes menschliches Leben zu übernehmen, für ein Wesen, das schwach und von dir abhängig ist, das gefüttert, gewaschen, gekleidet werden muß, das deine Nähe braucht, wenn es gehen und sprechen lernt und heranwächst. Du mußt die wunderbare, lebenschaffende Kraft deines Körpers selbst beherrschen: Gebrauche sie nicht, ehe du fähig bist, die Verantwortung für ein anderes Leben zu übernehmen. Gebrauche sie erst dann, wenn du dich entschieden hast und bereit bist, Mutter zu werden. Du mußt entscheiden, wann du bereit bist, deinen Körper in der Liebesumarmung mit einem anderen zu verschmelzen, und wann du nicht dazu bereit bist. Du mußt entscheiden, wann du neues Leben zur Welt bringen willst, und wann du es nicht willst.«

Die Initiandin legt einer anderen Frau den Säugling in den

Arm; ihr wird nun ein Ei in die Hand gelegt. Gemeinsam mit den anderen Frauen rezitiert sie: »Dies ist das Geheimnis des Lebens und die Erneuerung des Lebens, die in unseren Körpern geschieht. Jeden Monat entsteht ein Ei, wächst und bereitet sich vor, neues Leben zu werden. Wenn ich kein neues Leben gebären will, stirbt dieses Ei ab und wird mit dem reinigenden Blut aus meinem Körper geschwemmt. Dann wächst ein neues Ei, und so setzt sich der Zyklus fort, der große Kreislauf der Schöpfung, in den wir alle einbezogen sind. Diese große Kraft des Lebens liegt in meiner Hand. Ich trage die Verantwortung dafür.«

Das Mädchen schlägt das Ei in einer Schüssel auf. Die Frauen sagen: »Du bist nun eine von uns. Wir heißen dich willkommen in der Gemeinschaft der Frauen.«

Sie überreichen der Initiandin das Buch, das bei ihrer Namensgebung angelegt wurde, und ein weiteres Buch mit leeren Seiten, das sie als Tagebuch benutzen kann. Auf der ersten Seite steht der geheime symbolische Name, der ihr bei der Zeremonie nach ihrer Geburt gegeben wurde und der ihr nun enthüllt wird. Die Initiandin spricht den Namen aus: Mein geheimer Name ist X. Alle Frauen antworten: Sei willkommen, X.

Das Ritual endet mit einem Fest.

Erwachsenwerden: Ein Ritual für junge Menschen, die das Elternhaus verlassen
von Adele Arlett[3]

Das Ritual sollte möglichst im Haus (in der Wohnung) der Eltern stattfinden. Die Eltern und die Freunde der jungen Frau (des jungen Mannes) versammeln sich. Jeder bringt einen Strang farbiges Garn oder Band und eine Blume mit. Die Blumen werden in eine Vase gestellt, und die Anwesenden stehen um eine große, mit Wasser gefüllte Schüssel, die in der Mitte des Raumes steht.

Die Eltern treten vor, tauchen die Hände ins Wasser und sagen: »Wir erinnern uns heute an die Wasser deiner Geburt, an das Ereignis des neuen Lebens, das zur Welt kam, an die neue Liebe, die in unser Leben trat.« (Die Eltern können dann Erinnerungen aus der Zeit der Schwangerschaft oder Geburt erzählen oder über das Wachsen ihrer Beziehung zu dem Kind sprechen.) »Wenn wir ein Kind gebären, wissen wir, es ist nur ein

Anfang. Wie manche Tiere ihre Jungen in einem Beutel tragen, umhüllen wir Menschen unseren Nachwuchs viele Jahre lang mit Liebe und Fürsorge als Schutz vor den härteren Anforderungen der Außenwelt. Jetzt, in der Zeit der Ablösung, erwarten wir wieder mit Spannung das Ereignis einer neuen Geburt.«

Alle nähern sich der Schüssel mit Wasser, tauchen ihre Hände ein, heben die Arme, so daß das Wasser heruntertropft, und legen der jungen Frau (dem jungen Mann) die Hände auf. Dabei sagen sie: »Wir preisen die lebendigen Wasser deiner vielen Geburten. Laßt uns immer die Wandlung begrüßen, daß wir lebendig bleiben und die Fülle des Lebens haben.«

Die junge Frau (der junge Mann) antwortet: »Ich verlasse das Haus meiner Kindheit mit Freude und Zuversicht; mein Herz und mein Geist öffnen sich dem Neuen. Möge dennoch alles, was ich war, eingehen in das, was ich sein werde.«

Eine Freundin sagt: »Möge dein Elternhaus, in dem du geliebt wurdest, nun ein neues Zentrum der Liebe für die Welt werden.«

Eine andere: »Mögest du selbst ein Haus begründen, das ein Zentrum der Freude und des Lebens wird.«

Symbolische Geschenke:

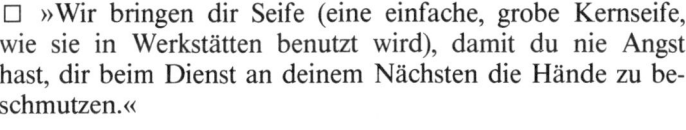

☐ »Wir bringen dir Seife (eine einfache, grobe Kernseife, wie sie in Werkstätten benutzt wird), damit du nie Angst hast, dir beim Dienst an deinem Nächsten die Hände zu beschmutzen.«

☐ »Wir bringen dir Salbe, damit diese Hände weich sind, wenn sie in Liebe berühren.«

☐ Eltern: »Wir bringen dir Puder für deine Füße. Mögen deine Füße dich weit tragen, aber nicht so weit, daß sie dich nicht nach Hause zurückbringen können.«

Die Eltern nehmen dann das Garn oder Band (dessen eines Ende von der jungen Frau/dem jungen Mann festgehalten wird), schneiden es durch und geben ihr Kind so symbolisch frei. Alle Freunde geben der/dem Abschiednehmenden ein Ende ihres Bandes in die Hand; ein wildes Netz mit Knoten und Kreuz- und Querverbindungen entsteht. Die junge Frau (der junge Mann) wendet sich den Eltern zu und verknotet ihr (sein) eigenes Band neu mit dem der Eltern. Sie/er sagt dabei: »In der Erinnerung an unsere gemeinsamen Freuden und Leiden wähle ich euch, meine Eltern, als Teil meiner erwachsenen Gemeinschaft gegenseitiger Liebe und Unterstützung.«

Eine(r) der Anwesenden sagt: »Wie das Netz unserer Beziehungen diesen Raum durchzieht, umspannt das Netz des menschlichen Lebens unseren Planeten. Sei willkommen in der Verantwortung und der Freude, dieses Leben zu erhalten.«

Eine andere: »Wir überreichen dir dieses Geschenk als Zeichen unserer Liebe und unserer Unterstützung.« (Das Geschenk kann ein Adreßbuch sein mit den Namen und Telefonnummern aller Anwesenden und eine Geldsammlung als Starthilfe für die junge Frau/den jungen Mann.) Die Zeremonie kann dann in ein Fest übergehen.

Zeremonien für Lebensbündnisse und für die Begründung neuer Familien

Die offizielle kirchliche Ethik lehnt die voreheliche und die außereheliche Sexualität ab; in traditioneller Sicht sollte der erste Geschlechtsverkehr der Frau (die »Defloration«) in ihrer Hochzeitsnacht stattfinden. Über lange Zeiträume untersagte die christliche Kirche verheirateten Paaren, Schwangerschaftsverhütung zu praktizieren. Von der Frau wurde erwartet, daß sie sich ihrem Mann, je nach dessen Bedürfnissen, sexuell zur Verfügung hielt; ihr war es nicht gestattet, ihre eigenen sexuellen Bedürfnisse zu definieren. Die Ehe wurde als lebenslange Bindung angesehen, und die meisten Christen lehnten die Scheidung ab. Alle diese traditionellen Werte haben in unserer Zeit ihre normative Macht eingebüßt und wirken nicht mehr in derselben Weise als Zwänge. Andererseits existiert auch heute das Bedürfnis und die Sehnsucht nach verbindlichen und festen Beziehungen, aus denen neue Familien erwachsen können und die uns ein Leben lang Stabilität geben. Ich meine, daß die erwachsene Gesellschaft ihre Feindschaft und ihre Heuchelei gegenüber der Sexualität von jungen Menschen aufgeben sollte. Wir sollten damit rechnen, daß junge Menschen in der Adoleszenz in die sexuelle Experimentierphase eintreten. (Natürlich sollte das jungen Teenagern nicht als Norm aufgezwungen werden.) Erwachsene sollten Jugendlichen helfen, die Verbindung zwischen sexuellen Erfahrungen und echter Zuneigung und Aufmerksamkeit dem anderen gegenüber herzustellen und nicht in den emotional abgespaltenen und ausbeuterischen Umgang mit der Sexualität zu verfallen, der für unsere Kultur so typisch ist. Vor allem sollten junge Frauen dazu ermutigt werden, sexuelle Wünsche von Männern zurückzuweisen, wenn diese Wünsche nicht mit echter Freundschaft und Zuneigung einhergehen, sondern nur der Ausdruck von entpersonalisierten und ausbeuterischen Herrschafts- und Bestätigungsbedürfnissen sind. Wenn eine junge Frau sich entschließt, ihre Sexualität zu leben, sollte sie wissen, wie sie Verhütungsmittel anwenden muß, und sie sollte sich darüber im klaren sein, daß sie so lange Verhütungsmittel braucht, bis sie sich entschließt, ein Kind zu gebären und aufzuziehen.

Da in unserer modernen Gesellschaft die Zeitspanne zwischen der sexuellen Reife und der sozialen Reife (der persönlichen und wirtschaftlichen Autonomie und der Fähigkeit, einen eigenen Hausstand zu begründen und vielleicht Kinder aufzuziehen) immer größer wird, sollten wir erwarten, daß junge Menschen in der Übergangsphase von den Adoleszenzjahren bis zum Stadium der sozialen Reife experimentelle Beziehungen eingehen und gewissermaßen »auf Probe« zusammenleben. In vielen Fällen werden aus diesen Formen des Zusammenlebens später verbindliche Ehen. Es gibt keinen Beweis dafür, daß die eheliche Treue geringer ist, wenn dem Ehebündnis andere, weniger verbindliche Beziehungen vorangegangen sind. In vielen Stammesgesellschaften wurde diese Phase des sexuellen Experimentierens anerkannt, während man von dem Paar, sobald es verheiratet war, eine ausschließliche und dauernde Beziehung erwartete. In der traditionellen christlichen Praxis wurden Sexualität und Ehe für die Frau oft zu einem bösen Erwachen; sie heiratete einen Mann, mit dem sie vorher keinen vertrauten Umgang hatte, und entdeckte seine schlechten Gewohnheiten vielleicht erst nach der Eheschließung. Außerdem wurde die Forderung nach vorehelicher Keuschheit in den patriarchalen Gesellschaften im allgemeinen nur auf die Frau angewandt. Vom Mann wurde erwartet, daß er vor der Ehe mit sexuellen Beziehungen experimentierte; die sexuell verfügbaren Frauen sollte er jedoch nicht heiraten. Dadurch wurde nicht nur eine Doppelmoral etabliert, sondern auch eine sexuelle Klasseneinteilung geschaffen: Es gab »schlechte Mädchen«, die sich auf voreheliche sexuelle Beziehungen einließen, und »gute Mädchen«, die ihre Jungfräulichkeit bewahrten und ohne Risiko geheiratet werden konnten. Diese Unterteilung hat heute weitgehend ihre Bedeutung verloren. Männer reagieren auf die neue Freiheit jedoch oft so, daß sie ihre Konzeption von Sexualität, für die man keine Verantwortung übernehmen muß, einfach auf alle Frauen übertragen. Frauen, die sich auf diese Ansprüche nicht einlassen, werden als »spießig« abgewertet.

Von einer wirklichen Ethik der sexuellen Verantwortlichkeit, die für Männer und Frauen gleichermaßen Gültigkeit hat, sind wir immer noch weit entfernt. Männliche Heranwachsende brauchen eine Pubertätsinitiation unter der Anleitung erwachsener Männer, die ihnen einen verantwortungsbewußten Umgang mit der Sexualität vermitteln können. Ich habe in diesem Buch kein solches Material bereitgestellt, denn es muß von Männern kommen. Die Formierung eines männlichen Gegenstücks zur Frauenkirche steht noch aus. Beide gemeinsam könnten die Menschenkirche jenseits des Patriarchats begründen.

Paare, die sich zum Zusammenleben in einem gemeinsamen Haushalt entschließen, aber noch nicht bereit sind, einander das Versprechen einer dauerhaften Bindung zu geben, sollten sich die Art ihrer Beziehung bewußtmachen und sich klar darüber verständigen, wie sie mit Geld umgehen und die Arbeit im Haushalt teilen wollen. Vielleicht entscheiden sie sich für ein »Bündnis auf Zeit«, das nach einem bestimmten Zeitraum erneuert werden kann. Um ihrer Verbindung eine über das Individuelle hinausgehende Bedeutung zu geben, könnten die Partner ihren Freunden auf einem Fest ihren Entschluß mitteilen.

Die folgenden Lebensbündniszeremonien sind auf Paare ausgerichtet, die eine reife sexuelle und persönliche Freundschaftsbeziehung entwickelt haben und bereit sind, sich auf ein dauerhaftes Engagement einzulassen. Ich gehe davon aus, daß solche Paare ihre Verbindung als ausschließlich und dauerhaft betrachten, als Basis einer neuen Familie, die stabil genug ist, um Kinder aufzuziehen (falls das Paar sich entschließt, Kinder zu haben) und um beiden Partnern ein Leben lang Stabilität zu geben. Natürlich erweist es sich in manchen Fällen, daß diese Hoffnungen nicht aufrechtzuhalten sind. Ich sehe jedoch keinen Grund, überhaupt eine Ehe zu schließen, wenn man nicht die klare Absicht hat, eine das Leben beider Partner auf Dauer umfassende und sichernde treue und engagierte Partnerschaft aufzubauen, insbesondere da jenen, die diese Art von Verpflichtung nicht eingehen wollen, weniger verbindliche Beziehungsformen offenstehen.

Ich gebe hier Beispiele für Lebensbündniszeremonien für ein heterosexuelles Paar und für ein lesbisches Paar. Ich gehe davon aus, daß die Konzeption der festen Bindung als Basis einer Familie auf beide Typen von Beziehung anwendbar ist. Frauen, die in lesbischen Beziehungen leben, haben vielleicht vorher heterosexuelle Beziehungen gehabt und ziehen Kinder auf, die aus diesen Verbindungen hervorgegangen sind. Vielleicht entscheiden sie sich auch für künstliche Insemination oder für die Adoption eines Kindes. Ich setze also voraus, daß in beiden Beziehungsformen die Entscheidung für – oder gegen – das Aufziehen von Kindern gefällt werden kann.

Zeremonie für das Lebensbündnis eines heterosexuellen Paares

Dem Versprechen auf ein Lebensbündnis sollte eine Phase sorgfältiger Vorbereitung und Beratung vorangehen. Dazu gehört auch die Auseinandersetzung mit dem Eherecht des Staates, in dem das Paar lebt. Die Partner müssen herausfinden, ob das in die Ehe eingebrachte und/oder in der Ehe gemeinsam erworbene Vermögen beiden Partnern zu gleichen Teilen zugeschrieben wird oder nur unter dem Namen des Mannes läuft. Auch die Frage, welchen Namen die Frau tragen wird, sollte diskutiert werden. Das traditionelle Verfahren, nach dem die Frau ihren Namen aufgibt und den Namen des Mannes annimmt, ist das auffälligste Überbleibsel des patriarchalen Eherechts, unter dem die Frau bei der Eheschließung ihre rechtliche Identität verlor. Ein aus beiden Familiennamen zusammengesetzter Doppelname oder ein neuer Name, den das Paar gemeinsam annimmt, ist daher vorzuziehen. Mit einem notariellen Ehevertrag, in dem besondere Vereinbarungen zwischen den Partnern festgehalten werden, kann man die patriarchalen Relikte des Eherechts vermeiden. Außerdem sollten die Partner in aller Ausführlichkeit über ihr Rollenverständnis in der Ehe diskutieren; sie sollten klare persönliche Vereinbarungen über die Teilung der Hausarbeit und des Geldes und über gleiche Chancen in der beruflichen und gesellschaftlichen Entwicklung beider Partner treffen. Eine Zusammenfassung dieser Vereinbarungen kann in die Heiratszeremonie aufgenommen werden.

Das Hochzeitsritual

Zum Hochzeitsritual können Texte und Lieder gehören, die von den Partnern als Ausdruck ihres Verständnisses von Liebe und Gemeinsamkeit ausgewählt wurden. Teil der Zeremonie kann auch die traditionelle Ankündigung der Heiratsabsicht durch eine geistliche Leiterin (einen geistlichen Leiter) sein, die von den Partnern bestätigt wird. Das Versprechen, das die Partner einander geben, sollte nicht nur gleich und gleichwertig formuliert werden (das heißt, es gibt keine abweichende Gelöbnisformel für die Frau, und vor allem ist nicht von »gehorchen« die Rede), sondern auch ausdrücklich den Aspekt der Gegenseitigkeit aller Verpflichtungen und der wechselseitigen Achtung betonen. Als positives Beispiel führe ich hier die Gelöbnisformel aus dem »Verzeichnis alternativer Zeremonien«[4] an.

Die Partner stehen sich gegenüber, halten sich an den Händen und wiederholen die Worte:
»Ich nehme dich, X, zu meinem Mann/meiner Frau und gebe dir diese Versprechen:
Ich werde dir treu sein, und ich werde ehrlich zu dir sein.
Ich werde dich respektieren und dir vertrauen, dir helfen, dir zuhören und für dich sorgen.
Ich werde mein Leben mit dir teilen in der Fülle und im Mangel.
Ich werde dir vergeben, wie uns vergeben wurde.
Gemeinsam mit dir will ich versuchen, uns selbst, die Welt und Gott/die Göttin besser zu verstehen, so daß wir gemeinsam Gott/der Göttin und unseren Mitmenschen dienen.«

Die geistliche Leiterin (der geistliche Leiter) der Zeremonie erklärt dann der Gemeinschaft, daß die Ehe geschlossen ist, und fordert die Anwesenden auf, das Paar zu unterstützen.

Eine Abendmahlsfeier kann dann folgen, an die sich ein Bankett anschließt. Da es über alternative Hochzeitszeremonien bereits viel Material gibt, führe ich das an dieser Stelle nicht weiter aus.

Zeremonie für das Lebensbündnis eines lesbischen Paares

Weitaus weniger Vorbilder gibt es für Zeremonien, die das Lebensbündnis eines homosexuellen Paares zum Inhalt haben. Das folgende Hochzeitsritual wurde für Phyllis Athey und Mary Jo Osterman entworfen; die Feier fand am 19. August 1982 in der Wheadon United Methodist Church in Evanston, Illinois, statt[5].

Musik: »Shooting Star« von Chris Williamson und »The Road I Took to You« von Meg Christian

Einleitende Worte

Phyllis: »Wir stehen hier in Gegenwart der Menschen, die uns auf vielen Stationen unserer Lebensreisen begleitet haben. Ihr seid unsere Familie. Wir freuen uns, daß ihr gekommen seid, um unseren Neubeginn, die Begründung unserer neuen Familie zu bezeugen.«

Mary Jo: »Wir haben euch hier zusammengerufen, um den Beginn eines neuen Teils unserer Lebensreise zu feiern. Wir sind hier, um ein Lebensbündnis zu schließen.«

Die Gemeinschaft: »Wir freuen uns, Teil der Feier zu sein. Wir haben jede von euch als Einzelwesen geschätzt und geliebt. Wir werden euch auch als Paar weiterhin schätzen und lieben.« (Einzelne Teilnehmer der Zeremonie können nun ihre Reflexionen und Segenswünsche äußern.)

Bekenntnisgebet

Alle sprechen gemeinsam: »O Gott der Freiheit und der Ganzheit, wir bekennen, daß wir auf unserem Weg zur neuen Erde alle wankend geworden sind. Eifersucht und Konkurrenz haben uns voneinander getrennt. Machthierarchien und Rollenvorurteile haben uns in unseren menschlichen Beziehungen eingeschränkt. Wir sind gestrauchelt unter dieser Last, aber wir hatten Angst davor, sie von uns zu werfen.« (Alle meditieren schweigend über dieses Bekenntnis.) »Gott hat uns die Möglichkeiten der Freiheit und der Bindung gegeben. Der Geist gibt uns die Kraft, diese Möglichkeiten zu verwirklichen. Wir gehen unseren Weg in Zuversicht und Freude.«

Musik: »We Are gathered Here Together in the Presence of the Spirit« von Dorie Ellzey.

Bibellesung

Ruth 1, 6–18 (Naomi reist aus Moab in ihr Land Juda zurück und fordert ihre beiden verwitweten Schwiegertöchter auf, ebenfalls in ihre Heimatorte zurückzukehren. Ruth weigert sich jedoch, Naomi zu verlassen. »Wo du hingehst, da will ich auch hingehen, und wo du bleibst, da bleibe ich auch. Dein Volk ist mein Volk, und dein Gott ist mein Gott. Wo du stirbst, da sterbe ich auch, da will ich auch begraben werden.«

Auslegung des Bibelworts, Reflexion über die Bedeutung von Lebensbündnissen und Familienbindungen.

Das Bindungsversprechen

Phyllis: »Unter allen Menschen, die in mein Leben getreten sind, habe ich dich auserwählt, um ein Lebensbündnis mit dir zu schließen. Mit dir und um dich will ich mein Leben neu ordnen. Ich freue mich über das Geschenk dieser Bindung und über mein Bemühen, das Geschenk der Liebe zu geben.«

Mary Jo: »Von allen Menschen, denen ich begegnet bin, habe ich dich auserwählt, um gemeinsam mit dir meine Lebensreise fortzusetzen. Mit dir und deinem Leben will ich die Fäden meines Lebens verflechten. Ich freue mich über das Geschenk dieser Bindung und über mein Bemühen, das Geschenk der Liebe anzunehmen.«

Gelöbnisse

»Ich liebe dich. Ich will dir das Beste von dem geben, was ich bin und was ich sein werde. Ich entscheide mich, mit dir ein Lebensbündnis zu schließen. Ich weiß, der Weg wird nicht einfach sein, aber mit dir ist mein Leben reicher. Ich verspreche, daß ich mit dir arbeiten, spielen und träumen will, und ich werde mein Bestes tun, damit unsere Träume wahr werden. Ich verspreche, deine Tränen und dein Lachen mit dir zu teilen und dich an meinen Tränen und meinem Lachen teilhaben zu lassen. Ich verspreche, zu respektieren, daß jeder von uns Raum für sich selbst braucht; ich werde zu dir zurückkehren und vertraue darauf, daß du zu mir zurückkehrst. Ich verspreche, dich zu respektieren und das, was dich von mir unterscheidet, mit Freude zu begrüßen. Ich verspreche, dich um Vergebung zu bitten, wenn ich von unserem Bündnis abgewichen bin.«

Wechseln der Ringe, Annehmen eines gemeinsamen Namens

Leiter/in des Rituals: »Was ist das Zeichen eures Lebensbündnisses?«

Phyllis/Mary Jo: »Ich gebe dir diesen Ring.«

Mary Jo: »Er bedeutet Tränen, die sich in Lachen verwandeln.«

Phyllis: »Und eine Flamme, die unsere Zukunft beleuchtet.«

Mary Jo/Phyllis: »Er ist das Geschenk und das Symbol unserer Liebe.«

Leiter/in: »Welchen gemeinsamen Namen habt ihr gewählt?«

Phyllis/Mary Jo: »Wir wählen den Namen Kinheart als gemeinsamen Namen in unserer Beziehung. Dieser Name steht für die Verwandtschaft unserer Herzen und für unser gemeinsames Leben.«

Lied: »Whereever You Go I will Go.«

Bestätigung des Lebensbündnisses

Leiter/in des Rituals: »Phyllis Kinheart Athey und Mary Jo Kinheart Osterman, ihr seid nun vor Gott und dieser Gemeinschaft in einem Lebensbündnis vereinigt.«

Gemeinschaft: »Wir bezeugen dieses Bündnis zwischen euch, Phyllis und Mary Jo. Wir werden euch an die Verantwortung erinnern für den Bund, den ihr heute geschlossen habt. Wir werden euch unterstützen mit unseren Gebeten und mit den Gaben unserer Gemeinschaft.«

Ritual der Kommunion

Dieses Kommunionsritual ist unser Geschenk an die Gemeinschaft. Es symbolisiert die Verbindungen von Vergangenheit und Gegenwart, Gegenwart und Zukunft. Wir laden alle Anwesenden ein, am Ritual der Verbindung, am Gebetskreis und an der Kommunion teilzunehmen. Der Kreis ist offen, alle sind willkommen.

Mary Jo: »Dieser Kelch mit Wasser steht für die Tränen aller Unterdrückten, die vor uns waren. Ich zeichne dein Gesicht mit dem Zeichen der Tränen.« (Der Kelch wird weitergereicht, und jede(r) zeichnet das Gesicht des nächsten mit einer Tränenspur.)

Phyllis: »Dieser Korb mit getrockneten Weinbeeren steht für

die Träume der Generationen, die nicht frei waren. Er symbolisiert unsere vergeblichen Mühen und Hoffnungen.« (Die Rosinen werden weitergereicht; die Anwesenden essen davon.)

Mary Jo: »Dieser Korb mit frischen Weintrauben steht für unsere Arbeit, unsere Träume und unsere Hoffnungen; die Trauben sind die Früchte der neuen Erde.«

Phyllis: »Dieses Rosinenbrot ist die Mischung des neuen Korns und der alten Früchte; es soll uns auf der Reise nähren. Wir eignen uns unsere Vergangenheit an und bewegen uns auf die Zukunft zu. Wir reichen euch dieses Brot als Mahl der Gemeinschaft.«

Gebetskreis

Die Anwesenden werden nun eingeladen, spontane Reflexionen und Dankgebete auszusprechen. Brot und Trauben werden herumgereicht, und alle kosten davon. Dann erklingt das Kommunionslied »Take and Eat«.

Leiter/in des Rituals: »Wir haben der Tränen und der verlorenen Träume der Vergangenheit gedacht: Wir sind in ein neues Bündnis eingetreten und haben seine Früchte gekostet. Wir werden unsere Reise in die Freiheit fortsetzen. Amen.«

Abschlußmusik: »Song of the Soul« von Chris Williamson.

Alle werden eingeladen, an einem festlichen Empfang teilzunehmen.

Liturgie der Geburtsvorbereitung

Frauen und Männer versammeln sich im Kreis um die schwangere Frau. Der Vater des ungeborenen Kindes hält eine Schale mit (eßbaren) Pflanzensamen hoch und sagt: »Von jeher haben die Menschen das Samenkorn, das in die Erde fällt, und den Samen, der den Leib der Frau befruchtet, miteinander in Verbindung gebracht. Das Symbol des Samenkorns steht für das Mysterium der Fruchtbarkeit im Menschen und in der gesamten Natur. Wir alle sind Teile des Geheimnisses der Schöpfung, der großen Lebenskraft, die Menschen, Pflanzen und Tiere hervorbrachte. Der männliche Same in Menschen und Tieren vereinigt sich mit dem weiblichen Ei und reift durch die geheimnisvolle lebenschaffende Kraft des weiblichen Körpers im Uterus heran und bringt lebendige Wesen hervor. Wir teilen miteinander dies Geheimnis der weiblichen und der männlichen Fruchtbarkeit.« (Die Schale mit den Körnern wird herumgereicht, und alle essen davon.)

Alle legen sich nun auf den Boden; die Füße sind zur Mitte gerichtet, die Körper bilden einen Stern. Jede/r legt der/dem Nächstliegenden die Hand auf den Leib.

Eine Frau spricht die Worte: »Am Anfang war das Ei, und das Ei war voller Leben; alles Lebende war in dem Ei enthalten. Alles Lebende war miteinander vermischt in den Urwassern, die das Ei enthielt. Und das Ei dehnte sich aus, bis es den ganzen Raum erfüllte. Seine obere Hälfte wurde zum Himmelsgewölbe, seine untere Hälfte zur Erde. Und die Wasser wurden getrennt in die oberen Wasser des Himmels und die unteren Wasser der Ströme und Ozeane. Und die göttliche Mutter schuf und formte alles Lebende, das aus dem Ei geboren wurde: Pflanzen mit vielen Arten von Früchten und Tiere aller Art, Fische, die in den Meeren schwammen, vierbeinige Tiere, die unter den Bäumen spielten, und Vögel, die unter dem Himmel flogen. Zuletzt erschienen zwischen dem Gewölbe des Himmels und dem Schoß der Erde die Menschen, Frauen und Männer. Sie waren die schutzlosesten unter allen lebenden Kreaturen. Sie hatten keine Felle, die sie vor der Kälte schützten, und keine Krallen und Reißzähne zur Verteidigung. Sie hatten keine so wachen Instinkte wie die Tiere, die wissen, was sie suchen und was sie meiden müssen. Sie waren nicht so schnellfüßig und hatten nicht so scharfe Sinne wie manche anderen Tiere. Die göttliche Mutter hatte Mitleid mit ihnen und gab ihnen die Intelligenz, um auszugleichen, was ihnen fehlte, und sie sagte zu ihnen: ›Wisset, daß ihr von allen anderen Wesen dieser Erde abhängig seid. Die Tiere und Pflanzen werden euch kleiden und nähren. Ihr braucht sie, aber sie brauchen euch nicht; nehmt von ihnen nur, was ihr braucht, und denkt immer daran, den Tieren und Pflanzen, die euch nähren und kleiden, zu danken. Lernt, mit den anderen Wesen, die ich geschaffen habe, in Harmonie zu leben. Durch euch werden alle lebenden Geschöpfe zur Bewußtheit kommen. Der Geist, den ich euch gegeben habe, wird sie widerspiegeln und wird sie in Liedern, Geschichten und Bildern feiern. Hütet den Schatz der Intelligenz und benutzt ihn, um das Leben zu ehren und zu schützen.‹ «

Die Anwesenden erheben sich vom Boden und knien nieder. Eine Frau sagt: »Aber die Menschen vergaßen allmählich, die Gabe der Intelligenz in Weisheit zu nutzen. Sie begannen die

Pflanzen und Tiere als bloße Objekte zu betrachten, die sie gebrauchen und verwerten konnten, und sie vergaßen, ihnen für ihre Gaben zu danken. Sie bildeten sich ein, sie seien die Herrscher der Natur und könnten allem in der Natur befehlen und alles zu ihrem Vorteil nutzen. Und sie begannen, auch einander als bloße Nutzobjekte zu sehen, und glaubten, sie müßten einander beherrschen. Und die Männer vergaßen die göttliche Mutter und versuchten, sich selbst zum Schöpfer und zu den Herren der Schöpfung zu machen. Und sie betrachteten den Körper der Frau als ein Werkzeug, das sie versklaven und benutzen konnten, durch das sie nach ihren Befehlen Leben schaffen konnten, statt Leben zu geben und Leben zu empfangen als Geschenk der göttlichen Mutter. Und alles Leben wurde gewalttätig und hart. Die Tiere wurden zu Feinden der Menschen; in den Flüssen floß Gift, die Luft war mit Tod geschwängert, und selbst das Gebären neuen Lebens wurde hart und unglücklich.

Aber jedes neugeborene Kind bringt das Versprechen mit auf die Welt, daß unsere ursprüngliche Harmonie mit allem Lebenden wiederhergestellt wird. Wie die Muttergöttin Israels vierzig Jahre lang in den Wehen lag, um in der Wildnis ein neues Volk zu gebären, wie die Mutterkirche in die Wildnis floh, um das göttliche Kind zu nähren und zu schützen, so wiederholt jede Mutter das Urmysterium der Schöpfung; in ihr ist die Kraft der Muttergöttin, die ein erlöstes Volk nährt. Jedes neugeborene Kind ist das verheißene Kind; unschuldig und unberührt von der Geschichte des Bösen kommt es zur Welt und erhascht einen Blick auf die ursprüngliche Harmonie alles Seienden. Durch das neugeborene Kind erblicken auch wir die ursprüngliche Harmonie der Schöpfung, und wir wenden uns der Wiederherstellung der Liebe und des Friedens zu. Friede sei unter den Menschen, zwischen Mensch und Natur, zwischen den Menschen und der Muttergöttin, die uns alle in ihrem Leib trägt.«

Die schwangere Frau hockt sich nun in der Gebärhaltung nieder; die Versammelten berühren und stützen sie von allen Seiten und rezitieren: »Möge die göttliche Mutter dich stärken. Laß ihre große Gebärenergie durch dich hindurchfließen. Bring mit Freude das verheißene Kind zur Welt.«

Das Ritual kann mit einem Kreistanz zu passender Musik beendet werden.

Ritual zum Umzug in ein neues Haus

Mitglieder des Haushalts und Freunde versammeln sich in dem alten Haus. Der Sinn des Rituals wird in einleitenden Worten dargestellt. Dann geht die Gruppe von Raum zu Raum; in jedem Zimmer erinnern sich die Mitglieder des Haushalts an glückliche oder traurige Ereignisse, die sich hier abspielten.

Dann versammeln sich alle um einen Tisch, und ein Familienmitglied sagt: »Wir ziehen nun einen Schlußstrich unter alles Traurige und Schmerzhafte, das sich in diesem Haus ereignete. Diese schwierigen Erfahrungen liegen nun hinter uns. Wir müssen sie nicht vergessen, aber sie bereiten uns keinen Schmerz mehr. Sie werden unsere Zukunft nicht beeinflussen. Wir nehmen unsere glücklichen Erinnerungen mit und ziehen Kraft aus den guten Zeiten, die wir in diesem Haus erlebten.«

Eine Topfpflanze wird vorsichtig, ohne den Erdballen von den Wurzeln zu lösen, aus ihrem Behälter genommen. Der Wurzelballen wird in Sacktuch gehüllt, mit Wasser befeuchtet und in wasserundurchlässiges Material gewickelt.

Ein Mitglied des Haushalts sagt: »Der Umzug von einem Haus in ein anderes ist wie das Umtopfen einer Pflanze. Unsere Wurzeln sind tief in das Erdreich dieser Gemeinschaft eingedrungen und haben Nahrung aus dem Netzwerk unserer Freundschaften gezogen. Wie eine entwurzelte Pflanze müssen wir unsere Lebenskraft behutsam von diesem Ort lösen, ohne die Wurzeln zu verletzen, die unser Leben erhalten. Wir müssen unsere Wurzeln in eine neue Gemeinschaft verpflanzen, in eine neue Umgebung, ein neues Netzwerk von Freundschaften.«

Alle gehen (oder fahren) dann gemeinsam zu dem neuen Haus; die Mitglieder des Haushalts nehmen die Pflanze mit. Die rituelle Weihung des neuen Hauses beginnt damit, daß die künftigen Bewohner und ihre Freunde vor dem Haus stehen. Ein Familienmitglied sagt: »Wir werden dieses Haus zu unserem Heim machen, zu einem Ort des Friedens, der Liebe und der Geborgenheit. Möge es ein Ort der Freude, der fruchtbaren Arbeit, der Erholung und Entspannung sein; mögen sich die Bindungen an die, die wir lieben, verstärken.«

Mit einem Weihrauchgefäß und blühenden Zweigen umschreitet die Gruppe nun das Haus. Mit einem angespitzten Stock wird eine Furche gezogen, in die Samenkörner gestreut werden. Dann und wann bleibt die Gruppe stehen, und alle sprechen gemeinsam: »Der Friede und die Geborgenheit der heiligen Weisheit möge dieses Haus umgeben und es vor allem Übel behüten.«

Anschließend betreten alle das Haus. Sie gehen von Fenster zu Fenster, von Tür zu Tür und sagen:»Der Friede und die Geborgenheit der heiligen Weisheit möge diese Tür (dieses Fenster) behüten, daß nichts Böses eindringen kann.«

In jedem Raum, den die Gruppe betritt, werden die positiven Kräfte angerufen, die hier wirken sollen, zum Beispiel in der Küche:»Möge der Klang von Lachen und guten Gesprächen diese Küche erfüllen. Von diesem Herd wird der Duft von köstlichen Speisen aufsteigen. Alle, die an den guten Dingen teilhaben, sollen die Arbeit in dieser Küche teilen. Laßt diese Arbeit zum Ausdruck von schöpferischer Phantasie werden; laßt uns die Produkte dieser Arbeit genießen, um unseren Körpern und Seelen Gesundheit und Kraft zu geben.«

Nachdem die Anwesenden die positiven Kräfte jedes Raumes angerufen haben, wird Wasser aus einer Schale, in der Blütenblätter schwimmen, versprengt und das Weihrauchgefäß herumgetragen. Das Ritual endet damit, daß alle sich um einen Tisch versammeln. Die Pflanze wird vorsichtig aus ihrer Umhüllung genommen und in einen neuen Topf gepflanzt. Die neuen Bewohner des Hauses sprechen zum Schluß darüber, was die Veränderung für sie bedeutet; sie stellen sich die Freuden und Aktivitäten vor, die mit diesem Ort verbunden sein werden. Die Anwesenden fassen sich an den Händen; die Freunde versprechen den neuen Bewohnern, sie bei ihrem Wurzelnschlagen in neuem Boden zu unterstützen.

Liturgie der Menopause

Die Frauen versammeln sich im Kreis. Diejenigen unter ihnen, die noch nicht die Menopause erreicht haben, bekommen violette Kerzen. Die anderen, die nicht mehr menstruieren, halten gelbe Kerzen in den Händen. Die Kerzen werden angezündet, und jede Frau meditiert still, während der folgende Text verlesen wird:

»In der Frau kreist die große Energie des Erschaffens und Gebärens. Diese Urkraft äußert sich in vielen Formen: Sie ist die Kraft, die das Ei entstehen und die das befruchtete Ei im Uterus zu einem neuen menschlichen Wesen reifen läßt. Sie ist das kreative Potential, das Dichtung, Musik und bildende

Kunst hervorbringt. Sie ist das schöpferische Denken, das die Realität reflektiert, die Welt im Geist widerspiegelt, den rationalen Diskurs hervorbringt und uns befähigt, andere in die Geheimnisse einzuweihen, die in der Welt um uns wirken. Sie ist die soziale Phantasie, die uns fähig macht, unsere persönliche Umwelt zu formen, Gemeinschaften und Zusammenschlüsse von Menschen zu gestalten, gemeinsame Aufgaben zu erfüllen und als Freunde zusammenzuleben. Sie ist die schöpferische Kraft der Hände, die Lehm und Ton, Pflanzenfasern und Wolle von Tieren bearbeitet und nützliche und schöne Dinge schafft. Alle diese Formen sind Teile unserer schöpferischen Mutter-Energie. Heute nimmt eine von uns Abschied von einer Form der schöpferischen Energie, von der Fähigkeit, neues menschliches Leben zu gebären. Jetzt, da sie auf eine Form der gebärenden Kraft verzichtet, wendet sie sich mit größerer Aufmerksamkeit den anderen Formen zu: der Energie, die Kunst, Handwerk und Wissen hervorbringt und Gemeinschaften von Menschen schafft, die zusammen arbeiten und leben. Wir halten einen Augenblick inne und trauern um die eine Form der gebärenden Kraft, die sich nun zurückzieht und nicht mehr ist.« (Alle drehen ihre Kerzen um, so daß ein Tropfen Wachs herunterfällt, und halten sie dann wieder aufrecht.) »Wir freuen uns mit unserer Schwester, die sich nun mit voller Kraft den anderen schöpferischen Energien zuwendet, die ihr innewohnen.«

Die Frau, die in die Menopause eingetreten ist, löscht ihre violette Kerze und erhält eine gelbe Kerze. Die Frauen, die aufgehört haben zu menstruieren, sagen zu ihr:

»Sei willkommen in der Gemeinschaft der Frauen, die keinen Eisprung mehr haben und nicht mehr bluten und die nun die schöpferische Kraft ihrer Seelen und ihres Geistes leben.«

Die Frau im Zentrum des Geschehens hat nun Gelegenheit, darüber zu reflektieren, was der Übergang auf diese neue Stufe für ihr Leben bedeutet. Sie kann über die Freuden und Schwierigkeiten ihrer Jahre als (biologisch) fruchtbare Frau sprechen und über die Möglichkeiten kultureller Schöpferkraft, die sie vor sich sieht.

Ein Trinkgefäß mit Kräutertee, der unter anderem Haselnußblätter enthält, wird mit folgenden Worten gesegnet: »Dies ist der heilende Tee, den unsere Mütter und ihre Mütter vor ihnen tranken, um die Schmerzen des monatlichen Zyklus zu lindern. Dieser heilende Tee verbindet uns alle, Frauen, die men-

struieren, und Frauen, die nicht mehr menstruieren; wir sind
eine Gemeinschaft von Schöpferinnen und Erhalterinnen des
Lebens in seinen vielen Formen.«

Das Gefäß wird herumgereicht, und alle trinken daraus.

Liturgie für eine Frau im Übergang zum Alter

Unsere jugendorientierte Kultur macht es den meisten Menschen unmöglich, den Übergang zum Alter positiv zu erfahren.
Insbesondere Frauen nach der Menopause, die das Gebären
und Aufziehen von Kindern hinter sich gelassen haben, werden
als nutzlos angesehen. Es ist kein Zufall, daß auch die Hexen-
verfolgungen der Vergangenheit sich vor allem auf ältere
Frauen nach der Menopause, auf Witwen, alleinstehende oder
von Männern unabhängige Frauen konzentrierten. Alte Frauen
werden mit pejorativen Bezeichnungen wie »alte Hexe«, »altes
Reff«, »alter Giftzahn« belegt, die das Bild des Häßlichen, Ver-
trockneten, Verfallenden, Nutzlosen, Abstoßenden und Bösen
heraufbeschwören. In der folgenden Liturgie sollen die negativen Assoziationen, die sich in unserer Gesellschaft mit dem
Bild der alten Frau verbinden, ins Positive transformiert werden. Ursprünglich war die »alte Hexe« die weise alte Frau, die
durch ihre lange Lebenserfahrung profundes Wissen angesammelt hatte, das sie an die jüngeren Frauen weitergab. Die Liturgie kann an einem Geburtstag, irgendwann zwischen dem 60.
und 70. Lebensjahr der Frau, zelebriert werden.

Für berufstätige Frauen ist dies die Zeit, in der sie in den Ruhestand gehen. Der Rückzug aus dem Arbeitsleben war für
Frauen bisher meistens weniger traumatisch als für Männer, da
die weibliche Identität nicht in demselben Maß wie die männliche durch die bezahlte Berufsarbeit bestimmt war. Heute ändert sich das jedoch. Viele Frauen identifizieren sich stark mit
ihrem Beruf und erleben den Übergang in den Ruhestand als
schwierig und verwirrend.

Auch für Frauen, die in traditionellen Ehen gelebt und Kinder aufgezogen haben, ist der Übergang ins Alter schwierig. Die
Kinder haben das Elternhaus verlassen, und oft lebt die Frau
allein, entweder weil der Mann gestorben ist oder weil die Ehe
geschieden ist. Bei der alleinstehenden alten Frau in unserer
Gesellschaft ist die Wahrscheinlichkeit besonders hoch, daß sie
in Armut lebt. Indem wir uns den alten Frauen zuwenden, sie

unterstützen und sie in ihrer Weisheit bestätigen, wirken wir der feindseligen Einstellung der Gesellschaft zum Alter entgegen. Die folgende Liturgie für den Übergang zum Alter wurde für Janet Kalven an ihrem 70. Geburtstag zelebriert. Janet Kalven ist Mitglied des »Grail« (Gral), einer religiösen Vereinigung katholischer Frauen, und eine der Geburtshelferinnen der Frauenkirche.

Einleitende Musik

Während die Teilnehmerinnen der Zeremonie ihre Plätze einnehmen und ihr Bewußtsein auf die Gemeinschaft zentrieren, erklingt Musik. Alle singen gemeinsam nach der Melodie von »Jacob's Ladder«: »We are casting Janet's Circle« (etwa: Wir weben den magischen Kreis um Janet).

Einleitende Erklärung

»Dies ist Janets Kreis. Wie Janet selbst ist er in der Erde verwurzelt, wächst und blüht. Wie Janet selbst repräsentiert er Wachstum in Gemeinschaft. Heute wird Janet als weise Frau gefeiert. Wir knüpfen damit an die alte weibliche Tradition der Verehrung der weisen Frauen an. Eine Frau muß lange gelebt haben, um Weisheit zu erwerben; Janet hat keinen Augenblick ihres langen Lebens vergeudet.«

Das Weben des Kreises

1. Anrufung
Stand in faith and make a difference
Women growing make a difference
In this world, make a difference
Women can make a difference
Janet has made a difference
standing firm
speaking out
striding forth
Women can become different
Difference can become women
Difference, difference, women-difference
Janet has made a difference[6].

Sei im Glauben und lebe den Unterschied.
Frauen, die sich verändern, leben den Unterschied.
Lebe den Unterschied in dieser Welt.
Frauen können den Unterschied leben.
Janet hat den Unterschied gelebt.
Sie hielt an ihrem Standpunkt fest.
Sie sagte ihre Meinung.
Sie schritt voran.
Frauen können anders werden.
Das Andersartige kann Frau werden.
Frauen können den Unterschied leben.
Janet hat den Unterschied gelebt.

2. Anrufung

»Jüdische Frauen der früheren Jesus-Bewegung in Israel, Maria Magdalena, Salome und ihr vielen anderen, webt den Kreis um uns, nehmt Janet in eure Reihen auf. Gebt ihr und gebt uns den Mut und die Kraft für unser heutiges Leben.

Jüdische Frauen der frühen christlichen Missionsbewegung, Prisca, Junia und ihr vielen anderen dem Paulus ebenbürtigen Predigerinnen, nehmt Janet in eure Reihen auf. Gebt ihr und gebt uns die Inspiration für unsere heutigen Missionsaufgaben.

Wir weben diesen Kreis mit dir und um dich, Janet; du hast die machtvolle Vision der Gerechtigkeit, die von Christus ausging, der Gerechtigkeit für die Machtlosen, die Kranken, die Unterdrückten, die Frauen, mit deinem Leben bestätigt.

Göttin/Gott in unserer Mitte, schütze Janet, die dich immer liebte und dir folgte. Hilf ihr und hilf uns, deine Welt der Menschlichkeit aufzubauen gegen den Widerstand der Machtstrukturen des Patriarchats. Hilf ihr und hilf uns, den Auftrag deiner Schöpfung zu erfüllen.«[7]

3. Anrufung

»Eins der Probleme, die wir in diesem Kreis ansprechen, ist ein Tabu-Thema, dem Janet nicht ausgewichen ist: Janet befaßte sich mit dem Problem des Alterns in unserer altersfeindlichen Gesellschaft. Menschen, die alt werden, müssen mehr Wahlmöglichkeiten zur Verfügung haben, als es heute der Fall ist, damit sie in ihr Altsein hineinwachsen und es positiv erleben können. Janet hat mit viel Mut darum gekämpft, daß die Gesellschaft die Stimme der Alten in unserer Mitte hört.«[8]

4. Anrufung

»Geist der Luft, Geist des Feuers, Geist des Wassers, Geist der Erde,
kommt und schließt euch der Feier für eure Verbündete an.
Janet pflanzt und hegt
eure Blumen, Kräuter und Bäume.
Sie freut sich eurer Fülle,
sie verteidigt eure Lebensquellen gegen die Rüstungsindustrie,
sie weigert sich, für Nuklearwaffen,
die unser aller Leben bedrohen,
Steuern zu zahlen.
Geist der Luft, komm zu uns.
Geist des Feuers, komm zu uns.
Geist des Wassers, komm zu uns.
Geist der Erde, komm zu uns.
Erfüllt und erneuert Janet mit eurer Kraft.
Erfüllt und erneuert auch uns.«[9]

Bibellesung

Jesus Sirach 51, 12 ff. Der Text spricht von der das ganze Leben erfüllenden Suche nach Weisheit: »Schon als ich jung und noch nicht weit herumgekommen war, suchte ich offen und ehrlich die Weisheit; in meinem Gebet am Tempel bat ich darum, und ich will sie bis an mein Ende suchen. Mein Herz freute sich über sie von ihrer Blüte an, bis ihre Trauben reiften. Ich ging geradewegs zu ihr und forschte von Jugend auf nach ihr; ich hörte auf sie und nahm sie an. Da lernte ich viel und hatte reichen Gewinn.«

Weitergeben der Weisheit

Zum Schluß wurden Passagen aus Janet Kalvens Schriften aus verschiedenen Lebensperioden vorgelesen. Einige der Anwesenden sprachen darüber, wie sie Janets Weisheit erfahren hatten. Janet erhielt dann ihr ausgearbeitetes Horoskop als Geschenk, und alle Anwesenden überreichten ihr Blumen, die sie zu einem großen Strauß zusammenfügte. Zum Abschluß sprach Janet über ihre eigenen Gedanken zu der Feier. Das Lied »Janets Circle« beendete die Liturgie.

Die Begleitung Sterbender

Geburt und Tod sind die großen Wendepunkte im Lebenszyklus. Wie die Geburt wurde auch der Tod vorwiegend den Ärzten überlassen und so zu einem Ereignis gemacht, das uns »unnatürlich« erscheint. Die moderne Medizin hat ihren guten Sinn, wenn sie angewandt wird, um bewußtes, produktives Leben zu verlängern. Wenn sie allerdings mit einem riesigen Aufwand an Geld und medizinischer Technologie das Leben eines Menschen verlängert, der nie mehr das Bewußtsein erlangen wird, zeigt sich darin nur eine Verleugnung des Todes. Wenn es klar ist, daß ein Mensch, der seine Umwelt noch bewußt wahrnimmt, sterben wird, sollte man ihm ermöglichen, zu Hause unter Freunden und Verwandten zu sterben. Eine Krankenschwester, die ins Haus kommt, kann bei den schwierigen pflegerischen Aufgaben helfen. Die Freunde und Verwandten können bei dem sterbenden Menschen sein und sie oder ihn menschlich und seelisch unterstützen. Der Raum, in dem die/der Sterbende liegt, sollte mit frischem Blumenduft und sanftem Kerzenlicht erfüllt sein. Freunde und Familienmitglieder können abwechselnd bei der/dem Sterbenden sitzen, auch wenn sie/er ohne Bewußtsein ist, und lesen, nachdenken oder mit der sterbenden Freundin/ dem Freund sprechen. Die/der Sterbende möchte vielleicht Dichtung oder Musik hören. Vor allem sollte der/dem Sterbenden gestattet sein, selbst zu bestimmen, wie sie/er sterben will, und andere sollten nicht eingreifen und sich über ihre/seine Wünsche hinwegsetzen.

Ritual der Versöhnung und des Übergangs für Sterbende

Wenn die/der Sterbende es wünscht, könnte, solange sie/er noch bei Bewußtsein ist, ein einfaches Ritual der Aussöhnung und des Übergangs vollzogen werden. Das Ritual sollte drei Aspekte berücksichtigen: die Versöhnung mit den Freunden und Verwandten, das Abgeben der Verantwortung für noch laufende Projekte und Aufgaben an die, die weiterleben werden, und die Sammlung des Geistes.

Versöhnung

Die Sterbende (der Sterbende) kann über Aspekte ihres Lebens sprechen, mit denen sie unzufrieden ist, Bereiche, in denen sie glaubt, versagt zu haben, oder wo ungelöste Konflikte bestehen.

Zum Schluß dieses Bekenntnisses wird die Sterbende (der Sterbende) gesegnet, ihre Stirn wird mit Wasser berührt, mit den folgenden Worten:»Durch die Kraft des mütterlichen Geistes sind wir ermächtigt, einander zu vergeben. Unser Bruder Jesus hat uns den Weg der Vergebung gezeigt und ist uns vorangegangen auf dem Weg durch den Tod zur Auferstehung. Im Namen Christi und des Heiligen Geistes sind dir alle deine Sünden vergeben. Befreie dein Herz und deinen Geist von allen Gefühlen des Versagens, der Schuld, der Traurigkeit oder des Versäumten. Sei befreit.«

Abgeben der Verantwortung

Hier könnte die Sterbende (der Sterbende) über Bereiche sprechen, in denen sie noch nicht bereit ist, loszulassen. Vielleicht ist sie besorgt, daß bestimmte Dinge nicht so weitergeführt werden, wie sie es wünscht. Ihr Geist ist vielleicht noch an Aufgaben gebunden, die sie nun nicht mehr erfüllen kann und die ihr unbeendet erscheinen. Vielleicht hat sie den Wunsch, Freunden oder Familienmitgliedern die Erfüllung bestimmter Aufgaben zu übertragen. Nach diesen Reflexionen wird die Sterbende (der Sterbende) aufgefordert, diese Sorgen loszulassen und sie der Gemeinschaft derer zu übergeben, die weiterleben werden. Die Stirn, die Brust, Hände und Füße der Sterbenden (des Sterbenden) werden mit duftendem Öl gesalbt mit den folgenden Worten:

»Die Verantwortung der Arbeit und der Fürsorge für andere entgleitet nun deinen Händen. Laß die Bande los, die dich an die Aufgaben des täglichen Lebens binden. Du brauchst die Sorge darum nicht mehr zu übernehmen. Diese Aufgaben und Arbeiten gehören nun anderen. Die anderen können sie erfüllen und werden sie erfüllen. Im Guten und im Schlechten, es sind nun ihre Aufgaben und nicht mehr deine. Laß sie nun los und sei beruhigt; sei im Frieden.«

Ein Korb mit Früchten und Blumen wird der Sterbenden (dem Sterbenden) in die Arme gelegt mit den Worten: »Diese Blumen und Früchte stehen für alles Blühende und Fruchtbare deines Lebens. Denk nun an alles Produktive und Glückliche in deinem Leben, an das, was du erreicht hast, an die Zeiten der Fülle, an deine Freuden.«

Die Sprecherin (der Sprecher) hält inne, während die Sterbende (der Sterbende) über positive Dinge in ihrem Leben reflektiert, über erreichte Ziele, die sie mit besonderer Zufriedenheit erfüllen. Vielleicht sagen auch andere Anwesende, welche Züge und Leistungen im Leben der Sterbenden sie als besonders bedeutsam und wichtig betrachten. Der Korb wird mit der Geste des Dankopfers hochgehalten. Dabei werden folgende Worte gesprochen: »Alle guten Früchte deines Seins kommen zur Ganzheit; sie fließen ein in die Ganzheit des immerwährenden unsterblichen mütterlichen Geistes, sie kehren zurück zur Quelle allen Lebens. Dein menschlicher Geist vereint sich mit dem ewigen Geist. Gehe in Freuden ein ins ewige Leben. Amen.«

Die Anwesenden wachen bei der Sterbenden (dem Sterbenden), bis der Tod eingetreten ist. Sie versuchen, soweit sie können, die Sterbende (den Sterbenden) beim letzten Annehmen des eigenen Selbst, bei der Ablösung von allen Bindungen, beim Sammeln des Geistes im Übergang zur Transzendenz zu unterstützen.

Die Totenfeier

Totenfeiern sollten einfach sein und soweit wie möglich auf die Familie und den Freundeskreis beschränkt bleiben. Ostentativen Prunk und große Ausgaben, die für die Lebenden zur Belastung werden, sollte man vermeiden[10]. Pflanzen und Blumen, die von den Trauernden selbst ausgewählt und zusammengestellt werden, können an die Stelle prunkvoller Kränze treten. Die Totenfeier kann die Form eines gemeinsamen Mahls haben, vielleicht im Anschluß an eine eucharistische Feier. Bei der Totenfeier können Lieder und Gedichte vorgetragen und Texte gelesen werden, die die/der Verstorbene besonders liebte. Wünsche der/des Verstorbenen im Hinblick auf die Totenfeier sollten respektiert werden; die Anwesenden sollten ein Gefühl dafür haben, daß der Geist der/des Toten bei der Totenfeier anwesend ist. Der Hauptteil der Totenfeier sollte dem Gedanken an die/den Verstorbenen gewidmet sein, den Erinnerungen, die Partner, Kinder, Freunde, Arbeitskollegen mitteilen wollen. Die Verwandten und Freunde sollten jedoch keine salbungsvollen Reden halten, sondern sowohl die Vorzüge und Stärken der verstorbenen Person hervorheben als auch ihre Schwächen und Fehler in humorvoller und versöhnlicher Weise erwähnen.

Nach der Totenfeier können die Anwesenden in einer Prozession zum Ort der Beisetzung gehen. Die Gebete am Grab sollten sich auf unsere Sterblichkeit als Menschen beziehen, aber auch auf unser Vertrauen in das Geheimnis der Wandlung und der Transzendenz, das mit dem Tod verbunden ist: »Nun kehrt der Leib von X wieder zur Erde zurück; Staub wird zu Staub, Erde zu Erde. Die Materie des Körpers fließt zurück zur Quelle allen Seins und wird zum Grundstoff neuen Lebens. Wie die Blätter, die von den Bäumen fallen und welkend in den Boden eingehen, der im Frühjahr neue Vegetation hervorbringt, so müssen auch unsere Körper in die Erde und in den Kreislauf des Werdens und Vergehens zurückkehren.«

(Bei diesen Worten werden keimende Getreidekörner auf den Sarg oder die Urne mit der Asche geworfen.)

»Aber unsere vergänglichen Körper enthalten auch das Geheimnis des unvergänglichen Lebens. Wie Paulus sagt (1. Korinther 15,36 ff.): ›Was du säst, wird nicht lebendig, wenn es nicht stirbt. Und was du säst, ist ja nicht der Leib, der werden soll, sondern ein bloßes Korn, sei es von Weizen oder etwas anderem. Gott aber gibt ihm einen Leib, wie er will, einem jeden Samen seinen eigenen Leib. Es wird gesät verweslich, und es wird auferstehen unverweslich. Es wird gesät in Niedrigkeit, und es wird auferstehen in Herrlichkeit. Es wird gesät in Armseligkeit, und es wird auferstehen in Kraft. Es wird gesät ein natürlicher Leib, und es wird auferstehen ein geistlicher Leib.‹

Ein Samenkorn muß in die Erde fallen und sterben, nur so kann neues Leben entstehen. Der menschliche Geist muß seine vergängliche Form aufgeben, um in den unvergänglichen ewigen Geist einzugehen. Wir geben nicht vor, daß wir dieses große Mysterium verstehen. Aber wir vertrauen auf den Glauben, der uns leitet. Wir vertrauen auch ohne Wissen auf den Schöpfergeist, aus dem alles Leben kommt, zu dem alles Leben zurückkehrt und der diesen menschlichen Geist zum ewigen Leben erheben wird. Geist der Weisheit, nimm unsere Schwester (unseren Bruder) in dich zurück. Wir geben sie (ihn) in deine Hände.«

Vielleicht hat die/der Verstorbene kein permanentes Grab gewünscht, sondern, als Zeichen des Verzichts auf den sterblichen Teil des Selbst, gewünscht, daß die Asche über die Erde oder über das Wasser verstreut wird.

KAPITEL 10

Symbole der Transformation: Jahreszeitliche Feiern

Die planetaren Rhythmen, die sich in den Zyklen des Tages, des Monats und des Jahres spiegeln, und ihre Heiligung stellen den traditionellen Rahmen unserer überlieferten religiösen Praktiken dar. Die hebräische Tradition fügte diesen Rhythmen den nicht durch die Natur vorgegebenen Zyklus der Woche hinzu, der für die religiösen Bräuche des Judentums und des Christentums prägend geworden ist, ebenso wie für die durch die jüdisch-christliche Tradition beeinflußte globale säkulare Kultur. Die moderne Technologie hat das menschliche Leben von den fundamentalen Zyklen unserer natürlichen Umgebung weitgehend abgetrennt. Heizungs- und Kühlsysteme verändern unsere Wahrnehmung der jahreszeitlichen Temperaturveränderungen; Elektrizität und künstliches Licht erlauben uns, das Auf- und Untergehen der Sonne, die in früheren Zeiten den Rhythmus des menschlichen Arbeitstages bestimmten, zu ignorieren. Unser Leben mit der Technologie führte zu Wahrnehmungsveränderungen, die uns für die subtileren Einflüsse der planetaren Rhythmen auf unsere Körper und Seelen blind machen. Diese Nichtbeachtung der Rhythmen unseres individuellen Organismus in seiner Abhängigkeit vom kosmischen Gesamtorganismus hat zunehmend destruktive Folgen. Vielleicht kann eine Wiederbelebung der alten religiösen Verehrung der kosmischen Zyklen uns helfen, die mikro- und makrokosmischen Beziehungen, von denen unser Leben abhängt, bewußter wahrzunehmen und dafür zu sorgen, daß sie nicht zerstört werden.

Der Zyklus von Tag und Nacht

Die Hebräer sahen den Sonnenuntergang als den Wendepunkt, an dem ein Tag endet und ein neuer beginnt; für sie lag der Tagesbeginn also am Abend. In der christlichen Kultur wird der Sonnenaufgang als Tagesbeginn angesehen. Wie man den Tagesbeginn auch definiert – das Begrüßen des neuen Lichts und das Abschließen der täglichen Arbeit vor Einbruch der Nacht sind wichtige Markierungspunkte im täglichen Leben und geeignete Zeiten für die Sammlung oder das Gebet. Allerdings müssen die Gebetszeiten dem individuellen Rhythmus von Wachen und Schlafen, Arbeit und Ruhe angepaßt werden. Das Morgengebet kann die Form des aus dem indischen Hatha-Yoga bekannten »Sonnengrußes« (siehe Abb. S. 296) oder anderer aktivierender Körperübungen annehmen, die konzentriert ausgeführt werden, während der Geist auf die Dankbarkeit für den neuen Tag und das neue Licht gerichtet ist. Das Nachtgebet könnte eine ruhige, sitzende Meditation in der Konzentration auf den Atem sein, bei der wir den Körper entspannen, die Aktivitäten des Tages verebben lassen, uns von Ängsten und Sorgen lösen, so daß Körper und Geist ruhen können.

Wichtig ist auch, daß sich die Mitglieder eines Haushalts oder einer Gemeinschaft einmal am Tag zum gemeinsamen Essen versammeln (ohne Fernsehen oder andere Zerstreuungen); diese Sitte sollte wiederbelebt werden, um unsere zunehmend inhumanen Lebensstrukturen wieder menschlicher zu machen. Wir können einen Segen oder ein Gebet sprechen, in dem wir Gott/der Göttin für alles danken, was unser Leben erhält, und in dem wir derer gedenken, deren Arbeit unsere Nahrung hervorbringt. Wir können eine neue Art von Reinheitsgeboten einhalten[1], indem wir bei der Auswahl der Nahrungsmittel darauf achten, daß sie möglichst unverfälscht sind und keine chemischen Zusätze enthalten, und indem wir in unseren Konsumgewohnheiten aufmerksam und nicht verschwenderisch sind, in der bewußten Sorge darum, daß genügend Nahrung für alle da sein sollte. Wir können uns dem Boykott von Nahrungsmitteln anschließen, die in repressiven Staaten unter unmenschlichen Bedingungen produziert werden. Allerdings ist das weltweite Produktions- und Verteilungssystem von Nahrungsmitteln heute so geartet, daß wir uns in unseren Konsumgewohnheiten nicht völlig »ethisch rein« erhalten können. In jedem Fall sollten wir bewußtere Eßgewohnheiten entwickeln, nicht um selbstgerecht auf andere herabschauen zu können, sondern um uns an unsere Verbundenheit mit anderen Menschen und an die Notwendigkeit einer gerechteren Verteilung von Nahrung und Gütern zu erinnern.

Der Zyklus der Woche

Wenn es nicht möglich ist, die Mitglieder des eigenen Haushalts oder der Gemeinschaft einmal täglich zu einem gemeinsamen Essen zu versammeln, kann ein großes Gemeinschaftsessen, das einmal in der Woche stattfindet, die menschlichen Bindungen stärken und erneuern. Mit dem wöchentlichen Mahl oder Sabbatmahl kann ein ausführliches Ritual der Segnung der Nahrung und der Erneuerung der Gemeinschaft einhergehen. Im Idealfall sollten die Menschen, die sich zu diesem Mahl versammeln, nicht in Eile sein, sondern sich die Zeit nehmen, mindestens zwei Stunden beim Essen und im gemeinsamen Gespräch zu verbringen. Ich schlage denen, die aus der christlichen Tradition kommen, vor, die Gebete und Praktiken des jüdischen Sabbatmahls zu studieren, die in die Sprache und auf die Perspektiven der jeweiligen Gruppe übertragen werden können[2].

Das Sabbatmahl beginnt mit dem Anzünden der Sabbatlichter (in jüdischen Familien ist das die Aufgabe der Frau). Die Sabbatlichter erinnern daran, wie Gott am Anfang das Licht erschuf. Licht ist das Symbol des Geistes – sowohl des göttlichen Geistes, der die Quelle alles Seienden ist, als auch des lebendigen Bewußtseins in jedem Menschen. Licht steht für die Wärme und die Helligkeit, die alles Lebende wachsen und gedeihen läßt. Licht steht auch für die Erinnerungen und Hoffnungen, die uns mit dem Vergangenen und dem Zukünftigen verbinden.

Nachdem die Lichter angezündet sind, wird ein Kelch mit Wein gesegnet, der die lebenschaffende und -wandelnde Kraft symbolisiert, von der die ganze Schöpfung durchdrungen ist. Dann wird das Brot gesegnet; dabei reflektieren wir über die Gaben der Erde, die unsere Nahrung sind, und auch über die Arbeit der menschlichen Hände, die diese Gaben der Erde pflegen und aufbereiten. Der Zusammenhang von menschlicher Arbeit und göttlichen Gaben wird in dem Gebet zusammengefaßt: »Heiliger Geist, deine Gegenwart durchdringt die Schöpfung und bringt Brot aus der Erde hervor.«

Das Sabbatmahl kann eine Zeit des Dankes, der Reflexion und der Erinnerung an die Arbeit der Woche sein, wobei jeder in der Tischrunde von seinen Erlebnissen und Erfahrungen während der Woche erzählt. Mit einer Segnung wird das gemeinsame Mahl abgeschlossen.

In einer Welt, die den Wert des Menschen nur noch nach seiner unablässigen Arbeitsleistung – oder nach seinen teuren und hektischen Freizeitaktivitäten – bemißt, wird die Wiederbelebung der wöchentlichen Sabbatruhe zu einer zwingenden Notwendigkeit. Im traditionellen Judentum heißt es, daß die Erlösung kommen werde, wenn Israel lerne, die Sabbatgesetze vollkommen einzuhalten[3]. Heute kommt diesen traditionellen religiösen Geboten eine völlig neue Bedeutung zu in Gesellschaften, die sich nur noch auf das »Machen« verstehen, in einer zwanghaften und funkionalistischen Weise, die aber für die tiefere Bedeutung und den Sinn des Tätigseins nicht mehr offen ist und die dazu geführt hat, daß unsere Fähigkeiten zum Sein verlorengingen. Um das Gleichgewicht des Lebens wiederzugewinnen, ist es wichtig, das Ausruhen zu lernen und eher das Sein als das Machen zu feiern. Ein wichtiger Ansatzpunkt auf dem Weg zu einer neuen Ausgewogenheit des Lebens ist der feste Entschluß, an einem Tag in der Woche keine entfremdete Arbeit zu tun.

Wenn wir uns strikt daran halten, am Sabbat keine Geschäftstermine zu vereinbaren, keine Arbeit mit nach Hause zu nehmen, nicht ins Büro oder einkaufen zu gehen und uns auch nicht auf sonstige Aktivitäten des Arbeitsalltags einzulassen, tun wir damit den ersten Schritt, um uns einen Tag für wirkliche Entspannung und für die Erneuerung der Beziehung zu uns selbst und zu anderen freizuhalten. Das sollte jedoch nicht im Geist einer rigiden Unterwerfung unter religiöse Gesetze geschehen, die von außen vorgegeben sind, sondern im Geist eines fröhlichen Protests gegen den leistungsfixierten und arbeitssüchtigen Lebensstil unserer Gesellschaft. Die Gewohnheit, permanent Arbeitsleistungen hervorzubringen und diese als Maßstab des eigenen Werts zu setzen, hat um sich gegriffen wie eine Epidemie. Wir müssen uns daher selbst Regeln setzen und kleine Gelübde vor uns selbst ablegen, um diesem ungeheuren sozialen Druck zu widerstehen. Die wöchentliche Feier des Sabbats sollte als Mittel gesehen werden, sowohl uns selbst als auch die Schöpfung wieder ins Gleichgewicht zu bringen und damit die endgültige Erlösung alles Seienden vorwegzunehmen. Die regelmäßig wiederkehrende Konzentration auf das Ausruhen, das Lebensfördernde und Spielerische gibt uns einen Vorgeschmack auf den erlösten Zustand der Dinge und rückt auch die eigentliche Zielrichtung und Bedeutung des Arbeitslebens während der Woche wieder ins richtige Licht. Den Sabbat einhalten bedeutet nicht, für die Erlösung der Welt arbeiten oder kämpfen, sondern das Hier und Jetzt der Erlösung feiern.

Der Zyklus des Monats: Menstruations- und Neumondrituale

Die patriarchale Religion hat die Menstruation zu einem negativen Symbol gemacht, das benutzt wurde, um Frauen von der Macht des Sakralen fernzuhalten. Menstruierende Frauen galten im Judentum als »unrein« und waren mit einem rituellen Tabu belegt. Reste dieser Vorstellungen wurden im mittelalterlichen und im östlich-orthodoxen Christentum wiederbelebt als Argument dafür, daß menstruierende Frauen nicht am Abendmahl teilnehmen sollten und daß sie aufgrund der ihrem Geschlecht eigenen »Unreinheit« keine heiligen Stätten betreten und keine heiligen Objekte berühren dürften[4]. Das patriarchale Menstruationstabu lebt auch im säkularen Bereich fort; dort äußert es sich in der Vorstellung, menstruierende Frauen seien schwach und irrational, und Frauen dürften also, aufgrund ihrer Instabilität, keine gesellschaftlichen Machtpositionen einnehmen.

Die Menstruationsrituale der Frauenkirche sorgen dafür, daß die Dämonen dieser negativen Tradition, die Frauen wegen ihrer monatlichen Blutungen als tabu oder »unrein« definiert, ausgetrieben werden. Wenn wir zu den Ursprüngen dieser negativen patriarchalen Tradition zurückkehren, finden wir an ihren Wurzeln die männliche Angst vor dem Menstruationsblut der Frau, das magische Bedeutung hatte. Für die Menschen der archaischen Gesellschaften war es ein Mysterium, daß die Frauen bluteten, aber nicht starben. Die dämmernde Erkenntnis des Zusammenhangs zwischen der monatlichen Blutung und der Fähigkeit der Frauen, neues Leben hervorzubringen, trug weiter zu der Vorstellung von der »magischen Kraft« des weiblichen Menstruationsblutes bei.

Mit der Menstruation endet ein Zyklus des weiblichen Fruchtbarkeits- und Kraftpotentials, und ein neuer beginnt. Wenn wir uns bemühen, die Menstruation als Symbol des weiblichen Schöpfungspotentials für uns zurückzugewinnen, könnten wir die Neigung entwickeln, jedes Element von Schwäche zu verleugnen und statt dessen zu behaupten, wir seien besonders stark und kraftvoll, wenn wir menstruieren. Um gegen die falschen Mythen des Patriarchats anzukämpfen, die behaupten, Frauen seien während ihrer Periode unberechenbare Irre oder Kranke, möchten wir Frauen vielleicht gern behaupten, daß uns die Menstruation mit besonderen Energien erfüllt. Aber eine solche Kompensation geht am Wesentlichen vorbei. Die meisten Frauen fühlen sich etwas erschöpft, wenn sie menstruieren, und dafür gibt es gute Gründe: Unsere Körper stoßen die Gebärmutterschleimhaut ab, die sich als Vorbereitung auf Empfängnis und Schwangerschaft gebildet hatte. Obwohl die meisten Frauen während dieser Zeit auch auf hohe Leistungsanforderungen adäquat reagieren können, ist es angemessen, daß jede Frau ihre eigene, weiblich definierte Form des positiven Umgangs mit ihrem monatlichen Zyklus findet. Wir sollten nicht verleugnen, daß die Menstruation eine »herbstliche« Phase des weiblichen Körpers ist, in der die lebenschaffende Kraft im Abstieg begriffen ist und in der Vorbereitungen für ihre Erneuerung getroffen werden. Rachel Adler[5] zeigt in einem Artikel über die theologische Bedeutung von Unreinheitstabus, daß sich in der rituellen Distanz gegenüber menstruierender Frauen und Menschen, die mit Leichen in Berührung gekommen waren, die tiefe, ehrfürchtige Angst vor der Todesseite des Lebenszyklus ausdrückt. Die Autorin vertritt die Ansicht, daß Frauen ein adäquates Reinigungsritual (etwa in Form des *Mikwah*, des rituellen Bades) brauchen, um sich selbst als Teil des großen Mysteriums von Tod und Erneuerung, durch das sich das Universum permanent verjüngt, zu erfahren. Das Wasser des *Mikwah* soll lebendiges, fließendes Wasser sein, das mit den Strömen und Ozeanen – und symbolisch mit dem Meer des Kosmos – in Verbindung steht. Das Eintauchen in das rituelle Bad, das als Modell auch den jüdischen und christlichen Taufritualen zugrunde liegt, hat die Bedeutung der Rückkehr in die Urwasser, aus denen bei der Schöpfung alles neue Leben hervorging.

Der weibliche Körper spiegelt den Rhythmus, in dem das Leben immer wieder sterbend ins Ungeformte zurücksinkt und erneuert aus ihm emporsteigt, die Todes- und Lebensseite der göttlichen Matrix.

Das *Rosch Hodesch* oder Neumondritual steht mit dem weiblichen Ritual der monatlichen Reinigung in Verbindung[6]. Ursprünglich war *Rosch Hodesch* ein spezifisch weiblicher Feiertag, an dem Frauen keine oder nur leichte Arbeiten verrichteten und sich besonders von den »typischen Frauenarbeiten« wie Spinnen und Weben fernhielten. Der Feier ging ein Tag der Buße voraus, der eine monatliche Wiederholung der Buße nach den jährlichen Feiern *Rosch Haschannah* und *Yom Kippur* darstellte. Die Feier der Geburt des neuen Mondes symbolisierte den Neubeginn, verbunden mit der Vorstellung der erneuerten weiblichen Fruchtbarkeit nach der Menstruation. Im Neumondritual klang auch das erlösende Moment der Wiedereinsetzung der Frauen in ihre ursprünglichen Rechte, in die Stellung der Ebenbürtigkeit, an und der Ausgleich der historischen Ungerechtigkeit und Unterdrückung, durch die Frauen in den Status der Zweitrangigkeit verwiesen worden waren. Es hieß auch, daß am Tag der Erlösung der Mond so hell scheinen werde wie die Sonne und daß er sein Licht unmittelbar von der göttlichen Schechina erhalten und nicht mehr das Licht der Sonne reflektieren werde.

Wir haben das Ritual in drei Sequenzen aufgeteilt: die Wiederaneignung der Menstruation, das rituelle Bad und die Neumondfeier als Versprechen der Erlösung der Frauen.

Die Wiederaneignung der Menstruation

Die Frauen versammeln sich im Kreis. Jede der Anwesenden hält eine rote und eine grüne Kerze. Für jede Frau steht eine Schale mit einem Ei und ein Knäuel rotes Garn bereit.

Einleitende Worte: »Diese beiden Kerzen stehen für das Mysterium des Lebens, für den dauernden Wechsel von Sterben und Erneuerung und für den göttlichen Geist, der diesen Wandlungsprozeß des Lebens lenkt. Unsere Körper sind durch ihre monatlichen Rhythmen Teil dieses Mysteriums, ebenso wie die Erde in ihrem jährlichen Rhythmus. Die Vegetation welkt und vergeht, sie löst sich auf und wird zu fruchtbarem Boden, aus dem im Frühling neue Keime emporsprossen. Die grüne Kerze steht für die Lebenskraft; die Eier repräsentieren die weiblichen Eizellen, die unsere Körper jeden Monat hervorbringen, in der Erwartung des neuen Lebens. Die rote Kerze steht für das absterbende Ei und für die Ablösung aus seiner schützenden Umhüllung, für das Blut, mit dem das Abgelebte in die Urwasser zurückfließt und das die Erneuerung der lebenschaffenden Kraft vorbereitet.«

Die Frauen winden das rote Garn um ihre Handgelenke und verbinden sich damit untereinander zu einem Kreis. Sie sprechen gemeinsam: »Wir sind der Kreis der Mütter, der Schöpferinnen neuen Lebens. Dieses Garn ist der Strom der Kraft, die uns miteinander, mit allen Frauen und mit den Lebenskräften des Universums vereint. Die lebenschaffende Kraft ist in uns und ist doch größer als wir. Wir feiern diese Kraft in tiefer Ehrfurcht. Wir sind ihre Wächterinnen, nicht nur ihre Trägerinnen. Wir wollen diese Kraft mit Weisheit gebrauchen.«

Die Frauen in der Gruppe können sich dann die Zeit nehmen, über ihre Erfahrungen mit dem monatlichen Zyklus zu sprechen, über ihre Körpergefühle, darüber, wie sie ihre Menstruation in der Vergangenheit erlebt haben und zu welchem neuen Verständnis sie gelangen. Nach dem Abschluß des Gesprächs werden die roten Fäden, die die Frauen miteinander verbinden, durchschnitten. Jede wickelt das Garn um ihr rechtes Handgelenk.

Das rituelle Bad

Die Frauen legen ihre Kleider ab und gehen gemeinsam zu einem Badeteich oder Tauchbecken. Während sie am Beckenrand stehen, sagt eine von ihnen: »Dies sind die Urwasser der Schöpfung, aus denen alles Leben hervorging und in die alles Leben zurückkehrt. Jeden Monat fließen die lebenschaffenden Kräfte unseres Körpers in den Urozean zurück. Jeden Monat steigen die Lebenskräfte wieder aus dem Urmeer empor und erneuern unsere Fähigkeit, Leben zu gebären.«

Die Frauen steigen in das Becken, stehen im Kreis und tauchen dreimal unter. Nach jedem Auftauchen sprechen sie mit ausgestreckten Händen den Segen: »Gesegnet sei das Welken und Sterben, gesegnet sei die Erneuerung.«

Dann steigen sie gemeinsam aus dem Wasser und kleiden sich in farbige Gewänder, die aus neuem Stoff gemacht sind.

Die Frauen versammeln sich im Kreis, entweder im Freien oder in einem Raum mit einer Glaskuppel, durch die der Nachthimmel zu sehen ist. Im Zentrum des Kreises werden Kerzen um eine Schüssel aufgestellt, in der ein größeres Licht auf einer Flüssigkeit schwimmt. Jede Frau trägt einen Blumenkranz auf dem Kopf. Das folgende Gebet wird gemeinsam gesprochen:

»Aus der Leere steigt der neue Mond auf; ein großes Licht wird kommen, das den Nachthimmel erhellt. So steigt auch in unseren Körpern die neue Lebenskraft aus dem Dunkel der Urwasser auf. So steigen auch wir Frauen heute auf aus der Nacht der Feindschaft und der Angst vor unseren lebenschaffenden Kräften; wir erinnern uns der Heiligkeit des Weiblichen und erneuern unser Leben. Nie wieder soll das Geheimnis von Leben und Tod als verflucht und böse angesehen werden. Wir lernen, unsere Körper zu segnen, und damit lernen wir zugleich, die Schöpfung zu segnen und in Harmonie und Frieden mit der Erde zu leben.

Große Mutter des Universums, du gibst allem Seienden neues Leben. Du erschaffst die Welt in jedem Augenblick neu und schüttest deine Gaben über die Erde aus. Jede Nacht steigen die Sterne auf und preisen dich, jeden Morgen erstrahlt die Sonne neu und spiegelt deinen Glanz. Das Gras tanzt unter deinem Hauch, die Bäume strecken sich deinem Licht entgegen. Alles Leben ruht in dir und geht immer neu aus dir hervor. Erneuere uns und alles Leben um uns, göttliche Mutter. Banne die Mächte der Zerstörung, die den Geist des Lebendigen zertreten und den Atem des Lebendigen ersticken. Gib der Erde neue Lebenshoffnung wie am ersten Tag der Schöpfung. Gib auch uns neues Leben wie am Tag unserer Geburt. Umgib uns mit deiner lebenschaffenden Kraft und laß sie durch uns hindurchfließen.«

Nach einem abschließenden Lied geht das Ritual in ein Festmahl über. Vielleicht kann dieses große Ritual nur von Zeit zu Zeit gefeiert werden; Frauen sollten jedoch weitere Möglichkeiten finden, dieses neue Verständnis ihrer Menstruation auszudrücken, und eigene Versionen des Rituals entwickeln. Sie sollten Mittel und Wege finden, sich während ihrer Periode dem Druck der Alltagsaktivitäten zu entziehen und ihre reguläre Arbeit einige Stunden am Tag völlig beiseite zu legen. Für das Zentrum der Frauenkirche sind kleine Retreathäuser geplant, in die sich Frauen für Stunden oder Tage zurückziehen können, um zu meditieren, zu ruhen oder in der Umgebung spazierenzugehen. Auf diese Weise nehmen Frauen ihre tatsächlichen Körpererfahrungen während des monatlichen Zyklus bewußter wahr, lernen, auf die Signale ihres Körpers zu hören und ihre Kräfte zu erneuern. Sauna- und Tauchbäder können hilfreich sein, um den Körper zu entspannen und neu zu beleben. Eine gewöhnliche Badewanne kann mehr oder minder denselben Zweck erfüllen, wenn sich Frauen während ihrer Menstruation in ihre Wohnungen zurückziehen.

Der Zyklus des Jahres
Herbstliche Feste und Gedenkfeiern

In unserer Gesellschaft empfinden viele Menschen den Herbst als Jahresbeginn; in Amerika liegen der Schuljahreswechsel und der Beginn des Arbeitsjahres in dieser Zeit. Im Judentum liegt der Jahreswechsel im Herbst; das neue Jahr begann traditionell mit einer Zeit der Buße (während im christlichen Kalender die Zeit der Buße in den Frühling verlegt wurde als Vorbereitung auf Ostern und Pfingsten). Der Herbst ist eine gute Zeit für Feiern der Bündniserneuerung. Im Herbst reifen die Früchte, die Ernte wird eingebracht, die Vegetation stirbt und vergeht, um den Boden für neue Fruchtbarkeit vorzubereiten. Daher gehört zum Herbst auch die Erinnerung an die Toten. Am Vorabend von Allerheiligen gedachte man früher der verstorbenen Freunde und Verwandten. In lateinamerikanischen Ländern ißt man an diesem Tag Süßigkeiten, die die Form von Skeletten haben, und hält auf den Friedhöfen die ganze Nacht bei Kerzenlicht Totenwachen. Die Furcht vor den Geistern der Toten war auch ein Aspekt dieser Zeit; es gab Kinderrituale, die auf Hexen und Geister bezogen waren, und von seiten der Erwachsenen kleine Opfergaben an die Totengeister, die so »bestochen« wurden, kein Unheil anzurichten.

Allerheiligen selbst ist den positiven Aspekten der Toten zugewandt; man erinnert sich der seligen Verstorbenen, die im Schoß der Göttin/Gottes ruhen. Wir haben diese Zeit ausgewählt, um des Holocausts an Frauen zu gedenken und uns der unzähligen Frauen zu erinnern, die gefoltert und hingerichtet wurden – der Opfer einer patriarchalen Obsession, die in der potentiellen Macht der Frauen das Teuflische sah. Wir gedenken auch der Frauen, die in vergangenen Jahrhunderten und bis heute getötet, geschlagen und vergewaltigt, die von der Bildung und von allen Entwicklungsmöglichkeiten ferngehalten wurden in der Absicht, sie zu Dienerinnen des männlichen Geschlechts zu machen.

Allerheiligen: Erinnerungen an den Holocaust an Frauen

Die Gruppe sollte sich am Abend versammeln. Auf einem flachen Tisch in der Mitte steht eine Kohlenpfanne; Getreide, Äpfel und blühende Zweige sind um den Tisch herum angeordnet. Das Ritual beginnt mit dem Anzünden des Feuers.

Lied:

»Sister-woman-sister, can you still feel any pain
or have they robbed you of your anger,
while putting thorazine in your vein? Oh . . .

Sister-woman-sister, have the walls grown up so high?
That you can't even dream of leaving
and you've forgotten how to fly, Oh . . .

Sister-woman-sister, did they take away your child?
and lock her up in some juvenile hall
to grow up weary and wild, Oh . . .

Sister-woman-sister, have you found any love inside?
or do they hold that love against you
as they take away your pride? Oh . . .«

Holly Near[7]

»Schwester-Frau-Schwester, kannst du überhaupt noch Schmerz fühlen,
oder haben sie dir deine Wut geraubt,
während sie dir Beruhigungsmittel spritzten? Oh . . .

Schwester-Frau-Schwester, sind die Mauern so hoch geworden,
daß du nicht einmal mehr vom Weggehen träumst,
und das Fliegen hast du verlernt? Oh . . .

Schwester-Frau-Schwester, haben sie dir deine Tochter weggenommen

und sie in irgendein Jugendasyl eingeschlossen,
wo sie traurig und wild aufwächst? Oh . . .

Schwester-Frau-Schwester, hast du Liebe in dir gefunden,
oder wenden sie diese Liebe gegen dich
und nehmen dir deinen Stolz? Oh . . .

Chor:

»Gone is our history, burned to ashes
Our poetry forgotten as time passes
Return deep memory, root of our dissension
Nurture the tree of present invention

Gone is our dignity, gone our powers
Once in freedom we blossomed like wild flowers
Life moved among us like a loving mother
Sharing our wisdom, we cared for one another

Without our mother, how shall we start living?
Without our mother, how shall we seek beauty?
Without our mother, how shall we die peacefully?
Without our mother, how shall we be reborn?«

Chris Carol[8]

Unsere Geschichte ist verschwunden, zu Asche verbrannt,
unsere Poesie wurde vergessen im Lauf der Zeit.
Kehr zurück, tiefe Erinnerung, Wurzel unserer Andersartig-
keit,
laß den Baum der Inspiration heute wachsen.

Unsere Würde ist vergangen, unsere Macht ist dahin.
Einst blühten wir in Freiheit wie wilde Blumen.
Das Leben bewegte sich in unserer Mitte wie eine liebende
Mutter.
Wir teilten unsere Weisheit und sorgten füreinander.

Wie soll unser Leben beginnen – ohne unsere Mutter?
Wie sollen wir Schönheit finden – ohne unsere Mutter?
Wie sollen wir in Frieden sterben – ohne unsere Mutter?
Wie können wir auf Wiedergeburt hoffen – ohne unsere
Mutter?«

»Sie wurde in einem Eichenkasten aus ihrem Haus getragen und in Leonberg ins Gefängnis gebracht. Sie war 73 Jahre alt. 49 Anklagen waren gegen sie erhoben worden und zahlreiche zusätzliche Beschuldigungen. Es wurde ihr vorgeworfen, daß sie nicht geweint habe, als ihr aus der Heiligen Schrift vorgelesen wurde. Katharina Kepler antwortete, sie habe in ihrem Leben so viele Tränen vergossen, daß keine mehr übrig seien. Ihr Sohn, Johannes Kepler, beantwortete die Klageschrift mit einer Streitschrift, die durch eine Erklärung widerlegt wurde. Er unterbreitete dann eine Verteidigungsschrift mit Einwänden, die durch erneute Schlußfolgerungen widerlegt wurden. Schließlich reichte er zur Verteidigung seiner Mutter eine weitere Schrift mit Schlußfolgerungen ein, die 128 Seiten lang war. Auf Anordnung des Herzogs wurde der Fall Katharina Kepler der Universität übertragen, an der ihr Sohn lehrte; die Fakultät befand, daß sie unter der Folter befragt werden solle, schlug aber zunächst die *territio*, das Verhör unter der Androhung der Folter vor. Katharina Kepler wurde in die Folterkammer geführt und mit dem Henker konfrontiert. Man zeigte ihr alle Folterinstrumente und beschrieb ihr deren Effekt. Große Schmerzen und Leiden erwarteten sie, wenn sie nicht gestehe, wurde ihr gesagt. Der bloße Anblick der Folterkammer hatte viele Frauen vor ihr dazu gebracht, Geständnisse abzulegen, aber Katharina Kepler sagte, selbst wenn ihr die Adern einzeln aus dem Körper gerissen würden, habe sie nichts zu gestehen. Sie fiel auf die Knie und bat Gott, ein Zeichen zu geben, daß sie keine Hexe sei; dann sagte sie, sie sei bereit zu sterben; Gott werde nach ihrem Tod die Wahrheit enthüllen. Katharina Kepler legte kein Geständnis ab, und dank der Bemühungen ihres Sohnes und des Ansehens, das er genoß, wurde sie nach vierzehn Monaten Kerkerhaft freigelassen. Sie konnte jedoch nicht nach Leonberg zurückkehren, denn die Leute dort hatten gedroht, sie zu erschlagen. Sechs Monate später starb Katharina Kepler. In dieser Zeit und auf diesem Hintergrund schrieb Johannes Kepler seine mathematische Abhandlung über die Harmonie der Welten.«[9]

Litanei des Gedenkens

(Bei der Nennung jedes Namens wird Weihrauch auf die glühenden Kohlen geworfen.)

Laßt diese Namen von den Wänden widerhallen:

Margaret Jones, Hebamme, 1684 gehängt.

Joan Peterson, Tierärztin, 1652 gehängt.

Isobel Insch Taylor, Kräutersammlerin, 1618 verbrannt.

Mother Lakeland, Heilerin, 1645 verbrannt.

Was haben sie euch getan?

Wiederholt die Namen, daß sie nicht vergessen werden:

Nicriven, angeklagt wegen »Verderbtheit«, 1569 verbrannt.

Barbara Gobel, von ihren Kerkermeistern »das schönste Mädchen von Würzburg« genannt, 1629 verbrannt – sie war 19 Jahre alt.

Frau Peller, 1631 von den Folterknechten der Inquisition vergewaltigt, weil ihre Schwester den Richter Franz Buirmann zurückgewiesen hatte.

Maria Walburga Rung, 22 Jahre alt, vor dem weltlichen Gericht in Mannheim als Hexe angeklagt: entlassen, weil sie »nur eine Hure« sei, vor dem erzbischöflichen Gericht in Eichstädt erneut angeklagt, auf der Folter zum Geständnis gezwungen. Warum habt ihr das getan?

Schreit die Namen heraus, ehe sie das Gehirn zersprengen:

Margaret Barclay, 1618 gesteinigt.

Schwester Maria Renate Sänger, Subpriorin des Klosters in Unterzell, angeklagt als Lesbierin; das Dokument, das ihre Folterung beschreibt, trägt das Siegel der Jesuiten mit den Worten: »ad majorem Dei gloriam«: zur höheren Ehre Gottes. Was haben sie uns getan?

Wiederholt die Lektion, daß die Namen von den Wänden widerhallen:

Anna Rausch, 12 Jahre alt, 1628 verbrannt.

Sybille Lutz, 11 Jahre alt, 1628 verbrannt.

Emerzianne Richter, 1697 zusammen mit ihren beiden Kindern gefoltert und verbrannt.

Agnes Webster, 1567 ertränkt; ihr kleiner Sohn mußte die »Wasserprobe« mitansehen.

Annabelle Stuart, 14 Jahre alt, 1678 verbrannt.

Veronika Zerritsch, 13 Jahre alt, verurteilt, auf der noch

warmen Asche ihrer Mutter zu tanzen, ehe sie selbst verbrannt wurde.

Frau Dumler, 1630 in heißem Öl zu Tode gekocht – sie war schwanger.

Was haben sie getan?[10]

Totenklage

1. Chor: »Weint, meine Schwestern, weint um die Frauen, deren Blut für euch vergossen wurde.

Weint um das Blut der Matriarchin, um das Blut der Prophetin, der Priesterin, der Hexe. Weint um die Frauen, die hingeschlachtetet wurden, weint um die Frauen, die vergewaltigt wurden, weint um die Töchter, die geraubt, um die Mütter, die gedemütigt und versklavt wurden.

Weint um die Schwestern, die zur höheren Ehre Gottes verbrannt wurden; weint, meine Schwestern, für die Reinigung der Seelen an diesem geheiligten Abend.

Weint, bis wir auferstehen in Blut und Flammen, um das Übel zu beseitigen und wiedergeboren zu werden.«[11]

2. Chor: »Wir stehen auf im Feuer der Freiheit; Wahrheit ist die Flamme, die unsere Ketten verbrennt. Wir löschen die Feuersbrunst der Zerstörung; das Feuer der Heilung fließt in unseren Adern.«[12]

Litanei der Unterdrückten
(wie ein Wechselgesang zu rezitieren:)

»Sie haben gesündigt in ihrer Gier
– und wir ließen zu, daß sie uns unseres Reichtums beraubten.
Sie haben gesündigt in ihrer Geilheit
– und wir ließen zu, daß sie unser Fleisch mißbrauchten.
Sie haben gesündigt in ihrem Neid
– und wir ließen zu, daß sie mehr bekamen, als ihnen zustand.
Sie haben gesündigt in ihrem Zorn
– und wir ließen zu, daß sie Angst verbreiteten und herrschten.
Sie haben gesündigt in ihrer Gefräßigkeit

– und wir ließen zu, daß sie das Brot unserer Kinder stahlen.
Sie haben gesündigt in ihrem Haß
– und wir ließen uns zum Selbsthaß verurteilen.
Sie haben gesündigt in ihrem Stolz
– und wir ließen uns befehlen, was wir denken, tun und fühlen
sollten.
Heilige Jungfrau, gib uns Kraft, heute und an allen Tagen unseres Lebens.
Heilige Mutter, gib uns Kraft, heute und an allen Tagen unseres Lebens.
Heilige Weisheit, erfülle uns mit deiner Kraft.«[13]

Die blühenden Zweige werden herumgereicht; die Anwesenden halten sie in den Händen, während sie rezitieren: »Wir legen diese Blumen nieder zur Erinnerung an alle Frauen, die in den Kriegen starben, die Männer führten. Wir gedenken der Krankenschwestern, die die Verwundeten beider Seiten pflegten. Wir gedenken der Frauen, die von den Soldaten der eigenen und der feindlichen Armeen vergewaltigt wurden und die dann den Zorn und die Ablehnung ihrer Väter, Brüder und Söhne erfahren mußten. Wir gedenken der Frauen, die bei den Bombardements der Städte, in denen sie lebten, getötet oder verwundet wurden. Wir gedenken aller unserer Schwestern, die ihr Leben verloren, weil ihre Väter und Brüder Kriege führten gegen die Väter und Brüder der Frauen in einem anderen Land. Wir weinen um sie. Wir vergessen sie nicht. In der Erinnerung an sie weihen wir uns dem Aufbau einer neuen Welt, in der wir und unsere Töchter in Freiheit leben können, in der unsere Enkelinnen und die Enkelinnen unserer Schwestern überall auf der Welt erstaunt zurückblicken können auf eine primitive und fast vergessene Zeit, als Frauen sterben mußten, weil Männer Krieg führten.«[14]

Getreide und Äpfel werden in einer Prozession zum Tisch/zum Altar getragen; auch die Blütenzweige werden auf dem Altar niedergelegt, während ein Chor das Erntedanklied »Wir pflügen«[15] singt.

Die Früchte und Blumen werden gesegnet:

»Mutter der Fülle, wir bringen dir diese Gaben der Erde dar, die wir von dir empfangen haben. Nimm das Bittere von uns und erhalte die Süße der Erde.«

Die Versammelten wenden sich einander zu, segnen einander und singen gemeinsam:

Hey sister, come live at the edge of the world
Not living inside, there's no place to hide
But the self that you find will be finally whole,
Will be finally one, will be finally yours.

To gather as sisters together we'll learn to be free
Here on the boundary, finding the courage to be (chorus)

Hey, sister, come live on the edge of the world
There is room here to grow, and you'll come to know
Who you are, where you've been, and who you might become
And that you might become who you want to be.

Carole Etzler[16]

Hey, Schwester, wir gehen ans Ende der Welt.
Hier ist kein Platz für uns, an dem wir sicher sind.
Aber das Selbst, das du (dort) findest, wird endlich ganz sein.
Es wird endlich eins sein, es wird endlich dir gehören.

Refrain: Wenn wir als Schwestern zusammenkommen, werden
wir lernen, frei zu sein. Hier, an den Grenzen der Welt, finden
wir den Mut zu leben.

Hey, komm, Schwester, wir gehen ans Ende der Welt.
Da ist Platz zum Wachsen, und du wirst wissen,
wer du bist, wo du gewesen bist und wer du sein kannst
und daß du die werden kannst, die du sein willst.

Die Äpfel werden unter den Anwesenden verteilt.

Erntedankfeier
Dank für die Fülle und Bewußtmachung des Hungers
in der Welt

Die herbstliche Erntedankfeier ist traditionell mit der Fülle, mit
Festmählern und mit dem Dank an Gott/die Göttin für die reichen Gaben der Ernte verbunden. In einer Zeit, in der die
Hälfte der Erdbevölkerung Hunger leidet, ist es für diejenigen,
die in der Fülle leben, allerdings unangemessen, einfach nur zu
genießen. Menschen in reichen Ländern sollten an jene denken, die nicht genug zum Leben haben, und sich dafür einset-

zen, daß das Nahrungspotential der Erde gerecht aufgeteilt wird. Das Simulationsspiel »Hunger und das Raumschiff Erde«[17], das für das »American Friends Service Comittee« gestaltet wurde, kann als Lernritual verwendet werden, das nicht nur Wissen, sondern auch konkrete Gefühle über die gegenwärtige Ungleichgewichtigkeit der Verteilung von Gütern und Nahrung vermittelt.

Viele Kirchen und Gemeindezentren haben Erntedankfeiern mit einem Truthahnessen (dem traditionellen Festmahl beim amerikanischen Thanksgiving, A.d.Ü.) für Obdachlose und Arme eingeführt, insbesondere seit Not und Hunger in den Vereinigten Staaten zunehmen. Es ist wichtig, daß Leute, die im Wohlstand leben, tatsächlich auch etwas von ihrer Zeit opfern, um bei der Vorbereitung und Verteilung solcher Armenessen zu helfen, statt nur Geld oder Nahrungsmittel dafür zu spenden.

Dennoch sollte die Zeit des Erntedanks nicht nur in der Sorge um die Hungernden verbracht werden. Das Erntedankfest ist auch eine Gelegenheit, Freundschafts- und Familienbindungen bei einem gemeinsamen Festmahl zu erneuern und die Früchte und Segnungen des vergangenen Arbeitsjahres zu feiern.

Seit 1980 ist der 2. Dezember für viele nordamerikanische Christen zu einem Gedenktag für die vier Frauen geworden, die wegen ihrer Solidarität mit dem Befreiungskampf in El Salvador von Soldaten vergewaltigt und getötet wurden. Wir gedenken in dieser Zeit auch des Erzbischofs Oskar Romero, der zum Märtyrer wurde, und der zahllosen anderen Frauen und Männer, die unter dem Terrorregime von El Salvador gefoltert und getötet wurden. Ich schlage hier eine Liturgie der Märtyrer für die Freiheit als Gedenkfeier im Winter vor.

Liturgie der Märtyrer für die Freiheit
(in Solidarität mit El Salvador)

Kyrie (aus der Misa Campesina Salvadoreña[18])

»Señor, ten piedad. Señor, ten piedad.
De tu pueblo, Señor, Señor, ten piedad.
La sangre de Abel escucha el Señor,
el llanto del pueblo despierta en Moises.
El grito que nace de nuestras entrañas
con mil artimañas lo quieren callar.

Señor, la injusticia nos duele y oprime,
ponte a nuestro lado, somos los humildes.
Las botas y tanques aplastan con saña
a quien da su cara por todo, Señor.«

»Gott, hab Erbarmen, Gott hab Erbarmen mit deinem Volk,
Gott, hab Erbarmen.
Gott hört dem Blut Abels zu,
der Schrei des Volkes erweckt einen Moses.
Mit tausend Täuschungen wollen sie diesen Schrei
ersticken, der tief aus unseren Eingeweiden kommt.

Gott, die Ungerechtigkeit verletzt uns und drückt uns nieder.
Hilf uns, wir stehen in Demut vor dir.
Stiefel und Panzer zerschmettern in ihrer Wut
all jene, die ihren Kopf für andere hinhalten, Gott.«

Sprecher/in: »Die zornigen Worte der Propheten Israels haben in unserer Welt immer noch Gültigkeit.«

Alle: »Unter uns sind jene, die den Gerechten um Geld verkaufen und den Armen um ein Paar Schuhe, die in ihren Palästen Gewalt und Verderbtheit anhäufen und die Armen zertreten; jene, die in ihren elfenbeingeschmückten Betten liegen, während das Reich der Gewalt näher kommt; jene, die ein Haus zum anderen bringen und einen Acker an den anderen rücken, bis kein Raum mehr da ist und sie allein das Land besitzen.«

Sprecher/in: »Diese Worte der Propheten Amos und Jesaja gehören nicht der fernen Vergangenheit an, sie sind nicht nur Bibelworte, die wir ehrfürchtig in der Liturgie zitieren.«

Alle: »Sie sind die Alltagsrealität, deren Intensität und Grausamkeit wir täglich erfahren. Wir erleben ihre Wirklichkeit, wenn die Mütter und Frauen der Gefangenen zu uns kommen, wenn Leichen auf abgelegenen Friedhöfen auftauchen, wenn die Kämpfer für Frieden und Gerechtigkeit ermordet werden.«

Oskar Romero

Lied (aus der Misa Campesina Salvadoreña).

Nosotros pensamos que era la verdad,
Vino Su Palabra y nos hizo cambiar.
Me dijo mi abuelita, ›Si tu quierés salvar
los cruces de la vida tenés que soportar.‹
Pero resignaciones no es lo que quiere Dios.
El quiere tus acciones como obras del amor.

Que felíz va Don Pancho como nuevo epulón,
creyendo que del mundo tiene la salvación.
Pero Dios dice al pobre: ›Te doy bendición,
que el mundo nuevo nace de manos del peón.‹

›Confórmense y trabajen‹ nos ha dicho el patrón,
›que solo en la otra vida tendrán la salvación.‹
Pero Dios hoy no aguanta á un nuevo Faraón
y manda a todo el pueblo hacer su liberación.

Piensan que el poderoso lo es por trabajador
que todo lo ha ganado con su proprio sudor.
Pero Dios hizo al mundo para la comunión;
no quiere al orgulloso in al acaparador.« [19]

»Wir dachten, das wäre die Wahrheit.
Dann kam dein Wort und brachte uns Veränderung.
Meine Großmutter sagte mir: ›Wenn du gerettet werden willst,
mußt du die Leiden des Lebens ertragen.‹
Aber Resignation ist nicht, was Gott will.
Er will, daß du aus Liebe handelst.

Wie glücklich ist Don Pancho in seiner Zuversicht!
Er glaubt, daß die Welt die Erlösung bereithält.
Aber Gott sagt dem Armen: ›Ich gebe dir meinen Segen;
die neue Welt wird aus den Händen der Arbeiter geboren.‹

›Paß dich an und arbeite‹, sagt uns der Boß,
›denn nur in der anderen Welt wirst du Erlösung finden.‹
Aber Gott unterstützt auch keinen neuen Pharao
und fordert von allen, daß sie sich befreien.

Die Mächtigen denken, sie haben alles
durch ihren eigenen Schweiß verdient.
Aber Gott hat die Welt für die Gemeinschaft gemacht.
Er will den Hochmütigen und den Ausbeuter nicht.«

Von den Repräsentantinnen und Repräsentanten der Versammlung werden nun vier große Kerzen angezündet.

Lesung über die vier Frauen in El Salvador

Während der folgenden Lesung kann leise meditative Musik gespielt werden. Jeder Passage sollte ein Augenblick des Schweigens folgen.
1. Sprecherin: »Meine Angst vor dem Tod ist mir ständig gegenwärtig; hier werden Kinder, hübsche junge Mädchen und alte Leute erschossen oder mit Macheten erschlagen und zerstückelt; die Leichen liegen an den Straßenrändern, und die Leute dürfen sie nicht begraben. Wenn Gott ein liebender Vater ist, muß er für diese unbekannten und unbeachteten Märtyrer ein neues Leben unvorstellbarer Freuden und himmlischen Friedens vorgesehen haben . . . Ich werde jetzt hierbleiben. Ich glaube jetzt, daß das richtig ist. Manchmal fehlt mir die Basis der vielen Freundschaften, die ich über die Jahre in Nicaragua geschlossen habe. Hier fange ich wieder bei Null an, aber es muß Gottes Wille sein, und es ist eine besondere Lektion für

mich. Trotz aller Frustrationen und trotz des Terrors, der uns umgibt, und der vielen Arbeit ist hier wirklicher Friede, und Gott ist sehr gegenwärtig in seiner scheinbaren Abwesenheit.«

Schwester Maura Clarke, November 1980

2. Sprecherin: »Was bringt der Dezember für uns hier in El Salvador? Vor allem bringt er uns die Adventszeit, eine Zeit des Wartens, der Hoffnung, der Sehnsucht. Am ersten Freitag im Dezember haben wir eine Messe für die Krankenölung, das bedeutet, daß wir unseren Jeep und unseren Minibus nehmen und kreuz und quer durch die Hügel fahren, die Kranken abholen und sie zu der Feier bringen ... Das sind ganz alltägliche Vorgänge. Und dennoch, wenn wir dieses kleine Land El Salvador als Ganzes nehmen, geschieht das alles in einem Land, das sich in Schmerzen windet, das täglich mit dem Tod vieler seiner Bewohner konfrontiert ist, das auf Frieden wartet und hofft und sich nach Frieden sehnt. Die Standfestigkeit, der Glaube und der Mut, den unsere Leiter haben, die weiterhin das Wort Gottes predigen, obwohl das im ganz realen Sinn bedeuten kann, daß sie ihr Leben hingeben, löst immer wieder Bewunderung aus und auch die lebhafte Wahrnehmung, daß Jesus hier unter uns ist. Ja, wir haben das Gefühl der Erwartung, der Hoffnung und der Sehnsucht nach einer völligen Verwirklichung des Reiches Gottes, und wir wissen, daß dieses Reich kommen wird, weil wir Christus hier und jetzt feiern.«

Dorothy Kazel, November 1980

3. Sprecherin: »Nachts höre ich dich an der Tür. ›Hey, Leute, seid ihr wach?‹ flüsterst du. Ich bin schon halb aus dem Bett, und erst dann erinnere ich mich, daß du mich nie mehr rufen wirst. Neun Monate trug ich dich unter meinem Herzen. Jetzt lebst du für immer in meinem Herzen. Manchmal vergesse ich – ich sehe dich in Irland, in Virginia, in El Salvador. Ich sehe eine Bluse oder ein Paar Jeans, die dir gefallen würden. Dann fühle ich es wie einen Schlag in den Magen – da ist niemand mehr, für den ich sie kaufen könnte! Wenn Oliver singt: ›Jean, Jean‹, bleibe ich stehen, ich weine furchtbar. Mein hübsches Baby, mein kleines Mädchen, ich vermisse dich so sehr. Mir ist nur eine Hoffnung geblieben – der Himmel.

In Liebe – Mutter.«

Patricia Donovan, Mutter von Jean

»Die Leute vom Peace Corps sind heute abgereist, und ich war tief deprimiert; die Gefahr ist extrem, und sie hatten recht, wegzugehen ... Ich muß jetzt meine eigene Lage richtig einschätzen, denn ich bin nicht lebensmüde. Ich hatte mich schon mehrmals entschlossen, auch abzufahren. Ich könnte auch – aber da sind noch die Kinder, die armen, gequälten Opfer des Irrsinns der Erwachsenen. Wer würde sich um sie kümmern? Wessen Herz wäre so eisern, dem Vernünftigen zu folgen, angesichts all dieser Tränen und dieser Hilflosigkeit? Meins jedenfalls nicht, lieber Freund, meins nicht.«

Jean Donovan, November 1980

4. Sprecherin: »Philipper 1,21: ›Denn Christus ist mein Leben ...‹ Wie üblich ist das Bibelwort nicht nur passend – es trifft genau den Punkt. Nicht nur, daß Christus der Herr des Lebens ist und den Tag und die Stunde bestimmt – darüber muß man nachdenken in diesem Land, wo täglich vierzig oder fünfzig, manchmal hundert Morde geschehen –, er ist die volle Bedeutung des Lebens. Ich weiß nicht, ob es trotz oder wegen all der Schrecken, des Terrors, des Bösen, der Verwirrung, der Gesetzlosigkeit ist; aber ich weiß, es ist richtig, daß ich hier bin. Das ist vielleicht meine einzige Sicherheit, wenn ich, zusammen mit Carla, eine Arbeit anfange, die uns mit den Verletzten, den Hungrigen, den Obdachlosen und Gott weiß wem noch in Kontakt bringt ... ›Und dient einander, ein jeder mit der Gabe, die er empfangen hat, als die guten Haushalter der mancherlei Gnade Gottes‹ (1. Petrus 4,10). Diese Gaben zu aktivieren, sie in dieser Situation zu nutzen, zu glauben, daß wir jetzt in und für El Salvador mit der Gnade begabt sind, daß wir die Antworten auf die Fragen bekommen werden, wenn wir sie brauchen, daß wir gemeinsam mit den Menschen von El Salvador einen Weg gehen, der voller Hindernisse, Krümmungen und manchmal voller Mißerfolge ist – das ist es wohl, was es für uns bedeutet, hier zu sein.«

Schwester Ita Ford, Juni 1980

Den Lesungen schließen sich einige Augenblicke schweigender Meditation an, während die Musik endet. Darauf folgt das Lied: »The Lord Hears the Cry of the Poor« (Gott hört den Schrei der Armen) von den St. Louis Jesuits[20].

Die Worte des Erzbischofs Romero bei seinem letzten Sonntagsgottesdienst am Tag vor seiner Ermordung: »Die Regierung muß die Tatsache zur Kenntnis nehmen, daß Reformen, die mit soviel Blut befleckt sind, gar keinen Wert haben. Im Namen Gottes also und im Namen dieses leidenden Volkes, dessen Schreie jeden Tag lauter zum Himmel aufsteigen – ich bitte euch, ich befehle euch im Namen Gottes: Macht der Unterdrückung ein Ende!«[21]

Fürbittgebet

Sprecher/in:»Laßt uns nun unsere Anliegen vor Gott bringen und beten für die Menschen in El Salvador und in ganz Zentralamerika und für alle, die an anderen Orten der Welt in Unterdrückung leben. Im Namen unserer vier Schwestern und unseres Bruders Oskar Romero beten wir für die unbekannten Märtyrer von El Salvador, für die 40 000 Unschuldigen und Armen, die durch die Gewalt des ungerechten Regimes gestorben sind – mögen sie in Gott ruhen.«

Alle:»Gott, hör das Gebet deines Volkes!«

Sprecher/in:»Wir beten für die Flüchtlinge, mit denen unsere Schwestern arbeiteten, für alle, die vor der Verfolgung, der Unterdrückung, dem Krieg flohen, in Flüchtlingslager in ihrem eigenen Land, nach Honduras und in unser Land. Laßt uns die Flüchtlinge willkommen heißen, ihre Not lindern, ihnen Sicherheit und Schutz, Solidarität und Liebe geben, bis sie in Frieden in ihre Heimat zurückkehren können.«

Alle:»Gott, hör das Gebet deines Volkes!«

Sprecher/in:»Wir beten für unsere Regierungsvertreter und Gesetzgeber, daß ihre Herzen sich verändern mögen und daß sie das Land vom Geist der Feindseligkeit und des Krieges befreien und es auf den Weg der Gerechtigkeit und des Friedens führen.«

Alle:»Gott, hör das Gebet deines Volkes!«

Sprecher/in:»Wir beten für uns selbst, daß der Tod der vier und der 40 000 nicht umsonst gewesen sein möge, daß jeder von uns für die Gerechtigkeit kämpfen möge, in El Salvador, in Zentralamerika und überall auf der Welt.«

Alle:»Gott, hör das Gebet deines Volkes!«

Die Versammelten können nun weitere Fürbitten anschließen.

Gedicht

»I am no longer afraid of death;
I know well
its dark and cold corridors
leading to life.

I am afraid rather of that life
which does not come out of death
which cramps our hands
and retards our march.

I am afraid of my fear
and even more of the fear of others,
who do not know where they are going,
who continue clinging
to what they consider to be life
which we know to be death!

I live each day to kill death;
I die each day, do beget life,
and in this dying unto death,
I die thousand times and
am reborn another thousand
Through that love
from my people,
which nourishes hope!«

Julia Esquivel, Guatemala[22]

»Ich fürchte den Tod nicht mehr;
Ich kenne wohl
seine kalten und dunklen Korridore,
die zum Leben führen.

Ich fürchte viel eher das Leben,
das sich aus dem Tod nicht befreien kann,
das unsere Hände lähmt
und unseren Marsch aufhält.

Ich fürchte meine Angst
und viel mehr noch die Angst der anderen,
die nicht wissen, wohin sie gehen,
die sich an das klammern,

was sie für Leben halten
und wovon wir wissen, es ist der Tod!

Ich lebe jeden Tag, um den Tod zu vernichten,
ich sterbe jeden Tag, um Leben hervorzubringen,
und in diesem Sterben bis zum Tode
gehe ich tausendmal dahin
und werde tausendmal wiedergeboren
durch die Liebe meines Volkes, das in der Hoffnung lebt!«

Canto de despedida (aus der Misa Campesina Salvadoreña):

»Cuando el pobre crea en el pobre,
ya podremos cantar libertad.
Cuando el pobre crea en el pobre
construiremos la fraternidad.

Hasta luego, mis hermanos, que la misa terminó;
ya escuchamos lo que Dios nos habló.
Ahora sí ya estamos claros, ya podemos caminar,
la tarea debemos empezar.

Todos nos comprometimos en la mesa del Señor,
a construir en este mundo el amor,
y al luchar por los hermanos se hace la comunidad.
Cristo vive en la solidaridad.

Cuando el Pobre busca al pobre y nace la organización
es que empieza nuestra liberación.
Cuando el pobre anuncia al pobre la esperanza que El nos dio
ya su reino entre nosotros nació.«

»Wenn der Arme an den Armen glaubt,
können wir von Freiheit singen.
Wenn der Arme an den Armen glaubt,
werden wir die Brüderlichkeit schaffen.

Bis bald, meine Brüder, die Messe endet.
Wir hörten, was Gott uns gesagt hat.
Jetzt, da wir in der Klarheit sind,
können wir unseren Weg gehen.
Wir müssen unsere Aufgaben erfüllen.

Am Tisch des Herrn geloben wir einander,
eine Welt der Liebe zu schaffen
und für die Gemeinschaft zu kämpfen.
Christus lebt in der Solidarität.

Wenn der Arme den Armen sucht, entsteht die Organisation,
und unsere Befreiung beginnt.
Wenn der Arme dem Armen von der Hoffnung kündet,
die Gott uns gibt,
wird sein Reich unter uns geboren werden.«

Weihnachten

Um das Weihnachtsfest – in seiner christlichen Bedeutung als
Feier der Geburt des messianischen Kindes und in seiner säku-
larisierten Bedeutung als Familienfest – haben sich die unter-
schiedlichsten Bräuche angesammelt; in jeder Familie, jeder
Region, jedem Land gibt es besondere Vorlieben. Der Lieb-
lingsbrauch meiner Familie stammt ursprünglich aus Mexiko;
es ist der Brauch der »Posadas«, den ich beim Studium in Kalifornien kennenlernte. Die »Posadas« stellen die Suche Marias
und Josefs nach einer Herberge dar. (Im urbanen Leben im
heutigen Amerika könnte man dabei auch der vielen Obdachlosen gedenken, die durch unsere Städte irren.)

Der traditionelle mexikanische Brauch hat die Form einer
Prozession: Maria und Josef gehen von Haus zu Haus, bitten
um Aufnahme und werden überall abgewiesen. An jedem
Haus schließen sich mehrere Menschen der Prozession an, die
weiter durch die Straßen zieht. Dabei wird das folgende Lied
gesungen[23]:
»Demütige Pilger, Maria und Josef,
ich gebe euch meine Seele und mein Herz.
O anmutige Pilgerin, Maria voller Gnade,
ich biete dir meine Seele als Herberge an.«

Schließlich kommt die Prozession zum Haus einer Familie, die
das Paar aufnimmt; alle, die an der Prozession teilnehmen, treten ein. Der Eingang des Hauses ist mit Papierlaternen geschmückt. Die Himmelskönigin und Mutter des Schöpfers
wird mit einem Lied eingeladen, einzutreten und das Haus zu
segnen:

»Tritt ein, heiligste Königin, tritt ein, Mutter des Schöpfers,
und segne das Haus dieses armen Sünders.
Tritt ein, heiliger Josef, in dieses arme Haus,
tritt vertrauensvoll ein mit deiner Frau
und erfülle Bewohner dieses Hauses mit Gnade.
Ich gebe dir Wohnung in meinem Herzen.«

Manchmal ist in dem Raum, in dem sich alle versammeln, eine
Krippe aufgestellt. Die Gemeinschaft könnte nun über die Bedeutung der alten Geschichte von der Heiligen Familie nachdenken, die einen Platz sucht, an dem das messianische Kind
zur Welt kommen kann; außerdem könnten Fragen der Obdachlosigkeit in unserer Zeit angesprochen werden. Die Zeit
der ernsten Reflexion sollte kurz gehalten werden, und ein Fest
sollte sich der Prozession anschließen. Das Abschlußlied lautet
so:
»Wir gehen zufrieden auseinander,
alle mit großem Glück erfüllt.
Bis zum nächsten Jahr, wenn wir uns wiederbegegnen!«

Die Wintersonnenwende

Die Christen verlegten Weihnachten auf den Zeitpunkt der al-
ten heidnischen Wintersonnenwendfeier; die Zeit der kürzesten Tage und der Wiederkehr des Lichts wurde traditionell als
Neugeburt der Sonne gefeiert und daher auch als passender
Feiertag für die Geburt des Erlösers, des geistigen Lichts der
Welt, betrachtet. Ich schlage vor, beide Vorstellungen wieder
voneinander zu trennen und die tiefe Bedeutung des jährlichen
Wechsels von der Dunkelheit zum Licht mit all seinen natürlichen und symbolischen Assoziationen gesondert zu betrachten.
In den nördlichen Ländern, wo das Tageslicht in dieser Zeit auf
wenige Stunden am Tag reduziert ist, wird die Bedeutung der
Wintersonnenwende besonders stark erlebt. Die Symbole der
Wintersonnenwende in den nördlichen Ländern sind Lichter,
das Jul-Scheit und Kerzen, und immergrüne Pflanzen (Mistel-
zweige und Nadelbäume), die für die Hoffnung auf neues Leben stehen.
   Ich stelle mir vor, daß die Mitglieder des Haushalts gemeinsam einen Baum schmücken. Das Licht könnte gelöscht werden, wenn die erste Kerze angezündet wird. Jede/r der Anwe-

senden zündet dann eine Kerze an der ersten Kerze an und spricht darüber, was die Neugeburt des Lichts für sie/ihn bedeutet. Wenn alle Kerzen angezündet sind, schließt sich ein Fest an.

Aschermittwochsliturgie: Buße für die Sünden der Kirche

Zur christlichen Fastenzeit gehörten traditionell die Buße und die Erforschung des eigenen Gewissens. In der Nacht vor Ostersonntag fand im Anschluß an die Fastenzeit die (Erwachsenen-) Taufe in Anwesenheit der gesamten Gemeinschaft statt. Das christliche Verständnis von Reue und Buße war jedoch immer auffällig individualistisch. Der Abkehr von kollektiven Sünden und Vergehen innerhalb des gesellschaftlichen Systems wurde wenig Aufmerksamkeit gewidmet. Noch viel weniger war die christliche Kirche bereit, Sünde und Schuld einzugestehen, die sie als historische Institution auf sich geladen hatte.

Die folgende Liturgie ist als öffentliches Bußritual gedacht für die Sünden und Verbrechen, die von der christlichen Theologie und von kirchlichen Institutionen innerhalb des Christentums in unterschiedlicher Weise geduldet und gutgeheißen wurden. Die Liturgie wurde im Frühjahr 1976 am Garrett Evangelical Theological Seminary in Evanston, Illinois, geschrieben und zelebriert. Einige Jahre später wurde sie am Union Theological Seminary in New York noch einmal im Gottesdienst verwendet.

1. Die Verbrechen der christlichen Gesellschaften an den Juden

Einleitung: »Die Kirche und die Synagoge sind Töchter derselben Mutter; beide sind aus dem prophetischen Glauben und der Ethik der hebräischen Schriften hervorgegangen. Es ist eine Tragödie und eine große Sünde, daß Feindschaft zwischen uns aufkam und daß das Christentum seine Macht als etablierte Religion nutzte, um die Juden zu verfolgen. Laßt uns über diesen Teil unseres kollektiven Lebens nachdenken und uns ins Bewußtsein rufen, welchen Anteil jeder von uns daran hat.«

Engel der Gerechtigkeit

»Dies sind die Worte aus dem Buch der Zerstörung:
   Im Jahr 300 nach Christi Geburt gibt das Konzil von Elvira die ersten anti-jüdischen Gesetze bekannt.
   439 wird durch den Kodex des Theodosius festgelegt, daß Ju-

den keine öffentlichen Ämter bekleiden dürfen. In vielen Städten verwüstet der christliche Mob Synagogen und richtet unter der jüdischen Bevölkerung Massaker an.

Im Jahr 1096 kommt es im Rheinland im Gefolge der Kreuzzüge zu Pogromen. In Speyer, Worms, Köln, Mainz, Trier, Mayence, Metz, Rouen und in vielen anderen Städten werden Massenmorde an Juden verübt.

1215 wird auf dem 4. Laterankonzil festgelegt, daß Juden in den Städten in Ghettos leben müssen und eine besondere Kleiderordnung einzuhalten haben, die sie als Juden kenntlich macht. An christlichen Feiertagen dürfen sich Juden nicht in der Öffentlichkeit zeigen, sie dürfen keine christlichen Dienstboten haben und keine öffentlichen Ämter bekleiden.

1348 werden in Frankreich, Spanien, Ungarn, Deutschland und Italien jüdische Gemeinden durch Pogrome vernichtet; man gibt den Juden die Schuld an der sich ausbreitenden Pest.

Im 12., 13., 14. und 15. Jahrhundert kommt es überall in Europa zu Pogromen, die in der Vertreibung der Juden kulminieren.

1128 werden die Juden aus Frankreich vertrieben (endgültig 1394), 1290 aus England, 1492 aus Spanien und 1497 aus Portugal.

1478 fallen konvertierte Juden in Spanien unter das Gesetz des »reinen Blutes«; unter der Aufsicht der Inquisition werden sie aus allen öffentlichen Ämtern entfernt.

1648 werden bei den Kosakenpogromen in Polen 200 000 Juden getötet.

1881 kommt es zu erneuten Pogromen in Rußland; Zehntausende werden getötet und Hunderttausende fliehen, um ihr Leben zu retten.

1933 etabliert sich in Deutschland das rassistische Naziregime. Juden werden zu Menschen zweiter Klasse erklärt, diffamiert, entrechtet und, seit 1938, in organisierten Pogromen verfolgt. Bis 1945 werden in den Konzentrationslagern der Nazis sechs Millionen Juden ermordet.

Die Länder in Europa und Übersee, in die Juden flüchten, zeigen oft wenig Hilfsbereitschaft.«

Nach jeder Passage wird eine Kerze angezündet. Während der Lesung erklingt Kaddisch-Musik. Zwei Propheten kommen nun vom Altarraum herab und stellen sich zu beiden Seiten der Versammelten auf.

Erster Prophet: »Und als Mose vom Berg herabstieg, erschien eine Feuersäule und verzehrte die Stämme Israels, die am Fuß des Berges standen. Und sechs Millionen Kinder Israels wurden zu Asche verbrannt. Alles, was blieb, war eine Rauchsäule, die bis zum höchsten Himmel aufstieg, und bis heute sieht man die Rauchsäule, und sie reicht von der Erde bis zum Himmel. Als Mose sah, daß sein Volk zu Asche und Rauch geworden war, nahm er die Tafeln des Gesetzes, zerschmetterte sie am Fuß des Berges und schrie auf in einem großen, entsetzlichen Schrei: Ist die ganze Welt wahnsinnig geworden?!«

Zweiter Prophet: »Und Gott sprach zu Mose: Sage den Kindern Israel, sie sollen einen Stern über ihrem Herzen machen und einen auf ihrem Rücken, und er soll ein Zeichen sein und Mahnung an alle Völker, daß sie sich der Gebote Gottes erinnern.

Hüte dich nur und bewahre deine Seele, daß du nicht vergißt, was deine Augen gesehen haben, und daß es nicht aus deinem Herzen kommt dein Leben lang. Denn euch habe ich aus der Knechtschaft herausgeführt, daß ihr mein Volk sein sollt und mein Gesetz haltet.«

Die Versammelten knien nieder und verharren in schweigender Meditation.

2. Sünden des Hasses unter Christen

Einleitung: »›Seht auf diese Christen, wie sie einander lieben‹ – mit diesen Worten rühmten sich die frühen Christen vor der heidnischen Welt ihrer Tugenden. Aber wie oft in der Geschichte des Christentums waren die Beziehungen christlicher Gruppen untereinander von Parteigeist, Haß und Verachtung bestimmt. Wie oft wurde die Einheit des Corpus Christi zerstört und zerrissen.

Laßt uns über diesen Teil unseres kollektiven Lebens und unseren eigenen Anteil daran nachdenken.«

Zwei Gruppen, die Transparente mit Parolen und Karikaturen tragen, gehen nach vorn.

Sprecher/in der 1. Gruppe (Die Parteigänger schütteln die Fäuste): »Ihr ergreift Partei für die pestilentischen Irrlehren des Johann Huss, ihr Häretiker, ihr Irrläufer, ihr blasphemischen und anmaßenden Aufwiegler. Eure Reden beleidigen fromme Ohren.«

Sprecher/in der 2. Gruppe (Die Parteigänger schütteln die

Fäuste): »Das ist die große Hure Babylon! Sanctissimus laßt ihr euch nennen, aber wo ist eure Heiligkeit? Wahrlich, wenig heilig seht ihr aus mit euren Soutanen über der Rüstung, euren wilden Augen, frechen Mäulern, unverschämten Stirnen, hochmütigen Brauen, mit euren von der Ausschweifung gezeichneten Körpern, stinkend nach Wein; ihr seid ein Bild der Verwüstung.«

Die Versammelten rufen im Chor (rechte Seite): »Was sind das für Fanatiker, die unser Land verseuchen! Seht diese Heuchler in Professorenröcken! Unfug lehren sie und Heuchelei, dieser Haufen falscher Heiliger. Schismatiker seid ihr, Schismatiker!«

(linke Seite): »Was sind das für Christen? Diese Leute sind des Teufels! Gibt es hier noch wahre christliche Gemeinschaft? In diesem Haufen falscher Pfaffen gibt es keinen wahren Glauben. Ungläubige seid ihr, Ungläubige, Ungläubige!«

Die rechte und die linke Seite stimmen je einen (anderen) Choral an, indem sie gegeneinander ansingen.

Die Versammelten knien in schweigender Meditation.

3. Sünden gegen Frauen und sexuelle Minderheiten

Einleitung: »Frauen und Männer wurden gleichermaßen im Bild Gottes geschaffen. Es ist Sünde, daß Männer gesellschaftliche Vorteile nutzten, um Frauen in untergeordnete Rollen zu verweisen und sie in ihren Möglichkeiten zu beschränken. Allzu oft wurde die Religion benutzt, um die Unterwerfung der Frauen und den patriarchalen Frauenhaß zu rechtfertigen. Laßt uns über diesen Teil unseres kollektiven Lebens nachdenken und über unsere eigene Beteiligung daran.«

Vier Personen treten vor; sie sind in eine Toga, ein mittelalterliches Gewand, eine akademische Robe, einen modernen Anzug gekleidet.

Kirchenvater: »Wir gestatten den Frauen nicht, das Amt der Lehre in der Kirche auszuüben; Frauen sollen beten und zuhören. Unser Herr Jesus Christus sandte nur die zwölf Apostel aus, um das Volk zu lehren, aber er sandte niemals Frauen aus. Frauen waren um ihn, die Mutter des Herrn und ihre Schwestern, auch Maria Magdalena und Maria, die Mutter des Jakobus, Martha und Maria, die Schwestern des Lazarus, Salome und viele andere. Wenn der Herr es für Frauen als passend erachtet hätte, seine Lehre zu verkünden, hätte er selbst sie von

Anbeginn dazu berufen. Der Mann ist das Haupt der Frau; das Haupt steht über dem Körper, und der Rest des Körpers soll nicht das Haupt beherrschen.«[24]

Mittelalterlicher Schriftgelehrter: »Frauen müssen ihr Haupt bedecken, denn sie sind nicht im Bilde Gottes. Als Zeichen ihrer Unterwerfung unter die Autorität müssen sie ihr Haupt bedeckt halten und auch, weil durch sie die Sünde in die Welt kam. In der Kirche müssen ihre Häupter bedeckt sein, um den Bischof zu ehren. Sie haben kein Recht, zu sprechen, denn der Bischof ist die Verkörperung Christi. Sie müssen vor dem Bischof handeln wie vor Christus, dem Richter, weil der Bischof der Repräsentant des Herrn ist. Da die Frau die Schuld an der Erbsünde trägt, muß sie Gehorsam üben.«[25]

Puritanischer Reformator: »Was nun die Pflicht der Frau betrifft, was soll aus ihr werden? Soll die Frau die Freundlichkeit und Milde ihres Mannes mißbrauchen und das Unterste zuoberst kehren, wie es ihr gefällt? Nein, das hieße Gottes Gebot verwerfen, denn also spricht Petrus: ›Ihr Frauen sollt euch euren Männern unterordnen.‹ Gehorchen, das ist ein anderes Ding als herrschen und befehlen. Sie mögen ihren Kindern befehlen – aber was ihre Männer angeht, ihnen müssen sie gehorchen und Unterwerfung üben, denn dies führt zum Segen, wenn die Frau dem Gebot ihres Mannes bereitwillig folgt, wenn sie sich seinem Willen fügt, wenn sie in allen Dingen sucht, ihn zufriedenzustellen und ihm Freude zu bereiten, wenn sie sich von allem fernhält, was ihm mißfallen könnte. Hier hört ihr also, daß Gott den Frauen befohlen hat, sich der Autorität ihrer Männer zu unterwerfen und ihnen die Ehre des Gehorsams zu erweisen.«[26]

Fundamentalist aus dem heutigen Amerika: »Nehmen wir an, eine Frau fühlt, daß Gott sie einen Weg führt, der dem Willen ihres Mannes definitiv entgegengesetzt ist. Wem soll sie gehorchen? Die Bibel sagt, daß eine Frau ihr Gefühl über den Willen Gottes ignorieren soll und daß sie tun muß, was ihr Mann sagt. Sie muß ihrem Mann gehorchen, als wenn er Gott wäre. Sie kann sich des Willens Gottes sicher sein, wenn ihr Mann spricht, als hätte Gott hörbar vom Himmel herab gesprochen.«[27]

Eine Schwarze in der Kleidung des 19. Jahrhunderts tritt vor: »Na, Kinder, wo soviel Wind gemacht wird, da muß doch was faul sein! Die Schwarzen im Süden und die Frauen im Norden reden jetzt über ihre Rechte, und ich glaube, die weißen

Männer sind bald am Ende mit ihrem Latein. Und was erzählen sie eigentlich dauernd? Der Mann da drüben sagt: ›Man hilft Frauen in die Kutsche und trägt sie über Gräben und läßt ihnen überall den Vortritt.‹ Mir hilft nie jemand in eine Kutsche oder trägt mich über eine Schlammpfütze oder läßt mir irgendwo den Vortritt. Und bin ich etwa keine Frau? Seht mich an! Seht euch meinen Arm an! Ich könnte soviel arbeiten und soviel essen – wenn ich Arbeit und Essen bekäme – wie irgendein Mann und könnte auch die Peitsche verkraften. Bin ich keine Frau? Ich habe dreizehn Kinder geboren und mußte mitansehen, wie die meisten in die Sklaverei verkauft wurden, und als ich aufschrie in meiner Trauer als Mutter, hat mich niemand gehört als Jesus. Und bin ich keine Frau?

Und dann reden sie dauernd darüber, was jemand im Kopf hat. Ja, was soll denn das heißen? Was hat denn das mit den Rechten der Frauen und der Schwarzen zu tun, wie clever jemand ist? Wenn einer weniger weiß, soll er dann auch weniger Rechte haben? Und der kleine Mann da in Schwarz, der sagt, daß Frauen nicht dieselben Rechte haben können wie Männer, weil Christus keine Frau war. Woher ist denn euer Christus gekommen? Woher ist er denn gekommen? Von Gott und einer Frau. Die Männer hatten gar nichts damit zu tun. Wenn die erste Frau, die Gott gemacht hat, stark genug war, die Welt auf den Kopf zu stellen, dann sollten diese Frauen hier fähig sein, sie wieder umzudrehen, mit der richtigen Seite nach oben. Und jetzt, wo sie das auch tun wollen, sollten die Männer sie dabei lieber in Ruhe lassen.

Nett, daß ihr mir zugehört habt, und nun hat die alte Sojourner nichts weiter zu sagen.«[28]

Die Versammelten knien in schweigender Meditation.

4. Sünden gegen ethnische Minderheiten

Einleitung: »Die Bibel sagt uns, daß alle Menschen denselben Ursprung haben, daß sie alle von denselben Ahnen abstammen, alle Kinder eines Gottes und alle Schwestern und Brüder sind. Wie oft haben wir aber die allen gemeinsame Menschlichkeit verleugnet in unseren Beziehungen zu Menschen anderer ethnischer Herkunft! Laßt uns über diesen Teil unseres kollektiven Lebens nachdenken und unseren Anteil daran erkennen.«

Zwei Männer treten vor. Der eine trägt einen Zylinder, der andere einen Cowboyhut.

1. Mann: »Ich sage also, daß ich nicht dafür bin und nie dafür war, in irgendeiner Weise die soziale und politische Gleichheit der weißen und der schwarzen Rasse herbeizuführen, daß ich nicht dafür bin oder je dafür war, aus Negern Wähler oder Richter zu machen oder sie für öffentliche Ämter zu qualifizieren oder ihre Ehe mit Weißen zu befürworten. Ich sage außerdem, daß es zwischen der schwarzen und der weißen Rasse physische Unterschiede gibt, die, meiner Ansicht nach, ein Zusammenleben beider Rassen auf der Basis von sozialer und politischer Gleichheit grundsätzlich unmöglich machen. Und in Anbetracht der Tatsache, daß sie nicht so leben können, während sie doch zusammenbleiben, muß es also eine Rangordnung von Überlegenheit und Unterlegenheit geben, und ich vertrete ebenso wie jeder andere Mann die Ansicht, daß die Position der Überlegenheit der weißen Rasse zukommt.« *Abraham Lincoln*, 1858[29]

2. Mann: »Vielleicht sollte ich mich schämen, es zu sagen, aber ich habe die Einstellung des Westerners zum Indianer. Ich würde nicht so weit gehen, zu sagen, daß nur ein toter Indianer ein guter Indianer ist, aber bei neun von zehn ist es, glaube ich, doch der Fall, und auch den zehnten würde ich mir lieber nicht zu genau ansehen. Der verkommenste Cowboy hat mehr moralische Prinzipien als der durchschnittliche Indianer.«
Theodore Roosevelt, 1890[30]

Ein dritter Mann spricht vom Altar aus: »Seht meine Brüder, der Frühling ist gekommen, die Erde hat die Umarmung der Sonne empfangen, und bald werden wir sehen, was diese Liebe hervorbringt! Jedes Samenkorn wird zum Leben erweckt und auch alles tierische Leben. Es ist dieselbe geheimnisvolle Kraft, die auch uns unser Leben gibt, und darum gestehen wir unseren Nachbarn, auch unseren tierischen Nachbarn, dasselbe Recht zu wie uns selbst, dieses Land zu bewohnen.

Aber nun, hört mich, Leute, haben wir es mit einer anderen Rasse zu tun – schwach und klein waren sie, als unsere Väter ihnen zuerst begegneten, aber jetzt sind sie groß und erdrückend. Seltsamerweise verstehen sie sich darauf, den Boden zu bestellen, und die Liebe zum Besitz ist bei ihnen eine Krankheit. Diese Leute haben viele Regeln aufgestellt; die Reichen dürfen diese Regeln brechen, aber die Armen dürfen es nicht. Sie nehmen Abgaben von den Armen und Schwachen und unterstützen damit die Reichen, die herrschen. Sie beanspruchen unsere Mutter, die

271

Erde, für sich allein und sperren ihre Nachbarn aus. Sie entstellen das Gesicht der Erde mit ihrem Abfall und ihren Gebäuden. Dieses Volk ist wie eine Flutwelle, die das Ufer überspült und alles vernichtet, was ihr im Wege ist. Wir können nicht Seite an Seite mit ihnen wohnen. Es ist nur sieben Jahre her, da machten wir einen Vertrag, in dem uns versichert wurde, daß uns das Land der Büffel für immer überlassen bleiben sollte. Nun drohen sie damit, uns das Land wegzunehmen. Meine Brüder, sollen wir uns unterwerfen, oder sollen wir sagen: ›Erst mußt du mich töten, ehe du das Land meiner Väter in Besitz nimmst?‹«

Sitting Bull, Häuptling der Sioux,
Powder River Council 1877[31]

Es folgt ein Ausschnitt aus der Rede »Ich habe einen Traum« von Martin Luther King (Tonbandaufzeichnung). Anschließend knien die Versammelten in schweigender Meditation, während das Lied »Nobody knows the trouble I've seen« erklingt.

5. Sünden gegen die Armen

Einleitung: »Der Prophet Amos sagte: ›Hört dies, die ihr die Armen unterdrückt und die Elenden zugrunde richtet und sprecht: Wann will denn der Neumond zu Ende gehen, daß wir Getreide verkaufen, und der Sabbat, daß wir Korn feilhalten können und das Maß verringern und den Preis steigern und die Waage fälschen, damit wir den Armen um Geld und den Geringen um ein Paar Schuhe in unsere Gewalt bringen und Spreu für Korn verkaufen? Gott hat bei sich, dem Ruhm Jakobs, geschworen: Niemals werde ich diese ihre Taten vergessen‹ (Amos 8,4–7).

Und der Evangelist Johannes sagte: ›Wenn aber jemand in dieser Welt Güter hat und sieht seinen Bruder darben und schließt sein Herz vor ihm, wie bleibt dann die Liebe Gottes in ihm?‹ (1. Johannes 3, 17).

Und der heilige Ambrosius, Bischof von Mailand, sagte: ›Die Natur hat alle Dinge hervorgebracht, daß sie von allen genutzt werden. Gott hat allen Dingen befohlen, zu gedeihen, daß Nahrung für alle da sei und daß die Erde das gemeinsame Gut aller sei. Die Natur hat also ein gleiches Recht für alle geschaffen, aber die Anmaßung hat es zu einem Recht der Wenigen gemacht.‹

Heute sind die Länder der Welt und die Menschen innerhalb der Gesellschaft aufgespalten in die wenigen, die alles besitzen, und die Massen der Armen. Wir müssen uns unserer Verantwortung für diese ungerechte Aneignung der Güter der Welt bewußt werden und erkennen, welchen Anteil wir daran haben.«

Lesung: Offener Brief lateinamerikanischer Kirchenlehrer an die Christen in Nordamerika:

»Es ist bezeichnend, daß wir Lateinamerikaner in diesen Tagen die politischen Entwicklungen in den Vereinigten Staaten mit großem Interesse verfolgen. Der Grund ist, daß wir alle, mit Ausnahme von Cuba, in demselben System gefangen sind; wir bewegen uns alle innerhalb eines einzigen ökonomischen, politischen und militärischen Machtkomplexes, in dem sich die Interessen der Finanzgruppen, die das Leben eures Landes bestimmen, mit den Herrschaftsinteressen der kreolischen Oligarchien unserer lateinamerikanischen Nationen verbinden. Beide Gruppen, die heute stärker als je miteinander verbündet sind, haben immer wieder die großen Umwandlungen verhindert, die unser Volk braucht und nach denen es verzweifelt verlangt. Die skandalösen Interventionen der USA, die der Errichtung und Erhaltung von Militärregimen in Guatemala, Nicaragua, Brasilien, Paraguay und Bolivien dienten, die Enthüllung der Aktivitäten des I.T.T. und anderer nordamerikanischer Finanzgruppen in Chile, der Fall Watergate, die Aufdeckung der Aktionen des CIA und anderer Spionageorganisationen in unseren Ländern, die schändliche Enklave der Macht in Panama mit ihren militärischen Trainingslagern, die wir mit unserem christlichen und unserem lateinamerikanischen Gewissen nicht vereinbaren und nicht mehr tolerieren können, die unverfrorenen kolonialen Herrschaftspraktiken der Rockefellers und anderer Wirtschaftspotentaten haben die Möglichkeiten der ökonomischen Unabhängigkeit und der authentischen Entwicklung unserer reichen, aber extrem ausgebluteten Länder immer wieder zunichte gemacht.

Heute erkennen wir Lateinamerikaner, daß unser Unglück, unser Elend und unsere Frustrationen zum nicht geringen Teil durch ein System hervorgerufen und fortgesetzt werden, das eurem Land erhebliche Vorteile bringt, das uns aber auffrißt und mehr und mehr mit Unterdrückung, Impotenz und Tod überzieht. Mit anderen Worten: Euer kostbarer ›American Way of Life‹, der Reichtum eurer Industriemagnaten, eure ökonomische und militärische Oberherrschaft nährt sich von dem Blut, das aus den ›offenen Adern Lateinamerikas‹ hervorströmt.

Tyrannische Regime, wie das von Somoza in Nicaragua, von Stroessner in Paraguay, von Pinochet in Chile, die die Interessen eurer Großkonzerne repräsentieren und diesen Interessen in Verbindung mit lokalen Machtinteressen dienen, verstärken die Repression und den Terror in einem kaum vorstellbaren Ausmaß. Nun sind Gewerkschaftsführer, politische und Studentenführer, Priester und Pastoren, Intellektuelle und Künstler, Journalisten und andere engagierte Menschen, alle, die versuchen, die Ungerechtigkeiten der Terrorregime anzuprangern, systematischer Verfolgung und wissenschaftlich perfektionierten Foltermethoden ausgesetzt. Die Gefängnisse Lateinamerikas reichen nicht mehr aus für so viele Gefangene, die auf unbegrenzte Zeit festgehalten werden. Die wenigen Länder, die noch einen gewissen Spielraum von Freiheit und Sicherheit genießen, stoßen bei der Aufnahme der vielen Exilierten und Flüchtlinge aller Nationalitäten schon an die Grenzen ihrer Aufnahmekapazität. Paramilitärische und parapolizeiliche Organisationen vermehren sich in furchterregender Weise. In vielen Städten sind die Straßen täglich mit Leichen übersät. All das geschieht im Namen der ›westlichen Zivilisation‹, auf dem Rücken unseres Volkes und mit dem Segen und der Unterstützung eurer Regierung und eurer bewaffneten Einheiten, ohne die unsere Diktatoren sich nicht lange an der Macht halten könnten.

Freunde und Mitchristen, ihr müßt jetzt erkennen, daß unser Kontinent zu einem einzigen großen Gefängnis und, in einigen Regionen, zu einem riesigen Friedhof geworden ist, daß die Menschenrechte und die große Botschaft der Evangelien zu kraftlosen, toten Buchstaben werden. Und all das geschieht, um ein koloniales Machtsystem aufrechtzuerhalten, das den Interessen der Privilegierten eures Landes und unserer Länder dient, auf Kosten der Millionen, die in Armut leben.

Dieser offene Brief soll die Anklage und der Aufschrei all der Menschen sein, die in unserem Amerika keine Stimme haben, weil sie in Gefängnissen und Konzentrationslagern verrotten oder unter den unglaublichsten Bedingungen von Mangelernährung und Elend dahinvegetieren.«[32]

Alle Anwesenden schreiben nun auf einem Stück Papier nieder, in welcher Weise sie sich selbst an den Sünden der christlichen Welt beteiligt sehen. Die Zettel werden eingesammelt und über einer Kohlenpfanne verbrannt. Die Asche wird gesammelt und in Schalen herumgereicht. Alle zeichnen die Stirn der ihnen zunächst Sitzenden mit Asche und sagen dabei: »Die alte Welt der Unmenschlichkeit verbrennt zu Asche. Möge sich in jedem von uns der Geist der neuen Menschlichkeit wie der Phönix aus der Asche erheben.«

Zuletzt wird ein Text gelesen, der die neue Menschlichkeit und die neue Erde schildert, zu deren Verwirklichung wir alle berufen sind. Die Versammelten tauschen den Friedenskuß. Die Liturgie endet mit einem Segensspruch.

Karfreitagsmarsch für die Menschenrechte

Im Zentrum jeder amerikanischen und westlichen Großstadt kann am Karfreitag eine Demonstration für die Menschenrechte organisiert werden. Die hier beschriebene Demonstration wird seit einigen Jahren von einem Zusammenschluß der Menschenrechtsgruppen in Chicago organisiert[33].

Einleitende Erklärung: »Wir sind heute zusammengekommen, um den Leidensweg Christi symbolisch nachzuvollziehen und seines Opfertodes zu gedenken. Die Kreuzwegstationen, an denen wir haltmachen, repräsentieren die bis heute andauernden Leiden der Menschheit unter der Knute repressiver Herrschaftssysteme und Institutionen, insbesondere in den armen Ländern der Welt. Wir erkennen die Rolle der Reagan-Administration, der lokalen Regierungen, der amerikanischen Kapitalgesellschaften und Banken, die diese Leiden verschlimmern, indem sie die Systeme der Ausbeutung und der Repression in unserem Land und in der Welt stärken und legitimieren. Wir selbst sind in vieler Hinsicht Komplizen dieses Systems und an seinen Ungerechtigkeiten mitschuldig.«

Beim Erreichen und beim Verlassen jeder Kreuzwegstation intonieren die Versammelten gemeinsam: »Unser Gott hört den Schrei der Armen; gesegnet sei unser Gott.«

1. Jesus wird zum Tode verurteilt

Station: International Harvester

In den USA grassiert die Arbeitslosigkeit, da die amerikanischen Konzerne ihre Arbeiter und deren Gemeinschaften im Stich lassen, sobald sich ihnen anderswo profitablere Möglichkeiten bieten. Es werden einige Erklärungen über die steigende Arbeitslosigkeit in den USA verlesen. Die Versammelten antworten nach jeder Erklärung: »Christus, der du zum Tode verurteilt wurdest, befreie die Arbeiter!« Nach der letzten Erklärung: »Christus, der du zum Tode verurteilt wurdest, befreie uns, daß wir Gerechtigkeit üben und das Todesurteil aufgehoben werde, das die Arbeitslosigkeit für dein Volk bedeutet.«

2. *Das Kreuz wird Jesus auf die Schultern gelegt*

Station: Das südafrikanische Konsulat

Unter dem rassistischen Regime Südafrikas werden die Menschenrechte mit Füßen getreten; selbst Kinder sind gezwungen, in den Widerstand zu gehen. Es werden Erklärungen vorgelesen, in denen die Apartheidspolitik Südafrikas geschildert wird. Nach jeder Erklärung antworten die Versammelten mit Demonstrationsparolen wie »Nieder mit der Apartheid«, »Freiheit für Südafrika«.

Gebet: »Laßt uns beten für den Befreiungskampf in Südafrika. Möge Gott uns zu Gefäßen der Freiheit und der Gerechtigkeit machen, daß wir unseren Schwestern und Brüdern in Südafrika bei ihrem Freiheitskampf zur Seite stehen.«

3. *Jesus stürzt zum ersten Mal zu Boden*

Station: Das südkoreanische Konsulat

Texte, die die Unterdrückung in Südkorea und auf den Philippinen anprangern, werden vorgelesen.

Gedicht:
»Auf meinen goldenen Inseln, den Philippinen,
erfüllte Blütenduft den Morgenwind.
Liebende Hände erbauten ein Paradies,
einen Ruheplatz für die Menschheit.
Eines Tages kamen fremde Schiffe,
Fremde entdeckten die Schönheit
und den Reichtum der Inseln,
und meine Leute wurden in Ketten gelegt.
Unsere Herzen versanken im Elend.
Vögel fliegen frei unter dem Himmel.
Versuch sie zu fangen, und du wirst ihre Schreie hören.
Nimm einem Volk die Freiheit –
und seine Söhne und Töchter werden leben, um es zu befreien.

Bald kommt der Tag, an dem unsere Prüfungen vorüber sind,
die Nacht wird vergehen, der goldene Morgen kommt.
Ich gebe mein Leben und meine Liebe,
um mein Land zu befreien.«[34]

4. Veronika trocknet die Stirn Jesu

Station: IBM Plaza
IBM ist an der Produktion der menschheitsbedrohenden Nuklearwaffen und am Wettrüsten beteiligt. Texte werden gelesen, die diese Zusammenhänge verdeutlichen.

5. Simon von Cyrene trägt das Kreuz für Jesus

Station: Konsulat von El Salvador
Tausende von Menschen werden in Zentralamerika ermordet, weil sie um das Recht der Selbstbestimmung kämpfen. Erklärungen zur Verurteilung der repressiven Politik in Zentralamerika werden verlesen.

6. Jesus stürzt zum zweiten Mal zu Boden

Station: Ein großes Kino
An dieser Station werden Texte vorgelesen, die schildern, wie im Film und im Theater die sexuelle und physische Gewalt gegen Frauen verherrlicht wird.
Gebet: »Gott, führe uns auch heute aus der Sklaverei in die Freiheit. Du gabst uns Christus, deinen Sohn, der unsere Hoffnung ist. Dein Reich komme, und auch unser Reich der Freiheit in unserer menschlichen Geschichte.«

7. Jesus begegnet seiner Mutter

Station: Greyhound Busbahnhof
Es werden Berichte über die Obdachlosigkeit in Chicago vorgelesen. Nach jedem Text antworten die Versammelten: »Öffnet eure Herzen für die Not der Obdachlosen.«

8. Jesus begegnet der weinenden Frau

Station: Regierungsgebäude von Chicago
Der Senat von Chicago schränkte die Sozialleistungen und -hilfen drastisch ein und beteiligt sich damit an der sozialen Un-

gerechtigkeit der Reagan-Regierung. Diese Zusammenhänge werden in Erklärungen geschildert. Lied: »Someone's crying, Lord, be with us«.

9. Jesus stürzt zum dritten Mal zu Boden

Station: Die First National Bank

Verlesung von Berichten über die Praktiken der FNB, die mit ihrer Investitionspolitik die Terrorregime in Chile und Südafrika unterstützt. Die Versammelten antworten nach jedem Text: »Jesus, unser Befreier, hilf uns in unserem Kampf.«

Gebet für einen Arbeiter:

»Steh auf und sieh auf die Berge,
von denen Wind, Wasser und Sonne herabkommen.
Du, der du den Lauf der Flüsse bestimmst,
der du deine Seele bis zum Himmel ausdehnst,
steh auf, sieh auf deine Hand,
nimm die Hände deiner Brüder und Schwestern,
daß deine Kraft sie erfüllt.
Gemeinsam werden wir gehen, vereinigt im Blut,
denn dies ist der Tag, der zu einem Morgen werden kann.
Befreie uns von jenen, die uns im Elend festhalten.
Bring uns dein Königreich der Gerechtigkeit und der Gleichheit.
Laß deinen Willen endlich geschehen hier auf Erden.
Gib uns die Kraft und den Mut für unseren Kampf.
Laß den Wind wehen über die Blumen am Ufer,
reinige mit deinem Feuer den Lauf meines Gewehres.
Steh auf, sieh auf deine Hand,
nimm die Hände deiner Brüder und Schwestern,
daß deine Kraft sie erfüllt.
Gemeinsam werden wir gehen, vereinigt im Blut,
jetzt und in der Stunde unseres Todes.«   *Victor Jara*[35]

Die Versammelten rufen Parolen der Solidarität mit den Menschen in Lateinamerika, wie: »El Pueblo unido jamás será vencido!« (»Das vereinigte Volk wird niemals besiegt werden.«)

10. Die Soldaten teilen die Kleider Jesu unter sich auf

Station: Federal Plaza (etwa: Platz der Union)

Lesung: Texte über die Konflikte zwischen Juden und Palästinensern, über die Kämpfe und Hoffnungen beider Völker.

Gebet: »Wir beten für Gerechtigkeit und Frieden für alle Menschen im Heiligen Land, die unter einem endlosen Druck von Krieg und Gewalt leben. Möge Frieden herrschen und möge er mit uns beginnen, die wir hier anwesend sind.«

»Denkt an die Gefangenen, als wäret ihr Mitgefangene, und an die Mißhandelten, weil ihr auch noch im Leibe lebt« (Hebräer 13, 3).

»Laßt ab von Frevel und Gewalttat und tut, was recht und gut ist, und hört auf, Leute in meinem Volk von Haus und Hof zu vertreiben« (Hesekiel 45,9).

»Es ströme aber das Recht wie Wasser und die Gerechtigkeit wie ein nie versiegender Bach« (Amos 5,24).

11. Jesus wird ans Kreuz geschlagen

Station: Immigration Detention Center (Justiz- und Haftanstalt der Einwanderungsbehörde)

Die Justiz- und Haftanstalt der Einwanderungsbehörde ist das Symbol der Ungerechtigkeit der US-Behörden gegen Flüchtlinge, illegale Einwanderer und ausländische Arbeitnehmer.

Sprecher/in: »Diese Nation wurde auf dem Rücken von Einwanderern und Flüchtlingen aufgebaut, von Afrikanern, Italienern, Polen, Chinesen, Iren. Als diese Menschen in unser Land kamen, passierten sie die Freiheitsstatue, auf deren Sockel das große Freiheitsversprechen für die Unterdrückten der Welt eingemeißelt ist.«

Alle: »Gebt mir eure Armen, eure erschöpften und bedrängten Massen, die sich danach sehnen, frei zu atmen; gebt mir eure Elenden, die keinen Raum finden an überfüllten Ufern. Sendet die Heimatlosen, die vom Sturm Umhergeworfenen zu mir. Mein Licht erleuchtet das goldene Tor.«

Sprecher/in: »Dieses Land hat die Tränen und den Schweiß der Einwanderer und Flüchtlinge in sich aufgenommen; es hat sich ihrer Arbeit bedient, und als ihre Dienste nicht mehr benötigt wurden, kehrte es ihnen den Rücken und ließ zu, daß sie ans Kreuz der Unterdrückung und der Ungerechtigkeit geschlagen wurden.

Die Einwanderungsbehörden sperren Haitianer jahrelang in menschenunwürdige Flüchtlingslager ein und verweigern ihnen die Einreise in die USA.

Amerikanische Konzerne beuten die billige Arbeitskraft me-

279

xikanischer Erntearbeiter aus; wenn die Ernte eingebracht ist, werden die Arbeiter von den Einwanderungsbehörden deportiert. Die Einwanderungsbehörden deportieren Flüchtlinge aus El Salvador und Guatemala, die aus ihrer Heimat flohen, um dem Tod zu entgehen. Die Einwanderungsbehörden sind ein Instrument der US-Außenpolitik; sie kommen ihrer eigentlichen Aufgabe nicht nach: das Recht auf politisches Asyl nach den Bestimmungen der Vereinten Nationen und gemäß den nationalen Gesetzen zu vertreten.

Wir stehen hier vor der Justiz- und Haftanstalt der Einwanderungsbehörde, dem Ort, wo täglich die ungerechte Politik der US-Regierung ausgeführt wird und wo täglich über das Leben und die Zukunft von Einwanderern und Flüchtlingen entschieden wird. An diesem Karfreitag gedenken wir aller Emigranten und Flüchtlinge, die an das Kreuz der Ungerechtigkeit geschlagen wurden.«

Alle: »Gott, mach den fortgesetzten Kreuzigungen ein Ende. Beende die ungerechte Behandlung von Flüchtlingen aus Haiti, El Salvador, Guatemala, Mexiko und anderen Ländern.«

12. Jesus stirbt am Kreuz

Station: Ein großer Platz; Thema: Rassismus der Institutionen

Auf dem Arbeits- und Wohnungsmarkt, in den medizinischen und Bildungseinrichtungen, in der Berichterstattung der Regenbogenpresse herrschen immer noch rassistische Vorurteile. Diese Zusammenhänge und Praktiken werden durch eine Lesung erläutert.

13. Jesus wird vom Kreuz abgenommen

Station: Metropolitan Correction Center (Strafvollzugsanstalt von Chicago)

Die Strafvollzugsanstalt ist das Symbol aller Gefängnisse in unserer Gesellschaft, deren Insassen vor allem Schwarze, Latinos und Arme sind. Bibellesung: Lukas 23,50–56.

Lied: »Con nosotros está« (Gott ist mit uns)
»Con nosotros está y no lo conocemos
Con nosotros está, su nombre es el Señor.
Su nombre es el Señor y sed soporta
Y está en quien justicia va sediento
Y muchos que lo ven pasan de largo

A veces ocupados en sus rezos.
Su nombre es el Señor y está desnudo
La ausenica del amor hiela sus guesos.
Y muchos que lo ven pasan de largo
Seguros y al calor de su dinero.
Su nombre es el Señor y está en la carcel
Está en la soledad de cada preso
Y nadie lo visita y hasta dicen:
tal vez ese no era de los nuestros.«

»Er ist mit uns, und wir erkennen ihn nicht,
Er ist mit uns, sein Name ist Christus.
Sein Name ist Christus, und er litt Durst,
und er ist in jenen, die nach der Gerechtigkeit dürsten.
Und viele, die ihn sehen, gehen vorbei.
Sie sind in Gebete vertieft und erkennen ihn doch nicht.
Sein Name ist Christus, und er ist nackt.
Er friert bis auf die Knochen, weil keine Liebe da ist.
Und viele, die ihn sehen, gehen vorbei,
eingehüllt in die Sicherheit und Wärme ihres Reichtums.
Sein Name ist Christus, und er sitzt im Gefängnis,
er erduldet die Einsamkeit jedes Gefangenen.
Und niemand besucht ihn, niemand sagt:
Dies ist kein Verbrecher.«

14. Auferstehung

Bibellesung: Johannes 20,11–22; Lied: »The Last Day«.
And we will raise them up
And we will raise them up
And we well raise them up
On the last day
These are brothers and sisters, Lord;
They have died that we shall not hunger
They have believed that we shall not thirst;
Now we come to you,
We know that you will hear us
The gift that we now ask
Is the strength to stand together
Until oppression shall cease;
We will stand together
We will stand together.«

»Und wir werden sie erwecken von den Toten
Am letzten Tag.
Gott, diese Brüder und Schwestern
sind gestorben, daß wir keinen Hunger leiden;
sie haben geglaubt, daß wir nicht dürsten sollen.
Nun kommen wir zu dir. Wir wissen, du wirst uns hören.
Wir bitten dich nun um die Kraft,
zusammenzustehen, bis die Unterdrückung endet.
Wir werden zusammenstehen.«

Sederfeiern

Das Passahfest, das an den Auszug des Volkes Israel aus Ägypten erinnert, ist die wichtigste religiöse Feier in jüdischen Familien. In den letzten Jahren haben Christen die Passahliturgie für sich wiederentdeckt, manchmal als Liturgie für den Donnerstag vor Ostern, den traditionellen Gedenktag für die Begründung des Abendmahls, das nach der Überlieferung mancher Evangelien das Passahmahl Jesu mit seinen Jüngern war. Auch innerhalb der jüdischen Erneuerungsbewegungen entwickelten sich neue Formen der Passahliturgie, in denen die Sederfeier mit den Hoffnungen der Gegenwart auf Gerechtigkeit und Befreiung verknüpft wird. Eine der ersten dieser neuen Sederfeiern wurde von Arthur Waskow gestaltet zum ersten Jahrestag des Todes von Martin Luther King. Diese Liturgie wurde »Seder für die Freiheit« genannt und im April 1969 in Washington gemeinsam mit den Führern der Schwarzen Bewegung zelebriert.

Das »Seder für die Freiheit« und andere neue Sederzeremonien[36] thematisieren sowohl die Befreiung aus Armut und Unrecht als auch die Erlösung der Welt von der Furcht vor dem endgültigen Holocaust durch nukleare Waffen. Eine »Sederfeier für die Kinder Abrahams« thematisiert den Konflikt im Nahen Osten und die Versöhnung zwischen Juden und Palästinensern. Die Geschichten beider Völker vermischen sich in einer Weise, die jede Seite zur Auseinandersetzung mit der eigenen Geschichte und mit der des anderen Volkes zwingt. Die Sederfeier erhält hier also eine neue Funktion – die einer Liturgie der Versöhnung.

In den letzten beiden Jahrzehnten wurden auch verschiedene feministische Sederliturgien entwickelt. Jüdische Feministinnen schrieben mehrere Versionen einer weiblichen Haggadah (Auslegung der Schriften)[37]. Eine weitere feministische Haggadah ist auf die Wiederentdeckung der alten semitischen Göttinnentradition ausgerichtet[38]. Mit dem »Seder für die Schwestern Sarahs« wurde eine Liturgie gestaltet, die von jüdischen und christlichen Feministinnen gemeinsam gefeiert werden kann[39].

Osterliturgien

Diann Neu brachte ein Buch mit Liturgien der Frauenkirche für die Fastenzeit und für Ostern heraus[40]. Ich empfehle christlichen Feministinnen diese Liturgien für die Osterzeit.

Yom Hasoah: Gedenktag des Holocausts

Die Vernichtung von sechs Millionen Juden und unzähligen anderen Menschen durch die Todesmaschinerie des Naziregimes ist in unserer Zeit zum Symbol der Herrschaft des Sadismus und des Schreckens geworden. Der Gedenktag des Holocausts ist unter Juden zu einem quasi offiziellen Teil des religiösen Lebens geworden; viele Gemeinschaften haben für diesen Tag ihre eigenen Liturgien entwickelt. *Yom Hasoah* ist ein Gedenktag, an dem Juden und Christen zusammenkommen sollten in gemeinsamer Trauer über diesen grausamsten aller Völkermorde in unserer Zeit und im gemeinsamen Engagement für die Verhinderung weiterer Völkermorde. Die folgende Liturgie für einen gemeinsamen jüdisch-christlichen Gedenktag des Holocausts ist von mehreren Liturgien abgeleitet, die in jüdischen Gemeinschaften zelebriert werden[41].

Einführungsmeditation

»Die Legende erzählt, daß der Mensch eines Tages zu Gott sprach: ›Laß uns die Rollen tauschen. Sei du Mensch und laß mich Gott sein, nur für eine Sekunde.‹ Gott lächelte und fragte den Menschen: ›Hast du keine Furcht?‹ ›Nein‹, sagte der Mensch und fragte Gott: ›Und du, Gott, hast du Furcht?‹ ›Ja, ich fürchte mich‹, sagte Gott. Dennoch erfüllte er den Wunsch des Menschen; Gott wurde Mensch, und der Mensch nahm den Platz Gottes ein. Doch der Mensch machte sich gleich die Allmacht Gottes zunutze und weigerte sich, in seinen früheren Status zurückzukehren. Seither waren weder Gott noch Mensch, was sie zu sein schienen. Jahre, Jahrhunderte, Ewigkeiten vergingen. Das Drama eskalierte, Vergangenheit und Gegenwart waren nicht mehr zu ertragen. Da die Befreiung des Menschen an die Befreiung Gottes gebunden war, begannen Gott und Mensch wieder den alten Dialog, und sein Echo kommt zu uns in der Nacht, beladen mit Haß, Reue und unendlicher Sehnsucht.«

Die Versammelten verharren in schweigender Meditation.

Wir gedenken des grauenhaften Erbes der Zerstörung in unserer Zeit.

1. Stimme: »Sie brachten uns auf den Platz im Zentrum, und dort begann die Selektion: Männer und junge Frauen in getrennten Gruppen, Mütter und Kinder in einer anderen Gruppe. Die Ukrainer durchsuchten unsere Sachen nach Goldschmuck und Uhren. Leute wurden ohne Warnung erschossen. Es war ein großes Durcheinander, man hörte Schreie und Weinen. Wir mußten über Leichen hinwegsteigen. Meine Mutter hielt mich fest an der Hand. Sie war sicher, daß wir sterben würden, und sie begann, auf mich einzureden: ›Lauf weg, du kannst entkommen, du siehst nicht jüdisch aus. Lauf, daß wenigstens eine von uns entkommt und sich an uns erinnert. Hör auf deine Mutter, lauf weg und rette dich.‹ Sie gab mir ein Kopftuch und ein Messer; ich sollte aussehen wie ein Bauernmädchen, das vom Feld kam. Ich verstand. Mir kamen die Tränen, und in meinem Kopf drehte sich alles. Plötzlich fand ich mich ganz am Ende der Schlange wieder. Ein SS-Mann kam herüber und fragte mich, wer ich sei. Ich sagte, ich sei Polin. Er sagte zu mir, ich solle nach Hause gehen. Ich ging auf die andere Straßenseite hinüber, um zu sehen, was mit meiner Mutter geschehen würde. Dann sah ich Leute rennen, und ein Hagel von Gewehrkugeln folgte ihnen.«

2. Stimme: »Die Stimme meines Vaters weckte mich aus meinen Gedanken. Kalter Schweiß stand mir auf der Stirn. Ich sagte ihm, ich glaubte nicht, daß sie Leute in unserem Alter verbrennen könnten und daß die Menschheit solche Verbrechen nie tolerieren würde... Die Menschheit? Die Menschheit kümmert sich nicht um uns. Heutzutage ist alles erlaubt. Alles ist möglich, sogar diese Lager und diese Verbrennungsöfen...

›Vater‹, sagte ich, ›wenn das so ist, dann will ich hier nicht warten. Ich werde in den elektrischen Zaun rennen, das ist besser, als langsam in den Flammen zugrunde zu gehen.‹ Er antwortete nicht, sein Körper war vom Weinen geschüttelt. Alle um uns weinten. Jemand fing an, Kaddisch, das Totengebet, zu rezitieren. Ich weiß nicht, ob das je zuvor geschehen ist in der langen Geschichte der Juden, daß die Leute für sich selbst das Totengebet gesagt haben.«

3. Stimme: »Auf einer Bahnstation sah ich ein kleines Mädchen, etwa fünf Jahre alt. Sie fütterte ihren kleinen Bruder, und er weinte, der Kleine, er war krank. Sie tauchte kleine Brotbröckchen in ein bißchen aufgelöste Marmelade und steckte sie ihm geschickt in den Mund . . . Daß meine Augen das sehen durften, eine Mutter – eine Mutter von fünf Jahren, die ihr Kind fütterte, die beruhigend auf das Kind einsprach . . . Meine eigene Mutter, die beste auf der Welt, hatte keine solche List gebraucht, aber dieses kleine Mädchen wischte mit einem Lächeln die Tränen des Bruders ab und erfüllte sein Herz mit Freude – ein kleines Mädchen in Israel.«

Nach einer schweigenden Meditation rezitieren alle gemeinsam:

»Ich glaube an die Sonne, selbst wenn sie nicht scheint;
ich glaube an die Liebe, selbst wenn ich sie nicht fühle;
ich glaube an Gott, selbst wenn er schweigt.«

(Inschrift in einem Keller in Köln, wo Juden sich vor den Nazis versteckten)

»Laßt uns nie die Menschen vergessen, die an diesen Orten starben: Auschwitz, Majdanek, Treblinka, Buchenwald, Mauthausen, Belzec, Sobibor, Chelmno, Dachau, Theresienstadt, Warschau, Vilna, Skarzysko, Bergen-Belsen, Janow, Dors, Neuengamme, Pustkow . . .

Die Opfer des faschistischen Rassenwahns kamen aus vielen Ländern: 3 271 000 Juden aus Polen; 1 050 000 Juden aus der Sowjetunion und den baltischen Ländern; 539 000 Juden aus Rumänien; 390 000 Juden aus Ungarn; 255 000 Juden aus der Tschechoslowakei; 195 000 Juden aus Deutschland; 140 000 Juden aus Frankreich; 104 000 Juden aus Holland; 64 000 Juden aus Jugoslawien; 64 000 Juden aus Griechenland; 57 000 Juden aus Belgien; 53 000 Juden aus Österreich; 20 000 Juden aus Italien; 9000 Juden aus Bulgarien, Luxemburg und Norwegen.«

Während diese Zahlen verlesen werden, zündet jemand sechs Kerzen an.

»Weitere Opfer waren die Kommunisten und andere politische Dissidenten, die Roma und Sinti, die slawischen Völker,
die Homosexuellen, die körperlich und geistig Behinderten.«
Vier weitere Kerzen werden angezündet.

Lesung: Die Auferstehung[42]

»Eines Tages werden sie sich versammeln im Tal der Knochen:
Asche aus den Verbrennungsöfen, Rauch aus den Schornstei-
nen der Krematorien,
Haut, zu Pergament gedörrt, Körper, zu Seife verkocht,
Embryos, halb ausgeformt, und die Schreie,
die in unzähligen Alpträumen widerhallen.
Gott wird seinen Atem über sie hinhauchen,
und er wird sagen: Seid Menschen!
Aber sie werden sich ihm widersetzen:
Wir hören dich nicht. Hast du uns gehört?
Für uns gibt es keine Auferstehung.
Im Leben war es ein Wunder für jeden von uns,
ein Selbst zu sein, die eigenen Glieder zu behüten,
dem eigenen Willen zu folgen.
Aber nun sind wir alle eins geworden.
Unser Blut ist zusammengeflossen.
Unsere Asche ist untrennbar miteinander vermischt,
eine Essenz sind wir geworden.
Unsere Stimmen strömten zusammen
wie die Wasser eines Ozeans.
Wir geben es nicht hin, dieses größere Selbst.
Wir sind die Abrahams, Isaaks, Jakobs, Sarahs, Leas, Rachels
und nun für immer Israel.
Allmächtiger Gott, berufe einen Mann,
der als Hausierer durch die Welt geht,
daß er uns aufsammelt und durch die Welt wandert
und uns anbietet in seinem Kramladen.
Laß ihn uns billig verkaufen; laß ihn seine Waren anpreisen:
Wer will meine Andenken kaufen?
Kleine Kinder aus Seife, ein seltenes deutsches Pergament
(aus dem größten Juden in Lodz gemacht).
Die Leute werden uns kaufen und ausstellen,
mit Stolz werden sie auf uns zeigen.
Das hier, das wurde aus tausend Juden gemacht,
und hier ist ein seltenes Stück,

es kam weit her, aus Krakow, in einem Güterwagen.
Ein großer Staatsmann wird eine Kerze auf seinen Nachttisch
stellen;
sie wird brennen, aber sie wird sich nicht verzehren.
Tropfen rinnen herab; es sind die Tränen, die wir weinten,
glühen wird das Licht, das sind die Seelen unserer Kinder.
In den Waschräumen der Vereinten Nationen
werden sie uns auslegen,
wo die Diplomaten ihre Hände waschen,
wieder und wieder waschen
mit polnischen Juden und deutschen Juden
und russischen Juden.
Laß den Hausierer die Seifenschachtel verkaufen,
die einst mit dem Kaddisch und unter Psalmen
begraben wurde von unseren Brüdern.
Eines Nachts will der Staatsmann die Kerze ausblasen,
aber sie wird nicht verlöschen.
Die Seelen unserer Kinder flackern und flackern,
aber sie hören nicht auf zu glühen.
Eines Tages erwachen die Bürger der deutschen Stadt;
Gestank erfüllt ihre Häuser vom Rauch aus den Schornsteinen
der Konzentrationslager,
vom Rauch der Hölle.
Dann werden sie alle aufstehen: Staatsmänner, Bürger,
Diplomaten
und nach dem Hausierer suchen:
Du störst unsere Ruhe, du störst unsere Waschungen,
du verfolgst uns mit deinen Andenken,
du rührst unser Gewissen auf –
Stirb!
Aber der Hausierer wird nie von der Erde verschwinden.
Solange Kinder sterben, vor ihrer Zeit,
werden sie uns verfolgen mit ihren Erinnerungen.«

Erneuerung der Schöpfung

»Gott schuf die Menschheit zu seinem Bilde, zum Bilde Gottes
schuf er sie, und er schuf sie als Frau und Mann. Gott segnete
sie und sprach: ›Seid fruchtbar und mehret euch und füllt die
Erde und macht sie euch untertan.‹

Gott, erneuere dein Bild in uns, lehre uns Fürsorge und Verantwortung für deine Erde.

Und Gott sprach: ›Es wimmle das Wasser von lebendigem Getier, und Vögel sollen fliegen auf Erden unter der Feste des Himmels.‹

Und Gott sprach: ›Die Erde bringe hervor lebendiges Getier, ein jedes nach seiner Art, Vieh, Gewürm und Tiere des Feldes, jedes nach seiner Art.‹

Gott, Mutter und Vater, lehre uns, deiner Schöpfung Bruder und Schwester zu sein.

Und Gott sprach: ›Es sammle sich das Wasser unter dem Himmel an besondere Orte, daß man das Trockene sehe.‹ Und es geschah so. Und Gott sprach: ›Es lasse die Erde aufgehen Gras und Kraut, das Samen bringe, und fruchtbare Bäume auf Erden, die ein jeder nach seiner Art Früchte tragen, in denen ihr Same ist.‹

Rette uns, Gott, vor der letzten Feuerflut, die unsere Erde zu verschlingen droht. Führe uns zurück zu den Wassern des Segens, die Nahrung für Tiere und Menschen bringen.

Und Gott sprach: ›Es werden Lichter an der Feste des Himmels, die da scheiden Tag und Nacht und geben Zeichen, Zeiten, Tage und Jahre, und seien Lichter an der Feste des Himmels, daß sie scheinen auf die Erde.‹

In Zeiten, da Finsternis uns zu überwältigen droht, laß das Licht deiner Wahrheit auf uns scheinen, Gott, daß die Realität von der Illusion, die Wahrheit von der Falschheit geschieden werde.

Am Anfang schuf Gott Himmel und Erde, und die Erde war wüst und leer, und es war finster auf der Tiefe, und der Geist Gottes schwebte auf dem Wasser. Und Gott sprach: ›Es werde Licht.‹ Und es ward Licht. Und Gott sah, daß das Licht gut war. Da schied Gott das Licht von der Finsternis.

Atme den Hauch deines Geistes über uns, Gott. Scheide das Gute vom Bösen. Setze uns und die ganze Schöpfung wieder in den von dir gewollten Zustand ein, daß wir einander ansehen können und sagen: Siehe, es ist sehr gut.

Glücklich sind die, die festen Glaubens sind, die das Licht noch segnen können, das in der Dunkelheit scheint.

Freue dich, Erde, an jenen, die am rechten Weg festhalten; mit ihnen ist noch Licht in dir.

Mögen die Lichter, die wir angezündet haben, uns leiten, unsere Kraft zum Heilen zu nutzen und nicht zum Schaden, zum Helfen und nicht zum Hindern, zum Segnen und nicht zum Fluchen, und dir zu dienen, Gott der Freiheit.«

Die Feier der Erde

Die Gruppe versammelt sich im Freien. Ein Tisch mit einer Schale Erde, einem Krug Wasser, einer Glocke und einer Bibel steht im Zentrum des Kreises. Eine Erdgrube ist ausgehoben, und ein junger Baum steht bereit zum Einpflanzen. Einleitendes Lied: »Morning has broken«[43]

Sprecher/in: »Gott schuf die Erde, und Gott sah, daß sie gut war. Und Gott sprach: ›Lasset uns Menschen machen, ein Bild, das uns gleich sei, die da herrschen über das Land.‹ Und es geschah so. Und Gott sah an alles, was er gemacht hatte, und siehe, es war sehr gut[44]. Die Erde stöhnt und verdorrt, die Welt vertrocknet und verschmachtet, und die Himmel leiden mit ihr.«

Alle: »Die Erde liegt vergiftet unter ihren Bewohnern, denn sie haben die Gesetze übertreten, das Recht vergewaltigt und das ewige Bündnis gebrochen.«

Sprecher/in: »Darum frißt der Fluch die Erde, und büßen müssen sie es, die darauf wohnen. Darum nehmen die Bewohner der Erde ab, so daß wenige Leute übrigbleiben ... die Stadt ist zerstört und wüst, alle Häuser sind verschlossen, daß niemand hineingehen kann« (Jesaja 24,6 und 10).

Alle: »Es wird die Erde mit Krachen zerbrechen, zerbersten und zerfallen. Die Erde wird taumeln wie ein Trunkener und wird hin- und hergeworfen wie eine schwankende Hütte, denn ihre Missetat drückt sie, daß sie fallen muß und nicht wieder aufstehen kann« (Jesaja 24,19–20)[45].

Exorzismus der Dämonen, die Erde, Wasser, Luft und die Gesellschaft vergiften

Lied: »Air« aus dem Musical »Hair«

»Welcome, sulphur dioxide, Hello, carbon monoxide,
The air, the air is everywhere,
Breathe deep, while you sleep, breathe deep.
Bless you, alcohol blood stream,
Save me, nicotine lung steam,
Breathe deep, while you sleep, breathe deep.
Cataclysmic ectoplasm, Fallout atomic orgasm,

Vapor and fume, at the stone of my tomb,
Beating like sullen perfume,
Eating the stone of my tomb.«[46]

»Willkommen, Schwefeldioxyd, hallo, Kohlenmonoxyd,
die Luft, die Luft ist überall,
atme tief, wenn du schläfst, atme tief.
Gesegnet seist du, Alkohol im Blutkreislauf,
errette mich, Nikotindampf in den Lungen,
atme tief, wenn du schläfst, atme tief.
Kataklysmisches Ektoplasma, Fallout, atomarer Orgasmus,
Dampf und Rauch über meinem Grabmal,
erdrückend wie abgestandenes Parfum,
zerfressen meinen Grabstein.«

Litanei
(in zwei Gruppen zu rezitieren):

Heiliger Franziskus, bitte für uns
– erlöse uns von CTA.
Rachel Carson, bitte für uns
– erlöse uns von General Motors.
Johnny Appleseed, bitte für uns
– erlöse uns von Dow Chemicals.
J. J. Audubon, bitte für uns
– erlöse uns von Gulf Oil
Anne Morrow Lindbergh, bitte für uns
– erlöse uns von DDT.
Henry David Thoreau, bitte für uns
– erlöse uns von der Atomenergie.
Justice Paul Douglas, bitte für uns
– erlöse uns von Strontium 90.
Frederick Elder, bitte für uns
– erlöse uns von Karzinogenen.
Teilhard de Chardin, bitte für uns
– erlöse uns von atomarem Fallout.
Margaret Mead, bitte für uns
– erlöse uns von Pestiziden.
Robert Frost, bitte für uns
– erlöse uns vom sauren Regen.
Indianische Völker, bittet für uns
– erlöst uns vom Innenministerium.

Gärtner, Ökologen und Dichter, bittet für uns
– erlöst uns von Gier und Apathie.
Alle: Gott, sei uns gnädig!

Hymne: »New Life, new creation« von *Gregory Norbet*[47].

»New life, new creation, alive our sense of wonder;
The time has come to be reborn, the kingdom is right here.
Do we know within us the call to change our heart?
If we do, the spirit is alive in us.
Is our willingness to forgive a sign of openness
To receive the greatest gift of God's great love?
Do we celebrate with joy the Good News every day?
If we do, the spirit is alive in us.«

»Neues Leben, neue Schöpfung, belebe unser Gefühl für das Wunderbare.
Die Zeit der Wiedergeburt ist gekommen, das Königreich ist mitten unter uns.
Hören wir den Ruf in uns, der unsere Herzen verändert?
Wenn wir ihn hören, ist der Geist in uns lebendig.
Ist unsere Bereitschaft, zu vergeben, ein Zeichen der Offenheit, daß wir das größte Geschenk der Liebe Gottes empfangen?
Erfahren wir die Frohe Botschaft jeden Tag mit Freude?
Wenn es so ist, dann lebt der Geist in uns.«

Exorzismus

Die Schale mit Erde, der Krug Wasser, die Glocke, die Bibel und die Kerze sind die Symbole, die bei der folgenden Austreibung der Dämonen benutzt werden. Während jeder Rezitation wird die Kerze hochgehalten, anschließend läutet jemand die Glocke.

Austreibung der Dämonen der Erde

»Weiche von uns, tödlicher Geist der Vergiftung unserer Erde. Wir erkennen dich in deiner wahren Gestalt. Du bist die wachsende Bedrohung aller Lebensformen, aller Geschöpfe auf diesem Planeten. Du erscheinst in unseren Landschaften in vielfältiger Form: als Papier, Glas, Metall, Plastik; in Form von Bierdosen, Autowracks, Einwegflaschen, Schlacke, Asche, Müll, Zeugen der Verschwendung in unserer Gesellschaft. Du lauerst uns auf in Formen, die jenseits unserer Wahrnehmung liegen, als Pestizide und saurer Regen, die in unseren Boden eindringen. Du vergiftest unsere Körper und unsere Welt. Nun, in der erlösenden Hoffnung, die Gesundheit unserer Erde wiederherzustellen, treiben wir dich aus, Dämon, in all deinen zerstörerischen Formen. Weiche von uns, tödlicher Dämon der Vergiftung!«

Alle: »Dämonen, wir treiben euch aus!«

Austreibung der Dämonen der Luft und des Wassers

»Weiche von uns, tödlicher Dämon der Vergiftung der Luft und des Wassers. Wir erkennen dich in deiner wahren Gestalt. Du bist die wachsende Bedrohung aller Lebensformen, aller Geschöpfe auf diesem Planeten. Du strömst als Gift aus Papierfabriken, Stahlwerken, Chemiewerken hervor. Du nimmst die Form von Phosphaten, Lösungsmitteln, ungeklärten Abwässern, Insektiziden, Herbiziden an; du erscheinst als Gaswolke, als verseuchtes Grundwasser, als Ölpest. Du bist in der Hitze und den Abwässern der Industrien, die das Leben in Flüssen und Ozeanen vernichten, unsere Mitgeschöpfe, Pflanzen und Tiere, töten. Nun, in der erlösenden Hoffnung, die Gesundheit der Luft und des Wassers wiederherzustellen, treiben wir dich aus, Dämon. Mach Platz für reine Luft und frische Quellen. Weiche von uns, tödlicher Dämon der Vergiftung!«

Alle: »Dämonen, wir treiben euch aus!«

Austreibung der Dämonen der Gesellschaft

»Weiche von uns, tödlicher Geist der Ausbeutung. Wir erkennen dich in deiner wahren Gestalt. Du bist die wachsende Bedrohung aller Lebensformen, aller Geschöpfe auf diesem Planeten. Du kommst zu uns als raffinierte Täuschung, im Namen des Fortschritts, der Wissenschaft, des unbegrenzten Wachstums. Du stellst dich zur Schau in protzigen Wolkenkratzern, im immer dichteren Netzwerk der Urbanisierung, der Technologie, der Transportsysteme. Aber hinter deinen glitzernden Stahl- und Glasfassaden liegen die Slums, die Elendshütten der Verarmung, die Not und das Leiden der großen Massen unserer Mitmenschen. In deiner Gier, an der ungerechten Verteilung der Güter festzuhalten, bedrohst du alles Leben auf diesem Planeten mit der totalen Auslöschung durch nukleare Waffen. Nun, in der erlösenden Hoffnung, Gerechtigkeit und

Gleichgewicht in unseren Gesellschaften wiederherzustellen, daß alle Menschen an Gottes Schöpfung teilhaben, treiben wir dich aus, Dämon. Löse deinen gierigen und zerstörerischen Zugriff auf die Menschen und die Erde, mach Platz für eine Welt des Friedens und der Gerechtigkeit. Weiche von uns, tödlicher Dämon der Ausbeutung!«

Alle: »Dämonen, wir treiben euch aus!«

Anrufung der Erde
(Schöpfungsmythos der Mikwok-Indianer)

»Am Anfang war die Welt nur nackter Fels. Jedes Jahr kam der große Regen und wusch etwas von dem Fels ab, daraus wurde Erde. Allmählich wuchsen Pflanzen aus der Erde hervor, und ihre Blätter fielen herab und machten neue Erde. Dann wuchsen Bäume, und jedes Jahr fielen ihre Blätter, Samenhüllen und Stückchen ihrer Rinde herab und machten mehr Erde, die den Fels bedeckte. Wenn du den Waldboden genau betrachtest, wirst du sehen, daß oben Blätter, Borkenstückchen, Piniennadeln und Pinienzapfen sind, und ein bißchen weiter unten ist alles miteinander vermischt, und noch weiter unten verrotten sie und werden wieder zu Erde. Auf diese Weise wuchs die Erde, und so wächst sie immer noch.«

Lobgesang auf die Schöpfung
(Lobgesang des heiligen Franziskus von Assisi)

Sprecher/in: »Gelobt seist du, Gott, mit allen deinen Kreaturen. Gelobt sei Bruder Sonne, der den Tag bringt und uns das Licht gibt. Strahlend ist er und hell, mit leuchtendem Antlitz, und sein Sinn ist ihm vom Höchsten gegeben.«

Alle: »Gelobt sei Gott für die Schwester Mond und die Sterne am Himmel. Gott, du hast sie geschaffen, rein, leuchtend und schön.«

Sprecher/in: »Gelobt seist du, Gott, für unseren Bruder Wind, für die Luft und die Wolken und für ruhige Tage und alle Art von Wetter, durch das du deinen Kreaturen Nahrung gibst.«

Alle: »Gelobt sei Gott für unsere Schwester Wasser, die hilfreich und mild ist, köstlich und rein.«

Sprecher/in: »Gelobt seist du, Gott, für unseren Bruder

Feuer, durch den du die Finsternis erhellst; leuchtend ist er, strahlend und stark.«

Alle: »Gelobt sei Gott für unsere Mutter Erde, die uns schützt und erhält und alle Art von Früchten hervorbringt und Gras und leuchtende Blumen.«

Sprecher/in: »Gelobt seist du, Gott, für unseren Bruder Tod, vor dem kein lebendes Geschöpf fliehen kann; gelobt seist du, Gott, für alle deine Kreaturen. Wir danken dir.«

Abschlußhymne: »This Land is Your Land«

» This land is your land, this land is my land,
From California to New York island,
From the Redwood forests to the gulf stream waters,
This land was made for you and me.

I roamed and rambled and followed my footsteps
To the sparkling sands of her diamond deserts,
While all around me a voice was sounding:
This land was made for you and me.

Well, the sun came shining and I was strolling,
The wheat field waving, the dust clouds rolling,
The fog was lifting, a voice was chanting:
This land was made for you and me.«

Woodie Guthrie

»Dies Land ist mein Land, dies Land ist dein Land,
von Kalifornien bis zur Insel New York,
von den Redwood-Wäldern bis zu den Wassern
des Golfstroms.
Dies Land wurde für dich und mich geschaffen.

Ich streifte umher, wohin mich meine Füße trugen,
bis zum glitzernden Sand der Diamantwüsten,
und überall um mich her klang eine Stimme:
Dies Land wurde für dich und mich geschaffen.

Die Sonne schien herab, und ich schlenderte umher.
Das Weizenfeld wogte, und die Staubwolken rollten darüber
hinweg.
Der Nebel hob sich, und eine Stimme sang:
Dies Land wurde für dich und mich geschaffen.«

Anrufung des neuen Lebens

Der junge Baum wird gepflanzt; währenddessen rezitiert die Gemeinschaft:

Sprecher/in: »Und ich sah einen neuen Himmel und eine neue Erde, denn der erste Himmel und die erste Erde sind vergangen, und das Meer ist nicht mehr.«

Alle: »Und ich sah die heilige Stadt, das neue Jerusalem, von Gott aus dem Himmel herabkommen.«

Sprecher/in: »Und ich hörte eine große Stimme von dem Thron her, die sprach: Siehe da, die Hütte Gottes bei den Menschen! Und er wird bei ihnen wohnen, und sie werden sein Volk sein . . . Und Gott wird abwischen alle Tränen von ihren Augen.«

Alle: »Und ich sah einen Strom lebendigen Wassers, klar wie Kristall, der ausgeht von dem Thron Gottes und des Lammes.«

Sprecher/in: »Mitten auf dem Platz und zu beiden Seiten des Stromes Bäume des Lebens, die tragen zwölfmal Früchte; jeden Monat bringen sie ihre Frucht, und die Blätter der Bäume dienen zur Heilung der Völker.«

Alle: »Und es wird nichts Verfluchtes mehr sein, denn Gott wird mit dir sein und du mit Gott.«[48]

Abschließendes Lied: »America the Beautiful«.

Fest der Sommersonnenwende[49]

Die Gemeinschaft verbringt die ganze Nacht im Freien, um ein Feuer gelagert. Das Feuer symbolisiert die Kraft der Sonne an diesem längsten Tag des Jahres. Mit der Feier wird die Dankbarkeit für die Quelle des Lichts und der Wärme ausgedrückt, die alles Leben auf unserem Planeten gedeihen läßt. An einer Stelle des Camps wird ein Totempfahl errichtet. Jede/r der Anwesenden hat ein persönliches »Totem« mitgebracht, das einen wichtigen Aspekt ihrer/seiner Identität repräsentiert. Das Fest beginnt damit, daß die Anwesenden sich im Kreis versammeln. Jede Person hält ihr Totem hoch und erzählt, wofür es in ihrem Leben steht. Dann werden alle Totemsymbole um den Totempfahl herumgelegt. Anschließend findet ein Picknick statt. Alle sollten einen Beitrag bereithalten: Geschichten, Lieder, Gedichte, die während der Nacht vorgetragen werden; weitere Beiträge, Geschichten, Lieder und Tänze kommen vermutlich

Hatha Yoga: Gruß an die Sonne

1. (Einatmen/ Ausatmen)

2. (Einatmen)

3. (Ausatmen)

4. (Einatmen)

5. (Atem halten)

6. (Ausatmen)

7. (Einatmen)

8. (Atem halten)

9. (Ausatmen)

10. (Einatmen)

11. (Ausatmen)

12. (Einatmen)

13. (Einatmen/ Ausatmen)

spontan zustande. Die Gruppe übernachtet im Freien, in Schlafsäcken um das Feuer herumgelagert. Bei Sonnenaufgang erheben sich alle und intonieren gemeinsam:

»Wir grüßen dich, Schwester Sonne, Bruder Feuer. Du erfreust unsere Herzen, du wärmst unsere Körper, unsere Erde. Du läßt die Pflanzen gedeihen, du sendest deine Strahlen herab, und die Vögel zwitschern, die Hähne krähen, Bäche glitzern, Fische springen in deinem Licht, Insekten summen über die Erde. Alles erblüht und tanzt bei deiner Berührung. Wir grüßen dich, Lichtbringer, Quelle des Lebens, Lebensenergie unseres Planeten.«

Die Gruppe macht gemeinsam die Yoga-Übung »Sonnengruß«.

Das Fest endet mit einem gemeinsamen Frühstück.

Hiroshima-Gedenktag (6. August)

An den Wänden des Raumes, in dem die Liturgie stattfindet, hängen Großfotos, die den Atompilz, die Ruinen von Hiroshima und Nagasaki und die Opfer der nuklearen Katastrophe zeigen. Auf einem Tisch in der Mitte des Raums steht ein Metallbecken mit Kohle und Holz und eine mit Asche gefüllte Schale. Die Kohle wird angezündet.

Einleitende Erklärung: »Dieses Feuer steht für die Kraft der Sonne, für Licht und Wärme und für die Energie, die das Universum zusammenhält. Dieselbe Energie wirkt im Atomkern; sie bildet die Basis aller Materie. Über Billionen Jahre brachte diese Energie Leben auf unserem Planeten hervor und erhielt das Leben. Am 6. August 1945 wurde die große kosmische Energie zum ersten Mal in zerstörerischer Weise freigesetzt. Menschen verwandelten sie in ein Instrument der Destruktion. Zwei japanische Städte wurden durch Atombomben zerstört. In diesem Augenblick begann eine neue Ära in der Geschichte der Menschheit. Nie zuvor waren wir von der endgültigen Vernichtung allen Lebens auf unserem Planeten bedroht; nun hängt diese Drohung über unseren Köpfen. Wir sind alle von der Herrschaft der Bestie gezeichnet. Unsere technologische Kreativität ist in Wahnsinn umgeschlagen; menschliche Destruktivität wurde zu einer globalen Seuche, die alles dahinzuraffen droht: menschliches, tierisches und pflanzliches Leben, Wasser, Luft und die gesamte Erde.«

Ein »Engel des Todes« im weißen Gewand und mit weißem Gesicht, begleitet von einer Gestalt in Gasmaske und Schutzanzug, die eine mit Asche gefüllte Schale trägt, geht herum und zeichnet die Stirn und die Hände aller Anwesenden mit Asche.

»Im Angesicht der über uns schwebenden Apokalypse, der Drohung des endgültigen Holocausts der gesamten Schöpfung, stehen wir wie gelähmt, wie gebannt von der Allgegenwart des Todes, dem kein neues Erwachen folgen wird. Die Anzeichen der Katastrophe sind allgegenwärtig, und doch weigert sich unser Bewußtsein, sie in ihrem ganzen Ausmaß wahrzunehmen. Wir verdrängen die Bedrohung, soweit wir nur irgend können. Die Erkenntnis des ganzen Ausmaßes der Gefahr, die hin und wieder in uns aufsteigt, ruft Depressionen hervor, aber keine Trauer; sie erzeugt Apathie, aber keinen Widerstand. Wir werden zunehmend zu Voyeuren unseres eigenen Untergangs, zu passiven Zuschauern angesichts der Vernichtung unserer Welt. Wie können wir aus dieser Betäubung erwachen, uns von der Taubheit befreien, die der innere Ausdruck unserer Bindung an die Macht des Todes ist?«[50]

Hören wir die Berichte der Überlebenden aus Hiroshima, der Stadt, die am 6. August 1945 vom ersten atomaren Vernichtungsschlag getroffen wurde (jeder Lesung folgt ein dumpfer Trommelwirbel)

1. Sprecher: »Ein blendender Lichtblitz zuckte über den Himmel ... Ich warf mich zu Boden ... es war eine Reflexbewegung. Im selben Augenblick, als der Lichtblitz erschien, fühlte ich eine brennende Hitze auf meiner Haut. (Dann war einen Augenblick) völlige Leere ... Totenstille ... einige Sekunden vielleicht und dann ein enormes ›Wumm‹, wie ein Donnerschlag. Im selben Augenblick preßte eine große, gewaltige Druckwelle meinen Körper zu Boden. Wieder herrschte einige Augenblicke lang Totenstille ... Dann hörte ich eine komplizierte Serie krachender und berstender Geräusche. Ich hob den Kopf und sah im Westen das Zentrum von Hiroshima, ich sah eine riesige Wolkenmasse, die sich ausbreitete und mit großer Geschwindigkeit zum Himmel aufstieg. Dann brach ihr oberster Kamm auf und wölbte sich in horizontaler Richtung aus. Die Wolke nahm die Form eines monströsen Pilzes an; der untere Teil war sein Stiel – oder, vielleicht genauer – wie der Fuß eines Tornados. Darunter brachen immer mehr kochende Wolken hervor und breiteten sich seitlich aus. Die Form, die Farbe, das Licht wechselten ständig.«

2. Sprecher: »Ich schrie immer wieder ›Mutter, Mutter‹, sehr laut, und dann sah ich meine Mutter auf mich zutaumeln. Ich glaube, sie räumte den Schutt über meinem Körper weg, und dann war da ein Loch, und ich konnte herauskriechen. Wir konnten auch das Baby ausgraben, meinen Bruder, und meine Großmutter brachte ihn weg. Aber meine Mutter war sehr schwach, sie brach zusammen und fiel auf die Seite. Also half ich ihr auf und versuchte, sie weiterzuziehen ... aber die Straße war von den Trümmern der zerstörten Häuser verstopft, und ich konnte meine Mutter gar nicht bewegen ... Rings um uns brannte es, also dachte ich, ich muß mich beeilen ... Der Rauch erstickte mich, und ich dachte, wenn wir hierblieben, würden wir beide sterben. Ich dachte, wenn ich die größere Straße erreichte, könnte ich Hilfe holen; also ließ ich meine Mutter da und ging weg. Ich fand einen Nachbarn und sagte ihm, daß meine Mutter da drin wäre, und bat ihn, sie zu holen, während ich sein Kind auf dem Arm hielt, aber nach einer Weile kam er zurück und sagte, er könnte nicht mehr in die Straße hineinkommen. Später erzählte mir ein Nachbar, meine Mutter sei gefunden worden, tot, mit dem Gesicht nach unten in einem Wasserbecken, sehr nahe bei dem Ort, wo ich sie verlassen hatte. Wenn ich ein bißchen älter oder stärker gewesen wäre, hätte ich sie retten können ... Selbst heute noch höre ich die Stimme meiner Mutter, die mich ruft, ihr zu helfen.«

3. Sprecher: »Alles, was ich sah, hinterließ tiefe Spuren in mir: Ein Park in der Nähe war bedeckt mit Leichen, die ins Krematorium gebracht werden sollten. Schwer verletzte junge Menschen, die evakuiert wurden ... Am tiefsten grub sich mir der Anblick einiger Mädchen ein, sehr junger Mädchen, deren Haut sich von den Körpern löste. Mein erster Gedanke war, dies müßte die Hölle sein, über die ich immer gelesen hatte. Ich hatte nie zuvor etwas ähnliches gesehen, ich dachte, dies ist die Hölle, die buddhistische Hölle, von der man uns erzählt hatte, wo die Menschen hinkamen, die nicht die Befreiung erreicht hatten. Und ich stellte mir vor, daß alle diese Leute in der Hölle seien, über die ich gelesen hatte.«

4. Sprecher: »Der Anblick der Menschen: Sie hatten alle von Verbrennungen geschwärzte Haut. Sie hatten keine Haare, weil ihnen die Haare verbrannt waren, und auf den ersten Blick konnte man gar nicht sagen, ob man sie von vorn oder von hinten sah. Sie hielten ihre Arme nach vorn gebeugt, und ihre Haut, nicht nur an den Händen, auch am Körper und im Ge-

sicht, hing herunter. Wenn es nur einer oder zwei gewesen wären,
hätte es sich mir vielleicht nicht so tief eingeprägt. Aber ich traf
diese Menschen überall, wo ich hinging. Viele von ihnen starben
auf den Straßen; in meinem Inneren kann ich sie immer noch
sehen, wie wandelnde Geister. Sie sahen nicht aus wie Menschen
von dieser Welt, sie hatten einen besonderen Gang, sehr langsam. Ich selbst war auch einer von ihnen.«[51]

Die Versammelten knien nieder, während der Engel des Todes die Apokalypse liest:
»UND SIEHE
ich sah einen Engel (all seine Zellen waren elektronische Augen)
Und ich hörte eine Stimme mit Überschall
die zu mir sprach: Nimm deine Schreibmaschine und schreibe
und ich sah ein silbernes Projektil das flog
und es flog von Europa nach Amerika in 20 Minuten
und der Name des Projektils war Wasserstoffbombe
(und die Hölle begleitete es)
und ich sah einen fliegenden Teller vom Himmel fallen
Und die Seismographen verzeichneten ein großes Erdbeben
und auf die Erde fielen alle künstlichen Planeten
und der Präsident des Nationalrats für Strahlung
der Direktor der Kommission für Atomenergie
der Verteidigungsminister
alle hatten sich in ihren Höhlen versteckt
und der erste Engel blies die Alarmsirene
und es regnete vom Himmel Strontium 90
Cesium 137
Kohle 14
und der zweite Engel blies die Sirene
und jedes Trommelfell platzte im Umkreis von 300 Meilen
durch das Krachen der Explosion
und jede Netzhaut verbrannte, auf die das Licht der Explosion
gefallen war
im Umkreis von 300 Meilen
und die Hitze im Zentrum war wie die der Sonne
und der Stahl das Eisen das Glas der Beton verdampften
und fielen nieder verwandelt in radioaktiven Regen
und ein Sturm brach los mit der Stärke des Hurricans Flora
und drei Millionen Autos und Lastwagen flogen durch die Lüfte
und zerschellten an den Gebäuden explodierten wie Molotow-
Cocktails
und der dritte Engel blies die Alarmsirene

und ich sah einen Pilz über New York
und einen Pilz über Moskau
und einen Pilz über London
und einen Pilz über Peking
(und Hiroshimas Schicksal war zu beneiden)
Und alle Geschäfte und alle Museen und alle Bibliotheken
und alle Schönheit der Erde
verdampften
und sie waren von da an Teil der Wolke aus radioaktiven Parti-
keln
die über dem Planeten schwebte und ihn vergiftete
und der radioaktive Regen brachte einigen Leukämie
und anderen Lungenkrebs
und Knochenkrebs
und Unterleibskrebs
und die Kinder wurden geboren mit grauem Star in den Augen
und die Gene waren geschädigt für 22 Generationen
– und das war der 45-Minuten-Krieg –
sieben Engel
hielten Becher aus Rauch in den Händen
(und der Rauch hatte die Form eines Pilzes)
und ich sah den ersten Engel den Becher erheben über Hiroshima
(wie einen Eisbecher wie vergiftetes Eis)
und ein bösartiges Geschwür erschien
und der zweite goß seinen Becher über das Meer
und das ganze Meer wurde radioaktiv
und alle Fische starben
und der dritte vergoß einen Becher mit Neutron
und es war ihm gegeben die Menschen zu versengen mit einem
Feuer wie das der Sonne
und der vierte vergoß seinen Becher, der von Kobalt war
und es war ihm gegeben, Babylon den Pokal zu reichen mit
dem Wein des Zorns
Und eine Stimme rief: Werft das Doppelte an Megatonnen das
sie warf!
Und der Engel der den Knopf der Bombe hielt drückte den
Knopf
Und sie sprachen zu mir: Du hast ja noch nicht die Typhus-
bombe gesehen und die Q-Fieber-Bombe
Ich schaute weiter die nächtliche Vision
und ich sah in meiner Vision wie im Fernsehen

daß aus den Massen herauswuchs
eine Maschine
schrecklich und überaus fürchterlich
und sie war wie ein Bär wie ein Adler wie ein Löwe mit Flugzeugflügeln
mit vielen Propellern und voller Antennen und ihre Augen waren Radargeräte
und ihr Gehirn war ein Computer der die Nummer der Bestie errechnete
und hinausbrüllte über viele Mikrophone
und der den Menschen Befehle gab
und alle Menschen fürchteten die Maschine
ich sah auch in der Vision die Flugzeuge
Flugzeuge schneller als der Schall mit Bomben von 50 Megatonnen
und kein Pilot lenkte sie nur die Maschine hatte sie in der Gewalt
und sie flogen in Richtung auf alle Städte der Erde
und sie zielten auf alle
Und es sprach der Engel: Kannst du sehen wo Columbus Circle war?
und das Gebäude der Vereinten Nationen?
Und wo Columbus Circle war
sah ich nur eine Grube, so groß wie ein 50stöckiges Haus
und wo das Gebäude der Vereinten Nationen war
sah ich nur einen grauen Abhang bedeckt mit Moos und mit Entendreck
und weiter fort Felsen schaumbedeckt und schreiende Möwen
und am Himmel sah ich ein großes Licht
gleich der Explosion einer Million Megatonnen
und ich vernahm eine Stimme die zu mir sprach: Nimm dieses Radio
und ich nahm das Radio und ich hörte:
BABYLON IST GEFALLEN
DAS GROSSE BABYLON IST GEFALLEN«[52]

Danach ist eine lange Pause, in der die Anwesenden über diese Botschaft reflektieren können. Dann folgt eine Rezitation in zwei Gruppen, wie ein Wechselgesang:

1. Gruppe: »Kann Babylon fallen, ohne uns alle mitzureißen: Menschen, Tiere, Pflanzen, Luft, Wasser, das gesamte Leben?«

2. Gruppe: »Muß Babylon nicht auf andere Weise fallen, durch die Demontage seiner Zerstörungssysteme, durch die Transformation seiner Todesmaschinerien in Instrumente des Lebens, daß Menschen, Tiere, Pflanzen, Luft, Wasser, das Leben selbst vor der Vernichtung gerettet werden?«

Beide Gruppen: »Wie fangen wir das an? Wir müssen unseren Geist und unsere Seelen von den Malen der Bestie reinigen, uns von Betäubung und Apathie, die uns in Fesseln halten, befreien. Wir müssen aufhören, Voyeure zu sein beim Begräbnis unserer Welt. Wir müssen aufbegehren und uns entrüsten. Wir müssen nein sagen: Diese Gewalt endet hier und jetzt, mit uns!«

Schalen mit Wasser werden herumgereicht, und alle waschen einander gegenseitig die Aschenzeichen von der Stirn und von den Händen mit den Worten: »Sei von den Malen der Bestie gereinigt; habe Mut, das Leben der Erde zu verteidigen.«

Zum Schluß lesen alle gemeinsam: »Zwei Wege liegen vor uns; einer führt zum Tod, der andere zum Leben. Wenn wir den ersten Weg wählen – wenn wir uns weigern, wahrzunehmen, wie gefährlich nahe wir der Auslöschung allen Lebens sind, und wenn wir weiter daran arbeiten, sie herbeizuführen –, dann sind wir wirklich die Verbündeten des Todes, und in allem, was wir tun, wird unsere Beziehung zum Leben schwächer werden: Unsere Wahrnehmung, blind für den Abgrund, der sich vor unseren Füßen aufgetan hat, wird trübe und kraftlos werden; unser Wille, entmutigt bei dem Gedanken, auf so wackligen Fundamenten etwas Dauerndes aufzubauen, wird erlahmen; wir werden in Abgestumpftheit versinken, so als gewöhnten wir uns allmählich das Leben ab und bereiteten uns auf das Ende vor. Andererseits, wenn wir uns weigern, uns ins Verderben zu stürzen, und unsere Energien auf das Leben richten – wenn die Gefahr uns wachrüttelt, wenn wir handeln, um die Gefahr zu bannen, wenn wir uns zu Verbündeten des Lebens machen –, dann wird der narkotische Nebel sich heben: Unsere Wahrnehmung, die nicht mehr damit belastet ist, das Offensichtliche auszublenden, wird sich schärfen; unser Wille, der festen Grund findet, um darauf zu bauen, wird wiederhergestellt, und wir werden das Leben in voller Klarheit mit beiden Händen ergreifen. Eines Tages – und wir können kaum annehmen, daß dieser Tag fern ist – werden wir unsere Wahl treffen. Entweder werden wir ins Koma fallen und alles zerstören, oder – und daran glaube ich – wir werden die Gefahr erkennen und zur Wahrheit erwachen, zu einer Wahrheit, so groß wie das Leben selbst. Wie ein Mensch, der ein tödliches Gift geschluckt hat, aber im letzten Augenblick seine Betäubung abschüttelt und das Gift erbricht, werden wir uns von all unseren Verleugnungen und feigen Ausflüchten befreien und aufstehen, um die Erde von den Nuklearwaffen zu reinigen.«[53]

Einleitung

1 *Starhawk,* The Spiral Dance. A Rebirth of the Ancient Religion of the Great Goddes, New York 1979.

2 Rachel Adler und Lynn Gottlieb gehören zu den jüdischen Feministinnen, die sich in der liturgischen Bewegung engagieren. Vgl. On Being a Jewish Feminist. A Reader, New York 1983.

3 Unter den vielen repressiven Maßnahmen des Vatikans gegen katholische Feministinnen waren Bestimmungen, die die Entfernung von weiblichen Lehrkräften und Beraterinnen aus katholischen Seminaren forderten. Weitere Bestimmungen besagen, daß Nonnen aus ihren Orden entfernt werden können, wenn sie sich weigern, Ämter niederzulegen, in die sie berufen oder gewählt wurden (es handelt sich um Ämter im sozialarbeiterischen Bereich). 24 Nonnen waren schweren Angriffen ausgesetzt, weil sie den 1984 in der *New York Times* veröffentlichten Aufruf zur freiheitlichen Handhabung der Abtreibungsgesetze unterschrieben hatten. Diskussionen über die Sprache der Kirche oder über die Weigerung, Frauen auch nur zu minderen liturgischen Funktionen, wie zum Altardienst, zuzulassen, wurden abgelehnt. Madonna Kolbenschlag vom Woodstock Center der Universität in Washington bereitet ein dokumentarisches Quellenbuch über die Disziplinierungsmaßnahmen vor, denen die »Sisters of Mercy of the Union« von seiten des Vatikans ausgesetzt waren. Sister Theresa Kane, die Vorsitzende dieser Vereinigung, sagte Papst Johannes Paul II. bei seinem Besuch in den USA (1982) ihre Meinung über das Problem der Ordination von Frauen

4 Der Begriff »Frauenkirche« (Women Church) bildete sich erst nach einigen Entwicklungen innerhalb der feministischen Bewegung vorwiegend katholischer Frauen in Amerika heraus. Der erste Terminus, den die »Women of the Church Coalition« 1983 vorschlug, war »Kirche der Frau« (Woman Church). Später begannen einige Frauen in der Bewegung den Begriff »Frauenkirche« zu gebrauchen mit der Begründung, daß es wichtig sei, die Pluralität der feministischen Glaubensgemeinschaften zu betonen und daß »Kirche der Frau« zu sehr an die kleinbürgerlichen Vorstellungen von Frauen und Kirche appelliere. 1985 einigten sich die Repräsentantinnen der »Women of the Church Coalition« darauf, allgemein den Terminus »Frauenkirche« (Women Church) zu verwenden.

1. Kapitel

1 Die Tatsache, daß Jesus seine Lehre als prophetische Erneuerung Israels verstand, wurde in der Forschung über das Neue Testament längst erkannt. Zu den früheren Veröffentlichungen vgl. *Morton Scott Enslin*, Christian Beginnings, Teil 1 und 2, New York 1938, 166.

2 Vgl. *Rosemary Ruether*, Church and Family in Scripture, in: New Blackfriars, Januar 1984, 4–14.

3 An Inclusive Language Lectionary; Readings for a Year, Philadelphia 1983, Anhang.

4 *George Williams*, Two chapters on the development of the ministry in pre- and post-Nicene periods, in: *H. R. Niebuhr und D. D. Williams*, The Ministry in Historical Perspective, New York 1956, 27–81.

5 Die Lehre der apostolischen Nachfolge, die behauptete, die Bischöfe der Hauptbistümer seien von den Gründerbischöfen dieser Bistümer eingesetzt worden, wurde im 2. Jahrhundert n. Chr. von christlichen Denkern wie Clemens von Rom, Tertullian und Irenäus von Lyon entwickelt, vor allem mit dem Ziel, die gnostischen Richtungen des Christentums zu bekämpfen. Ursprünglich bezog sie sich auf die getreue Überlieferung der Worte der Apostel durch die Bischöfe, zur Wahrung der Kontinuität des originalen Glaubens der Apostel. Die Bischofsgenealogien sind oft vage und unhistorisch in der Nennung der frühesten Bischofsnamen des 1. Jahrhunderts; die Tatsache, daß die gnostischen Christen in manchen Regionen die erste Evangelisierungsarbeit leisteten, sollte überdeckt werden. Vgl. *Walter Bauer*, Orthodoxy and Heresy in Earliest Christianity, Philadelphia 1971.

6 Der Kampf zwischen Cyprianus von Karthago und den Bekennern um die Macht, den Abtrünnigen zu vergeben, zeigt sich besonders deutlich in einem Brief des Cyprianus »Über die Abtrünnigen« aus dem Jahr 215; Library of the Christian Classics, Bd. 5, 113–146.

7 Vgl. *Jeffrey Burton Russell*, A History of Medieval Christianity; Prophecy and Order, New York 1968, 138–144.

8 *E. W. McDonell*, Beguine and Beghard in Medieval Culture, New Brunswick 1954.

9 Vgl. *Edmund S. Morgan*, The Puritan Family; Religion and Domestic Relations in Seventeenth Century England, New York 1944.

10 Vgl. *Rosemary Keller*, New England Women; Ideology and Experience in First-Generation Puritanism, in: Women and Religion in America, hrsg. von *R. Keller und R. Ruether*, San Francisco 1983, 132–192.

11 *Christopher Hill*, Puritanism and Revolution. The English Revolution of the Seventeenth Century, New York 1958, 75–87.

12 *Rosemary Ruether und Catherine Prelinger*, Women in Sectarian and Utopist Groups, in: dies., Women and Religion, a.a.O., 260–262, 278–285.

13 *Gerald R. Cragg*, Puritanism in the Age of the Great Persecution, Cambridge University Press 1957, 47 ff. Vgl. auch *Hugh Barbour*, The

Quakers in Puritan England, New Haven 1964, 53–54, 63, 66, 207–208.

14 *Ruether und Prelinger,* Women in Sectarian Groups, a.a.O., 283–288. Vgl. auch *Mabel Braisford,* Quaker Women 1650–1690, London 1915, 268–289.

15 *Frederick A. Norwood,* The Story of American Methodism, Nashville 1974, 90–98.

16 Vgl. zum Beispiel *Amanda Berry Smith,* An Autobiography. The Story of the Lord's Dealings with Mrs. Amanda Smith. The Colored Evangelist Containing an Account of Her Life Work of Faith and Her Travels in America, England, Ireland, Scotland, India and Africa as an Independent Missionary, Chicago 1893.

17 *Dorothy C. Bass,* In Christian Firmness and Christian Meekness; Feminism and Pacifism in Antebellum America, in: Immaculate and Powerful: The Female in Sacred Image and Social Reality, hrsg. von *Constance Buchanan,* Boston 1985.

18 Der englische Sozialist Robert Owen gründete eine Society of Rational Religionists«; Saint-Simon, der französische Frühsozialist, veröffentlichte als letztes Buch eine Studie mit dem Titel »Das neue Christentum« (1825).

19 *Rosemary Ruether,* Women in Utopian Movements, in: Women and Religion in America, hrsg. von *Ruether und Keller,* San Francisco 1981, 47–52, 63–64.

2. Kapitel

1 *Josephine M. Ford,* Which Way for Catholic Pentecostals?, New York 1976.

2 Vgl. zum Beispiel: A Summary of Goals, Policies, and Understandings for the Charismatic Renewal in the Diocese of Colorado Springs; ausgearbeitet vom Bischof von Colorado Springs und der »Diocesan Liason of the Charismatic Renewal«. Die Schrift wurde an alle charismatischen Gebetskreise in der Diözese verteilt.

3 *Gustavo Gutierrez,* The Power of the Poor in History, New York 1983, 44, 50, 52.

4 Schlußdokument von CELAM III, 96–97, 156, 239, 261–263, 373, 629, 641–643, 648–649, in: Puebla and Beyond, hrsg. von *John Eagleson und Philip Scharper,* New York 1979.

5 *Gabriela Videla,* Sergio Mendez Arceo. Un Señor Obispo, Cuernavaca/Mexico 1982, 115–132.

6 *Kate Pravera,* The Primacy of Orthopraxis. Theological Method in the Nicaraguan Church of the Poor (Dissertation Northwestern University 1984).

7 *Fernando Cardenal,* Why I Was Forced to Leave the Jesuit Order, in: National Catholic Reporter, Januar 1984, 1.

8 *Philip Berryman,* The Religious Roots of Rebellion; Christians in the Central American Revolution, New York 1984.

307

9 The Netherlands Manifesto of a Movement; in: Christianity and Crisis, September 1981, 246–250.

10 *Edward J. Grace*, The Christian Grassroots Community of St. Pauls Outside the Walls of Rome. A Case study, National Institute for Campus Ministry Journal 5, Nr. 3, 1980, 7–34; außerdem: Italy: Disobedience As Witness, in: Christianity and Crisis, September 1981, 242–246.

11 Die NCT News der Italian Ecumenical News Agency, Via Firenze 38, Rom, ist der zentrale Nachrichtendienst für die europäische Bewegung christlicher Basisgemeinden. Vgl. dazu *Sergio Torres*, The Challenge of Basic Christian Communities, New York 1981 und *Leonardo Boff*, Church, Charism and Power. A Radical Ecclesiology, New York 1985.

12 *Stephen Rose*, Jesus and Jim Jones, New York 1979.

13 Vgl. dazu *Starhawk*, The Spiral Dance, a.a.O.

14 Dies scheint die Ansicht von *Mary Daly* zu sein; vgl. Pure Lust; Elemental Feminist Philosophy, Boston 1984.

3. Kapitel

1 Im Gegensatz zur populären Auffassung ist im Neuen Testament nie davon die Rede, daß Maria Magdalena eine frühere Prostituierte gewesen sei. Diese Auffassung entstand dadurch, daß in Texte des Neuen Testaments falsche Bedeutungen hineingelesen wurden. Die Frau, die die Füße Jesu salbt, wird nirgendwo als Maria Magdalena identifiziert, und die ursprüngliche Version der Geschichte hat auch nichts mit einer Frau zu tun, die »gesündigt« hatte. Auch die Geschichte von der Ehebrecherin und der Hinweis, Maria Magdalena sei von »sieben Teufeln« geheilt worden, wurden falsch interpretiert. Die erste Geschichte bezieht sich nicht auf Maria Magdalena, und die zweite, in der sie genannt wird, bezieht sich nicht auf Sünden, sondern auf eine Krankheit, die mit Krämpfen verbunden war. Die apokryphen gnostischen Evangelien enthalten keinen Hinweis darauf, daß Maria Magdalena eine »Sünderin« gewesen sei; wäre den Gnostikern eine solche Geschichte bekannt gewesen, würde man sicherlich eine Widerlegung finden, zumal Maria Magdalena als apostolische Autorität für Frauen betrachtet wurde. Wahrscheinlich geht die Darstellung Maria Magdalenas als »Sünderin« auf das orthodoxe Christentum zurück: Die apostolische Autorität für Frauen, die in ihrem Namen beansprucht wurde, sollte dadurch aufgehoben werden. Vgl. dazu *Rosemary Ruether*, Womanguides. Readings Towards a Feminist Theology, Boston 1985, 177–178.

2 *Elisabeth Schüssler Fiorenza*, Word, Spirit and Power; Women in Early Christian Communities, in: Women of Spirit. Female Leadership in the Jewish and Christian Traditions, hrsg. von *Ruether und E. McLaughlin*, New York 1979, 40–41.

3 Numeri 26, 59 und 1. Chronik 5,29; vgl. *Leonard Swidler*, Biblical Affirmations of Women, Philadelphia 1979, 85.

4 Exodus 15,20–21; Micha 6,3–4.

5 Exodus 19,14–15.

6 *Phyllis Bird*, Images of Women in the Old Testament, in: Religion and Sexism. Images of Women in the Jewish and Christian Traditions, hrsg. von *Rosemary Ruether*, New York 1974, 48–57.

7 Vgl. *Albert Nolan*, Jesus Before Christianity, Cape Town/South Africa 1979, 43–90.

8 *Schüssler Fiorenza*, Word, Spirit and Power, a.a.O., 32–44.

9 *Elisabeth Schüssler Fiorenza*, In Memory of Her. A Feminist Theological Reconstruction of Christian Origins, New York 1983, 140–150.

10 *L. Swidler*, Biblical Affirmations, a.a.O., 164–196.

11 *L. Swidler*, a.a.O., 198–205; vgl. auch *Winsome Munro*, Women Disciples in Mark. Catholic Biblical Quarterly 44 (1982) 225 ff.

12 *Elaine Pagels*, The Gnostic Gospels, New York 1979, 48–69.

13 The Gospel of Mary, in: The Nag Hammadi Library in English, hrsg. von *John Robinson u. a.*, New York 1977, 471–474.

14 *Walter Bauer*, Orthodoxy and Heresy in Earliest Christianity, a.a.O.

15 *Rosemary Ruether*, Sexism and God-talk. Toward a Feminist Theology, Boston 1983, 141–142.

16 *Dennis MacDonald*, The Legend and the Apostle. The Battle for Paul in Story and Canon, Philadelphia 1983.

17 *Elisabeth Schüssler Fiorenza*, In Memory of Her, a.a.O., 251–269.

18 Ich beziehe mich hier auf einen Vortrag, der im März 1980 vom Vorsitzenden der italienischen Waldenserkirche, Giorgio Bouchard, im Waldenser-Seminar in Rom gehalten wurde. Bochard erklärte, daß die Waldenser im Mittelalter Predigerinnen gehabt hätten, daß diese Tradition jedoch unterdrückt wurde, als die Waldenserbewegung im 16. Jahrhundert in der Schweiz in die Reformierte Kirche einging. Erst in der zweiten Hälfte des 20. Jahrhunderts wurde in der Waldenserkirche die Ordination von Frauen wieder eingeführt.

19 Vgl. *Keith Thomas*, Women and Civil War Sects, in: Past and Present 13 (1958). Außerdem *Joyce Irwin*, Women in Radical Protestantism, 1525–1675, New York 1979, 200–236.

20 *Earl Kent Brown*, Women of the Word. Selected Leadership Roles of Women in Mr. Wesley's Methodism, in: Women in News Worlds. Historical Perspectives on the Wesleyan Tradition, hrsg. von *Rosemary Keller und Hilah Thomas*, 69–87.

21 *Lethe Scanzoni und Susan Setta*, Women in the Evangelical Tradition; in: Women and Religion in America. The Twentieth Century 1900–1968, hrsg. von *Ruether und Keller*, San Francisco 1986.

22 *Olympe de Gouges*, The Declaration of the Rights of Woman and Citizen; in: Woman as Revolutionary, hrsg. von *Frederick C. Giffin*, New York 1973, 46–49.

23 *Rosemary Keller*, Women, Civil Religion and the American Revolution, in: Women and Religion in America. The Colonial and Revolutionary War Periods, a.a.O., 1983, 375–376; vgl. auch: Feminism. The Essential Historical Writings, hrsg. von *Miriam Schneir*, New York

1972, 2–4, und: Adams Family Correspondence Cambridge/Massachusetts, 1963, 1973.

24 Vgl. die Korrespondenz zwischen John Adams und James Sullivan vom Mai 1776, in: The Work of John Adams, hrsg. von *Charles Francis Adams*, Boston 1856, 375–378.

25 *Barbara Taylor*, Eve and the New Jerusalem. Socialism and Feminism in the Nineteenth Century, New York 1983.

26 Lenins konservative und paternalistische Haltung Frauen gegenüber und seine Aversion gegen jede Diskussion der »Frauenfrage« als gesondertes Problem zeigt sich deutlich in den Erinnerungen Clara Zetkins an ihre Gespräche mit Lenin; in: The Emancipation of Women, from the writings of V. I. Lenin, hrsg. von *Nazezdah K. Krupskaja*, New York 1934, 97–123.

27 *Hilda Scott*, Does Socialism Liberate Women? Experiences from Eastern Europa, Boston 1974, 191–208.

28 *Robert Staples*, The Myth of Black Matriarchy, in: The Black Scholar (Januar–Februar 1970), 8–16; vgl. auch: Black Muslims and Negro Family Relationships, in: The Black Family. Essays and Studies, hrsg. von Robert Staples, Belmont/California 1971, 376–387.

29 *Calvin Hernton*, Sexism and Racism in America, Garden City 1965.

30 Vgl. *Gerda Lerner*, The Female Experience. An American Documentary, Indianapolis 1977, 323–324.

31 Vgl. *Shiela Rowbotham*, Women, Resistance and Revolution. A History of Women and Revolution in the Modern World, New York 1972, 170–247.

32 *Amba (Mercy) Oduyoye*, Reflections from a Third World Woman's Perspective. Women's Experience and Liberation Theology, in: Irruption oft the Third World Challenge to Theology. Papers of the Fifth International Conference of the Ecumenical Association of Third World Theologians, 17.–29. August, New Delhi, hrsg. von *Virginia Fabella und Sergio Torres*, New York 1983.

4. Kapitel

1 Vgl. dazu: *Charlotte Perkins Gilman*, Herland, 1923 (Reprint New York 1979); vgl. auch *Sally M. Gearhart*, Wanderground. Stories of the Hill Women, Watertown/Massachusetts 1979.

2 Vgl. Preliminary report of study of Catholic women in seminaries, in: National Catholic Reporter, Oktober 1983.

3 Die wichtigsten Beiträge der Konferenz wurden in »Probe«, dem Magazin der »National Assembly of Women Religious«, publiziert: Wabash, Chicago, III 60605.

5. Kapitel

1 Epheser 5,23–32 vergleicht die Unterordnung der Frau unter den Mann mit der Unterordnung der Kirche unter Christus; es wird jedoch keine Analogie zwischen dem Bild von Christus als Bräutigam und der Kirche als Braut einerseits und dem Verhältnis zwischen Priesterschaft und Laien andererseits entwickelt. Frühe Vertreter des Episkopats wie Clemens von Rom (um 96) und Ignatius von Antiochia (um 110) verglichen den Bischof mit Gott Vater, gebrauchten jedoch ebenfalls nicht die Bräutigam-Analogie.

2 In der archaischen Vorstellungswelt des alten Nahen Ostens wurde der König als göttlicher Hirte oder als Gärtner und Hüter des Lebensbaums gesehen. Diese rivalisierenden Vorstellungen spiegeln sich in dem mesopotamischen Mythos von Dummuzi, dem Hirten, und Enkidu, dem Gärtner, die beide um die Himmelskönigin Inanna warben. Die Israeliten und andere semitische Stämme mit nomadischer Tradition bevorzugten das Bild des Hirten für Gott und für den König. Diese Vorliebe spiegelt sich auch in der Geschichte von Kain und Abel: Der Hirte Abel wird dem Gärtner Kain vorgezogen.

3 Vgl. zum Beispiel *John Saward*, Christ and his Bride, London 1977.

4 Vgl. die Abhandlungen von Augustinus über Gnade und Sündenfall und über Ehe und Lüsternheit, in: Nicene and Post-Nicene Fathers, hrsg. von *Donaldson und Roberts*, Bd. 5, New York 1887, 217–308.

5 Die apostolische Nachfolge spielt in den Schriften christlicher Autoren des 2. Jahrhunderts wie Tertullian und Irenäus eine Rolle; sie versuchten damit, die Überlieferung der richtigen Lehre zu garantieren. Bischöfe des 2. Jahrhunderts wurden auch als Garanten der Einheit der Kirche in der eucharistischen Liturgie gesehen, aber die beiden Vorstellungen verbanden sich erst im Lauf der Zeit miteinander. Um das 4. Jahrhundert wurde das christliche Episkopat als vorwiegend priesterlich gesehen, mit einer unauslöschlichen Ordination, die eine greifbare Übermittlung des Heiligen Geistes von den Aposteln an garantierte. Vgl. dazu *Richard Niebuhr und Daniel Day Williams*, The Ministry in Historical Perspective, San Francisco 1956, 75–76.

6 Jakobus 5,16.

7 Die Frage einer Vergebung oder zweiten Buße für diejenigen, die noch nach der Taufe schwere Sünden begangen hatten, wurde im Christentum des 2. Jahrhunderts heiß diskutiert. Die Rigoristen lehnten eine zweite Vergebung strikt ab, insbesondere für die Sünden der Apostasie und der sexuellen Lüsternheit. Die Apokalypse des »Hirten von Hermas« (Mitte des 2. Jahrhunderts) erlaubte nach der Taufe nur noch eine Buße bzw. Vergebung. Die Kirche entwickelte allmählich ein Strafsystem für hartnäckige Sünder, denen in den Status der Taufbewerberschaft (Katechumene) zurückverwiesen wurden und beim Gottesdienst in Büßerhaltung ganz hinten stehen mußten. Erst nach einigen Jahren wurden sie wieder zur Kommunion zugelassen. Die Verweisung in den Büßerstatus und seine Aufhebung waren öffentliche Ereignisse.

8 Über den Konflikt zwischen Cyprianus und den Märtyrern vgl. *Hans Lietzmann*, The Founding of the Church Universal, New York 1961, 230.

9 Oxford Dictionary of the Christian Church: »Penance«.

10 *Samuel Laeuchli*, Power and Sexuality. The Emergence of Canon Law at the Synod of Elvira, Philadelphia 1972.

11 Ebenda.

12 *Rosemary Ruether*, Virginal Feminism in the Fathers of the Church, in: Religion and Sexism. Images of Women in Jewish and Christian Traditions, New York 1974, 169.

13 *Susan Wemple*, Women in Frankish Society. Marriage and the Cloister 500–900, University of Pennsylvania Press 1983.

14 Vgl. *Clara Maria Henning*, Canon Law and the Battle of the Sexes, in: Religion and Sexism, a.a.O., 281–284.

15 Die Waldenser des 12. Jahrhunderts und die Lollarden des 15. Jahrhunderts waren solche populistischen mittelalterlichen Predigerbewegungen.

16 Die Missouri-Synode der lutherischen Kirche erlebte 1974 eine Spaltung, die auf den Konflikt zwischen Vertretern der historisch-kritischen Methode und den Fundamentalisten der populären Kirchenkultur zurückging.

17 Das populäre Bibelstudium in der Auslegung und im Kontext der Theologie der Befreiung ist für lateinamerikanische Basisgemeinden typisch. Vgl. *Kate Pravera*, The Primacy of Orthopraxis, a.a.O.

18 Vgl. insbesondere Kapitel 3, in: The Constitution on the Church of the Second Vatican Council, hrsg. von *H. Peters*, Glen Rock 1965.

19 Für das willkürliche Gewähren und Wieder-Entziehen von Mitbestimmungsrechten der Laien nach dem Zweiten Vatikanischen Konzil gibt es zahllose Beispiele. Ein besonders augenfälliges Beispiel waren die Vorgänge in der Good Shepherd Gemeinde in Arlington, Virginia, wo ein demokratischer Priester durch einen Autokraten ersetzt wurde, der die gesamte vorherige Ordnung der Beratung mit dem Laien-Gremium außer Kraft setzte und die Leiter des Laiengremiums zeitweilig sogar aus der Kirche aussperrte. Die Leiter der Laiengruppen wandten sich an den Bischof und später sogar an den Papst, jedoch ohne Erfolg.

20 Vgl. *Rosemary Ruether*, Crisis in Los Angeles, in: Continuum 5 (1967); der Aufsatz behandelt den Konflikt zwischen einem jungen Priester, William DuBay, und Kardinal McIntyre über die von DuBay vorgeschlagene »Priesterunion«.

21 Vgl. *H. Brankhorst und B. Alfrink*, The Dutch Pastoral Council, in: The Tablet 224 (Januar 1970), 69–71; vgl. dazu auch *Johannes Paul II.*, Letter to the Bishops of the Netherlands One Year after the Conclusion of their Particular Synod, in: Origins 10 (Februar 1981), 577–578.

22 Vgl. *Peter Hebblewaite*, Ratzingers Answers Manipulate Truth, in: National Catholic Reporter 20 (Oktober 1984), 5.

23 *Matthew Fox*, Original Blessing. A Primer in Creation Spirituality, Santa Fe/New Mexico 1983.

6. Kapitel

1 Poems about Anath and Baal, in: Religions of the Ancient Near East. Sumero-Akkadian Religious Texts and Ugarit Epics, hrsg. von *Isaac Mendelsohn*, New York 1955, 224–261.

2 Vgl. *A. S. Herbert*, Workship in Ancient Israel, London 1959, 43–44.

3 *Giovanni Miegge*, The Virgin Mary. The Roman Catholic Marian Doctrine, London 1955, 77, 84–85.

4 *Arthur Waskow*, These Holy Sparks. The Rebirth of the Jewish People, San Francisco 1983.

5 *Rachel Adler*, Can Jewish Women Recovenant? (unveröffentlicht)

6 *Starhawk* zum Beispiel engagiert sich stark für die Friedensbewegung und die ethischen Ziele von WICCA; sie weist jedoch jede Vorstellung von historischen Sünden oder Übeltaten strikt zurück. Zum Teil sind solche Formen von Ablehnung auf die verzerrten Vorstellungen des traditionellen Christentums von der Sünde als der grundlegend »bösen« Natur des Menschen zurückzuführen.

7 The Shalom Seders, Three Haggadahs, compiled by the New Jewish Agenda, New York 1984.

7. Kapitel

1 *Adam D. Finnerty*, No More Plastic Jesus. Global Justice and Christian Lifestyle, Maryknoll 1977.

2 Vgl. dazu: Reminiscences of George Blaurock, in: Spiritual and Anabaptist Writers, hrsg. von *George H. Williams*, Philadelphia 1957, 43–44.

3 Vgl. Nicene and Post-Nicene Fathers, hrsg. von *Donaldson und Roberts*, a.a.O., Bd. 5, 121–151.

4 Die frühen Christen brachten die Taufe symbolisch mit dem Gelobten Land in Verbindung, in dem Milch und Honig fließen; vgl. Epistel des Barnabas 6,11–14.

5 *Andrea Dworkin*, Right-Wing Women, New York 1983; vgl. dazu auch *Andrea Dworkin*, Pornographie, Köln 1987.

6 *Gregory Dix*, The Shape of the Liturgy, Westminster 1945.

7 *Rosemary Ruether*, Womenguides, a.a.O.; vgl. auch *Letty Russell*, Feminist Interpretation of the Bible, Philadelphia 1985.

8 A. d. Ü.: Wir haben die kompilierten Textpassagen dieses Abschnitts durch Originalzitate aus einigen der von der Autorin angegebenen Werke ersetzt.

9 *Jakob Sprenger und Heinrich Institoris*, Malleus Maleficarum (Hexenhammer, 1487), übersetzt von *J. W. R. Schmidt* (1906), Nachdruck München 1982.

10 Dr. Martin Luthers sämtliche Schriften, hrsg. von *Dr. J. G. Walch*, Groß Oensingen 1986; Auslegung des 1. Buches Mose, 3. Kapitel, 185, Punkt 34.

11 *Karl Barth,* Kirchliche Dogmatik III/4, Zürich 1951, 188 ff.
12 Micha 6,3–4.
13 Richter 4,4–5,31.
14 2. Könige 22,11–20.
15 Pesahim 62b; Tosefta Kelim Baba Mezia 1.6 (Talmud).
16 Johannes 20,1–18.
17 Römer 16,1–2.
18 Römer 16,3–4.
19 Acts of Paul and Thekla, in: Ante-Nicene Fathers, Bd. 7, hrsg. von *Alexander Roberts und James Donaldson,* New York 1885–1897, 487 ff.
20 A New Eusebius, hrsg. von *James Stevenson,* London 1957, 113.
21 *Rosemary Ruether,* Mothers of the Church. Ascetic Women in the Late Patristic Age; in: Women and Spirit, Female Leadership in the Jewish and Christian Traditions, a.a.O., 75–88.
22 *Julian of Norwich,* Revelations of Divine Love, übersetzt von *John Walsh,* New York 1961.
23 *Catherine of Siena,* The Dialogue, übersetzt von *Suzanne Noffke,* New York 1980.
24 A Woman of Genius. The Intellectual Autobiography of Juana Sorri-nes de la Cruz, übersetzt von *Margaret Sayers Pedan,* Salisbury 1982.
25 *Isabel Ross,* Margaret Fell. Mother of Quakerism, London 1949.
26 *Luther Lee,* Women's Right to Preach the Gospel, in: Five Sermons and a Tract, hrsg. von *Donald Dayton,* Chicago 1975, 77–100.
27 *Live Gilbert,* Narrative of Sojourner Truth, Boston 1875.
28 *Amanda Berry Smith,* An Autobiography . . . a.a.O.
29 *Rosemary Keller,* Patterns of Women's Lay Leadership in Twentieth Century Protestantism, in: Women and Religion in America, 1900–1968, hrsg. von *Ruether und Keller,* a.a.O., 1986, 270–272.
30 On Being a Jewish Feminist, hrsg. von *Susannah Heschel,* New York 1983, XV.
31 *Norene Carter,* Entering the Sanctuary. The Struggle for Priesthood in Contemporary Episcopalian and Roman Catholic Experience; hrsg. von *Ruether und McLaughlin,* Women of the Spirit. Female Leadership in the Jewish and Christian Traditions, a.a.O., 356–372.
32 Authority, Community and Conflict, hrsg. von *Madonna Kolbenschlag,* New York 1986; es geht in dieser Veröffentlichung um den Konflikt zwischen den »Sisters of Mercy« (Leiterin: Sr. Theresa Kane) und dem Vatikan.
33 Idee für das Zentrum der Frauenkirche: Rosemary Ruether; graphisches Design von Mary Whittacker.

8. Kapitel

1 *Rachel Fruchter/Naomi Fatt/Pamela Booth und Diana Leidel*, The Women's Health Movement. Where Are We Now?, in: Seizing Our Bodies. The Politics of Women's Health, New York 1977, 271–287.

2 *Diane Mariechild*, Mother Wit. A Feminist Guide to Psychic Development, Trumansburg 1981.

3 *Del Martin*, Battered Wives, San Francisco 1976, 1–5.

4 Forence Hayes ist Kaplanin an der McGill University in Montreal, Kanada.

5 Kate Pravera ist Theologin; sie lehrt z. Z. an der Loyola University in Chicago. Die Ordnung der Zeremonie der Namensgebung ist z. T. dem Buch von *Carol Christ*, Diving Deep and Surfacing (Boston 1980) entnommen; in der Sicht von Carol Christ ist der spirituelle Weg von Frauen durch vier Phasen gekennzeichnet: die Erfahrung der Leere, das mystische Erwachen, die Erkenntnis und die Annahme eines neuen Namens (als Ausdruck der neuen Identität).

6 *Carol Christ*, Diving Deep and Surfacing, a.a.O., 7.

7 *Mary Daly*, Beyond God the Father. Toward a Philosophy of Women's Liberation, Boston 1973.

8 Ebenda, 8.

9 *Gioconda Belli*, Unveröffentlichte Gedichte.

10 *Rosemary Ruether*, Zusammenfassung aus: Virginial Feminism in the Fathers of the Church, in: Religion and Sexism. Images of Women in the Jewish and Christian Traditions, a.a.O., 156–159.

11 *Carol Christ*, Diving Deep, a.a.O., 17.

12 *Gioconda Belli*, Unveröffentlichte Gedichte.

13 *Carol Christ*, Diving Deep, a.a.O., 18–19.

14 Diese Liturgie zur Bestätigung der Identität lesbischer Frauen wurde von Reverend Rebecca Parker aus Seattle und Reverend Joanne Brown, Professorin für Kirchengeschichte am Pacific Lutheran College in Tacoma, geschrieben.

15 Aus Prediger 1,2–6.

16 Aus Weisheit 7,17–21.

17 Weisheit 7,22–24.

18 Weisheit 7,27a. 28–8,1.

19 Altirisches Lied nach dem Psalm 119; ins Englische übersetzt von *Mary E. Bryne*, in Verse übertragen von *Eleanor Hull*, adaptiert von *Ruth Duck*, in: Everflowing Stream, New York 1981.

20 Psam 139,1–14.

21 *Wolf Leslau*, Falasha Anthology, New Haven 1963.

22 *Radclyffe Hall*, Well of Loneliness, New York 1981, 448.

23 Aus Psalm 72.

9. Kapitel

1 Dieses Gebet wurde vom traditionellen Morgengebet des ersten Passahtages abgeleitet.

2 *Carter Heyward,* Our Passion for Justice, New York 1984, 49.

3 Das Ritual der Ablösung aus dem Elternhaus wurde von Adele Arlett entwickelt, die an der Marquette University in Milwaukee zur Zeit in Theologie promoviert. Es repräsentiert die Liturgie, die sie beim Verlassen ihres Elternhauses gern erlebt hätte.

4 Alternative Weddings, in: The Alternative Celebrations Catalogue, hrsg. von *Milo Shannon-Thornberry,* New York 1982, 25–34.

5 Phyllis Athey und Mary Jo Ostermann sind die Begründerinnen von »Kinheart«, einem Studienzentrum für Sexualität und Homophobie, das der Wheaton United Methodist Church in Evanston, Illinois, angeschlossen ist. Sie bereiten ein Buch über Lebensbündniszeremonien vor.

6 Erklärung von April McConeghey, Mitarbeiterin von Grailville.

7 Erklärung von Dr. Mary Buckley, Professorin für Theologie am St. John's College in New York, Mitglied des »Grail«.

8 Erklärung von Frances Grotty und Helen Davis von der »Grail Women's Task Force«.

9 Erklärung von Jude Meyer, früher Mitarbeiter von Grailville, Loveland, Ohio.

10 *Shannon-Thornberry,* Alternative Celebrations Catalogue, a.a.O., 35–39.

10. Kapitel

1 *Arthur Waskow,* The Bush is Burning. Radical Judaism Faces the Pharaos of the modern Superstate, New York 1971, 171.

2 Prayerbook: Congregation Beth El of the Sudbury River Valley Sudbury, Massachusetts 1980.

3 *Waskow,* The Bush is Burning, a.a.O., 35–46.

4 *Susan Wemple,* Women in Frankish Society, a.a.O., 189–194.

5 *Rachel Adler,* Tumah and Taharah. Ends and Beginnings, in: The Jewish Woman. New Perspectives, hrsg. von *Elizabeth Koltun,* New York 1976, 63–71.

6 *Arlene Agus,* This Month is for Your. Observing Rosh Hodesh as a Woman's Holiday, in: *Koltun,* a.a.O., 84–93.

7 »Sister-Woman-Sister« von Holly Near, Copyright: Hereford Music; die letzte Strophe wurde von einer unbekannten Autorin hinzugefügt.

8 »Remembering« und »Litany of the Oppressed« von Chris Carol; die Autorin schrieb auch die Hallowmas Liturgy, von der die Liturgie des Holocausts an Frauen abgeleitet ist (1984, unveröffentlicht).

9 *Susan Griffin,* Woman and Nature. The Roaring Inside Her, New York 1978, 145–146.

10 *Robin Morgan*, aus: *Chris Carol*, Hallowmas Liturgy.

11 *Michele Maxwell Jones*, aus: *Chris Carol*, Hallowmas Liturgy.

12 *Starhawk*, aus: *Chris Carol*, Hallowmas Liturgy.

13 *Chris Carol*, s. o.

14 Chris Carol adaptierte ein Gedicht von Kate Nonesuch.

15 »Wir pflügen«; Musik von Johann Schulz (1747–1800), Vertonung eines Gedichts von Matthias Claudius (1740–1815).

16 »Hey, Sister, Come Live at the Edge of the World«, Text und Musik von Carole Etzler, 1975; vgl. Sing a Womansong, Ecumenical Women's Centers 1653 School Street Chicago, III 60657, Nr. 17.

17 Hunger and the Spaceship Earth. A Simulation Game, von *Gerald Ciekot und Miriam-Therese*, O.P. für das »American Friends Service Comittee«; erhältlich durch: New York Metropolitan Office of the AFSC, 15, Rutherford Place, New York N.Y.10003.

18 Misa Campesina Salvadoreña, aus: Canciones de mi Pueblo, hrsg. von *Leonel Navas, Lopez und Alfonso Alvarado Lugo*, Nicaragua, C.A., ohne Jahr und Ort, 20, 21, 24.

19 Aus: Central American Reflections. A Handbook for Religious Witness, Religious Task Force on Central America, 1747 Connecticut Avenue, NW Washington, D.C.

20 North American Liturgy Ressources, 2110 W. Peoria Ave., Phoenix, Arizona, 85029 c. 1974.

21 *James Brochman*, The Word Remains; A Life of Oscar Romero, Maryknoll 1982.

22 *Julia Esquivel*, Threatened With Ressurection, Elgin III 1982, 65–66.

23 Diese Version der traditionellen Posada-Lieder wurde in Browning Hall am Scripps College, Claremont, California, in den 50er Jahren entwickelt und verwendet; die Autoren sind unbekannt.

24 Apostolic Constitutions, Bk III, 6, in: Ante-Nicene Fathers, a.a.O., Bd. 7, 427.

25 Aus: Gratian: Corpus, vol. 1, cols. 1255 ff., hrsg. von Friedberg; vgl. *Ida Raming*, The Exclusion of Women from Priesthood. Divine Law or Sex-Discrimination?, Metuchen 1976, 38.

26 Aus: A Homily on the State of Matrimony, in: Homilies Appointed to be Read and Experienced in First-Generation Puritanism, in: Women and Religion in America. The Colonial and Revolutionary Periods, a.a.O., 1983, 151.

27 *Elizabeth Rice Handford*, Me? Obey Him?, Murfreesboro, Tenn. (Sword of the Lord Publishers) 1972, zitiert nach *Letha Scanzoni*, The Great Chain of Being and the Chain of Command, in: Women's Spirit Bonding, hrsg. von *Janet Kalven und Mary Buckley*, New York 1984, 40.

28 *Sojourner Truth*, Rede auf der »First National Woman's Right Convention«, Worcester 1850; aus: Feminism. Essential Historical Writings, hrsg. von *Miriam Schneir*, a.a.O., 94–95.

29 Aus einer Rede Lincolns in Charleston, Illinois, am 18. September

1858; in: Collected Works of Abraham Lincoln, hrsg. von *Roy Basler*, New Brunswick 1953, Bd. 3, 145–146.

30 *Theodore Roosevelt*, The Winning of the West, New York 1889–1896, Bd. 1, 334–335.

31 Aus: *T. C. McLuhan*: Touch the Earth. A Self-Portrait of Indian Existence, New York 1971, 90.

32 Der Brief wurde im September 1976 geschrieben; es unterzeichneten: Dr. Sergio Arce, Rektor des Evangelical Theological Seminary in Matanzas; Dr. Plutarco Bonilla, Rektor des Latin American Biblical Seminary in Costa Rica; Dr. Augusto Cotto, Rektor des Baptist Seminary of Mexico; Rev. Socundino Morales, Superintendent der Methodist Church of Panama; Rev. Tapani Ojasti, Executive Secretary der Latin American Association of Theological Schools; Rt. Rev. Antonio Ramos, Bischof der Episcopal Church of Costa Rica; Rev. Saul Trinidad, Direktor des Extension Program der Costa Rica Methodist Church und weitere protestantische Kirchenlehrer aus Lateinamerika.

33 Diese Liturgie wurde vom Eighth Day Center for Justice in Chicago gestaltet.

34 Populäres philippinisches Lied von dem philippinischen Revolutionsdichter José Corazon de Jesus, um 1930. Das Lied wurde der Autorin mündlich übermittelt.

35 Worte von Victor Jara von einem unveröffentlichten Tonband, ins Englische übersetzt von *Frank Klein*, Casa Chile, Chicago (unveröffentlicht).

36 The Shalom Seders, Three Haggadahs, a.a.O.

37 *Ester Broner und Naomi Nimrod*, The Stolen Legacy. A Women's Haggadah, c. Ester Broner, 1976.

38 *Rebecca Beguin / Beth Dingman / Barbara Hirchfeld / Claudia McKay und Amelia Sereen*, Spring Festival for Women. A Feminist Haggadah, Lebanon, New Hampshire 1984.

39 *Ronnie Levin und Diann Neu*, A Sedar for the Sisters of Sarah, Silver Spring, Women's Alliance for Theology, Ethics and Ritual 1985.

40 *Diann Neu*, Women Church Celebrations. Feminist Liturgies for the Lenten Season, Silver Spring, Women's Alliance for Theology, Ethics and Ritual 1985.

41 Diese Yom Hasoah Liturgie wurde aus verschiedenen Liturgien kompiliert, die im Emmanuel Temple in Chicago in Gebrauch sind.

42 *David Polish*, The Ressurrection, aus: High Holy Day Prayer Book, New York, Jewish Reconstructionist Foundation, n. d.

43 »Morning has broken«, gälisches Lied; Worte: Eleanor Farjeon (1881–1965), Musik: David Evans (1874–1965).

44 Genesis 1,25.26.31.

45 Jesaja 24,4–6.10.12.19–20.

46 »Air« aus dem Musical »Hair«, Text: James Rado und Gerome Ragni; Musik: Galt McDermot, c. 1966, United Artists Music Company.

47 *Gregory Norbet*, O.S.B., »New Life, New Creation«, aus: Listen:

Songs of Presence; The Monks of Weston Priory, The Benedictine Foundation 1973.

48 Offenbarung 21,1–4; 22,1.2.3.

49 Diese Liturgie wurde der Autorin mündlich mitgeteilt von *Nancy Ore*, M.Div., Garrett-Evangelical Theological Seminary, 1985; eine Frauengruppe zelebrierte diese Liturgie im Sommer 1984 in Appleton in Wisconsin.

50 Adaptiert aus *Johann Baptist Metz*, The Emergent Church. The Future of Christianity in a Post-Bourgeois World, New York 1981, 9.

51 Aus *Robert Jay Lifton*, Death in Life. Survivors of Hiroshima, New York 1967, 19, 40, 29, 27.

52 *Ernesto Cardenal*, Apocalypse and Other Poems, New York 1977; deutsch: *Ernesto Cardenal*, In der Nacht leuchten die Wörter, Wuppertal 1985, 180–182.

53 *Jonathan Schell*, The Fate of the Earth, New York 1982, 231.

319

Jutta Voss
Das Schwarzmond-Tabu
Die kulturelle Bedeutung
des weiblichen Zyklus
304 Seiten mit Schwarzweiß-Abbildungen, gebunden
ISBN 3 7831 0944 2

Über der Menstruation liegt bis heute ein gesellschaftliches Tabu, das sich in Medizin, Psychotherapie, Religionswissenschaft und Theologie auswirkt. In ihrer breit angelegten Studie über die Bedeutung des weiblichen Zyklus in matriarchalen Kulturen belegt die Autorin, daß ursprünglich Heiliges zum Verfluchten wurde. Symbol dafür ist die einst als heilig verehrte Wildsau.

Marga Bührig
Spät habe ich gelernt, gerne Frau zu sein
Eine feministische Autobiographie
258 Seiten, mehrere Fotos, gebunden
ISBN 3 78 0888 8

Die ungesöhnlich selbstkritische Autobiographie einer Frau, die sich von ihren Studienjahren an in der Frauenfrage engagiert hat. Sie erzählt von drei Bekehrungen: die erste zum Christentum, die zweite »zur Welt«, die dritte, schon über sechzig, zum Feminismus, das heißt zur feministischen Theologie und zum Engagement für den Frieden.
Diese Autobiographie ist zugleich eine Geschichte der Frauenbewegung der letzten Jahrzehnte in der Kirche.

Kreuz Verlag